自由与组织：
1814—1914

Freedom
and Organization

【英】伯特兰·罗素　著 Bertrand Russell

洪伟　译

上海译文出版社

本书旨在追溯促成 19 世纪巨变的两大原因之间的对立与相互作用:即自由主义者和激进主义者对自由的共同信念,以及通过工业和科技发展形成的组织的必然性。

——伯特兰·罗素

目　录

前　言

　　本书试图追溯从 1814 年到 1914 年百年间政治变化的主要原因,呈现在我面前的有三个:经济手段、政治理论和一些重要人物。我相信这三者中的任何一个都不可忽略,亦不可将其中任何一个完全视为另外两个原因所造成的结果。如果没有那些非凡的创新家,经济手段不会有如此改变。大多数统治阶级信仰民族国家并推崇民主政体,这强有力地影响了历史进程,当然不能将这种信仰和推崇全部归结为经济因素。为英美激进主义者全然接受的自由竞争,是历史进步的主要诱因。毫无疑问,采用自由竞争主要考虑的是经济因素,但也与新教教义有着明显的关系。由此可见,经济手段必然被视为促使 19 世纪变化的最重要原因,当然不可视为唯一原因,更不是整个人类划分成不同国家的原因。

　　卡莱尔①过分强调了个人在历史中所扮演的角色,今天他的保守派的信徒和追随者们仍然夸大这一点。另一方面,那些自认为已经发现了社会学变化规律的人又不恰当地贬低个人在历史中的作用。我相信,如果俾斯麦早早离世的话,欧洲过去 70 年的历史不会与实际发生的完全相同。由于俾斯麦相当杰出,所以这一观点适用于他,但对 19 世纪其他的杰出人物而言,就未必如此了。

我们也不能忽视所谓的机遇,一些平凡之事恰好产生了重大影响。大的战争可能是由大的原因引起,但也并非不可避免,也许就在最后一刻,一些细微之事没有发生,于是战争推迟了,尽管我们不知道究竟是什么造成了战争的拖延。而战争一旦推迟,也许和平的力量就会成为主导。

简而言之,历史学还不是一门科学,由于存在歪曲和遗漏,它只能近乎科学。

然而,追踪重大原因所导致的结果,同时又不过于简单化地处理历史,这是可能做到的,只要牢记其他原因也在历史中发挥作用。本书的目的便是追溯促成 19 世纪的变化的两大原因之间的对立和相互作用,即自由主义者和激进主义者对自由的共同信念,以及通过工业和科技发展而形成的组织的必然性。

在本书的写作过程中,我的合作者彼得·斯彭斯分担了一些工作,除了提出无数的宝贵建议之外,他还完成了一半的研究任务、大部分的策划工作和一小部分的实际写作。

1934 年 5 月

----

① 苏格兰历史学家。——译注

第一部分

正统原则

波拿巴倒台时的共和党人

……我知之已晚，
因为你和法兰西已然归于尘土，
美德有一个宿敌，
比暴力和欺诈更甚：
那便是古老的习惯与合法的罪恶，
还有血腥的信仰：时间造就邪恶至极。

——雪莱

第一章　拿破仑的接班人

　　理想主义孕育着痛苦和希望，当我们看到一段不幸行将结束，亦是其达到顶点之时。一场大战告终，总有人从胜利者中脱颖而出，人们寄希望他成为自己理想目标的捍卫者。拿破仑垮台后，人们鼓掌欢迎沙皇亚历山大接替这个角色，而后者也欣然接受了。应该说，他在争夺道德制高点时的对手不是很强大。这些竞争者中的最高统治者包括奥地利皇帝弗兰茨、普鲁士的腓特烈·威廉、英国摄政王和路易十八，政治家包括梅特涅①、卡斯尔雷②和塔列朗③。

　　弗兰茨是最后一个神圣罗马皇帝，他从查理大帝那里承袭了这一称号，后来被拿破仑夺去，拿破仑认为自己才是野蛮人征服者的真正

---

① 著名奥地利外交家、首相。任内为"神圣同盟"和"四国同盟"的核心人物，反对一切民族主义、自由主义和革命运动，在欧洲形成以"正统主义"和"大国均势"为核心的梅特涅体系。——译注
② 英国历史上最著名的外交大臣之一，协助领导反拿破仑的联盟，并在1815年重绘欧洲地图的维也纳会议上起过主要作用，欧洲一致原则的主张主要是他提出来的。——译注
③ 法国贵族，后投身政治，曾任外交部长、总理大臣等职。——译注

继任人。弗兰茨也已经习惯做拿破仑的手下败将，并最终让自己的女儿玛丽·路易丝变为"科西嘉新贵的妻子"，希望借此打破对奥地利发动战争的惯例。1812 年拿破仑在俄国惨败后，似乎不再是打遍天下无敌手了，弗兰茨成了最后一位加入反拿破仑联盟的大国君主。在整个艰难岁月中，奥地利一直想在拿破仑费心提议的所有交易中获益。由于奉行权宜之计而不是英雄主义策略，奥地利军队虽然庞大，但在1813 年和 1814 年的战役中表现还不如普鲁士军队。这一政策不能归咎于弗兰茨，而应归因于他的大臣梅特涅。梅特涅早年就效力于皇帝，负责外交事务，那时他打心底认定他的主子并不喜欢外交上的任何变化。没有了外部责任，弗兰茨可以自在地将精力集中于自己更心仪的工作，即调整帝国内部的管理。帝国的司法系统变得非常集权，以致最琐碎的起诉细节也会引起他的注意，在尝试了起诉事务后，他又对处决犯人产生浓厚兴趣。但他很少修改判决，从不行使赦免权，即使对最亲密的朋友也不会感情用事，而与此同时，他对自己兴趣之外的世界实际上一无所知。

　　尽管腓特烈·威廉的军队出类拔萃，但是他获得的个人荣耀甚至还不如奥地利皇帝。奥地利在 1805 年连遭打击，此时普鲁士却做了摇摆不定的旁观者，终于在接下来的一年中，于耶拿被彻底打垮，所有源自腓特烈大帝①的威望也在一天之间烟消云散，可怜的国王被迫偏安于他领土的最东一隅。1807 年，亚历山大和拿破仑在蒂尔西特②交好时，腓特烈·威廉便派美丽的王后去跟两个皇帝斡旋，拿破仑不

---

① 即腓特烈二世，普鲁士国王。——译注
② 今属俄罗斯，名为苏维埃茨克。——译注

为所动，但善献殷勤的亚历山大乐于自诩为窘迫美人的护花使者。最终双方签署了一个条约，出于对亚历山大意愿的尊重，拿破仑允许腓特烈·威廉保留他先前王国的一部分领土。当时，腓特烈·威廉对亚历山大表现出的感激之情既热烈又持久，但由于他犹豫的秉性，最后没人信任他，甚至最亲密的盟友也藐视他。

在失去美洲殖民地，又禁止皮特引进天主教解放法令[①]后，乔治三世被认为出现了精神问题，但他仍是英格兰国王。其职责由摄政王代行，而摄政王是个上了年纪的花花公子，大腹便便，就连他本人也对自己的肥硕身材感到羞愧，但是因为太过贪食而无可救药。政治上，他支持一切最反动的东西；私下里，又干尽一切最卑鄙的勾当。他对妻子的所作所为使他在现身伦敦街头时引来嘘声一片；对他的举止，英国宫廷已习以为常，外国女士却是难以忍受的。迄今所知，在他的一生中从没赢得任何人的尊重。

路易十八联合欧洲各国恢复了他先祖的王权，从某种意义上说，以其先祖名义发动的历时 22 年的战争已经开始。他少有恶习，德行则更少，而且年老、肥胖，患有痛风。事实上，于法国而言他是个陌生人，在将近四分之一世纪前他还青春年少时便离开了法国。他本人并不缺乏精明的潜质，而且比他的大多数朋友都温厚善良。多年来，他在法国的敌国流亡，寄希望于法国战败，这是他重登王位的唯一途径。随他流亡的包括王子和贵族，这些人因法国大革命而逃离祖国，对于由国民公会[②]和拿破仑创立的法国一无所知。由于和外敌纠缠不

---

① 英国议会于 1829 年通过的一项法令，规定给天主教徒以平等的公民权利。——译注
② 法国大革命时期的最高立法机构，在法兰西第一共和国初期拥有行政权和立法权。——译注

清，路易十八很难在自己的祖国获得尊重，是外国政府把他推上了王座，此举无非是因为路易十八的软弱给了他们希望，他们想找回当初被拿破仑强力夺走的安全感。

上述这些人是在王室层面上与亚历山大争夺民心的对手。虽然在政治家中，不乏才华出众的竞争者，但几乎没有什么可以激起大家强力拥戴之人。在整个伟大的和平年代，最有力的竞争者是梅特涅，他维持着对奥地利的统治，甚至几乎主宰了整个欧洲，直到1848年的欧洲革命将他推翻。而这场革命正是他所实施的政策的必然结果。1814到1848年间，梅特涅支持极端保守主义，给自由主义者制造麻烦，对革命者实行白色恐怖。他的基本政治原则很简单，认为权力神授，所以只有让不敬威权者感到痛苦，权力才能得以维系。事实上他是权力的核心，他制定了这一政治原则，在他眼里这一原则不证自明，但或许这一原则根本没有什么道理。

梅特涅于1773年出生于莱茵兰的一个古老贵族家庭，他代表着18世纪向19世纪过渡的那群人。由于法国对德国的入侵，他的父亲失去了很大一部分财产，这一状况不可能让梅特涅对法国革命生出好感。外交工作对年轻人而言是一份显眼的职业，他父亲曾在奥地利外交界颇有建树，但职业生涯并不算杰出。他也是直到与考尼茨①富有的孙女成婚后，前途才敞亮起来。考尼茨是位名臣，在七年战争期间促成了法奥同盟的建立。梅特涅从不同情德国民族主义，事实上他不同情任何国家的民族主义。在他看来，国家就是君主的私有财产，不需要什么主义来增加国家凝聚力。德国西部传统上是亲法的，而奥地

---

① 奥地利政治家、国务大臣，负责对外政策。——译注

利领土上居住的德国人、马扎尔人①、斯拉夫人和意大利人，在整个19世纪是反对民族主义的主要力量。在这方面，梅特涅像奥地利一样奉行前革命时代的传统。同样，他对教会的态度也是如此，虽然身为虔诚的天主教徒，却极少利用世俗的权力来表达对教皇的尊敬，反而在政治上常常反对教权。

梅特涅个性中的另一些特点足以使他称得上是维多利亚时代的人（他去世时，维多利亚女王已在位22年）。自负的秉性并非任何时代所特有，但梅特涅特有的傲慢自负是属于拿破仑战争和第一次世界大战之间这一时期的特殊产物。如果我们相信他在回忆录中所言，会以为他毫无野心，不过是在公共生活中保持着一种责任感，并且对别人缺乏他所具有的能力而痛苦。他相信自己具有高尚的道德，并认为在别人看来亦是如此。1813年末，在最终认清形势的发展趋向后，他终止了奥地利在法国和俄国之间游走的双面游戏，并写信给他的女儿说："我可以肯定拿破仑时时会想起我，在他看来我一定是良知的化身。"梅特涅表露了自己在面对世俗荣耀之时不再回避的原因，这段话令人印象深刻：

> 我已言明，公职生涯于我而言并不愉快。我相信，每个人都应当对自己的人生负责；我明白，要支撑一个分崩离析的社会所面临的巨大困难；良心作证，我对过去几乎所有拯救社会的措施均不赞成，这个社会已被18世纪以来的谬误所侵蚀；最后，我无法相信自己内心能强大到足以对社会做出些许改进。所以我

---

① 匈牙利的基本居民。——译注

决定不再出现在政治舞台，我独立的个性使我抗拒在这样的舞台上扮演从属性的角色，可是我也不认为自己有能力担任改革者。

我的教育是经过精心安排的，所涉政治领域甚广，因而我很早就惯于对政治做深广而周密的思考。很快我便注意到我对政治本质和政治尊严的思考方式与绝大多数人的立场完全不同，而那些人恰恰在政治领域扮演着重要角色。

所以梅特涅说，外交界那些赫赫有名的人物，无论是旧时的，还是当代的，都不能引起他的尊敬。

我决心不走他们的老路，又绝望于凭自己的良心另辟蹊径，自然就选择不被卷入那些大的政治漩涡。实际上，那些所谓的政治大事展示给我的更多是屈服，而不是什么成功的前景。老实说，我从不曾惧怕人们因此降低对我的道德评价。通常，一个从事公职的人在面对这种危险时，一条确定可以自主选择的道路就是——隐退。

作为旁观者，奥地利在拿破仑时代似乎没有扮演什么非常辉煌的角色。然而在梅特涅的回忆中并非如此。"在肩负巨大责任时，"他说，"我只发现了两个可能的依靠，一个是弗兰茨皇帝的坚韧，一个是我自己的良心。"

梅特涅将其成功归功于他的社交艺术，但从他的回忆录中并不能得知作为社交人物的他到底是怎样的。他并不是个深不可测的人，虽然在实施计划时表现得相当聪明，但在构想计划时缺乏深入思考的能力。他不循常理，生性乐观，只有那些在他手上受挫的人才讨厌他。如同那个时期的大多数外交家，他的政治作为总是与风流韵事纠缠在一起，只是在这方面他比别人更为成功。那些能探知政治秘密的女人总能受到他的关注，而这种关注女人们通常难以抗拒，有时候双方都在玩着同样的游戏。他与拿破仑的妹妹卡罗琳·缪拉特①保持亲密关系多年，有时会从她那里听到拿破仑的秘密，有时听到的不过是富歇②想让他听到的消息。1814 年奥地利和缪拉特结盟时，塔列朗写信给路易十八，严厉指责梅特涅的决定受到了他对卡罗琳王后的爱情的影响。奥地利这样做最初是有其政治动机的，但是当计划落空后，王后的魅力也随即失效。梅特涅有时可能会别有用心地向那些卷入政治中的女人献殷勤，但指责他因此迷失心智也是不公正的。

最重要的是，梅特涅出身贵族，不是像英国和俄国的那种地方性贵族，而是法国的宫廷贵族，那时法国是路易十四的天下。万事皆为君主及其大臣，这些人无需考虑百姓的利益。"人民"对梅特涅而言几乎不存在，除非被迫不无厌恶地想起那些肮脏的衣不蔽体的法国革命者。后来，当民众开始攻入王宫时，他还本能地想像踩死黑甲虫那样践踏他们，但在民主的洪流面前，这位非常优雅的绅士最终成了历史的绝唱。

英国外交大臣卡斯尔雷具有难能可贵的品质，在处理外交事务时表现得无私而公正。他不算才华横溢，外国人曾嘲笑他（比如后来在威尔逊）对欧洲大陆地理的无知。③ 但与同时代的大多数人相比，他不仅能做出合理的正确决断，而且很少耍弄阴谋诡计。虽不引人注目，却处事精明。比如在维也纳会议期间，奥地利政府成功地将间谍

---

① 1800 年嫁给那不勒斯国王若阿基姆·缪拉特，即下文中的卡罗琳王后。——译注
② 拿破仑手下负责警务的大臣。——译注
③ 塔列朗曾引述考尼茨的话，说"这个英国人的无知真是令人吃惊"。

安插到几乎所有大使及其随员身边当女佣，后者将她们从废纸篓中得来的情报拼凑起来，送交了警察部门。但是，卡斯尔雷带上了自己的仆从参会，这让秘密警察大伤脑筋，在工作报告中叫苦不迭。他很少欺骗别人，别人想欺骗他也没那么容易。根据他的通信，有人判断（只要不涉及他的阶层和国家）他情绪稳定，心无偏见：个人好恶似乎不会左右他的意见。当然，对于外国人他也有一种完完全全的英国式疑心。1815 年 1 月 30 日，他在给巴瑟斯特勋爵的信中写道："我恳请你现下对任何欧洲列强都分文不给，它们越穷就越少争执。"拿破仑倒台之后，他真诚地期盼和平。奥地利大臣根茨（Gentz）在提到维也纳会议时说："英国希望和平，和平高于一切，很遗憾我只能说，无论付出任何代价，哪怕满足任何条件，英国都要和平。"外交事务上，卡斯尔雷有相当功绩，然而作为人们咒骂的祸国殃民的英国政府的重要一员，他受到斥责也在情理之中。让人心头一惊的是，如此冷静缜密的人最终还是垮了，在精神错乱之后自绝于世。格雷维尔曾公正地评价道："他个性冷静而坚毅，让人觉得他对自己所有的行为都充满了决心和信心，这不仅令友人钦佩和格外信赖他，还赢得了那些死对头的尊敬。"在他身为外交大臣与各国使节的来往信件中，人们惊讶地发现，他竟然从未招致对方的任何不满，他甚至还指点威灵顿公爵在与人交往中不要惹恼对方。不过正如格雷维尔所说，尽管那些因为工作与他关系密切的人信赖他，但他呆板的个性始终无法激起大多数人的热情。在谈到他逝世的消息时，格雷维尔再次表达了这一观点："当我到达镇上时，遇到了几个假装沉浸在悲伤中的人，一副应景的表情，我无法形容我的震怒，因为我敢肯定他们并不在乎卡斯尔雷的离世；实际上，他们若真感受到什么，可能也是对他的离去感到解脱而不是难过。"一个虚荣的人不会希望这样的评价成为自己的墓志铭，但我怀疑卡斯尔雷勋爵是否真的在意他人的评价。

在参加维也纳会议的要人中，硕果仅存的就是塔列朗，他代表着路易十八和法国波旁王朝的利益。1754 年，塔列朗出生于法国一个显赫的贵族家庭，成年后还有机会享受旧制度的荫庇，这是那些出生太晚的贵族无缘体会的真正的快乐生活。拜幼时意外所赐，他无法从军，父母便安排他去教会工作，由他弟弟来承继家族产业。后来，塔列朗成了奥顿区的主教，但没人指望一个出身贵族的教会权贵会在宗教事务上表现出多大的虔诚，因而他在一帮放荡不羁、思想开明、聪明睿智的朋友的陪伴下尽情享受生活。对神职生活的厌倦以及内心真正的信仰使他将自己的命运与革命联系在了一起，出席制宪会议，支持教会土地收归国有。在"恐怖统治"之初，他认为必须远走高飞，于是逃往英国，但英国政府怀疑他是法国间谍，不允许他居留，他只能从英国去了美国。在那里他结交了许多朋友，其中最重要的便是财政部长亚历山大·汉密尔顿。最后，当风暴减弱后，他回到了法国。

作为拿破仑的外交大臣，塔列朗的才能终于找到了用武之地。他并不是个不畏艰险的人，总是尽可能避免尖锐的冲突，比如一旦与拿破仑的意见相左，他会选择妥协而不是辞职。另外，对于经手的事务，他从不放过任何收受贿赂的机会，因而积攒了巨额财富，但是并没有证据表明受贿曾经影响过他作决定。他的长处在于一种谨慎的智慧：他性格和善，很少仇恨，厌恶战争，并尽一切可能促进国家间的自由贸易。他努力遏制拿破仑的野心，但未能成功，那一刻他便预见到拿破仑将来必定垮台，并开始与波旁王朝私通。1808 年，拿破仑与沙皇亚历山大在爱尔福特密谋瓜分世界，塔列朗警告亚历山大要提防拿破仑，在其外交生涯中他始终如此。他在背叛行为败露后即遭免职，却并未声名扫地。拿破仑一垮台，他便重返政治舞台，尽管好景不长。因为二次复辟之后复出的教会人士和极端保皇派对塔列朗深怀敌意。

塔列朗做了一些惊世骇俗的事，比如尽管他是牧师，却结了婚；虽是贵族，却娶了个不想生育或抚养后代的女人，无论婚前婚后她都公开地过着一种不合规矩的生活。塔列朗对于这一切都保持沉着冷静的良好修养，反倒是拿破仑听了之后勃然大怒。一次，拿破仑当众责骂他，塔列朗却是面不改色，拿破仑的火气越来越大，最后拿他的跛足和他妻子的不信神辱骂他，但塔列朗依旧面带笑容不为所动。当拿破仑终于结束了他的长篇大论，塔列朗耸耸肩对旁观者说："可惜了，如此伟大的人物却这么没教养。"

很少有人像塔列朗那样一生历经如此的世事巨变，他在路易十五时代出生，维多利亚女王时代离世，有过数不清的风流韵事，大多数情况下付出了真情，容易动感情的确是他性格的一个主要特点。塔列朗晚年时，所谓的自由思想和自由恋爱已不再时兴，维多利亚式的美德在法国就像在英国那样已成气候，为此他顺应时代变化，表现出新的行为规范所要求的美德，[①] 打算在病榻上用他能想到的最戏剧化的方式化解与教会的过节。在遗言中，他一再提醒主持仪式的牧师必须按主教的规格对他施临终涂油礼。

在内心里，塔列朗一生都在秉持路易十六时代自由派贵族通常具有的观念。后者中的大多数要么被送上了断头台，要么在战争中死

---

① 1815 年，他在给路易十八的信中说："在情感上对宗教冷漠是我们这个时代的弊病。"

去，要么是在恐怖统治时期因受惊吓而蜕变为反动派。塔列朗凭借其柔韧的个性，冷静的哲学思想，最主要是他强大的智慧，逃过了所有这些灾难。他的言语富有魅力，即使在晚年也能迷住那些生长在道德上再生、智力却衰微的时代的假正经：他们一开始视他为可鄙之人，但不久就为他的机智风趣、文化涵养、宽广视野以及真诚友好所倾倒，着了魔似的来到他身边。不可否认，他是个无赖，但他干的坏事比起许多无可挑剔的正直之士要少得多。

至于沙皇亚历山大大帝，他任命自己为外交大臣，与那些精明能干的外交家可谓棋逢对手，梅特涅、卡斯尔雷和塔列朗都没能成功地对他施加影响。普鲁士国王甚至置自己大臣的建议于不顾盲目地跟从他。以后几年中，梅特涅的意见超越亚历山大占了上风，但这是梅特涅职业生涯后期才发生的事情，而1814年的亚历山大仍然保持着完全独立的决断。亚历山大在一所严格的学校学习过外交，他的祖母就是开明而放荡的叶卡捷琳娜女皇，父亲是半疯的沙皇保罗。他一出生祖母就将他带离父母，亲自监督他的教育。因为她觉察到保罗难以成为一个好皇帝，便想跳过他让亚历山大直接做自己的继承人。在亚历山大还不满18岁时，祖母就写信向他表明了这一计划，而他必须回信。一边是风烛残年的独裁者，一边是陷入疯狂的精神病人，大多数男孩很难得体地回信，但亚历山大不然，他写道：

1796年9月24日

皇帝陛下！

出于陛下对我的信任，愿意赐予我此等荣耀，同时以您的仁爱屈尊亲自写信解释此事，对此我的感激之情溢于言表。我祈望陛下可以洞察到我内心对于您珍贵恩赐的热忱，我完全能感受到其中的重要意义。真的，即使以我的鲜血和生命也不足以回报您已经和将要为我做的一切。不久前陛下已与我沟通，显然来信中您又确认了这一切，您的意思表达得如此充分以至于我无法再做什么补充。再一次地匍匐在陛下您的脚下，表达我最强烈的感激之情，怀着最深的尊敬和最神圣的服从之意，自愿选择成为陛下您极为卑微而顺从的孙儿。

亚历山大

　　一个真正的模范孙儿。同时，如果这封信被他父亲看到（比如信中他所默认的内容），也不会让人觉得作为儿子的他不像作为孙子的他那样孝顺。经过如此的历练，他不必再害怕会被梅特涅和塔列朗蒙骗了。

　　在学者看来，亚历山大所受教育要比大多数王子的好得多。1812年，俄法大战如火如荼之际，他竟然可以与一些无知的年轻女士谈论康德和裴斯泰洛齐[①]。叶卡捷琳娜向他灌输了 18 世纪启蒙运动思想，甚至政治自由主义的主张，即使法国大革命使她成为反动派之后，仍然没有改变这一教育原则。他的家庭教师拉阿尔普是个品行良好的瑞士学者，用理性的仁爱滋润着亚历山大的内心，而亚历山大的父亲和祖母却毒害他的潜意识。拉阿尔普相信民主，推崇（理性范畴内的）法国大革命，开始时还很赞赏拿破仑。他的正直中不乏迂腐：尽管确信保罗只会误国，他还是出于纯粹的法律理由——不顾保罗恨他，而亚历山大爱他——反对叶卡捷琳娜女皇绕过保罗来传位。这导致他被

---

　　① 提倡实物教学法的瑞士教育学家。——译注

女皇解雇，虽然剥夺保罗继承权的计划最终没能实现。不过，女皇还是迈出了第一步，她宣布亚历山大已经完成学业，并逼迫他在16岁时成婚，为了让亚历山大看起来已经长大成人。

保罗在位4年，这4年无论对亚历山大还是整个俄国而言，都是一场噩梦。历史的最后一幕是保罗的贴身随员打算暗杀他，亚历山大得知后恳求暗杀共谋者，如果可能的话只废黜父亲但不要杀他。这件事既困难又危险，后来他们还是杀了保罗，让亚历山大坐收渔利。法庭对那些明显牵涉此案的人进行了惩罚，但是惩罚力度被最大程度地减轻了。俄国松了一口气，兴高采烈地欢迎亚历山大。尽管人们怀疑亚历山大是同谋，但当时这一阴谋被掩盖起来不为人知，直到一个多世纪以后。此事对亚历山大的内心造成了终生未愈的伤害，后来他在宗教信仰方面表现出的好奇而相当危险的倾向与此大有关系，但这一倾向在1815年前几乎看不出来。从1815年到他逝世的1825年，亚历山大的忧郁日益加重，最后他完全变成了一个当代俄瑞斯忒斯[①]。

人们对于亚历山大统治的前半段的评价颇多分歧。他放荡不羁爱赶时髦，讲究打扮，政治开明，渴望用权力能助他实现理想。他曾有一个非常宠爱的情妇，还与她生有几个孩子，但他对自己妹妹叶卡捷琳娜的狂热却超出了常理，再忙也要给她写信，并且毫无保留地坦陈一切，所以这些信件对历史研究极有价值。他感激叶卡捷琳娜和他的情妇交朋友，并与她联手对抗他们的母亲。对于叶卡捷琳娜夸张的爱意，他以绵绵情话来回应，比如："再见了，我令人陶醉的眼神，

---

① 希腊神话人物，长大后替父报仇，杀掉了妻子及其情人，成为一代英雄。——译注

我心底对你的爱慕，我年轻生命的光华，所有这些自然呈现的东西也许都比不上毕西姆瓦纳的扁鼻子。"（这封信写于奥斯特利茨战役①打响前。）叶卡捷琳娜是个活泼但并不得体的年轻女人，至少有一次（1814年亚历山大访问英国时）她在政治上误导了亚历山大，从而对欧洲事务产生了重大影响。他们之间的关系一向非常融洽，唯一的例外是在1812年拿破仑进犯期间，她参加了对她哥哥御敌不利的爱国抗议活动。

1801年登基时，年仅22岁的亚历山大缺乏理政经验。这时他想到了拉阿尔普的教诲，决定在由他的私交组成的委员会的帮助下积极推行改革，果然成功地收拾了保罗留下的烂摊子。此外，亚历山大还放宽了审查制度，积极改善教育状况。但是一遇到解放农奴或制定宪法这类事，他就发现困难重重。至于外交，他起先与当时拉阿尔普所赞赏的拿破仑结交。但是，当拿破仑恃强欺凌瑞士又宣布称帝，这激怒了身为爱国者和民主倡导者的拉阿尔普，亚历山大也转而反对拿破仑，并于1805年和1806年与之交战。前一仗俄国联合了奥地利，后一仗联合了普鲁士，仍先后在奥斯特利茨和弗里德兰遭遇败绩。这导致了《蒂尔西特和约》的签订，东方的皇帝和西方的皇帝突然握手言和。起初还弥漫着一派蜜月气氛，各方都认为其他方是真诚的，但在蒂尔西特分手后不久便再起战端。亚历山大一直想对土耳其人宣战，拿下摩达维亚和瓦拉几亚②；而拿破仑并不希望这样，生怕把土耳其

① 发生在1805年12月第三次反法同盟战争期间。因参战方为法国皇帝拿破仑、俄国沙皇亚历山大、奥地利皇帝弗兰茨而闻名。——译注
② 摩达维亚，今摩尔多瓦共和国，属东南欧，与罗马尼亚和乌克兰接壤。瓦拉几亚，今罗马尼亚一地区，位于摩尔多瓦之南。——译注

人推向英国的怀抱，于是提出牺牲普鲁士的利益换取合作。对亚历山大来说，因为曾经对美丽的路易王后①有过承诺，所以拒绝了拿破仑的建议。最后，拿破仑提出了一个宏大计划诱惑亚历山大，即他们共同瓜分土耳其，然后联手征服印度。欣赏《天方夜谭》的亚历山大此时显出其孩子气的一面，他被迷惑了，做出的回应正如拿破仑所愿。然而他精明的一面没有就此沉睡，在协议中他提出不仅要摩达维亚和瓦拉几亚，还要君士坦丁堡。在这之后，他将协助拿破仑对付叙利亚，不过必须首先保证他的利益。当然，仅仅依靠通信是不可能达成协议的，于是两位君主同意在爱尔福特见面，拿破仑希望在那里凭借自己的影响力占据上风。然而他低估了亚历山大，亚历山大写信给他的妹妹："波拿巴认为我只是个傻瓜，谁笑到最后，谁才笑得最好，对我来说，我将所有的希望都寄托在上帝那里。"信中他称"波拿巴"而不是"拿破仑"，这一细节本身就隐含着敌意，这意味着人们以为的所有友谊可能并不存在。

同时，亚历山大利用了这段表面的友谊，联手法国征服了当时还隶属于瑞典的芬兰。之后，他答应帮助瑞典人拿下挪威以换取瑞典的好感，当时的挪威属于与法国交好的丹麦。后来，拿破仑没有帮他得到摩达维亚和瓦拉几亚，他意识到法国的友谊已经不可能助他进一步实现目标。当时拿破仑曾抱怨说，600艘英国轮船驶入芬兰湾，在俄国境内运输英国货物。亚历山大对此心中窃喜，对外却直接予以了否认。之后，拿破仑率大军出兵莫斯科，撤退途中溃不成军，整个欧洲视亚历山大为救世主，欢迎他的到来。高奏凯歌的盟军踏上了巴黎的

① 指普鲁士王后。——译注

土地，亚历山大将这一切归为上帝的护佑，因为他不能将胜利记在自己或者手下将军的身上；普鲁士人看到道德的力量战胜了法国的腐败和无神论；奥地利人看到了为传统正义辩护的机会；英国人看到了海洋的力量和廉价产品的胜利，而世界看到了和平的希望。这就是我们的时代开启时欧洲的局势。

第二章　维也纳会议

　　亚历山大、腓特烈·威廉、梅特涅和卡斯尔雷聚在一起共商欧洲版图，并为欧洲大陆的几个国家和其他国家选择政权形式。当然，一些条约限制了他们的自由。1813 年，首先是俄国，接着是英国、奥地利，纷纷赞同普鲁士重整旗鼓，恢复到 1806 年被拿破仑打败前的状态。根据《巴黎条约》（1814 年 5 月 30 日）的规定：法国保留 1792 年的疆界，放弃革命时期和拿破仑时代占领的土地，这些领土的归属问题交由维也纳会议解决，但法国被排除在决定者之外。22 年战争期间，几乎每个欧洲大陆国家都遭到了法国的入侵，所以战后法国只能完全任同盟国摆布，有鉴于此，《巴黎条约》算是出奇地温和，这在很大程度上应该归结为亚历山大的宽宏大量。他率军进入巴黎时就宣布拿破仑是敌人，法国不是，并且允准法国临时政府半推半就地恢复了波旁王朝，以及据此提出的不要剥夺法国王室所拥有的领土的请求。

　　亚历山大的宽容遭到诸如普鲁士这样最亲密的盟友的强烈反对，也引起了英国的担忧。1814 年 1 月 30 日，卡斯尔雷在给首相利物浦勋爵的信中写道：

> 我们目前最大的危险在于沙皇亚历山大在战争进程中表现出的骑士精神。他对巴黎怀有一种个人情感，这完全不是出于政治的考虑，也不是出于军事的考虑，而是寻找一种时机，当他率领着浩浩荡荡的卫队进入敌国首都时，似乎在有意展示一种仁慈和宽容，一改往日生灵涂炭之举给人们留下的印象。

让亚历山大大为欣慰的是，巴黎人民对他表现得异常热情，也许这正是他想要的。其他盟友认为，假定法国被迫割让更多的领土，俄国也不会接受，而亚历山大对于近邻（比如波兰）绝不会如此慷慨。但是这些念头只在一开始有过，并不影响各国的普遍立场。

维也纳会议要解决的领土问题繁多且复杂，当时与会者觉得也许订立某种原则会有助于做出大致还算公正的裁决。梅特涅的同事根茨因在会议期间工作卖力而备受称誉，在 1815 年 2 月 12 日的备忘录中他记述了自己的印象：

> 那些集聚在此参加维也纳会议的人，完全明白此次大会的性质和目的，无论他们对最后结果作何评价，都不可能弄错会议进程。诸如"重建社会秩序""恢复欧洲政治体系""基于公平的势力划分的永久和平"之类的头等大事会被频繁提及，一方面他们想通过这些议题来安定人心，另一方面也给这次庄严的大会制造高尚而伟大的氛围。其实，会议的真正目的不过是征服者瓜分从被征服者那里掳来的战利品。

但这是不能公开承认的。此外，在大多数问题上某些强国的利益并没有被考虑进去，要说服这些国家也许只能通过一个既定原则。在此情况下，正是塔列朗发现唯一可以仰仗的就是道德的力量，因为他知道对于道德的诉求与会者是不能置若罔闻的。为此，他想出了"正统原则（principle of legitimacy）"，这一原则对整个欧洲的支配延续到 1830 年。塔列朗在向路易十八做决策建议的时候对此做了说明。于法国而言，在经历了军事上的失利后，也只有道德力量才能依靠。无疑，塔列朗提出这一原则有他自己的小算盘。

宽泛地说，"正统原则"声称，领土应该属于拥有它的世袭君主，除非后者自愿分割以换取某种补偿。基于此，如果法国由波旁王朝统治，那么后者就可以拥有路易十六时期领土的所有权。但这一原则的制定必须谨慎，否则就会行不通。例如，根据这一原则，英国应该恢复斯图亚特王朝时期的领土。还有热那亚，被法国侵占之前它曾是一个独立的共和国，现在属于撒丁王国。热那亚人本可引用正统原则，但不幸的是，他们没有，反而同意领土归属交由稍后举行的维也纳会议来裁决，美其名曰民族自决权。更糟糕的是，他们支持制定民主宪法，这很危险。塔列朗说：

> 热那亚人提出的宪法计划，因其中存在的民主意涵而未获通过。但是，鉴于热那亚人对这种屈辱表现出的万分不情愿，鉴于这些条约有助于最大程度地消除欧洲各国的痛苦和分歧的根源——在比利时人与荷兰人、撒克逊人与普鲁士人、意大利人与奥地利人各自联盟之际，所有方面的分歧都在加剧——所以，一系列条约的签订就显得尤为必要。

因此，正统原则不可能被大众用来对抗王侯。另外也有太多的理由可以说明这一原则永远不可能为一些共和制国家接受：比如瑞士，因为亚历山大对拉阿尔普的感情；比如波兰，因为波兰不再有合法的国王，而且波兰领土的四分五裂并不是法国造成的。大致来说，当时对于领土的处置一如今日我们对地产的处置，我们不会因为一个租户个人的一厢情愿就允许他获得自己所居住的土地的所有权，今天的大多数人都会认为这是荒谬的；在维也纳会议上，谈判者也同样认为政府提出的所谓民族自决原则是荒谬的。如果一位国王对一块领地拥有世袭权利，那么他可以主张他的权利，会议必会予以关注；如若不然，大国可以通过协商进行分配。

正如我们在热那亚一例中所看到的，会议对于任何推崇民主的做法都表示出了极大的反感。英国的宪法得以存在的原因在于它是因袭的，而法国宪法的诞生出于多种原因。亚历山大只是在俄国之外的事务上扮演自由主义者。英国认为，一部宪法不仅可以调解法国的各种矛盾，而且可以恢复波旁王朝并给其带来稳定。奥地利和普鲁士在犹豫一阵之后终被说服，开始相信宪法有其天生的致命之处，可以削弱法国，并且防止路易十四和拿破仑所引发的那种灾难的再次发生。不过，它们并不鼓励在其他地方也推行宪法。在这个问题上，英国的辉格党与托利党政府意见相左。在意大利，威廉·本廷克勋爵因为鼓励热那亚人的做法和抗议西西里岛国王的暴行，给政府制造了许多麻烦，但是这位斗志昂扬的辉格党人身居高位，不能立即解职。1814 年5 月 7 日，卡斯尔雷在给西西里国王的信中写道：

> 我们不可能意识不到欧洲将要面临道德巨变，自由原则将会席卷欧洲。问题是，这种转变或许太突然了，来不及深入各个

可能会让世界变得更美好或更快乐的领域。法国、西班牙、荷兰和西西里相继颁布了新宪法，在鼓励其他国家尝试之前，让我们先静观其变。或许不妨先试试，但必须密切关注其结果。我确信，这一输入欧洲各国的最危险的原则，加速实施不如延迟实施。

于意大利而言，现在更要避免冒进，如果我们希望与奥地利和撒丁王国一起行动的话。既然我们不得不将法国人逐出意大利，我们理应承担一切风险，但欧洲目前的局势不需要这样的权宜之计，而且出于对总体和平与稳定的考虑，我更希望看到意大利稍安勿躁，看看宪法在其他地方产生了哪些不易觉察的影响，而不是此刻让这种蠢蠢欲动毁了意大利国内的平静。

顺便说一下，西班牙和西西里岛的宪法旋即被压制了。

与西方列强的小家子气截然不同，亚历山大决定赞成波兰或者说波兰的部分地区推行宪法，并最终获得维也纳会议的批准。然而，这部宪法的命运表明，亚历山大的自由主义不过是说说而已。立法机构由两院组成，众议院由拥有封地的贵族的 71 名代表和 51 名市镇代表组成，上议院由皇室成员、主教、官员组成。议会每两年召集一次，每次会期 30 天，它不负责提案，而是负责通过或否决政府的提案。1818 年，议会举行首次会议，一切进行得都很顺利，除了一个离婚提案外，两院通过了亚历山大的全部提案，为此他彬彬有礼地致谢，说他尊重议会的原则，并乐见议会有其独立性。然而到了 1820 年，两院否决了亚历山大的所有议案。他暴跳如雷，把宪法抛诸脑后，下令在 1825 年前不再召集议会。此后，议会只在 1829 年召集过一次。

1830 年，波兰人民起义，从那时起到第一次世界大战爆发，波兰一直在沙皇俄国的独裁统治之下。尽管如此，亚历山大还是在维也纳大大炫耀了他对波兰采取的自由主义政策以及波兰在其统治下团结统一的大好局面。

塔列朗提出的正统原则，与梅特涅可谓不谋而合。但在处理那不勒斯问题上犯了难，不过，后来那不勒斯国王接受劝导放弃了与妻舅拿破仑的条约。在该条约中，奥地利承诺保住缪拉特的王位，而事实上，随着拿破仑的大势已去，这个条约已毫无意义，同时塔列朗也力挺波旁王朝的斐迪南国王对那不勒斯有合法统治权。幸好，缪拉特的一次轻率之举使这个小问题迎刃而解：拿破仑从厄尔巴岛①逃回法国后，缪拉特向其忏悔了之前的背叛行为，因此既然拿破仑倒台了，他也该下台。那不勒斯问题的解决让梅特涅毫无顾虑地接受了正统原则。

英国对这一原则的态度是仁慈的，只要它不与英国的利益有任何冲突。当然，这一原则不可适用于其殖民地：英国强调其对某些重要的荷兰殖民地拥有永久合法统治权，这些殖民地因为荷兰当年被迫与法国结盟而落入英国囊中。奥兰治亲王②对于得到比利时作为补偿很是感激，可惜在 1830 年又弄丢了。在欧洲以外以及外海，英国的态度由英国的利益决定，而在欧洲大陆，正统原则极为适用，因为所有对英国殊为重要的问题都在维也纳会议开始前得到了解决。

---

① 下台后的拿破仑被送到厄尔巴岛软禁。1815 年 2 月，有亲信来报说巴黎有人准备以政变推翻波旁王朝。拿破仑觉得时机已到，趁着守休息，率领千余名官兵逃离该岛。——译注

② 一度被法国驱逐，后成为荷兰国王。——译注

普鲁士和俄国颇多异议。俄国之所以反对，一方面是由于亚历山大暧昧不清的自由主义思想，但最主要是他的领土野心与普鲁士有着复杂的关联。他向普鲁士国王承诺过给予其 1806 年以前普鲁士所拥有的疆域。但在 1806 年前，普鲁士拥有部分波兰领土，如今亚历山大想将这些地方占为己有，因此他要求普鲁士接受他地作为补偿。最简便的办法是将萨克森划给普鲁士，因为萨克森国王没有适时远离拿破仑。但萨克森国王毕竟是合法君主，路易十八和塔列朗对此想法表示了强烈愤慨。奥地利既怕俄国又怕普鲁士，因而站在了法国一边。英国想壮大普鲁士，同时削弱俄国，所以卡斯尔雷先是支持普鲁士对萨克森的诉求，然后又反对俄国将整个波兰实际纳入囊中。当他发现事情并不能如他所愿时，便决定也不让普鲁士和俄国得逞，同时投向了奥地利和法国一边。这个问题耗去了会议的大部分时间。

10 月 1 日，就在会议开幕之际，塔列朗会见了亚历山大，他强调了正统原则的伦理重要性，以此反对他所谓的沙皇的狂妄。亚历山大不喜欢塔列朗，毫无疑问，原因之一是他认为塔列朗太过愤世嫉俗，但更主要是因为当年俄国政府抗议拿破仑杀害昂基安公爵，而塔列朗的反应却向大家暗示这并不比弑父更糟。[①] 此时如同当年一样，面对一个有着虔诚宗教信仰的皇帝，塔列朗已然站上了道德制高点，这一定让他很得意，只是这种得意是不可在他关于 10 月 1 日会见的回忆录中流露的：

> 亚：现在来谈谈我们之间的事吧，我们必须在此做个了结。
>
> 塔：这取决于陛下您，如果您像对待法国一样，同样地赋

---

① 人们怀疑亚历山大参与了弑父，其父为保罗一世。——译注

予您伟大而高贵的心力，那么事情就会迅速而愉快地解决。

亚：但是解决方案必须符合各方利益（传统权益）。

塔：还有各方自己的权利。

亚：我已占有的应该继续归我。

塔：陛下只是想保留您合法拥有的。

亚：我与各大国之间有协议。

塔：我不知道陛下是否将法国算在大国之列。

亚：当然。但是，如果你不想让各方都得偿所愿，你打算怎么做？

塔：我将正义放在首位，利益放在其次。

亚：欧洲的利益就是正义。

塔：陛下口不对心，听起来如此陌生，您内心不是这么想的。

亚：不，我再说一遍，欧洲的利益就是正义。

此刻塔列朗痛心疾首，他大叫："欧洲，欧洲，不幸的欧洲！或者应该说你已经毁了欧洲？"亚历山大回答："如果叫我放弃，那宁愿开战。"塔列朗的回忆录继续写道：

我不再做任何努力，像一个内心痛苦但心意已决的人，暗暗告诉自己"这不是我们的错"。我一言不发。皇帝也没有立即打破沉默，片刻之后重复了一句："是的，宁愿开战。"我不为所动。这时皇帝挥舞着他的手，我从未见过他这个样子，这让我想到书中描述的终止马可·奥勒留①演说的情景，与其说他在讲话，不如说是在叫喊："该去剧院了，我得走了，我答应了（奥地利）皇帝，他们正等着我。"走了之后，复又折回，双手按压着我的身体，用一种不同以往的嗓音说："再见，再见，我们以后再见。"

尽管出现了这样的动人场景，但两人在会议期间始终处于对立状态，争议的焦点最后以折中方式获得解决。亚历山大得到的波兰领土比他想要的少，普鲁士只得到萨克森一半的领土，另一半留给其合法的国王。这一解决方案，直到拿破仑从厄尔巴岛出逃，欧洲列强才不得不调和彼此之间的分歧，事情总算尘埃落定。但是各国对于这一方案的争论也许至今还没消停。

普鲁士表面上认同其他大国，其实却不然。首相哈登贝格与奥地利交好，国王则完全听从亚历山大。然而，普鲁士有着强大的民族主义运动，这一运动更确切说是德国的，而不纯粹是普鲁士的，所以德国其他地区的很多人对其抱有同情。1806年之后，普鲁士着手推行改革，只要拿破仑许可。爱国的首相施泰因因为改革而惹恼了拿破仑，被迫远走他乡，在维也纳会议期间效命于亚历山大。普鲁士的军队对德国有感情，对法国却充满仇恨。从路易十四时代起，德国西部由一些弱小公国组成，它们只能任由法国摆布。普鲁士在腓特烈大帝治下曾经成功地对抗过路易十五，后来却没能抵挡住拿破仑。因此，所有爱国的德国人内心都非常清楚，要在未来防范法国的入侵，德国必须保持一定程度的统一，但是顽固的太子党一再对统一计划设置障碍。

---

① 有以希腊文写成的《沉思录》传世，被称为"帝王哲学家"。——译注

至此，爱国主义情绪和对法国的仇恨结合在一起遍布德国整个知识阶层，尤其在年轻人中间形成一种支持普鲁士的情绪，形成了德国对抗法国的强大堡垒。当然，这种情绪与正统原则是不相容的，并会导致弱小公国一直孱弱下去，最终削弱德国的实力。因此，德国的爱国主义者不得不推行某种程度的变革。德国政府对这种爱国主义抱有一定的怀疑态度，普鲁士政府亦是如此，当然，普鲁士还是鼓励这种爱国主义的，只要它有利于普鲁士。反对小国君主的斗争给日耳曼人的民族主义运动增添了民主色彩，使得普鲁士国王在 1813 年运动高潮期间答应制定宪法，作为民众斗争胜利的回报。而腓特烈·威廉必须使民众对于这一承诺的兑现始终保持乐观，直至他靠着自己穷兵黩武的政策在这场战争中捞得盆满钵满。但他必须谨慎处置，以免惊扰其他独裁者。当然，在滑铁卢战役之后，宪法一事已鲜有人提及。

德国的新爱国主义者对于塔列朗出现在维也纳感到惊讶。塔列朗承认，当年法国的所作所为就像个傲慢无礼的征服者，以盛气凌人的姿态要求被征服者有所进献（这是拿破仑的作风，让被征服者为他的战争买单）。所以现在大家对《巴黎条约》的温和感到愤慨，正如塔列朗所说，"大家已极为厌倦从慷慨中获得的乐趣"。德国的民族主义在塔列朗看来就是雅各宾主义。他说，雅各宾主义的信徒不是中下阶层人民，而是最上层、最富有的贵族，他们的同谋还有大学人士以及被他们的理论蒙蔽的年轻人，他们强烈谴责德国分裂成一干小国。"德国统一就是他们的口号，他们的宗旨，他们的信仰，最终发展为一种狂热，这种狂热在那些小国君主们执政时其实就已存在。"他认为，德国的统一在法国拥有莱茵河的左岸和比利时时对法国构不成威胁，但现在形势对法国非常严峻。因此他的任务就是反对一切统一德国的企图，而在这方面，正统原则恰好有用武之地。出于对普鲁士的恐惧，梅特涅与塔列朗站到了一起。

普鲁士对于这个民族主义新原则的拥护有些三心二意，在久经沙场的外交家看来，这个原则令国家充满了爆发革命的危险，当然我们不能说这些外交家是错的。塔列朗形容为"雅各宾主义者"的德国爱国者通过一场运动直接把这个国家拖进了一战，事后回想起来，这场运动有着一种虚假的必然性。维也纳会议期间，德国爱国者走在了时代前列，但是从1848年起，他们的观点日益影响了整个世界。

德国民族主义的新学说中包含着各种截然不同的元素，其中有纯粹的德国元素，即坚信德意志民族具有崇高的美德和阳刚之气。这个新学说主张国家的边界就是民族的边界；信仰民主，即人民有权选择自己国家的政权组织形式。所有这些都是1815年的正统原则所不容的。

在1814年拿破仑倒台之际，沙皇在法国问题上曾经支持其国民对本国政府组织形式的选择权。根茨阐述了奥地利政府的观点，他说，如果允许法国任命世袭君主之外的人来统治，就意味着"认可了一个原则，即人民将决定是否接纳目前当政的君主，这一原则在我们这个时代是很难理直气壮地宣之于口的，这种人民主权原则是所有革命制度的支柱"。

国家的边界就是民族的边界，这一主张必将遭到奥地利的抵制。如果这个原则最终获胜，弗兰茨皇帝的一小部分领土将被并入统一的德国，加利西亚将成为再度统一的波兰的一部分，波希米亚和特兰西瓦尼亚则会独立。民族主义将导致上述一切在一战开始后陆续发生，当然，对德国有利的领土除外。因此，奥地利政府反对德国的民族主义就不足为奇了。

认为德意志民族具有崇高的美德和阳刚之气，这一信念来自德国与拿破仑作战期间，尤其是 1813 年的战争。这场战役在德国史上的地位，一如西班牙无敌舰队在英国史中的分量，亦相当于解放战争在美国史中的影响。1813 年时，德国年轻一代以及被他们视为引路人的老一代，都与世界大同的思想无关，并且从各个方面反对 18 世纪的古典主义。德国的浪漫主义运动①不同于英国的，它与现实政治有着密切的联系，并且提出了可以实现的理想，事实上这些理想已在俾斯麦手中成真。在浪漫主义运动期间，德国人满怀激情地赞美它，甚而超出了理性的范围。雪莱赞美希腊人对土耳其人的反抗，西班牙人对波旁王朝的反抗，但德国浪漫主义者赞美布吕歇尔，一个神一样的坚毅的人，这位传奇人物在德国人心目中的地位恰如德雷克之于英国人。

既然布吕歇尔是德国的民族英雄，那就值得我们花点时间来分析一下他的性格。他是个伟大的战士，狂热的爱国者，国王忠实的仆人，他的宗教信仰真诚而深邃。他对法国的态度遭到了道德上的责难，当滑铁卢战役还在进行，这个态度是对是错仍不明朗时，他写道："我希望这场战争这样结束，即在未来法国将不再对德国构成威胁，阿尔萨斯和洛林必须交还我们。"对此，19 世纪德国著名历史学家特赖奇克称布吕歇尔为"最高尚的世界主义者"，说他拥有"不顾一切的忘我精神，这种精神只存在于德国的理想主义之中"。

---

① 18 世纪末及 19 世纪初西欧掀起的文艺运动。——译注

1815 年，布吕歇尔军队里的萨克森人发生哗变，他对这件事的处理很好地反映出了他的性格。当时，萨克森的领土部分归还了萨克森国王，部分划给了普鲁士，如此一来一部分萨克森军人就要加入普鲁士军队。出于对自己的国王和国家的忠诚，一些萨克森军人拒绝听命于布吕歇尔。最终，布吕歇尔以极端手段镇压了叛军，然后在给萨克森国王腓特烈·奥古斯特的信中这样写道：

陛下，

您早先的行为已经对您统治区域造成了极为深重的灾难，它是德国极为重要的一块领土。

您随后的行为可能导致您治下的这个地区蒙受莫大的耻辱。

在腓特烈和普莱斯堡地区组织的兵变已经爆发，而这一时刻全德上下正在抗击共同的敌人。这些罪犯公开宣称拿破仑是他们的保护人，导致我这样一个在军中服役 55 年双手沾满敌人鲜血的人，不得不第一次在自己的军队中大开杀戒。

从附件中，陛下可以看到迄今我为保住萨克森的荣誉所做的一切，但我的努力到此为止。

如果您无视我的意见，我将不得不以武力恢复秩序，虽然这样做我不无痛苦，但我将听从我的良心和使命感，如果有必要的话，即便剿灭整个萨克森军队也在所不惜。

终有一天，在上帝的审判席上，已经抛洒的鲜血会面对对此负有责任的人：在万能的主面前，我所下的命令与上帝准许我下的命令完全一致。

陛下想必清楚，一个 73 岁的老人在尘世间已别无他求，唯愿真理的声音被人闻知，人间正道得以畅行。

为此，必须将此信呈送陛下。

布吕歇尔

写于列日的司令部

1815 年 5 月 6 日

布吕歇尔表达情感的方式也颇为奇特。在他的妻子过世时，他看了看遗体说："是啊，如果蟾蜍的美可以用鬼来形容，那她给人的感觉就像一千个鬼。"类似的表达他在评价梅特涅时也用过。那是滑铁卢战役后，他和他的骑兵占领了拿破仑在圣克劳德的宫殿，在长廊上他说："这个人所做的一切足以证明他是个十足的傻瓜，只会跟着莫斯科跑。"这个"十足的傻瓜"令布吕歇尔大失所望，不仅听任拿破仑被轻轻松松放逐到圣赫勒拿岛，还试图将他置于死地。威灵顿与这个计划毫无关系，6 月 28 日，当拿破仑仍然逍遥法外时，威灵顿在一封信中写道：

> 巴黎人认为雅各宾派会将他（拿破仑）交给我，相信我会救他一命。布吕歇尔写信要我处死他，但我告诉他我反对这么做，并且强调对拿破仑的处置应由各方协商。而且出于私交，我劝他不要介入任何愚蠢的处置行动——由于他与我在此事中的角色太过重要，并不是合适的执行者人选——我的态度非常明确，如果各国君主想置他于死地，最好另请高明，恕我难以从命。

如果人们还记得在一战结束时商议绞死威廉二世的事，还记得当时民众的情绪和那些政治要人的演讲，就一定会意识到 1815 年的普鲁士在世界上是多么强大，同时也意识到像普鲁士公爵这样的顾虑重重似乎传给了下一代。

无论人们对 19 世纪初与德国文艺复兴运动相关的政治思想作何评价，都必须承认，以个体对文化的贡献而言，当时的德国领先于全世界。康德和黑格尔，歌德和席勒，都是同时代的非德国人难望项背的。事实上，康德和歌德的伟大某种程度上应归功于源于德国民族主义的自由精神，但他们身上的一些最可贵的品格却让后世的德国民族主义者感到遗憾。康德敬仰卢梭，推崇法国大革命。他写过一篇论文，鼓吹一种被特赖奇克称为"温和的永久和平的理想"。至于歌德，耶拿战役的枪声激起了他的哲学热情而不是爱国情怀或个人情感，后来他偕同法国人亲临战地，良心并无不安。康德和歌德是一代伟人，但他们不喜欢为德国民族主义所用，而在他们之后的大多数德国伟人都充满了爱国主义情怀，这也并非毫无理由的。从拿破仑倒台到一战爆发，这段期间德国在科学乃至几乎所有的学术领域都雄踞霸主地位。1815 年的德国不仅在科学领域，而且在许多其他方面，都领先其他任何一个国家一百年的光景。正如特赖奇克所言：

> 这是马丁·路德时代以来的第一次，德国的想法再次塑造了世界，当时的人们比以前更愿意接受改革思想。唯有德国彻底超越了 18 世纪的世界秩序观。启蒙运动的感觉论让位于唯心主义哲学；理性世界被浓重的宗教情感占据；世界主义被民族问题先行所替代；自然权利为各国的生存发展意识所替代；以前公认的艺术规则被自由的诗歌所取代，后者像源于灵魂深处的自然力量一样鼓舞人心；精确科学的优势被新的历史美学文化所替代。

通过三代人，尤其是古典主义和浪漫主义诗人的努力，新思想在全世界已渐臻成熟，但各邻国一直以来只是独自享用这些思想，直到今天才终于遍布世界各地。

特赖奇克又指出，恰在同一时期，教皇再次引入宗教裁判所和禁书目录，并宣布各《圣经》公会所从事的是魔鬼的工作，与此同时，在王政复辟的法国南部，"天主教暴徒袭击新教教徒的住所，杀害异教徒，叫嚣着'要用加尔文的血做黑布丁！'"。

政治家们齐聚维也纳会议，这些开明的有教养的人对于那些野蛮行径毫无作为，反倒被德国的新思潮吓坏了。尤其是梅特涅，他竭力把德国困在18世纪的秩序中，在1848年之前成功地压制了这个国家的自由主义思潮。

维也纳会议是18世纪的基调，而凭空出现的德国以民主国家的身份奉行民族主义似乎是属于后世的东西。至于会上讨论的另一个问题，即奴隶贸易，也同样没有下文。这一由英国提出的议案使19世纪的慈善事业应运而生，但其他大国以彻头彻尾的犬儒主义观点来看待它。在英国，废除奴隶贸易的舆情势不可挡，无论卡斯尔雷自己作何感想，都不能无视废奴运动支持者威尔伯福斯和克拉克森的存在，对窗外事充耳不闻。英国废除了本国的奴隶贸易，并极力劝导其他大国承诺在5年内取消自己的奴隶贸易。令塔列朗之流感到惊讶的是，英国政府愿意提供领土或现金这类可靠的抵偿物以保证各国实现承诺，而对拒绝取消的国家可能会进行不太友好的贸易制裁。下面这封卡斯尔雷写给英国驻马德里大使的信，非常典型地表达了这一意图：

圣詹姆斯广场，1814 年 8 月 1 日

尊敬的阁下：

……你必须对西班牙政府施压，以便助我们废除奴隶贸易，舍此我们别无他法。不过，我们愿意相信西班牙会为此全力以赴。我相信，没有哪个村庄不遇到奴隶贸易问题，不希望废除之。议会两院应该承诺施压于奴隶贸易，大臣们在制定政策时必须由此出发。尤其重要的是，西班牙和葡萄牙不应该在此问题上与整个欧洲离心离德，如若不然我们可能会下令禁止进口它们殖民地的产品。因此在敦促法国承诺 5 年取消的同时，也请大家劝说拉布拉多（西班牙出席维也纳会议的代表）这样做。

至于在北线立即取消的问题，如果你不能将奴隶贸易限制在洛佩斯角或洛佩贡萨尔维斯以南地区，请限制于福莫苏角，或者这三个点向西移一点到海岸角堡一带；但限制在洛佩斯角以南最为理想，装载货物的轮船一旦从那里出发，沿岸地区会立即享有自由。

你也许会想到在我们主张取缔之前，西班牙本身并无奴隶贸易，现在看来，它引进奴隶，很少是真为了应其殖民地之需。它们贩运的奴隶绝大部分先是运往古巴和波多黎各，然后转运美洲各地，最后无视美国法律走私到美国，主要目的地是密西西比。可见，共享搜寻权对于监督是否滥用法律是非常重要的。

英国对奴隶贸易的态度反映出一种古怪的心理，因为那些竭力主张取缔的人似乎反对任何减轻英国工业化恐惧的尝试。威尔伯福斯之流准备在童工问题所作的唯一让步是，孩子们应该有时间在星期日学

习基督教教义。对英国儿童他们没有怜悯之心，对黑人却满腔同情，对此我不在乎人们怎么解释，因为在我看来他们不过是怀有一种令人讨厌的愤世嫉俗。但这一事实是值得注意的，这是人类情感复杂性的明证。

直到 1919 年，人们才普遍认为维也纳会议是失败的，当然，如今的世界已经创下了失败的新高。维也纳会议尽管有其缺憾，但在两个重要方面的决定是值得欧洲感激的。首先是对法国的宽容。确实，百日之后，大家感到有必要再严厉些，所以要求强制赔款，并让盟军在法国占据重要岗位。但没过几年，赔款付清了，军队撤离了，法国就再也不会感受到面对胜利者的漫长痛苦了。

欧洲从维也纳会议得到的第二个益处是建立了一个国际性政府以维护和平。事实上，这一政府是临时性的，所施行的措施也很糟糕。然而，在 23 年的战争之后，它给了欧洲一个喘息的空间。俄罗斯、普鲁士、奥地利和英国——后来法国也加入——同意不时会面以处理国际事务。在一定程度上我们可以说，由于这样的安排，之后 39 年里没有发生大规模战争。

第三章　神圣同盟

想像别人一样成功总是有风险的。1814 年盟军进入巴黎之时，最重要的地方被亚历山大占领了；但 1815 年进入巴黎时，亚历山大的光芒被威灵顿和布吕歇尔的风头掩盖。在没有亚历山大或奥地利的帮助的情况下，威灵顿和布吕歇尔最终战胜了近代最伟大的军事天才。然而，即便尘世的荣耀衰减了，天堂的荣耀依然是可以实现的。此时的亚历山大比以前更加笃信宗教。

亚历山大从他相识的女士们那里多次听说过一位非凡的女预言家的大名：克吕登纳男爵夫人（Baroness Krüdener）。这位时年 52 岁的女士并非一直过着宗教生活。她的青春岁月是快活的，也有起起落落，她向我们保证，她高尚的天性从来没有完全沉睡，在哥本哈根奢靡和荒唐的享乐中，她仍然保持着自我和真实，始终顺从自己的天性。1789 年，她决定顺应自己的天性离开哥本哈根（她丈夫是俄罗斯大使）留在巴黎。然而几个月后，克吕登纳就在玛丽·安托瓦内特的裁缝师那里欠下了 800 英镑的账，再加上其他一些原因，她只得搬到了蒙彼利埃。

国王路易十六逃往瓦雷讷之后，由于他用了克吕登纳一个朋友的护照，她出于谨慎决定离开法国，而她的情人扮成男仆陪伴左右。她将情人介绍给自己的丈夫并坦诚相告，但后者的反应未能如她所愿。"M. 德·克吕登纳，"后来她评论道，"对家庭幸福毫不在乎，对晚餐、访友和看戏等却兴趣越来越大。"尽管丈夫如此麻木，她还是与他住在柏林，他是驻当地的大使。她相信自己将好运带给了丈夫，她说："自从我回到丈夫身边，上帝就希望保佑他……为什么我不相信一颗虔诚的心，相信它以质朴和信心祈祷上帝赐福于另一个人，让他获得它所祈求的呢？"然而，1801 年，她最终离开了男爵，如果之后上帝仍然保佑男爵，那一定采用了其他方式。

她的转变发生在 1805 年，当时她与母亲住在里加。一位年轻人爱上了她，在向她脱帽致敬时突然倒地身亡。她非常不快，在她看来，这事可能也会发生在她身上。不久之后的一天，她注意到自己的鞋匠一脸幸福，便问其缘由，鞋匠说这是因为自己加入了摩拉维亚弟兄会，阅读了《圣经》。她也如法炮制，发现果然有效。她写了自己的感受："你想象不到我从这神圣而崇高的信仰中获得了什么……爱、志向、成功，这些对我而言不过是些愚蠢的事情。夸张的感情，即便是合法的，在我看来也无法与至高无上的纯洁和天堂的幸福相比。"

她在历史上有一席之地是她度过了 10 年宗教生活之后的事。当时她有一种预感，自己必定会见到沙皇，于是 1815 年春天她在一个小村庄安顿下来，这个村庄位于维也纳至俄国军队驻地之间。这年 6 月 4 日那天，亚历山大率领他的部队匆忙地从维也纳会议赶回，当晚在海尔布隆过夜，发现那里离克吕登纳夫人的居住地很近，他已久闻其名，但不知道她就近在咫尺。由于过于疲劳无心读书，再加上心烦无法入眠，他想起听说的她的事迹，希望有缘一会。因此，她被宣召进见。

克吕登纳开门见山地告诉亚历山大他是个罪人，在神的面前没有表现出足够的谦卑。她说自己曾经也是个大罪人，但她的罪在基督的十字架下获得了宽恕。亚历山大回答说："你让我在自己身上发现了以前从来没有见过的东西，为此我感谢上帝。我觉得这样的谈话应该多多益善，请你不要离我太远。"她遵从皇帝命令，接下来的几个月里一刻都不曾离这位高高在上的忏悔者太远。

这二人的德行之结晶便是神圣同盟，亚历山大于1815年9月草拟出相关文件，其主旨是要将宗教真理应用于政治，这正是他从男爵夫人那里学来的。亚历山大将草案交给她，并恭敬地接受了她的修改建议，然后立即送达奥地利皇帝和普鲁士国王，希望欧洲其他国家的君主尽快签署。（苏丹王①不是基督徒，所以不在其列。）

以下便是由亚历山大、弗兰茨和腓特烈·威廉在9月26日签署的神圣同盟宣言：

　　　　　　以神圣和不可分割的三位一体的名义发布的宣言

奥地利皇帝陛下、普鲁士国王陛下和俄罗斯皇帝陛下，鉴于最近3年在欧洲发生的重大事件，特别是鉴于神已赐福于这些国家，而这些国家也将自己的信任和希望全部寄托在神意之上，因此三国君主深信各大国的相处原则必须以至高无上的真理为指引，而这种真理就包含在对于我们的救世主基督的永恒信仰之中。三国君主庄严宣布，本宣言的唯一目的就是要向全世界展现

---

① 苏丹王是旧时的土耳其君主。——译注

自己的决心，一种坚定不移地奉行其行为准则的决心，无论是管理国家内政，还是处理与其他任何政府的政治关系，皆以神圣的宗教原则，即正直、仁爱与和平，为唯一遵循之原则。就个人私生活而言，这些原则还远未付诸实施，但是这些原则应当直接影响各国君主的决心，并引导他们所有的决策，由此成为巩固人类各种制度以及完善各种不尽人意之处的唯一途径。

因此，三国君主正式接受下列条款：

第一条　根据神圣经文的训示，我们所有人彼此要以兄弟相待，缔约三国的君主将以一种真正的牢不可破的兄之情团结在一起，视彼此为同胞，无论何地、何种情形之下均互帮互助；并且相信他们自己与臣民及士兵的关系如同父亲与子女，由此引导臣民与士兵之间情同手足，共同保卫宗教、和平与正义。

第二条　这一原则的生效，将使得政府之间或各国臣民之间形成一种互惠互助，向彼此展示善意和能让彼此欢欣鼓舞的情感。对所有人一视同仁，都看作同一个基督徒的国的子民；缔约三国的君主只能视自己为在神的授意下管理同一家庭的三个分支，它们是：

奥地利，

普鲁士，

俄罗斯；

缔约三国承认其君主与子民组成的基督教国家除了神圣的主耶稣基督之外，再无其他统治者，他拥有独一无二的至高权力，因为他拥有所有的爱，所有的知识，所有无限的智慧。可以说，我们神圣的主耶稣基督以其身传上帝之言。

因此三国的皇帝陛下以最诚挚的关怀将这一原则推荐给他们的臣民，这一原则出自善良意愿，同时也是享有和平的唯一途径，它将成为唯一的永恒。这一原则每天都会自我强化，并引发更多的准则和责任，所有这些都是神圣救主命令人类必须履行的。

第三条　所有有此庄严愿望的国家，公开接受本宣言提出的神圣原则的国家，如果已经意识到这一原则对于长久困扰我们的幸福问题会有多么重要的意义，意识到将来这些真理将对人类命运产生多么大的影响，那么这些国家将会被热情地接纳进神圣同盟。

公元 1815 年 9 月 14 日（26 日）签署于巴黎

（签名）弗兰茨

腓特烈－纪尧姆

亚历山大

但是，其他君主和政治家对神圣同盟评价不是很高，因为它表明欧洲的事务仍由始于肖蒙①的四个大国的联盟所控制。路易十八后来被允许加入神圣同盟，这是因为法国的重要性是宗教意义上的，而不是就其国际地位而言。在梅特涅看来，正如他对卡斯尔雷所说的，亚历山大的思想已受别人影响；弗兰茨皇帝同意此说，但认为顺应亚历山大而签字是更为明智的。英国政府拒绝参加神圣同盟，不过摄政王——一位虔诚的基督徒——给沙皇写信表达了同感。当亚历山大向卡斯尔雷讲述神圣同盟时，碰巧威灵顿也在场。对于皇帝向他们解

———————————

① 法国地名。——译注

释此事，这两人（为此卡斯尔雷还写信给利物浦勋爵）感到很难保持镇定。有趣的是，亚历山大的转变被普遍认为是一种反动派的胜利，而反动派自己——都宣称信奉基督教——却认为这项提议是基于基督教原则存在的，这个原则本身则是精神错乱的表现。

神圣同盟本身对欧洲事务的进程并没有什么影响，所有的事情都由各国议会处理，然后提交维也纳会议形成最终法案。而实际上，在1815 年到 1830 年这黑暗反动的 15 年间，民心并没有误以为所有对自由的压制都是神圣同盟所为。亚历山大的这个转变使他不再是自由主义者，因此影响力越来越不如梅特涅。而梅特涅在欧洲的权力也似乎越来越小，并且不时受到克吕登纳夫人的干扰。不久之后，沙皇对克吕登纳夫人感到厌倦了，然而取代她的另一位宗教导师则贻害更大。亚历山大和克吕登纳夫人之间的关系与尼古拉二世和拉斯普廷①的关系颇有相似性，区别在于一个是喜剧，一个是悲剧。当我们的视线从沙皇个人转移到整个世界时，喜剧的色彩也就烟消云散了。那不勒斯的爱国者或失去性命或遭终生监禁，俄国的士兵被鞭笞致死，希腊人被钉在尖桩上，皆因亚历山大柔弱的良心需要这样的牺牲。在找到救世之道前，亚历山大还是讲人道的，之后却渐渐沉沦，越来越残酷。

由维也纳开始并延续下来的会议体系有：1818 年的亚琛会议，1820 年至 1821 年的特罗保和莱巴赫②会议（实际上是一个会议），1822 年的维罗纳会议。

亚琛会议被梅特涅描述为"一个相当小型的会议"，它主要关注

---

① 生在农家，后为僧侣、神秘主义者，混入宫廷并得到俄国沙皇及皇后的宠信，后因丑闻百出引起公愤，终被合谋刺死。——译注

② 今称卢布尔雅那。——译注

法国事务，各方达成的共识是，外国军队应在两个月内从法国领土上撤离。会上，俄罗斯、奥地利、普鲁士和英国还重申了《肖蒙条约》，根据1814年签订的该条约，四国一致反对在法国建立对其他国家构成威胁的政府。《肖蒙条约》一经签订，法国就被接纳进大国行列，不再被他国区别对待。另一个秘密协议则规定五国中的任何一个若发生革命骚乱，可以求助其他四国，后者不得拒绝施以援手。各方还决定定期召开会议，一旦发生危机也可随时召开。一个国际性政府由此具有了立法功能和执行能力，其宪法就是合法性原则。

特罗保和莱巴赫会议将亚琛会议上达成的一系列原则进行了重要的实际应用。当时，各种令人恐慌之事层出不穷，搅得各国君主及大臣们心神不宁。在西班牙，军队发生哗变，他们强迫国王恢复1812年的宪法。雪莱以此为灵感创作出了《自由颂》，诗的开篇写道：

> 一个光荣的民族，再次激发
> 各民族的雷电，自由。

但雷电是危险的，于是俄罗斯、普鲁士和奥地利决定要出手制止。不过，事情可没那么简单。葡萄牙人不久也步了西班牙后尘。而梅特涅更为关切的那不勒斯则奋起反抗斐迪南，迫使其发誓遵守新宪法，这一宪法是他在被胁迫的情况下制定的。英国一开始就对东方各大国的反动政策持怀疑态度，于是拒绝参与任何镇压革命的行动。而法国在盟军的压力下已经接受了一个议会政体，它不能确定西班牙应不应该拥有一个议会，但非常确定如果要对西班牙进行干涉，那么应该采取纯粹的法国式做法。至于东方各大国，它们所担心的是，如果法国军队一旦与西班牙革命派有所接触，法国自身的革命传统就可能会被唤醒。随后，英国否决了针对葡萄牙的所有行动，梅特涅也被迫决定只让奥地利军队前往那不勒斯，此举引发了其他国家对于奥地利扩张势力的恐慌。

尽管有这样那样的困难，镇压行动还是告成，唯有葡萄牙例外。在法国，部长易人使得极端保守势力上台，后者派出法国军队于1822年入侵西班牙，恢复了国王的专制政府。而那不勒斯的事态平息得更快，斐迪南逃到教皇国①乞求奥地利人的帮助，于是他那不负责任的统治得以恢复，残暴的白色恐怖也一如往昔。上述事件对自由主义者是一个教训，并使得他们在欧洲沉寂多年。

亚历山大本人以前也是个自由主义者，所以他在其中扮演的角色耐人寻味。在此关键时刻，梅特涅的运气来了，当时亚历山大手下的谢苗诺夫斯基军团发生兵变，而亚历山大对该军团一直非常看重。这是一场非常温和的兵变，因为士兵不堪忍受一位新任上校的残酷行径所致。表面上，亚历山大将事情交由大臣阿拉克切耶夫处理，实际上自己亲自介入对于反叛者的惩处，并坚决要求施以令人吃惊的严刑，但同时又以仁慈的假象加以掩饰。正如史料所载："皇帝陛下打算对下列人员进行长期的预防性拘禁，同时考虑到这些人曾在前线服役，所以恩赏宽恕，对他们处以较轻的鞭刑，每人6000下，然后押往矿山参加强制劳动。"

与此同时，亚历山大写信给他的教友戈利岑王子：

> 我彻底放弃了自我，完全听从主的指引，遵循他的旨意。是主在命令和处置事情，而我只是忘我地追随，去追寻我内心认

---

① 位于亚平宁半岛中部，是由罗马教皇统治的世俗领地，现已不复存在。——译注

定的唯一可以指引我到达终点的路径，而这终点正是主安排的救赎，是他决心实现的普遍的善。

这番虔诚的表白，出现在亚历山大于莱巴赫会议期间所写的一封长信中，他试图以此为自己对那不勒斯的所作所为进行辩护，因为戈利岑王子对他的做法提出了大胆的批评。亚历山大则声称对招致批评难以理解，他辩称"那不勒斯的这些破坏性原则不到 6 个月的时间就在三个国家引发了革命，还威胁要散布到整个欧洲，照你的想法，我就得默默忍受"。他继续说，这些原则不仅反对王权，还针对基督教。接着，他进一步将那不勒斯国王与犹滴，将那不勒斯的革命者与荷罗孚尼[1]相比较，以此证明上帝会让弱势一方获胜。他还引用斐迪南的信，说他唯一信赖的就是上帝（其实除非斐迪南在宪法问题上做虚假誓言，否则他并无风险，因为立宪派希望保留他们的国王）。在这些之后，亚历山大又用几页纸陈述了一些世俗的理由，既狡猾，又言之凿凿，但随即又回到了宗教话题上。他说，全世界的自由主义者、革命者、烧炭党[2]人都是一个大的阴谋的一部分，不仅旨在反对政府，更是要反对救世主的信仰。"他们的口号是'砸烂可耻的东西'[3]（伏尔泰语"碾碎贱民"）。以前我只是通过伏尔泰、米拉波[4]、孔多塞以

---

① 《旧约》中的故事人物。亚述国王令大将荷罗孚尼率军讨伐不听号令的周边小国，荷罗孚尼发兵包围了耶路撒冷附近的犹太人，美丽而虔诚的犹太寡妇犹滴假装告密来到荷罗孚尼的军营，以美色诱之，受邀去其帐中饮宴，荷罗孚尼醉酒睡去，犹滴挥剑斩下其头颅带回犹太城中。在犹太人的攻击下，失去首领的亚述军队溃败逃走。——译注
② 19 世纪意大利的革命组织，旨在统一意大利，建立共和国。——译注
③ 这是欧洲启蒙运动的主要口号之一，即消灭宗教的狂热和专断。——译注
④ 法国政治家，曾任法国国民议会议长。——译注

及众多这类人的著作才熟知这些言论，现在我甚至不敢把这些可怕的亵渎之词写出来。"他说，他与圣保罗的信仰是一致的：

此时，我打开《圣经》，寻找那些含有我要向你表述的意思的段落，不过我的眼睛落在了《罗马书》第8章从22节到结束的部分，尽管这不是我所要寻找的，但这些内容如此引人注目，与我要写信对你说的有相似之处，所以我劝你也读一读。

我要寻找的有关信仰的内容出自《罗马书》第14章末尾的23节："他必有罪，因为他不是出于信心。凡不出于信心的都是罪。"①

我觉得我的工作既危险又神圣，我既不应该也不可以妥协，甚至不该成为别人非议的由头。

《罗马书》第14章中圣保罗说：

13节：所以我们不可再彼此论断，宁可定意，谁也不给弟兄放下绊脚跌人之物。

16节：不可叫你的善被人毁谤。

18节：在这几样上服侍基督的，就为神所喜悦，又为人所称许。

19节：所以，我们务要追求和睦的事与彼此建立德行的事。

21节：无论……是什么别的事，叫弟兄跌倒，一概不作才好。

22节：你有信心，就当在神面前守着。人在自己以为可行的事上能不自责，就有福了。

---

① 此处与《罗马书》原文有出入，我在这里照搬了皇帝书信的原文。

23 节：凡不出于信心的都是罪。

由此看来，似乎囚禁那不勒斯那些优秀的将士是正确的，让一个残暴的君主恢复其专制统治也是正确的。亚历山大指挥着世界上规模最大的军队，他能使自己的意志占据上风。梅特涅觉得他疯了，但认为这无关紧要，只要能利用疯子来达成奥地利外交部的意愿就行了。

亚历山大的宗教经历分为好几个阶段。首先是正统信仰阶段，这时的他并无太多困扰。然后，部分是因为受了他妹妹叶卡捷琳娜的影响，他对共济会产生了兴趣，而此时共济会是被较为正统的信仰所厌弃的。后来，克吕登纳夫人听从摩拉维亚鞋匠的建议，尊崇《圣经》并引导亚历山大学习经文。亚历山大鼓励英国和外国《圣经》公会在俄罗斯发行《圣经》，并和戈利岑王子联手开展这项工作。戈利岑的一个朋友科舍列夫，是亚历山大的另一个宗教助理。这两人竭力阻止亚历山大成为彻底的保守分子，因为这二人的宗教观并不认同俄国教会权贵们狂热的正统信条。当时教会权贵中最突出的人物之一是修道院院长佛提乌斯，在科舍列夫死后，他对亚历山大产生了极大的影响。科舍列夫去世后，佛提乌斯做了一次有点怪异的葬礼祷告：

在孤寂的深处，我祈祷主在他认为合适时派遣上帝的仆从，去摧毁隐匿在神秘之地的撒旦巢穴，那些伏尔泰分子、共济会和马丁主义者①的秘密社团，和那些被多次诅咒的七头蛇一般的光照派。他们将在圣乔治日②、11 月 26 日被大祭司召唤到主的裁

---

① 指马丁教派的追随者或门徒，为基督教的秘传教派，素有神秘主义传统。——译注
② 即每年 4 月 23 日，纪念英格兰守护神圣乔治的殉难日，也是英格兰的国庆日。——译注

判所前。

在国际事务上，亚历山大仍有一步棋要走，这步棋在 1822 年维罗纳会议期间以及维也纳的初步对话中完成。当时，奋起反抗土耳其暴政的希腊人民正在集聚，并且唤起了一些人的极大热情，不仅有自由主义者，还有那些念念不忘十字军东征的影响，不愿基督徒臣服于伊斯兰教徒的人。而在俄罗斯存在着一种同情希腊人民的民族主义动机，因为土耳其一向是俄罗斯的敌人，而且俄罗斯有领土野心，在这一点上只有牺牲土耳其人的利益才能得偿所愿。但奥地利人看待这个问题则是从另一个角度：他们担心土耳其的解体可能会使俄罗斯过于强大。后来，梅特涅成功地说服了亚历山大不要去追究希腊人反抗的原因，因为说到底，他们是在反抗合法的统治者。而梅特涅很清楚，亚历山大这么做是在牺牲俄罗斯的重大利益，他写信给弗兰茨皇帝说："俄罗斯内阁一下子就葬送了彼得大帝及其继任者的丰功伟绩。"从此，欧洲协同体①接受了俄罗斯与土耳其宫廷的交易，这是前所未有的事。梅特涅对此颇为自豪，他志得意满地写道："我完成了一项不同凡响的壮举。"

对亚历山大而言，他似乎仅仅贯彻了神圣同盟的原则。夏多布里昂，法国在维罗纳会议上的全权代表之一，想起了沙皇就这一问题对他说的话：

> 不会再有什么英国的、法国的、俄罗斯的、普鲁士的或者奥地利的政策了，除了一个普遍政策，其他什么都不会有了。这

---

① 指 1815 年维也纳会议后俄国、奥地利、普鲁士、英国缔结的四国同盟。——译注

个政策必须是符合所有国家的利益，并为所有国家的人民和君主所接受的。我正好借此机会证明我对我视为神圣同盟基石的原则的信心，而希腊的反抗运动正好证明了这些原则。毫无疑问，没什么比和土耳其打一场宗教战争更符合我个人的利益、我人民的利益或者我国立场了。但是，我想我在伯罗奔尼撒半岛的麻烦中觉察到了革命的迹象，因此我放弃了我方利益……是的，我绝不会舍弃与我联盟的君主，必须允许国王们公开结盟以保卫自己、对抗那些秘密社团。是什么在诱惑我？我需要什么来强大我的帝国？上天让 80 万士兵听从我的指挥不是为了满足我的个人野心，而是为了捍卫宗教、道德和正义，为了让那些维护世界秩序的原则成为主导，正是这些原则支撑着人类社会。

基于这些考虑，帝国的这位性格内向的人保住了自己的美德，而希腊人则继续被钉在尖桩上。

亚历山大在位的最后几年中，他在国内事务方面的表现并不好过在欧洲事务方面的表现。他实行了极为严苛的审查制度，削减教育，严格限制学术自由，同时把大部分注意力放在了"军事基地（military colonies）"上，这项措施企图使农民服从军队纪律，又没有把他们从农奴的劳动中解放出来。他的大臣阿拉克切耶夫是一位黑暗天使，利用亚历山大自责的心态，引导绝望中的他变得残忍。阿拉克切耶夫曾是保罗一世的忠实仆人，他并没有忘记提醒亚历山大这一事实。1823 年，在保罗诞辰纪念日那天，阿拉克切耶夫写信给亚历山大说："在神殿里，在今天这个怀念他的日子，我向他表达了深深的感激之情。在上帝座位旁边那个他曾经待过的地方，他肯定看到了他从前的臣民所表达的真挚而忠贞的情感，在过去这个臣民曾以如此的情感取悦于他，而现在他的高贵的继任者也一定感受到了这种情感。他仿佛仍然活着，来到他儿子的身边，命令这个仆人继续效忠这个皇帝。我以全部的真诚奉行这个命令，我每天都感谢上帝让陛下您表现出对此的赞赏。"

亚历山大欠着阿拉克切耶夫的人情，是他的保护使得亚历山大免受保罗的伤害，暴躁的保罗常常危及家人安全。亚历山大将许多内政事务交给阿拉克切耶夫处理，还有一些则是表面上交给他，实际上亲自介入。比如，在皇帝的手书文件中，人们发现了阿拉克切耶夫写给一位希望退休的官员的信件草稿，信中阿拉克切耶夫告诉他最好不要向皇帝提出辞呈，并在皇帝不知情的情况下驳回了他的请求。

至于有多少残酷行为应该记在阿拉克切耶夫的账上，又有多少他只是做了亚历山大的挡箭牌，这个问题一直存在争议。但我认为有一点是毫无疑问的，是阿拉克切耶夫滋长了亚历山大的自责，这让他最终对生活产生了厌倦，在任何一个地方都待不长。日渐阴暗的心理使他处于疯狂的边缘，冷酷偏执使他与修道院院长佛提乌斯这样的人臭味相投。1815年以后，他拒绝一切的欢乐和爱情，那时他的妹妹叶卡捷琳娜也死了。日积月累，现实世界被他内心弥漫的困扰所遮蔽，直到阴郁占据了他整个人，他愤愤而终。

亚历山大的性格，除了带有罗曼诺夫家族特有的疯狂，还混合着虚荣和农民式的精明。这种精明在他的全盛时期非常突出，但到最后机关算尽一败涂地。在爱尔福特时他假装与拿破仑交好，却在给母亲的信中写道："我们可以静观他的垮台，如果这是上天的安排的话。"而且，他还为自己的幸灾乐祸找到了合理的借口，同时解释了当时与之交好为什么比剑拔弩张更为可取。而他的虚荣则让他渴求得到每个人的认可。根茨在有关维也纳会议的报告中说:"俄国皇帝来到维也纳,首要任务是要得到大家的赞赏,这始终是萦绕他心头的一桩最重要的事。"人们可以从早年亚历山大的一些事迹中看出这些,那时,他还是个年轻英俊的农夫,他在乡村节庆中轮流与少女跳舞以赢得她们的欢心,他曾在奶牛买卖中诓骗了他的乡邻。他的宗教信仰很大程度上也可视为一种靠近上帝的虚荣。他害怕自己登上王位的方式遭人诟病。而严酷的统治使他觉得自己是在取悦上帝,也让他想象自己跟父亲很像。

这位神圣联盟的创始人,在 10 年期间内以自己的基督教理念掌管着欧洲的国际事务。这是一段有趣的历史,虽然结果或许不那么尽如人意。

第四章　梅特涅的黄昏

　　1822 年的维罗纳会议期间，梅特涅的权力达到巅峰，当时有诸多幸运相伴在侧。首先，也是最重要的，是来自弗兰茨皇帝的有力支持。至于弗兰茨本人，如果要评价的话，可以说他甚至比他的大臣更为反动，他反对教育，理由是"顺民比开明的公民更便于统治"。支撑梅特涅的权力的第二点，在于他成功地维护了奥地利的霸权并使奥地利的原则在德国获得无上地位。当时德意志的一些诸侯国倾向于批准宪法，几乎所有的君主都承诺在 1813 年完成。而德国的大学里也弥漫着自由主义，不仅旨在实现民主，还以统一德国为目标。梅特涅在一份给弗兰茨皇帝的报告中说："有些人（值得注意的是他们几乎都从事教学工作）……转而关注这样一个问题，即所有德国人应该团结在一个德国之下。……为了这个无耻的目的，他们系统地培养年轻人，这项工作已经在不止一代（学生）中开展，未来的政府官员、教授和新生代文人在那里成长，为革命作准备。"在应对这一局面时，梅特涅运气颇好。1819年3月，就在处理上述事情的卡尔斯巴德①会议召开前，亚历山大极为欣赏的一个标杆性人物——保守作家科策布被刺杀，凶手是一位名叫卡尔·桑德的神学专业学生。许多被梅特涅视为敌人的人认为他立了大功，并奉之为刺客英雄。在这种情况下，梅特涅要说服亚历山大和德国君主们，让他们明白自由主义是危险的，其实并不困难。于是卡尔斯巴德会议通过了一系列法令，对出版物和教授们采取更严格的限制，而科策布之死就像谢苗诺夫斯基军团的兵变一样为梅特涅赢得了俄国的支持。至于法国的政策，在这段时间变得越来越保守。最后，卡斯尔雷也学会了在维也纳会议上与奥地利合作，并在随后几年里继续奉行这一政策，只要不损害英国的利益就无往不利。1822年，在获知卡斯尔雷的死讯后，梅特涅写道："他是他的国家之中唯一一个具有外交经验的人，他已经学会了理解我。"这确实是一个很高的评价！

在1814年到1822年间，梅特涅的影响力持续上升，以至于他在欧洲似乎无所不能，难怪他也自视颇高。1818年，在亚琛会议前不久，他写信给妻子说：

> 我越来越相信，重大事务只能由我自己来适当地加以主导……我在德意志甚至可能在欧洲已经成为一种道德力量——这种力量一旦消失，就会留下空隙，尽管如此，但它终将消失，就像所有可怜无助者的天性一样。我希望上天可以给我时间做一些善事，这是我最大的愿望。

---

① 今称卡罗维发利，位于捷克共和国。——译注

一年后，当他身处 1813 年签订四国同盟协议的房间时，一种凝重感不禁涌上心头，他感到整个世界都在指望他：

> 我不会去在意那些狭隘的或有限的东西，我总是在每个方面都远远超过所有那些操办人类事务的人。我的天地要比他们所能看到或想要看到的更广阔无垠，我每天会情不自禁地对自己说 20 遍："仁慈的上帝啊，我的所作所为是多么正确，而他们的是多么错误！其中的原因一目了然——如此清晰、如此简单、如此自然！"我要反复念叨这些话，直到咽下最后一口气，而世界仍会以悲惨的方式存在下去。

然而，1822 年以后，梅特涅不再具有至高无上的权威。坎宁（Canning）接替了卡斯尔雷，无论是细节上还是总体框架上，他都反对奥地利的政策。1823 年，对英格兰的情况感到难过的梅特涅这样写道：

> 太可惜了，海上女王，昔日的世界霸主，将要失去其有益的影响力。伟大而高贵的大英帝国将会变成什么样子？英国的男人和演说家，英国的权利感和责任感以及关于正义的理念，将会变成什么样子？这不是某个个体、一个软弱无力的人所能承担的。坎宁是那些可怕弊病的化身，这种弊病已经扩散到国家的每一条血脉——它摧毁其力量，腐蚀并威胁它虚弱的机体。

为何会发出这番悲叹？主要是因为英国将不会帮助西班牙重新征服其在美洲的殖民地，也不会帮助土耳其再征服希腊。在后一个问题上，接下来情况更糟。

如果说卡斯尔雷的死对梅特涅而言是一种不幸，那么亚历山大的死也许对他的政策来说甚至不啻为一场灾难。在希腊问题上，梅特涅说服亚历山大必须将正统原则置于俄国利益之上，他为自己的成就感到自豪。但是1825年亚历山大去世后，他的弟弟尼古拉①恢复了俄国对土耳其宫廷的敌对政策。1827年，英、法、俄在纳瓦里诺战役中联手摧毁了土耳其舰队，其后，所有大国一致认为希腊独立的日子不会耽搁太久。

分崩离析的国际政府体系，始创于维也纳会议，在1830年的七月革命期间依然不断完善。法国人推翻了查理十世，以路易·菲力普取而代之，后者本不是王位的合法继承人；比利时要求与荷兰分家，并被承认为独立王国；革命席卷了意大利和德国；俄国统治下的波兰爆发反对沙皇的起义。然而，除了法国和比利时所发生的，其他的运动都没有成功。即使在法国，人们也很快发现，新国王与合法的波旁王朝并没有多大的不同。

最后，梅特涅体系再也不能控制欧洲了，但是1830年的一系列事件使他的个人境况有所改善。沙皇尼古拉喜欢查理十世，他对波兰的叛乱感到惊恐，主张各保守大国必须互相支持，并认为与奥地利反目是很危险的。发生在德国的反抗运动尽管相当温和，却在遭到镇压后激发了反击的力量。在奥地利，也有改革派存在，但梅特涅耳背得非常严重，对改革派的计划置若罔闻，事实上他在很大程度上对此浑然不觉。

最终，不断增长的民族主义力量战胜了梅特涅。"在上帝的帮助

---

① 即尼古拉一世。——译注

下，"1819年他写道，"我希望能挫败德国革命，一如我曾经打败过世界霸主。"这一希望，尽管他付诸全力去实现，但还是化为泡影。审查制度竭尽所能地严防对民族情绪的煽动，即使是最婉转的表达也不放过。"一群年轻的英雄们集聚在祖国光辉闪耀的旗帜下"被审查者改为"相当数量的年轻人加入为公众服务的行列"①。梅特涅禁止奥地利学生出国留学，反对年轻人学习历史、哲学或政治，希望奥地利作家在国外而不是本国出版自己的著作。1834年，德国召开部长会议，会上梅特涅就自由主义的罪恶高谈阔论，他说"主权在民的现代理念已经误入歧途，它用派系的意愿替代了君主的原则"，自由党派则"腐蚀青年，甚至欺骗那些心智比较成熟的人们，在生活中的所有公共领域和私人领域制造麻烦与纷争，故意煽动群众不相信他们的君主，宣扬破坏和毁灭现存的一切"。他的演说引来了与会部长们的鼓掌欢呼，而"不信任统治者"的情绪却在持续增长。

在梅特涅掌权的最后几年，意大利、波希米亚、加利西亚以及匈牙利麻烦不断，这些危机都源自各国民族意识的觉醒。其中情况最为严重的是匈牙利。匈牙利从中世纪起就拥有宪法，它将地方事务的处置权归于贵族而不是中央政府。理论上，匈牙利在遇到大事时可以召开国会，但实际上当民族主义者要求恢复国会时它几近废弃。1825年，国会要求以马扎尔语②取代拉丁语，以使有关国会的辩论以传统方式进行。在经过漫长的斗争后，1827年，统治者终于承诺未来每三年召集一次国会。此后，政府对马扎尔人做出了一系列的让步，但对

① Sandeman, *Metternich*, p. 263.
② 也称匈牙利语，马扎尔人是现代匈牙利人的祖先之一。——译注

于民族主义情绪依旧百般抵制。再后来发生了爱国者科苏特①被捕事件，但 1839 年国会召开时他被释放，当时国会拒绝批准任何涉及金钱或军队的议案，直到科苏特获得自由为止。1844 年至 1847 年间，政府的一些软弱无力的镇压行动再度刺激了匈牙利人的民族情绪，从而导致在 1847 年的国会选举中，大多数议员群情激昂地反对政府。以上便是 1848 年革命前夜匈牙利所面临的局势。

虽然在哈布斯堡王朝统治下的德国之外的地区，人们无法通过宪法赋予的权利来表达自己的不满，但还是利用了一些他们掌握的手段。同时，民族情绪在波希米亚和南斯拉夫人中间复苏，加利西亚的波兰人准备起义，各地局势都非常凶险，而梅特涅因为长期大权在握已经变得昏庸不堪。

借由 1848 年的法国革命，整个欧洲大陆的不满情绪找到了发泄机会。甚至在路易·菲力普不得不从巴黎出逃前，意大利各地就已经爆发起义，随后蔓延到整个半岛，唯有撒丁王国的领地幸免，而国王本身是一个有些胆小的自由主义者。在整个德国，民主党人崛起；在匈牙利，科苏特宣扬自由；在加利西亚，波兰贵族又举起了民族主义革命的大旗，这次革命最后被镇压扎克雷起义②时采取的手段压制了，而奥地利政府是支持或者至少是纵容了这次镇压。于是，一时间正统原则的拥护者在沙皇统治的疆土之外的地方可谓处处碰壁。

与此同时，在奥地利的德语区，虽然自由党人有宪法的诉求，但

---

① 领导匈牙利脱离奥地利帝国，并于 1849 年任匈牙利元首。——译注
② 1358 年法国的一次农民暴动，"扎克"意为乡巴佬，是法国封建主对农民的蔑称。——译注

他们更迫切希望梅特涅倒台。当时，维也纳街头骚乱不断，令梅特涅惊愕的是，他的反对者中不仅有乌合之众，那些教条式自由主义者，还有当时许多保守的贵族和实力雄厚的宫廷派系。除了拒绝退休，他同意了革命派的所有要求，但这种让步并没有使这些人偃旗息鼓。最终，在暴民的威胁下，皇室虽然一度存在意见分歧，但还是达成一致——梅特涅必须下台。历经重重艰难，梅特涅逃往英国避难，在那里，他手上的火炬交到了迪斯雷利①手里。

梅特涅不是一个伟人，他的才华不足以让他在欧洲舞台上具有如此的地位。他彬彬有礼，言语具有说服力，很讨女人欢心，在谈判中擅长利用对手的特质来取胜。他的原则会得到皇帝的支持，在拿破仑倒台后，欧洲局势把奥地利推上了主导地位。当时，法国因战败而一蹶不振，英国决心不惜一切代价维持和平，亚历山大为了宗教牺牲俄国也心甘情愿，普鲁士国王既软弱又寡断。所有这些因素，加上奥地利对于正统王朝拥护者的反民族主义的原则表现出的特别兴趣，而恰恰是这种原则激发了所有大国的恐惧，在它们的政治思维中对于革命和拿破仑依然心有余悸。然而随着岁月的流逝，欧洲列强一个接一个地抛弃了梅特涅的信条：先是英格兰，1822 年；再是俄罗斯，1825年；然后是法国，1830 年；而他本人对德国的控制力也日渐减弱。梅特涅热衷于追求稳定——法国革命已经让世界多年来处于动荡之中，从这个角度看产生这种情绪相当自然。1815 年时，欧洲有许多人赞同稳定，并视其为治国之道的基础。但长久的和平会催生新的能量，这种能量会使稳定变得不堪忍受。有了这种新的氛围，世界便将梅特涅

---

① 英国贵族，保守党政治家，曾两次担任首相。——译注

视为一个自负、虚荣和无趣的人，认为他不能饶有兴致地阐发自己的原则，而且在拿破仑退出历史舞台之后他就拒绝接受一切新思想。那时，梅特涅周围的一切重现了18世纪的情形，他拒绝相信这个世界已经采取了新的生活和思维方式。欣赏他表演的人之中曾经不乏欧洲各国的掌权者，慢慢地这样的人越来越少，而他仍在扮演同样的角色。在他被嘘声赶下台时，他的行事早已过时。耳背和唠叨，留给他的只有对于往昔岁月的独自怀想。不过，他最后的这个角色已经变得于任何人都无害了。

第二部分

思想的演进

"上帝保佑我的灵魂，先生！"5 月的一个晴朗的早晨，福利奥特博士就这么嚷嚷着走进了克罗切特岛的早餐室，"我对发展心智这套东西已经完全没有耐心了，看看这里的房子，都快被我的厨师烧了，她想要发展心智，用一本廉价的小册子来研究流体力学，这本书是蒸汽知识学会出版的，一位博学人士所写，这位朋友想把他的生意做到全世界，并且好像他完全有资格谈论人类的每一门学问。"

——托马斯·洛夫·皮科克

上篇　社会背景

　　19 世纪上半叶的英格兰具有特殊的历史重要性，当时，它已经走上了工业化发展道路，而其他地方还没有动静。工业化引发了某种思维习惯，并催生了某种政治经济体系，这些特点在当时的英格兰与新的生产方法紧密地交织在一起。尽管困难重重，现代化理念还是勉力拓展自己的道路，与陈旧的思想和行为方式相抗衡。起初，现代化理念只出现在英格兰少数地区的工厂和矿业，对于大多数受过教育的人包括所有掌握政治权力的人的思想几乎没有什么影响。因此，要理解当时的新思想，就必须考察其所处的社会环境，去了解统治阶级对于工业问题的无知，这源于他们所受的传统教育以及颇为自得的先入之见。

　　拿破仑战争结束时，英国社会突然出现了不同的阶级和职业。对于工业社会的生活，无论是雇主的，还是雇佣劳动者的，其他群体事实上并不了解。在英国存在着三个阶级：地主、农民和劳工，小地主属于乡绅，大地主则属于贵族。1688 年光荣革命以来，政治权力几乎完全集中于贵族之手，他们通过腐败的选区制度控制了下议院和上议院。大约在 1760 年之后，贵族们无耻地利用议会的权力大幅降低雇佣劳动者的生活水准，同时还阻碍作为中间阶级的制造商的发展。这样做部分是因为无知，部分是出于对社会新生力量的嫉妒，还有就是想获得高额地租。上述情况的出现很大程度上是因为当时的议员普遍过着一种半梦半醒甚至醉生梦死的生活，而不是恪尽职责。然而，随着属于我们的时代的到来，勤奋努力成为一种风尚，18 世纪那种得过且过的精神面貌逐渐让位于维多利亚时代的诚挚态度与美好德行。

第五章　贵族

　　英国贵族分为辉格党人和托利党人，最初，他们分别代表着斯图亚特王朝的敌人和朋友。詹姆斯二世垮台后，辉格党连续执政近一个世纪。但在乔治三世的庇护下，托利党慢慢地回归权力中心，并通过反对法国大革命来巩固自己的统治，直到 1830 年，托利党和辉格党都是反对党与在野党的关系。这两党之间的隔阂既有政治方面的，也有社会方面的，比如辉格党人有自己的圈子和聚会，托利党人亦是如此；而且他们奉行的是辉格党人只与辉格党人结婚，托利党人只与托利党人结婚。这两党都是贵族，他们最大的区别在于彼此有着不同的传统，对待新兴中间阶级的态度也相异。

　　19 世纪早期，托利党人整体而言不如辉格党人明智。托利党奉行的首要原则是反对法国及其一切主张，这样的原则既不需要也不会激发出任何明智的思想。托利党人认为，在雅各宾派荼毒民众之前，一切原本都好端端的，现下拿破仑已被拘禁在圣赫勒拿岛，现在唯一要做的就是遏制一切可能使国内外的革命死灰复燃的苗头。尽管托利党人明白乔治四世只是代表着一种血统，但他们仍然忠于教会和国王。他们相信社会等级制度是天意，相信尊重下层服从上层的制度的是极为重要的。他们看中农业收益，迫切希望英格兰在食品方面能实现自给自足。当然，他们反对普及教育、出版自由和煽动性演说。此外，他们忠于英国早年的盟友葡萄牙，随后为履行这所谓的爱国义务而自食其果。自皮特①死后，托利党的政客们都是些庸碌之辈。唯有一位威灵顿公爵②是个人物，但众所周知，他在战场上要比随后在治国理政上的表现更为出色。对于这位威灵顿公爵，1827年，托马斯·穆尔在其作品中如此评价：

> 伟大的舵手承受着如此痛苦
>
> 只为证明全体一心。
>
> 平庸之辈唯唯诺诺
>
> 各路英豪绞尽脑汁。

托利党内真正杰出的政治家是坎宁，但他并不受党内人士欢迎。有一次坎宁刚刚走出某位托利党人的办公室，便听到有人在感谢上帝，说"他们不会再有这样令人讨厌的天才了"。

相比之下，辉格党人更有趣，也更复杂。他们因发动反对君主专权的革命而成功取得政治地位，所以永远也不会像托利党人那样怀着无可置疑的忠诚。辉格党吸纳了一些汉诺威人，某种程度上他们对这些人就像对仆人一样，稍有不满便予以解雇。维多利亚女王曾问约

---

① 即小威廉·皮特，查塔姆伯爵老威廉·皮特之子。两次出任英国首相。其任内是英国工业革命迅速发展时期。——译注
② 即阿瑟·韦尔斯利，第一代威灵顿公爵，英国第21位首相，参加过滑铁卢战役，授英国陆军元帅衔，沙皇亚历山大称其为"世界征服者的征服者"。——译注

翰·罗素勋爵，在某些情况下他是否会反对君主的合法性，勋爵回答："女王陛下，如果这个君主是汉诺威王室的话，我想也许会反对。"法国大革命期间，虽然大多数辉格党人跟着伯克（Burke）一起谴责革命时，辉格党党首福克斯却以反对恐怖统治为由，竭力支持法国的革命。在 1793 年至 1815 年的漫长岁月中，所有对法国思潮怀有好感的行为都会被视为犯罪，疑似雅各宾派信徒之人则会被判处长期监禁。一些杰出的辉格党人继续自由地表达意见，比如主张自由的信念，倡导激进的议会改革，而地位卑微的民众若是如此则会被送进监狱。辉格党人支持对拿破仑宣战，认为拿破仑是个暴君。但是他们对于战争本身却不像托利党人那样狂热，1815 年当拿破仑从厄尔巴岛回来时，很多辉格党人认为应该再给拿破仑一次机会。甚至在滑铁卢战役之后，约翰·罗素勋爵还在下议院对这一策略没被采纳表示遗憾。

辉格党相信君主政体是维护国家秩序的一种有效手段，但他们绝不会假装对王室显贵怀有任何尊敬，1829 年，格雷维尔评论道：

"好人国王、睿智的国王是有过，但不太多。这些人一个接替一个登上王座，却个性低劣，而这个（乔治四世）我认为是其中最糟的一位。"

在描述威廉四世统治时期的白金汉宫时，克里维这样写道：

"从没见过如此邪恶的建筑，到处充斥着粗俗。建造它，花费了100 万英镑，可是所有你能想到的错误都能在这里看到。树莓色的柱子绵延不尽，看得人头晕。而女王本人房间里墙纸的丑陋和粗俗程度远超（原文如此）其他地方……如果人们因目睹王室如此这般挥霍财富而激进地反对君主政权，又有什么好惊讶的呢？王室在这方面的所作所为令人无言以对。"①

相比之下，贵族的遭遇却引发了克里维的同情。威廉四世登基时，克里维（他称威廉四世为"比利"）取笑他视力不好。但是当他发现霍兰德男爵（福克斯的侄子）经济拮据时，为此感到心情沉重。

"昨天我在霍兰德男爵那里……他们看起来病得很重，并显然已经严重地入不敷出——霍兰德靠他的土地，霍兰德夫人仍仰仗糖和朗姆酒为收入来源。② 当我告诉他们，如果他们继续这样，纸币势必会贬值或因其他方式再次丧失效力（英格兰没多久就回归金本位）；她回答说她祈祷上帝能让黄金重回生活，如若不然他们就没救了。男爵说他从不同意纸币的回归，不过他认为换算标准该改改：也就是说，法律要规定 1 枚沙弗林金币③应该值 1 英镑 20 先令或 2 英镑 20 先令，甚至 3 英镑 20 先令。"

霍兰德男爵夫妇是辉格党人社交圈的中心人物。如果一个人有头脑并坚持正确的原则，他不必是贵族也可应邀参加他们的晚宴，希德尼·史密斯和（稍后）麦考利（Macaulay）是他们的座上常客。格雷维尔（1832 年 2 月 6 日）描述了他第一次在霍兰德公馆④见到麦考利时的情形：

> 2 月 6 日——昨与霍兰德男爵共进晚餐。我去得非常晚，发现乔治·罗宾逊爵士和一个身着黑衣、相貌平平的人之间有个空位，便坐下了。我抽空打量了一下邻座，开始猜测（人们通常会

---

① 《克里维文集》(*Creevey Papers*)，1903 年，第二版，第 307—308 页。
② 霍兰德夫人是牙买加种植园主的女儿和继承人。
③ 旧时面值 1 英镑的金币。——译注
④ 一座位于伦敦肯辛顿的大型宅邸，19 世纪辉格党人的重要聚会地点。——译注

如此）此人是谁，当时他只顾吃饭并没有说话，我以为他是个无名的文人或者医生，也许是治疗霍乱的医生。不一会儿，话题转到早受教育和晚受教育上，霍兰德男爵说他认为自学成才的人尤为自负傲慢，他们对别人所知的一无所知，因而总是轻视大多数人，其实他们并没有在公立学校待过，也不了解通识教育的课程。我的邻座说，他认为最典型的自学成才的例子是艾尔菲耶里（Alfieri），到30岁时，他除了尚有进取之心外一无所成，由于语言能力的缺乏，艾尔菲不得不像小孩一样从初级教材学起。霍兰德男爵则以尤利乌斯·凯撒·斯卡利杰为例来说明晚受教育的问题，说斯卡利杰结婚之日才开始学习希腊语。我的邻座评论道："斯卡利杰认为自己学习希腊语之举如同结婚一样，并非心血来潮。"他这番话和他的说话方式让我觉得他是个迟钝的家伙，因为他的举止近乎可笑，像是为了逗大家乐。我有些吃惊地听他继续侃侃而谈（从斯卡利杰受伤）一直谈到罗耀拉（Loyola）在庞珀洛讷受伤的事。我很奇怪他怎么会知道这个的，便说出了自己的疑惑，并继续享用晚餐。坐在我对面的奥克兰招呼我的邻座道："麦考利先生，想来杯酒吗？"一听这话，我差点从椅子上跌下来，他居然就是麦考利，很久以来我一直好奇这个人，想见到他，听他说话，他的天赋、雄辩、惊人的知识和多才多艺令我惊叹和钦佩了如此之久，而我现在就坐在他的旁边，听他说话，并视他为迟钝的家伙。我觉得如果他能读懂我此时的想法，看到我脸上每个毛孔涌出的汗水，不可能不被这个想法逗乐。直到麦考利站了起来，我才意识到他的外表是那么粗俗和丑陋，脸上没有一丝智慧的迹象，但是一块普通的黏土是包不住健全的心智和活跃的想象力的。他感冒了，喉咙有些痛，引得他胸部的肌肉不断收缩，看起来他好像在适应随时可能到来的危险。他的态度让我不愉快，但它没有假设；说不上尴尬，但并不太轻松；没有经过修饰，但也不能说是粗野。没有任何被篡改过的谈话，也没有执着于什么意见或事实；没有假设拥有高人一等的权威，但他的信息很快就显现出了多样性和广泛性。无论谈及什么话题，他都显得非常熟悉，能引经据典，有理有据，趣闻轶事他似乎都能信手拈来。当晚我们的主要话题是我国和其他国家，尤其是古罗马的长子继承权问题。但是，我觉得麦考利并不确定罗马的法律对此是如何规定的，只知道如果死者没有遗嘱，其子女都可以分得财产。晚餐后，塔列朗和蒂诺夫人①来了，人们将麦考利介绍给塔列朗，塔列朗说周二他要去下议院，希望麦考利在那里发表演讲，"听过所有大演说家的演讲，这次想听听麦考利先生的"。

梅尔本也是霍兰德男爵家的常客，他的谈吐据格雷维尔说非常有教养。以格雷维尔1834年9月7日的一段话为例，他说："艾伦谈到了早期的改革者，即清洁派教徒及早期的基督徒是如何相互迫害的。梅尔本引用维吉兰提写给圣哲罗姆的信，然后向艾伦询问亨利四世的第11号法案，一项获下议院通过的反对教会的法案，还提到莎士比亚《亨利五世》的开头部分坎特伯雷大主教和伊利（Ely）主教之间的对话，霍兰德男爵曾将这本书拿给梅尔本读，梅尔本已熟记于心并

---

① 即蒂诺公爵夫人，是塔列朗的侄女。——译注

时刻激励自己。"

克里维有激进主义倾向，有时他会转而反对霍兰德。有一次，他们为福克斯的墓志铭发生争执，克里维写道："霍兰德公馆是个既肮脏又卑鄙的地方，让我十分恶心（1820 年 7 月 24 日）。"但在另一个时刻他的印象又截然不同："从不知道霍兰德男爵是如此令人愉快，我想在世的英国人中没有谁能像他那样涉猎这么多的领域——传记、历史和轶事（1833 年 11 月 23 日）"。情感交流是他造访霍兰德公馆的又一个理由："某次我与马达加斯加（霍兰德夫人的昵称）一起用餐，那是一个小型聚会，而让我高兴的是，有如此充足的活动空间……虽说这里同我所知道的其他公馆一样舒适，但有时候这里特别废话连篇，此次聚会也不例外（1836 年 4 月 23 日）"。霍兰德公馆的晚宴又因过于拥挤嘈杂而声名狼籍。我的祖母跟我说过这种情形，有一次她去霍兰德公馆赴宴，因为来了一位不速之客，霍兰德夫人便为他安排座位，她说"再挪挪，亲爱的"，而霍兰德男爵应道："我是得腾出点空，不然没地方坐了。"

霍兰德夫人有时会显露出贵妇人特有的傲慢，克里维（1833 年 7 月 6 日）举了个例子：

> 周四，我在塞夫顿（Sefton）勋爵家里又见到了霍兰德夫人。她抱怨庭院里的路太滑，这可能会让她的马摔倒。塞夫顿回应道，如果下次她赏光参加晚宴，他会铺上砾石。她闻言一脸鄙视，并把目光转向盆栽的美丽玫瑰和各种鲜花说："塞夫顿勋爵，请你将这些花搬到屋外吧，气味实在太冲了。"——于是塞夫顿和他的男仆保利将摆放鲜花的桌子连同上面的花一起搬出了房

间。莉·塞夫顿平时打扮好之后总要在胸前戴一束花，可怜的她此时只能无比谦卑地取下来，说："也许这束小花对您霍兰德夫人来说气味也太冲了。"——但有些时候却乐于允许莉继续佩戴，尽管语气不是那么亲切。在晚餐结束点燃蜡烛时，霍兰德夫人要求熄灭其中 3 根，理由是蜡烛太多而且离她太近了。真是这样吗？

她去世时，格雷维尔顺便对霍兰德公馆的重要性做了总结（1845年 11 月 24 日）：

> 尽管没人喜欢她这样的女人，她的去世也不会引起大家的悲伤，但是很多人还是感到惋惜，有些人是出于仁慈，更多人则是出于利己之心，所有习惯了霍兰德公馆的生活，想继续成为霍兰德夫人的常客的人，都为这出长剧的落幕，为照亮和装点了英格兰甚至欧洲半个世纪的一缕社交之光的最终熄灭而哀叹。世人从没见过、也永远不会再看到霍兰德公馆这样的地方，当然我指的绝不是霍兰德男爵的生活场景，而是霍兰德夫人在她周围营造出的最后一个大社交圈，几乎吸引了所有耀眼的、非凡的、讨喜的人。

虽然我们不能认为辉格党的社交圈都像霍兰德公馆的宴会那样满是知识分子，但总体而言，辉格党的领袖们都是些相当有教养的人，重视文化，并兼具 18 世纪的道德自由。霍兰德夫人在嫁给男爵前有过婚姻，在离婚前，其前夫与男爵一起生活了一段时间。众所周知，梅尔本的妻子疯狂地爱上了拜伦，而她追求爱情的方式就连拜伦也接受不了。奥克斯福特夫人也爱着拜伦，但她的爱得到了回报。弗朗西斯·伯德特爵士①也是奥克斯福特夫人的情人，所以她的孩子也被称为"奥克斯福特的杂烩"（Oxford Miscellany）。

辉格党的社交圈对于激进的离经叛道者较为宽容，假如这些人同时还有才智、学识，或者出身和财富兼具。拜伦起初轻而易举就加入了这个圈子。后来他在上议院发表第一次也是唯一一次演说时，为因实施暴行而受到严惩的"勒德分子"辩护。没有人从坏处想他，当然，部分原因在于大家知道这次演讲产生不了什么影响。但后来拜伦走得太远，不是政治方面，而是私德方面。其实拜伦并没有多少过错值得谴责，问题在于他总喜欢炫耀这些过错。最后就连老梅尔本夫人也离他而去，她的孩子已经从政，她本人曾是拜伦的知己。在那个时代，18世纪的自由已经发展到了良好教养所能允许的极限。

彬彬有礼的怀疑态度在辉格党人中极为常见。但支持他们的中间阶层大多是虔诚的新教徒，因此异教徒思想只能通过公开发言来交流：要用粗俗的方式陈述，以便下层群众理解。因为这个原因，原本完全可以凭借才华侧身其中的雪莱，从一开始就被排斥在外。雪莱采用的方式，如同一个大学生要让他所在学院的院长转化为无神论者，虽然这件事本身不能说是坏事，但无疑这样的方式非常糟糕。此外，雪莱还抛弃了自己的妻子，更糟的是，他和那个被称为老恶棍的戈德温的女儿一起离家出走。戈德温是雅各宾党人，曾因出版自己的著作而获罪并付出了极大的代价，但后来他逃脱了惩罚。这位年轻的戈德温女士，其父是个头发斑白的革命分子，其母提倡女权，并在巴黎公开过着一种不道德的生活，这样做的目的不仅是出于好玩，还为了遵

---

① 18世纪英国政治家，热衷改革。——译注

从一种理论，这可不像是闹着玩的。往事历历在目，尤其是自由派贵族被罗伯斯庇尔砍头的事，所以辉格党人始终明白不能过界，并且恪守界限，特别是在雪莱的问题上。人们告诉我，偏见一直延续到今天这个时代，并且还会以这种方式继续。我16岁时就对雪莱产生了兴趣，人们告诉我，拜伦是可以原谅的，因为尽管他身负罪孽，但那是他年轻时不幸的环境引他误入歧途，而且多年来他的心头一直萦绕着悔恨。但是，对于雪莱的人品就没什么好分辩的了，因为他是按他的原则行事，他的作品也因而不值一读。

第六章 乡村生活

　　整个拿破仑战争期间以及之后的一段时期，乡绅的生活平静而富足。那时，战争不像以前那样令他们不安，也很少有乡绅为公共事务而操心。土地价值增加，租金也随之上涨，人口的增长导致了农产品需求的增长，而英国仍能满足其自身几乎所有的食品消耗。简·奥斯汀在她的小说里描绘了乡村小地主的生活状况，在我的印象中，只有一处暗指了战争。小说名为《劝导》，男主人公是位海军军官，部队欠他一份奖金，他打算用这笔钱结婚。小说对他的英勇壮举只字未提，显然这并不会增加他对女主角的吸引力。小说中的报纸也很少提及政治，我记得只有那么一次，通常情况下报纸只是用来烘托小说中人物的。比如，当达西先生向伊丽莎白·班奈特求婚时，拿起一份报纸来掩饰自己的尴尬。又如，当帕尔默先生在妻子的劝说下不情愿地去拜访他人时，刚一打完招呼，他就拿起一份报纸看，帕尔默太太问"报纸上有什么消息吗"，帕尔默答道"什么也没有"，然后继续看报。也许报纸上有关于"诺尔兵变"或威尼斯共和国灭亡的报道。不过即使有，帕尔默先生也不认为这些事件值得一提。

有一段时间，宗教问题闹得沸沸扬扬。事实上，在简·奥斯汀写作的年代，卫理公会的教义导致了中下阶层的深刻转型，但在她的小说中，宗教只在一种情况下出现，即为年轻的上帝子民提供庇护所。她书中那些比较富有的人物都立足于本身的天赋，有时他们被描述为荒谬的家伙，有时又被描述为有德行之辈，但无论是哪种情况，奥斯汀只对经济感兴趣。

尽管产业较多的农户对什一税和济贫税有所抱怨，但他们自有生活之道，过得像地主一样舒适。他们效仿"上流人士"打猎、喝酒和赌博。约翰牛[①]的传统形象就来自这个时期。奇怪的是，虽然英国现今已经成为一个城市占绝大多数的国家，但"约翰牛"的叫法仍为大家所接受。

1815年，有段时间英国的情况有些糟糕，乡绅和农民都担心他们的快乐生活就要戛然而止了，因为战争结束了，有可能要从国外进口粮食。当时国内的收成不好，而外国的小麦报价是英国无法与之竞争的。同时，工业区也纷纷出现了严重危机，因为外国对英国制造业设置了关税壁垒。英国议会在听取了地主和农民的抱怨之后，对国外的粮食征收了高额关税。其结果是，乡村的富人阶层仍旧富有，但我们也应看到其他人为此付出的代价。

19世纪早期，英国农村雇佣劳动者的生活和乡绅的富足生活形成了极为鲜明的对照，令人难解的是，上层阶级对此的态度还是那么无动于衷和自鸣得意。欧洲大陆的农民阶层，除了法国和德国的一些

---

① 英国的拟人化形象，源自苏格兰讽刺小说《约翰牛的生平》，其外表矮胖，愚笨粗暴。——译注

地方之外，都处于极为悲惨的境地，不过从总体而言，他们长期经受的苦难也在改善之中。然而英国从 1760 年起，农村贫困阶层的状况却在持续恶化，尽管这种恶化是悄悄进行的，几乎没有引起人们的注意。当时失去土地的阶层急剧壮大，他们难以在欧洲大陆生存，于是成为英国工业迅速崛起所必需的人力资源。大多数历史学家没有充分认识到这种悲惨源自农村雇佣劳动者地位的改变，直到 J. L. 哈蒙德和芭芭拉·哈蒙德①在 1911 年出版了《乡村劳动力》一书，才对上层阶级的贪婪行径提出了广泛而令人惊恐的控诉。

富人掠夺穷人的手段多种多样，其中最重要的两种是圈地运动和《济贫法》。

圈地运动的历史，除了有其内在的利益驱动之外，很重要的一点体现在政治对经济发展的影响上。18 世纪上半叶，农村的穷人的生活还算过得去。当时英国大概一半的耕地以传统的窄条农耕制运作，土地无论大小都条状分割。农场的大多数劳动者在租下这些土地和农舍后，同时也获得了在公共土地上放牧和拾取柴禾的权利。在多数情况下，这些公共权利的确存在，或者说这种权利是理所当然的，它独立于农舍的所有权。如此，劳动者便可在公共土地上得到免费的柴禾，可以养鸡、养牛或养猪。如果生活节俭的话，就可以把薪水省下投到一条条的土地上，最终成为富裕的农场主。

但是整个 18 世纪和 19 世纪上半叶，议会不断通过法案重新分配和圈占土地，先是公共土块，然后是荒地，而且速度越来越快。当地的少数地主，有时甚至只要有一个，就可以提请圈地法案，议案提交

---

① 他们是夫妇，著有研究劳工的三部曲，其中《乡村劳动力》最著名。——译注

后便会任命一个委员会。如果议案通过，被任命的委员便可自由地重新分配土地。往往最大最好的份额为那些大地主所拥有，因为这些人通常是议员的朋友或者本身就是议员。议会中形成了互投赞成票的机制，由此一个大人物便可保证将利益输送到他的朋友那里。另外，较大规模的农场主也可以获得相当大的份额，但按惯例，较小规模的农场主和居住在茅屋的农民什么也得不到，或者即使分到了份额，也会因无钱修建围栏而无缘拥有。"那些小农民要么移居到美洲或一个工业化城镇，要么打日工。"就这样贫农常常处于饥馑之中。对此，地主们当然感到非常满意，因为他们本来就对现在那些半独立的劳动者心怀不满，几个世纪以来他们的祖先就一直享用着这些劳力所提供的一切，但是现在农民的干劲日渐低落，因而认为是半独立的状态使劳动者变得懒惰，农民只有完全依附于他的雇主，并且除此之外没有其他依靠的情况下才能为雇主的利益付出自己的全部精力。圈地不仅剥夺了劳动者的土地和他们宝贵的权利，而且还剥夺了他们与农场主和地主讨价还价的能力。因此劳动者遭受了双重的贫困化，首先他们丧失了除工资之外的其他生活来源，其次工资也随之减少。虽然农产品的总量在增加，但劳动者不得不忍受更少的份额，其绝对收入也随之缩减。然而接踵而至的是，随着农业科技的进一步发展，这些人又要付出沉重的代价，其状况继续恶化。

第二个使劳动者的处境进一步恶化的机制就是所谓的《济贫法》，名义上它是为劳动者谋福利的。《济贫法》始于伊丽莎白女王时代，据说（尽管似乎不太可信）是出于慈善的动机。《济贫法》规定，每个教区都有责任巡查并保证没有穷人死于饥饿。任何男人、女人或者孩子如果处于极度贫困之中，那么他或她所出生的教区就有义务为其提供最低生活保障。如果有人在远离自己出生地的地方工作，那么新的教区就要接续这一义务，在必要时给予其帮助，但这一点其实很难做到。如果有人要到另一个教区"定居"，那么他原本所在的教区其实是不愿让他走的，因为这样的话，他原本所在的教区就有可能要承担将他从国内其他地方带回原籍的费用。即使该教区同意他走，其他教区也可能不予接纳，除非他携带原来教区愿意承担相关责任的证明，然而教区的官员并没有义务签发这样的证明，事实上也很难获得这样的证明。理论上，人们有各种办法找到一个新的"定居地"，但是，防止穷人移居他地的办法同样多种多样。所以，一个穷人要想离开他的出生地是异常困难的，但是在其出生地他的劳动力又没什么用武之地。

《济贫法》发展史中的重要一页是 1795 年实行的所谓"斯宾汉兰德制度"①。当时，到处弥漫着惧怕革命的气氛，法国的恐怖统治时期②也刚刚结束。这一年的收成非常糟糕，整个英国愁云密布，食品引发的骚乱在各地层出不穷，而妇女更是其中的中坚力量。情势给统治阶级敲响了警钟，他们认为不可能单靠镇压来确保自己的安全。他

---

① 1795 年，英国伯克郡斯宾汉兰德的地方长官制定的济贫制度，其实施与 18 世纪末英国工业革命、大规模的圈地运动、与法国的长期战争以及粮食歉收等有密切关系。该制度是一种工资补贴制度，其主要内容是将一定重量的面包价格与家庭规模作为补贴的主要标准，是英国济贫法史上最著名的一次以传统道德对抗工业化引发的社会危机的努力，然过分注重公平，忽视了济贫支出的物质基础，即经济发展的效率问题。——译注

② 指法国大革命期间，尤其是 1793—1794 年间，法国国内贵族、天主教反对革命，民众也对革命没有实现社会平等的承诺不满，同时国外面临着与周边国家的战争，内外树敌使得革命当局采取了恐怖政策，其间监禁致死、自杀、被判处死刑、死于国内外战争的人数相当多。——译注

们试图让穷人至少能吃上黑面包和土豆，并喝上汤，然而让这些好心人吃惊的是，穷人要吃最好的小麦面包。后来的经验证明，从经济角度来看穷人是正确的，因为爱尔兰人被劝说以土豆为食，结果在1845年至1847年的大饥荒中造成大量人口死亡。总有些人要比同时代的其他人更有见识，这些人提议把工资降到最低，惠特布莱德向议会提交了一份相关内容的提案，但遭到首相皮特的反对并被否决。实际上，这个计划还是被采纳了，尽管不是在英国全境实施，只是在英格兰地区。这个计划是用济贫税的一部分进行工资补偿，针对的是那些无力维持其本人及其家庭的生计的人。当时，伯克郡的地方官员聚集在斯宾汉兰德（那里是首个实施该制度的地方），他们估算，一个男人每周需要3加仑的面包，而一个女人或一个孩子需要1加仑半的面包。如果他的薪水不足以购买这些面包，他就可以通过济贫税得到补偿以获得必要的分量，当然这一标准会随着面包价格的波动而变化。

原始方案中对此是这样表述的：

1加仑二等面粉制成的面包重8磅11盎司，价格为1先令，每个贫穷而辛苦工作的男人维持自己生活的标准是每周3先令，这些钱要通过他本人或家人的劳动而得到，或者从济贫税中获得，而维持其妻子和每个家庭其他成员的标准为1先令6便士。如果1加仑面包的价格为1先令4便士，那么这个男人每周可以得到4先令，而每个家庭其他成员可以得到1先令10便士的补助。所以（也就是说）按面包价格在1先令以上每上涨或下跌1便士，相应的补助比例为：男人3便士，每个家庭其他成员1

便士。[1]

这一制度后来做过一些无关紧要的修改，一直沿用到 1834 年，即直到改革后的议会通过了新的《济贫法》。新的《济贫法》是否比旧的要好，可能至今存在争议，但旧法之恶应是无可争辩的。

斯宾汉兰德制度的实施，自然导致雇主支付低工资，让济贫税来承担自己雇佣劳动力的一部分费用。要知道在广大乡村教区，大部分雇佣劳动者都属于要救济的贫民。在济贫制度史上曾有一个重大发展，1795 年时这种做法其实已经存在，即劳动者的工资完全由教区当局支付，然后劳动者通过教区当局受雇于任何提供工作的人。这样的劳动者被称为"轮转工"（roundsmen），因为他们在教区内转着圈地受雇工作。

斯宾汉兰德的生活标准并不高，但它还是比拿破仑战争之后其他许多地方的实际标准要高。在旧《济贫法》存续期间，生活标准似乎在持续下降。到 1831 年，通常每个家庭的补贴是每人每周一块面包，并且每个家庭可额外再得一块。正如哈蒙德所说：

> 据麦克洛可（McCulloch）所言，35 年来生活水准下降了三分之一之多，这并非由于战争或饥荒，因为到 1826 年为止，英国已经度过了 11 年的和平岁月，而是由于这个国家的普通环节上出了问题。生活水准如此大幅下降，这在历史上是否创下纪录？[2]

---

① 哈蒙德：《乡村劳动力》（*Village Labourer*），第四版，第 139 页。
② 同上书，第 161 页，此书在第一次世界大战前写成。

从上层阶级的角度看，这一制度有诸多优点。他们认为通过济贫税来支付实施的救助是一种善举，并证明了他们的仁慈之心。与此同时，我们也应看到，他们将工资维持在饥饿线上，不过是为了防止穷人的不满情绪演变为革命行动。在法国，革命已经极大地惠及农民，后者1815年的生活水平大大高于1789年，尽管其间法国经历了漫长的战争并最后打了败仗。也许可以确定的是，由于旧的《济贫法》，教区当局避免了饿死人现象的发生，同时也可以推论当时英格兰农村的穷人耐心地熬过了这样悲惨的苦难。其实，要设计一个稳住穷人的代价更低的方案是非常困难的。事实上，骚乱也时有发生，尤其是1830年的"末次农业工人起义"（Last Revolt），但政府没怎么费力就把他们镇压了，而且借机对他们施以残酷刑罚。《济贫法》使劳动者更加困顿，还伤害了他们的自尊。另外，它还教导劳动者要珍惜自己眼下"较好的处境"，将他们创造的超出最低生活标准的所有财富交给地主和农场主去支配。正是在这个时期，地主们纷纷建起了"愚蠢讽刺"的仿哥特式建筑，他们自己沉溺于对旧时光的浪漫遐想，却让现实生活如此悲惨和恶化。

第七章　工业化生活

　　乡村社会中存在三个阶层，但在工业化社会中只有两个阶层。通常，地主不会选择在充满烟尘和肮脏的厂区或矿区居住。即便如此，他们偶尔也会到那附近逗留一会儿，在他们父辈的年代那里还是乡村；偶尔还会接触一下那些被他们认为粗俗而缺乏教养的新兴的工厂主阶层。地主阶层与工厂主阶层之间的关系多半是政治意义上的而非社会意义上的。虽然在镇压骚乱时他们有着共同利益，但在大多数情况下他们的利益是不一致的。工厂主对原棉的进口关税怨声载道。而粮食税导致了面包价格的上涨，也使得劳动者的生活成本增加，于是工厂主不得不多支付工资，最终这些以土地租金的形式流进了地主的口袋。工厂主期盼自由贸易，地主则相信贸易保护；工厂主往往是新教教徒，地主则总是信奉英国国教；工厂主尽其所能接受最好的教育，通过节俭和勤勉摆脱贫困境遇，地主则在公立学校上学，然后顺理成章地子承父业。

　　冷静下来思考一番之后，上层阶级意识到了北方的工业化新面貌所具有的重要性，明白了制造业将帮助他们打败拿破仑。他们中的一些人也对詹姆斯·瓦特有所耳闻，并隐约觉得在有些工业生产流程中蒸汽机是有用的。但这对他们而言是新鲜事物，所以颇有些不适。而且，如果工业进一步扩张的话，也许就会危及狐狸和山鹬的生存。我的祖父说，他上学时的导师卡特莱特博士发明了动力织布机，由此使得机械和工厂制生产进入了纺织业。作为他的学生，祖父在若干年后感慨道："从这位博学广闻、在机械方面独出心裁的卡特莱特博士那里，我感受到了拉丁诗歌的魅力，并且从那以后再也离不开拉丁诗歌了。"回忆往事时，我的祖父还举了些例子来说明这位老师在机械方面如何"别出心裁"，听上去却与动力织布机毫不相干，显然他从没听说过动力织布机，尽管这位发明者给他写了"大量信件，大谈论述道德的十四行诗和其他一些有趣的话题"。英格兰以其机械扬名海外，但英格兰的上层阶级对此颇有怨言，因为他们看中的是英格兰的农业。甚至到了 1844 年，金莱克①还在《伊奥瑟恩》中虚构了一位英国旅行者和土耳其帕夏之间的对话，以令人捧腹的方式描述了这种情绪：

帕夏：……呼呼！呼呼！轮子带着转！——飕飕！飕飕！蒸汽推着转！

旅行者（对向导说）：帕夏说的飕飕地转是什么意思？他不是在说我们的政府会背弃对苏丹的承诺吧，是吗？

向导：不，阁下，他的意思是英国人说话快，就像有轮子

---

① 19 世纪英国旅行家。他在鼠疫流行期间到达开罗，感到面对鼠疫，东方人比欧洲人更加坚韧。《伊奥瑟恩》的副标题便是"从东方归来的旅程"，表现了许多经久不衰的欧洲关于他者的假想。——译注

和蒸汽带动一样。

旅行者：此话有些夸大其词。但是英国人的确将机械的效用发挥到了极致。请告诉帕夏（他听了会震惊的），无论何时，但凡有暴乱要平复，即使距伦敦两三百英里之遥，我们的大军也能在数小时内赶到。

向导（恢复了神色侃侃而谈）：莫德肯贝勋爵阁下要对殿下您说的是，无论爱尔兰人、法国人或印度人何时想反抗英国人，埋伏在尤斯顿广场的所有步兵和炮兵就会荷枪实弹地出现在曼彻斯特、都柏林、巴黎或德里，彻底消灭地球上任何一个角落的英格兰的敌人。

帕夏：这些我知道——我都知道。有人已将详情据实禀报于我，我对蒸汽机车有所了解。英国军队驾乘着锅炉上冒出的蒸汽，那燃烧的煤就是他们的马匹！——嚓嚓！嚓嚓！轮子带着一切转！——飕飕！飕飕！蒸汽推着轮子转！

旅行者（对向导说）：我希望这位奥斯曼帝国来的先生对我们英国的商业和制造业的前景没有偏见，请你问一下帕夏对此的看法。

帕夏（在向导与之沟通后）：英国人的舰船如苍蝇般成群结队，他们生产的印花布能覆盖整个地球，大马士革的刀与他们的剑相比一如小草的叶片。整个印度不过是商人账目上的一项，商人的储藏室里好像满是古代王座！——呼呼！呼呼！轮子带着一切转！——飕飕！飕飕！蒸汽推着轮子转！

向导：帕夏称赞英国刀具，也称赞东印度公司。

旅行者：关于刀具，帕夏说的很对。我用我的弯刀去试我朋友的剑，马耳他的普通小吏用的那种，结果我的弯刀像纸一样不堪一击。好（对向导说），告诉帕夏我很高兴他对我们的制造能力有如此高的评价。但我想让他知道，除此之外我们英格兰还有别的东西，而外国人通常以为我们除了轮船、铁路和东印度公司之外别无所长。告诉帕夏，我们的乡村也值得关注，在过去200年间甚至我们的芜菁栽培技术也有显著提升。如果他对此不感兴趣，那么请你无论如何要向他解释我们这个国家的长处——我们是说真话的民族，像奥斯曼人民一样，我们会忠于自己的诺言。哦！顺便说一下，在说完这些之后你可以告诉他，感谢上帝！英国的自耕农仍在英国自耕自足。

正如我们所知，英国的自耕农已经无法自耕自足了。金莱克书中的旅行者和他的朋友们已将自耕农变成了一群饥饿而惊恐的贫民。然而，如果说英国的乡村是罪恶的，那么英国工业化的罪恶更甚。那时，工厂、矿山里的卑劣行径已是老生常谈，如今一切照旧，并且仍然不堪忍受。我对这个问题并没有多少研究，但有些话不得不说。

拿破仑是被俄国的冰天雪地和英国的儿童打败的。俄国的天气所起的作用已获公认，在人们看来那是天意。但英国儿童所发挥的作用却被悄无声息地忽略了，因为这对英国人而言是件可耻的事。米什莱[①]在他的历史著作中，虚构了皮特和雇主们之间的对话，以此形式第一次恰如其分地凸显了英国儿童的作用。当雇主们抱怨战争税时，皮特答道："用童工吧。"在战争结束前，他们已经让儿童去工作了，但现在战争已经结束了很久，儿童们仍在工作。

---

① 法国历史学家，被誉为"法国史学之父"。——译注

童工制有两种，早年的贫民学徒制，后来的"自由"儿童。学徒制形成的过程是这样的：当时在伦敦和其他地区，如果有人得到了贫困救济，那么其子女 21 岁之前何去何从将由教区全权安排。在 1767 年之前，这些儿童几乎都已撒手人寰，所以政府当局没有遇到什么麻烦。1767 年那年，一位名叫汉韦的慈善家提出的法案获得通过，根据该法案，儿童年满 6 岁就不能再继续待在济贫院了。其结果是，大量儿童生存状况堪忧，如何安置这些儿童成为摆在伦敦当局眼前的难题。恰巧此时兰开夏郡的工厂有童工需求，于是这些儿童成了工厂老板们的学徒，这意味着在他们长到 21 岁前都是老板的私有财产。如果一家工厂不分日夜地运转，童工就会分为两班，每 12 小时轮一班，白班童工和晚班童工共用一个床铺。这还算幸运的，如果工厂晚上不开工生产，就只有一班，童工们每天可能要工作 15 或 16 小时。

如果工厂主破产了，童工们就会被车带到一个偏僻的地方自谋出路。除此之外，如果不算星期日孩子们趁机器设备定期清洁时去教堂的话，他们是永远也走不出工厂的。担心这些儿童可能缺乏宗教方面的教育，几乎是当时唯一触动人们普遍良知的地方，不过，后来传染病多发而导致大量儿童死亡的问题，也多少引起了公众的注意。

尽管罗伯特·皮尔爵士（"政治家之父"）本身还远远称不上模范雇主，但他的一项提案在 1802 年获得议会通过。这一提案旨在"更好地确保学徒以及在纺织厂和其他工厂工作的人们的健康与品德"。事实上，它只适用于学徒，并仅限于纺织厂。罗伯特·皮尔爵士认为，该提案"将使纺织业变得更符合公正原则和道德要求，从而与这一行业在贸易上的重要地位相匹配"。它规定，学徒晚上不得工作，每天工作不得超过 12 小时，每天都要留一段时间接受教育，每年要得到一套新衣服，男孩和女孩应分开住宿，每人一张床。每周日要学习基督教教义，每年由牧师考查一次。品行端正的孩子们还能再要求什么呢？

雇主们抗议这一法案会毁了他们的生意。但事实证明，没人强迫他们照章执行，而且实际上也收效甚微。后来，雇佣学徒逐渐被所谓"自由"的儿童所取代，也就是说，这些孩子是应父母的要求去工作的，尽管在法律上他们有权饿死而不工作。出现如此变化乃是因为蒸汽机替代了水动力，于是工厂纷纷搬至城镇，因为那里有可供役使的儿童。如果父母拒绝送孩子去工厂，政府当局也有权不按《济贫法》对其进行救助。新机器的强势已经使许多织工处于饥饿边缘，由此导致大量儿童被迫在六七岁时开始谋生，有时甚至更早。哈蒙德夫妇在《城镇劳动力》（*The Town Labourer*）中对雇佣劳动者的生活做了如下描述：

> 儿童一旦成为雇佣劳动者，他们的生活就与上面描述的学徒生活所差无几了。他们早上五六点进入工厂，（最早）晚上七八点离开，星期六亦如此。在整个工作期间，他们都待在华氏75度至85度的封闭环境中。十四五个小时内，只有吃饭时间才得以喘息，早餐最多半小时，晚餐最多1小时。然而，固定的吃饭时间只是成人的特权，对儿童而言，每周有三四天时间，吃饭只是换种方式工作。吃饭时，他们虽不必照看运转中的机器，却要清洁关停的机器。此时，孩子们只能抓紧时间拿些食物，在烟尘中狼吞虎咽。在这样的环境下吃饭，孩子们不久便会觉得食物味同嚼蜡，烟气呛得他们喘不过气来，一旦连痰都吐不出来时，

只能用工厂免费提供的催吐剂。

儿童从事的工作常常被描述为轻而易举就能完成，甚至近乎消遣，所以人们只需稍稍关注，但不必干预。当时，四分之三的童工都是"接头工"，即将各种不固定的和旋转的机器上的断线接起来。其余童工则负责清扫废弃的棉花，或者拆卸和替换绕线筒。菲尔登（Fielden，1784—1849）是一位开明而仁慈的雇主，与科贝特①一起代表奥德海姆市议员获得了纪念沙夫茨伯里伯爵②和萨德勒③的一项荣誉。菲尔登曾通过一个有趣的实验来测定孩子们体力上的极限。当时一些工厂代表的报告里提到了孩子们为了紧跟旋转的机器每天所要走的距离。受此启发，菲尔登也提交了一份报告，据他在自己工厂实测，他惊愕地发现，童工12小时内走过的距离不少于20英里。其间确实有短暂的空闲时间，但没有凳子可坐，因为坐下是违反规定的。塔夫内尔先生是工厂委员会的代表之一，也是"接头工的工作真的很轻松"这一观点最有力的支持者。他说，四分之三的孩子在走锭纺纱机旁做接头工，当机器后退时，接头工就无事可做，即一分钟内有四分之三的时间是空闲的。由此他得出结论，如果一个孩子名义上每天工作12小时，"那么实际上有9小时他并未劳动"，或者一般情况下，如果一个孩子负责两台机器，"那么他空闲的时间就是

---

① 英国记者、政治活动家和政论家，激进派的著名代表，曾为英国政治制度的民主化而斗争。——译注
② 富于人道主义精神的托利党人，被誉为英国下议院工人阶级事业的领导人。——译注
③ 托利党议员，英国激进政治家，工厂改革运动的领袖。——译注

6 小时，而不是 9 小时"。

"常规"的工作时间是每周 6 天，每天待在工厂 14 或 15 小时。生产繁忙时，工作时间视情况而定，有时会延长到令人难以置信的程度。在瓦利先生的工厂，从凌晨 3 点一直工作到晚上 10 点的情况也是有的，整个夏天，工作时间甚至从凌晨 3：30 到晚上 9：30。这个工厂被人们形象地称为"地狱湾"，因为有时在连续两个月的时间里，工人们不仅要常规地从上午 5 点工作到晚上 9 点，而且每周还有两天要通宵工作。在繁忙时只要工人一天工作 16 小时（上午 5 点到晚上 9 点）的雇主则自认为是仁慈之辈，并为此自得。

除非采取暴力强制，否则童工的体力根本不可能适应这样的劳动制度。工厂监工在萨德勒委员会作证时并未否认他们采取了残酷手段。他们说，不强迫童工完成指标，就只能解雇他们，在那样的情形下同情是一种奢侈，作为要养家糊口的人，他们不能允许自己这样做。对于早上迟到者的惩罚是相当严酷的，这足以使疲惫的孩子们自我克制，不敢让睡觉时间超过三四个小时。在萨德勒委员会，一位证人说他认识一个孩子，每天晚上 11 点回到家，次日凌晨 2 点就在慌乱中起床，跌跌撞撞地步行去工厂。在有些工厂，一天中的每个小时都能听到毒打的声音和痛苦的喊叫。做父亲的揍孩子为的是让他们吸取教训，以免他们犯错后遭到监工更狠的殴打。下午的工作往往强度极大，监工们便会用一种叫纺机筒的大铁棍打人。即使如此，仍常有小童工在打瞌睡时倒在了身边的机器上，随即丧命。如果他还算幸运，没被碾压的话，倒可以趁机忘却一切，尽可能睡久一点。在戈特先生的工厂，惩戒童工只允许用戒尺，为了让从早上5点工作到晚上9点的孩子们保持清醒，便鼓励他们唱赞美诗。傍晚时分，孩子们既痛苦又疲惫，神经紧张到难以承受，他们会乞求任何走近的人告诉他们还剩多少小时。一位目击者告诉萨德勒委员会，他那6岁的儿子有次问他："'爸爸，现在几点？'我说，可能7点了。'啊，离9点还有2个小时，我已经受不了了。'"[1]

这些情况被公之于众后，有人鼓动出台法案制止如此严重的滥用法律行为，对此我将于下文中论及。在此，我只考察1819年通过的一个法案，事实证明它毫无效果，而且居然将监察工作交由地方法官和牧师负责。实际上，它倒是让雇主松了口气，因为如果他们的违法行为不过是为了给孩子们点"教训"，那么地方法官和牧师对此是决无异议的。

境遇悲惨的童工不仅纺织厂有，煤矿也有。比如在矿井下看守风门开关的孩子，一般5到8岁不等，他们"坐在门边的小洞里，手上连续12小时抓着一根绳子。按规定，他们要待在黑暗中，偶尔会有好心的矿工给他们一小截蜡烛"。在儿童就业委员会1842年的报告中，一个8岁的女孩说："我得在一片漆黑中开关门，我很害怕。我早上4点就下矿井了，有时甚至3点半，然后（下午）5点半才出来。我从不打瞌睡，有亮光的时候我偶尔会唱唱歌，但黑漆漆的我就不唱了，也不敢唱。"

正是靠着孩子们在如此条件下的劳作，墨尔本勋爵才腰缠万贯，并因此变得知书达理、风度翩翩。而卡斯尔雷，我们的伦敦德里勋

---

[1] 《城镇劳动力》，1932年版，第157—160页。

爵，同时也是赫赫有名的大矿主。矿山和纺织厂之间的主要区别在于，英国两党的许多大贵族都直接拥有矿产，他们的铁石心肠跟那些最令人发指的工厂主是一样的，只不过后者大多白手起家。可以想见，霍兰德公馆的优雅交谈中也低语着孩子们饱受折磨的故事。

我之所以提起这些孩子，乃是因为那是 100 年前的工业化时代中最可怕的一面。除非孩子们的父母已经绝望，否则不可能让他们承受这样的苦难。至于成年人，他们的工作时间也同样长得令人难以置信，而工资仍然很低，住房条件依旧恶劣。许多产业工人不久前还住在乡村，如今日益集中于新兴的城镇，那里弊端丛生、雾霭弥漫，卫生状况堪忧，有些人甚至住在地窖里，霍乱和伤寒肆虐。新机器使熟练的手工业者陷入贫困，曾经富裕的织工现在每周只能挣到 6 先令 6 便士。直到 1824 年，雇佣劳动者的任何联合行动都被视为非法，尽管成立了工会，但只能秘密地存在，所以规模小，也起不了什么作用。政府雇佣了一些密探，目的是刺探穷人中的革命情绪。密探们大费周章地谋划了一些小规模行动，受骗上当者或被绞死或被流放。

实施如此暴行的也是人，与你我一样有人的天性。设想一下，在某种情况下，或许你我的所作所为与他们的并无二致。多年以后，当苏维埃俄国上演类似一幕时，这些人的孙辈以人道主义的名义奋起反对；而当人们企图阻挠昔日的罪恶在刚刚开始工业化的印度重现时，这些人的孙辈又同样以人道主义的名义对他们施以酷刑。

中篇　哲学激进派

第八章 马尔萨斯

思考不是人类与生俱来的行为，而是疾病的产物，如同人病了会发烧一样。在革命爆发前的法国，在 19 世纪初的英格兰，政治机体中的疾病导致某些人开始考虑一些重要的思想，由此发展出了政治经济学。这门科学结合边沁的哲学和詹姆斯·密尔[①]承自哈特利[②]的心理学，产生了哲学激进派，后者支配英国政治达 50 年之久。哲学激进派是一群奇怪的人，相当无趣，完全没有所谓的"远见"。他们谨慎而理性，从前提开始小心论证，而这些前提多半会推导出错误的但符合中产阶级利益的结论。这个派别的最后一位代表人物约翰·密尔，头脑不如边沁、马尔萨斯或李嘉图，想象力和同情心却有过之而无不及，以致其未能保住学术上的正统地位，甚至还对社会主义暗送秋波。而哲学激进派的创始人们则像《大卫·科波菲尔》中的摩德斯

[①] 19 世纪苏格兰著名历史学家、经济学家、政治理论家、哲学家。下文中的约翰·密尔是他的儿子，19 世纪英国最负盛名的哲学家、政治学家、经济学家，提出并发展了功利主义理论。——译注

[②] 18 世纪英国哲学家，心理学联想学派的创始人。——译注

通先生①一样，不能容忍任何软弱。

随着 1776 年《国富论》的出版，英国经济学的奠基人亚当·斯密超越了他所在的时代。他之所以具有如此重要的地位，就在于他承继了法国的自由主义学说，率先提出了自由贸易理论。与哲学激进派的创始人不同，他敏感而温和，缺乏系统性思维，总是看到问题的局限性，例如在有关《航海法案》争论中，他提出了防御重于致富的著名论断。这位可爱的老先生，有着 18 世纪那种令人舒服的个性，在他看来，不值得过分固执己见而失了绅士风度。不过，他相信这样一种常识，即个人利益和社会利益从宏观上说是和谐的，从有见识的利己主义出发的行为和从仁慈博爱出发的行为亦可殊途同归。这一原理后来被用来证明制造业主的个人利益与社会共同体的真正利益是一致的，而社会共同体的利益又必然符合雇佣劳动者的真正利益，由此得出结论，雇佣劳动者如果反对雇主，那他们就是蠢货。

对我们的时代乃至全世界更为重要的是马尔萨斯，他的《人口论》（1798 年第一版，1803 年第二版）对其后所有的理论与实践产生了深远的影响。马尔萨斯虽然出生于 1766 年，但他似乎并未沾染上 1789 年之前普遍存在的乐观主义情绪。一个典型例证是，1783 年，当 24 岁的皮特成为英国首相时，马尔萨斯对一个如此年轻的人承担如此重任大为震惊，而其父却不这样认为。他的父亲是一位完美主义者，卢梭是他的朋友，据说还是他的遗嘱执行人，尽管此说显然不实。马尔萨斯的父亲狂热地崇拜戈德温的《政治正义论》和孔多塞的《人类精神进步史表纲要》。他喜欢辩论，总是鼓励家人设置论题与他争辩。

---

① 主人公大卫·科波菲尔的继父，性情酷烈残暴。——译注

他相信社会进步，这令马尔萨斯大为光火，于是发明了一种被白芝浩①称为"摧毁快乐的装置"的论战武器。它是如此强大，使得马尔萨斯可以得心应手地应对一切问题，它就是著名的人口理论。

的确，1797年是个阴云密布的年份，就在这一年，马尔萨斯的脑海中第一次闪现出他的理论。当时，在经历了恐怖统治之后，法国大革命进入了腐败平庸的督政府统治时期。在英格兰，自由主义思想几乎消亡，税收和贫困你追我赶节节攀升，爱国者们对纳尔逊②的胜利并不满意，海军则处于暴动状态；尽管激进分子已被小皮特投入监狱，但爱尔兰1798年的起义已是一触即发。因此，不难预见一场长期的战争在所难免，随后将是长期的暴政、饥饿乃至周期性的饥荒，从法国大革命看到的所有希望都已破灭。此时，阴郁的理论可谓顺时应势，马尔萨斯亦着手准备将其公之于众。

《人口论》首次发表是在1798年，当时这一著述中几乎都是推论，并未引起注意。在1803年之前的数年里，马尔萨斯走遍欧洲，四处收集实例来支持他的论点。结果在第二版时，这本扎实的大部头使人们眼前一亮，它通过从世界各国获得的资料来支撑全书，仅目录部分就令人肃然起敬，比如"俄国人口""瑞典人口""德国人口"，等等。看到这些，读者便会对接下来的内容相信了一半。

马尔萨斯的理论精髓可谓简单明了：如果不控制人口的增长，人口大约每20年会增加一倍，然后会在100年内达到目前的32倍，200年内达到1024倍，300年内达到32768倍，依此类推。显然，这种情

---

① 19世纪英国记者、著名政论家，著有宪政理论经典之作《英国宪法》。——译注
② 英国18世纪末、19世纪初的著名海军将领。——译注

况不会发生，也不可能发生，那么原因何在呢？

马尔萨斯说，有三种情形会导致人口下降，即道德约束、疾病和穷困。他对大规模的道德约束不抱什么希望，除非全部人口都接受正统的政治经济学理论的教育。至于"疾病"，作为牧师的马尔萨斯不能多说，否则会惹祸上身。不过，他也承认可能在某些时期，如罗马帝国时代，疾病会对人口产生重要的抑制作用。尽管他不希望如此，但多数情况下，疾病的作用会非常显著。他还证实了流行性疾病所造成的人口下降会回升得很快。由此他得出结论，穷困是抑制人口过多的主要因素。既然有人饿死，那么人口就不该超过应有的水平。

也许有人会说，如果在土地上劳作的人再多一些，就能产出更多食物，这样的话怎么还会有人挨饿呢？关于这一点，马尔萨斯的论据后来被称为边际收益递减原理。也就是说，如果以双倍的劳动力、双倍的资本投入某块土地，其产出将会增加，但不会是双倍。如果劳动力和资本投入一块之前荒废的土地，一般来说，其结果也是一样的，因为我们可以设想最好的土地会被优先耕种。当然，如果人口非常稀少，上述说法就不对了。一个新生国家的先驱们往往会因为新移民的到来而获益，但对一个早已安定有序的国家而言，比如欧洲国家，一般来说，如果人口的增长没有伴随着农业技术的进步，那么人均食物数量就会减少。最终，这种情况会达到一个平衡点，在这个点上，人口如果继续增加，一个劳动力产出的食物将无法满足一个人的需求，而饥饿将抑制人口的增加。

因此，马尔萨斯提出，社会上最贫困的阶层必须穷到仅够维持生存，否则这类人口还会增加，直至到达这一平衡点。也许其间会出现短暂的特殊时期，例如在黑死病流行后，但这样的特殊时期不会太久，因为在恢复过去的状态之前，会有更多的儿童生存下来。所以说，一些人比其他人富有是件好事，否则在一个平等的体系中，所有人都会处于最低的生活水准。有鉴于此，马尔萨斯排除了戈德温、欧文和其他改革者的方案。"可以百分百肯定，"他说，"既符合这些道德准则和宗教教义（这两者劝富人把大部分财产分给穷人），又不至于让整个社会堕入悲惨境地的唯一办法，就是穷人对婚姻慎之又慎，无论婚前婚后都要权衡经济性。"马尔萨斯审视了所有企图改善人口问题但最终失败的方案，认为这个问题必须通过"道德约束"来解决，至于另外一些与他扯上关系的办法，他都以嫌恶的口吻称为"药不对症"。

马尔萨斯是反对济贫法的，尽管他不认为可以突然取消。他说不可能阻止贫困的发生，也不可能使贫者变富或让富者变贫，只要目前的食物人口比继续存在，有些人就注定受穷。如果贫困率变高，以致不能使每个劳动者分得他的食物份额，那么由于一个国家的食物量并没有变化，又没有足够的食物分给每个人，于是食品价格就会上涨。

马尔萨斯不相信欧洲可以从其他大陆获得大量的食物供应。"这是一种疯狂的臆测，"他说，"有人建议（当然更多是一种戏谑而不是认真的态度），欧洲应该在美洲种谷物，作为最佳的世界劳动分工，欧洲仅仅致力于制造业和商业。"

工人阶级的唯一希望就是教育，教育可以作为反复灌输道德约束的一种手段。皮科克在《险峻堂》中借法克斯先生之口介绍了马尔萨斯，书中的法克斯试图"教育"那些即将结婚的乡下佬：

> 法克斯先生以极大的同情心注视着这对新婚夫妇，他决定

搞清楚,现在这对新人如此鲁莽地要迈出这一步,他们心中是否对随之而来的恶果有清醒的认识。于是,他走上前去边搭讪边观察,普特派浦牧师大人那时没空,但几分钟后应该就有空了。"此刻,"他说,"我站在这里代表普遍理性,想问一下你们是否充分权衡了目前进行的程序将会产生的后果。"

新郎:普遍理性!我可不是什么乱七八糟的人,普遍什么应该算上我。我们难道不是按婚姻法结的婚?如果在我和爱人之间冒出个什么普遍理性,那就搞砸了。

法克斯先生:现在恰好是要大声疾呼理性介入的时刻。

新郎:如果我或苏珊让理性等等,我想它会等待的。

新娘:是的,是的,罗宾。

法克斯先生:我的朋友,我确定普遍理性与婚姻法无关,也与其他强制力无关,它以权威的真理为基础,仁慈是它的目的,整个宇宙都是它发挥作用的范围。

新郎(挠挠头):这些话太难懂了,但我猜你是说普遍理性是一位讲道理的传教士,但我是一名朴实的教徒,苏珊也是,是吗,苏珊?

新娘:是的,是的,罗宾。

新郎:我们与普遍理性没什么关系,没什么关系,是吗,苏珊?

新娘:是的,没关系,罗宾。

法克斯先生:好,我的朋友,话虽如此,那么你们打算结婚?

新郎:哦,我认为是的,让普遍理性离开吧,是吧,苏珊?

新娘：是的，是的，罗宾。

法克斯先生：我诚实的朋友，那么你是否完全明白婚姻是什么？

新郎：苏珊和我都记住了祈祷本子上的话，是吗，苏珊？（此时苏珊不知道如何恰当回答。）规定那些人是不能得到——（这时苏珊突然在他手臂上猛地捏了一下，他咆哮着中断了话语。）噢，要我好看！噢，你那双臭手！我要报复。（他重重地吻了一下满脸通红的新娘的嘴唇，这一切让法克斯先生深感震惊。）

法克斯先生：你知道，很有可能在以后 6 年里，你会有很多孩子吗？

新郎：越多越快乐，难道不是吗，苏珊？（苏珊再次沉默。）

法克斯先生：我希望如此，我的朋友，恐怕你会发现更多的悲伤，你的职业是什么？

新郎：你说什么？

法克斯先生：你靠什么生活？

新郎：在凡慕布朗斯多干活，撒种、收割、脱粒，然后装上谷物赶着牛到市场去，有时也犁犁地、喂喂马，给马搞搞清洁，搭搭篱笆挖挖沟，把树推倒，还到果园去，酿啤酒，喝啤酒，每星期赚 14 先令解决我生活上的事。苏珊赚得多，她在凡慕奶酪场做挤奶工，要赚 4 镑 17 先令 19 便士，奶牛的老胸上可有把锁，挂锁什么的，是吗，苏珊？

新娘：是的，是的，罗宾。

法克斯先生：在我看来，我的朋友，你每星期有 14 先令，即使加上苏珊夫人的 4 镑 17 先令 19 便士，这些并不能维持你未来可能的家庭生活。

新郎：哦，我首先不知道苏珊对这件事是怎么想的——噢，见鬼，苏珊，不要掐我——第二点，我们按你和普遍理性的那个传教士的话想想，我家里除了我俩，没有什么其他人。

法克斯先生：但是会有的，如果你不能抚养你的孩子，那么教区必须为你抚养。

新郎：这样的话，那可糟透了。我为教区作了贡献，但我不想从那里获取更多。

法克斯先生：我敢说现在你不会。但是我的朋友，当照顾家庭的责任落在你身上，你的独立精神就要屈从于生活的必需。如果你意外地被解雇了，就像现在你的许多老实的伙伴那样，到那时你怎么办？

新郎：我会卖力干活的，先生，就像我一直做的那样，没人会比我做得更好。

法克斯先生：你假定那时你会像现在一样尽力而为，你是否认为你这是在与一个可疑的未来结婚呢？你将如何养育你的孩子？

新郎：噢，现在可是主管着我们的时代，没有什么可怀疑的。

法克斯先生：当然，但是你如何抚育你的孩子，使他们生存下去呢？

新郎：也许以后会有这样的事，但他们不会饿死的。我想如果他们像他们的父亲那样，生活就会有保证。现在我看出普遍理性是谁了，他是你的一个收税人，干着一份闲职，手里有公家的纸币，他从穷人嘴里抢面包，还不满足，他将自己的孩子送去当兵，参加海军，得到胜利荣誉什么的，他的老婆在买东西时不必讨价还价。

法克斯先生：我诚实的朋友，你陷入了激进主义的错误之中，我是为你的利益才解释这些道理的。因为穷人有太多的孩子无法抚养，所以这些孩子就被迫入伍，参加海军。于是，政治家和征服者就有现成的力量来压迫和毁灭人类。最后得出的结论是，人们在他们可以凭借国内的财力轻松抚养孩子前不该结婚——

新郎：主爱你，那都是一堆废话，一句话：没有苏珊我活不下去，苏珊没有我也活不下去，是吗，苏珊？

新娘：活不下去的，是的，罗宾。

通过教育可以使人达到"道德约束"的程度，但这种教育似乎需要马尔萨斯经济学与伦理学的结合，其过程可能有些漫长。不过，马尔萨斯也几乎赞同所有他那个时代的改革者关于大众教育为任何激进改良之必不可少这一观点。有些人反对教育，但马尔萨斯支持教育的理由是如果教穷人阅读，他们也会读懂托马斯·潘恩，从他的角度讲，他同意亚当·斯密的观点，认为人们受的教育越多，就越不会盲从煽动性著作。

他坚持认为人们没有获得救助的权力，即如果一个男人不能靠自己的努力生存，或者如果一个孩子不能靠父母的努力而生存，那么社会就没有义务为他们提供生计。

理论和经验清楚地表明，如果救助的请求得到应允，那么这种需求很快就会超过满足它的可能性，再加上在实际的救助中人们又试图包括人类社会中最悲苦和普遍贫穷的民族。这样必然可以得出结论，否定救助权要比允诺救助的论点更适合我们的生存状况。

伟大的造物主显然已经将智慧蕴藏在自己的作品中，他并没有泛泛地通过冰冷的和投机性的思考就得出结论。他让利己的激情比仁慈的心绪更强大，并及时地敦促我们照此行事，因为这一准则是保存人类种族之必需。

马尔萨斯反复强调，社会共同体的优越性源于个体的自私，也正因如此，仁慈的上帝将我们所有的人造就为利己主义者。利己主义的行善是一种特例，这种行善是审慎的、算计的和自我克制的，不是一种冲动或轻率之举。马尔萨斯在自己婚后的头四年有了3个孩子，之后就没有生了，有人推断这是因为"道德约束"。不过马尔萨斯夫人对人口论的见解并无记载。

很大程度上是因为马尔萨斯的缘故，英国的激进主义哲学不像所有其他时代和其他国家的激进主义那样，在所有美德中它更看重审慎。审慎是内心的冷淡，是对情感生活的敌视，从各方面看，审慎是浪漫的中世纪精神的对立面。马尔萨斯当然会遭受严厉的抨击，而这些抨击都是基于情感或正统的宗教。在反击神学的批判时，马尔萨斯占据有利地位，身为牧师的他远离了作为异端人士的嫌疑。在反击情感牌时，他诉诸他那个时期英国的一些显而易见的事实。对他的同时代人而言，似乎没有什么合乎逻辑的内容可以用来反驳他的理论，结果所有受他论点影响的人都赞同了他。在《人口论》发表后的80年中，他深刻影响了人们的观念，此后又影响了出生率，尽管是以他感到难过的方式。随着他对人们观念的影响下降，对出生率的影响却在增加，但后者比前者更为重要。如果一个人的伟大是用他对人类生活的影响来衡量的话，几乎没有人比马尔萨斯更伟大。

现在终于可以评判马尔萨斯学说中哪些是对的，哪些是错的，但在他那个时代这是不可能的。在拿破仑战争期间，英国被迫完全在国内生产食品。当时的英国普遍处在水深火热中，人口却在迅速增加。由于济贫法是根据家庭中孩子的数量来发放救济的，于是看起来好像这种做法直接刺激了不节制的婚姻。直到最近还有人认为当时人口的快速增加①是由于出生率的上升，但现在人们普遍认为其主要原因是死亡率的下降。也许你会感到奇怪，在如此的苦难岁月里死亡率还下降，但事实似乎毋庸置疑。克莱普汉姆②列举了其中的原因："征服了水痘，通过排水系统减少了疟疾，曾在这块大陆上流行的坏血病消失，产科学的发展减少了婴儿死亡和产妇在产褥期的死亡，医院、药房和医学校增多。"1811 年的出生率比 1790 年略低，而济贫法和工厂里的童工对此均无影响。

无论人口增长的原因是什么，1811 年第二次人口普查的结果公诸于世后，人口增加的事实便无法否认。无疑，马尔萨斯坚持的观点是正确的，即除非农业技术有所改进，否则在一个限定地区，比如像英国那样已经有相当多人口的地区，不可能在不降低生活标准的情况

---

① 1801 年，英国进行了第一次人口普查（不包括爱尔兰），前四次人口普查的数据分别为：1801 年，10943000；1811 年，12597000；1821 年，14392000；1831 年，16539000。

② 克莱普汉姆：《现代英国经济史》（*Economic History of Modern Britain*），1926 年，第一卷，第 55 页。

下生产出大量人口所需的食物。如果人口继续增加，因为食物的匮乏，很快就会达到一个不可能继续增加的临界点。这一结论最终不仅对英国而言是正确的，对世界而言也是如此。在世界上有些地方——比如中国——事实不仅显而易见，而且具有悲剧性。

但自从马尔萨斯写了《人口论》，关于他的理论的局限性出人意料地变得十分显著。铁路和汽船的出现导致了这样的观点，即"欧洲应该在美洲种植谷物"。当然，马尔萨斯认为这不过是个笑话。现在，农业技术的改进所发挥的重要作用已被证明超出了马尔萨斯的设想。不仅如此，最值得关注的是，雇佣劳动者财富的增加远远没有导致较高的出生率，反而在迅速下降，而这种下降在一战期间和以后阶段呈现出加速趋势，同时人们生活的舒适性再度下降。或许上述情况还都不足以反驳马尔萨斯的观点，但在白人地区，这些情况还是消解了马尔萨斯理论的重要性。而在亚洲，他的理论仍然重要。

第九章　边沁

哲学激进派通常被认为是边沁学派，他们中的大多数人视杰里米·边沁为自己的领袖。然而令人怀疑的是，要是没有詹姆斯·密尔，他是否会达到如此地位。无疑，边沁是历史上最杰出的人物之一。他出生于 1748 年，人们或许料想他属于更早的年代，而不是我们所关注的这个年代。实际上，他的漫长人生（死于 1832 年）分为 3 个阶段，第三个也是最重要的阶段开始时，他已垂垂老矣，事实上，他在 60 岁那年转而信仰民主思想。

边沁的出身本来不可能使他成为一位改革者。他的家庭虽是詹姆斯二世党人①，但他们都足够谨慎，没有参与 1715 年或 1745 年的暴动。他的祖父做生意，父亲富足一生。父亲对杰里米的教育煞费苦心，在某种程度上可以说成了以后约翰·斯图亚特·密尔的教育模板。7 岁时，杰里米被送到威斯敏斯特学校学习，12 岁时上了牛津，

---

① 指支持斯图亚特王朝君主詹姆斯二世及其后代夺回英国王位的一个政治军事团体，多为天主教徒。——译注

15 岁获得学士学位。他的父亲是个彻头彻尾的势利小人，希望他结交大学里的贵族和大人物，而且总是愿意向他提供额外的零花钱让他在社交圈中与这些人一起赌博。但杰里米是个害羞的男孩，更喜欢读书而不是玩乐。虽然方式不同，但与马尔萨斯相似，作为儿子的杰里米忤逆了通常的父子关系。当父亲鼓励他轻浮行乐时，杰里米却坚守勤劳和节制。为了取悦父亲，他被要求进入律师界；为了取悦自己，他撰写关于法律改革的文章而不是投身法律实践。以后他又坠入爱河，尽管因为女方的不富有导致父亲的不满，进而反对杰里米的选择，但事实证明这是一段十分幸福的爱情。杰里米被迫放弃她后痛苦万分，不过他也没有因此而投身于赚钱的事业。他在给弟弟的一封非常私密的信中说，在那段时期，他陷入了一种漫不经心且愤世嫉俗的状态。这种精神因素后来以一种学究式的纯理论的形式体现在他的哲学中。那些仅了解他晚期生活的人认为，他有一种友善的古怪，难以置信的害羞，完全将自己禁锢在自我约束之中。但我认为，从中可以看出他与父亲之间的冲突以及放弃情感上的幸福对他造成了持久的影响。[①]

尽管边沁讨厌会晤陌生人，但罗伯特·欧文还是在 1813 年结识了边沁，下面是欧文对初次会面的描述：

"开始时，与我们共同的朋友、也是当时他的两位主要顾问詹姆斯·密尔和弗朗西斯·普莱斯做了初步的沟通，找到了他和我之间的某些共通之处。最后我终于在一个特定时刻来到他隐士般的居处，我进门后上了楼梯，在中途就遇见了他。我按别人教我的去做，而他见到我时显得非常诚惶诚恐，握了握我的手，激动得好像整个身子都在

---

① 他在早餐前和晚餐后总是一成不变地绕着花园散步，他称之为"餐前和餐后绕行"。

颤抖，并急忙说："好！好！一切都结束了，我们算介绍认识了，进我的书房吧！"

15年后，他见到欧文的儿子，并在分手时说："上帝保佑你，如果有上帝存在的话，我年轻的朋友，无论发生什么事，自己保重。"

1814年及其后3年，边沁的一半时间在德文郡的一个被称为福特修道院的老房子中度过，在那里靠着自己的存款生活得美满而快乐：

> 对一些人而言，这是个幸福感很高的场所，绝不是什么微不足道的地方，在那里从没有听到过愤怒的言辞。S太太（女管家）像守护神一样管理着这个家。邻居们即使没有登门造访，也对那里满怀热诚。尽管我讨厌跳舞，但仍感受到那里的音乐和舞蹈，优雅而单纯。一大群人来跳舞，S太太总是领舞者。

不过，弗朗西斯的描述恐怕更接近实情：

> 我们的日子都很相似，所以对一个人的描述也许就可以代表所有人的情形。密尔五六点起床，他和约翰核对校样，约翰读稿件，他父亲核对。威利和克拉拉在7点以前待在大厅，校对完成后，约翰就到离房间较远的那头去教他的妹妹们读书。这些都完成后，或者在做这些事的间隙，约翰学习几何，直到9点，这时早餐准备好了。
>
> 边沁7点刚过就起床了，大约8点开始工作。我是6点起床，然后就工作，9点在客厅用早餐——一起的有密尔夫人、密尔、我、约翰和考拉斯。
>
> 早餐结束后，密尔会听威利和克拉拉背诵功课，然后轮到约翰。背诵在宽阔的阳台上进行，密尔会边听边来回踱步。阳台

的一边是用早餐的客厅，另一边有许多花盆，盆里的鲜花竞相开放，而这个地方位于整栋房子的前部。上课和朗读都要求大声，历时整整3个小时，大约到午后1点结束。

9点到12点边沁先生继续工作，12点到1点他在客厅演奏风琴。

早餐后到1点的时间里，我学习拉丁文，我的方法也是边踱步边大声朗读，我攻克了实词和形容词的难点。这一时期，有位优秀的男孩名叫考拉斯，他向密尔学习拉丁文，从我那里学习法语，他是个天赋卓越的孩子。

1点我们三人在小路和田野中散步1小时。2点所有人再次投入工作，直到6点晚餐时间，那时密尔夫人、密尔、边沁、我、约翰和考拉斯一起进餐。我们有汤或鱼，或两者皆有，还有肉、布丁，水果通常有甜瓜、草莓、醋栗、无核小葡萄干和葡萄，没有酒。我第一次到那里时，桌上放着酒，我没有取用，以后就再没有看到酒。晚餐后，我和密尔会轻松散步2小时，八点一刻左右，我们两个轮流陪边沁先生散步1小时。然后喝茶、读期刊。11点大家去睡觉。

早餐前半小时，密尔夫人会围绕屋前那片绿地雄赳赳地走步，晚餐后与所有的孩子一起再次走步，直到回屋睡觉。

对边沁思想的形成产生主要影响的是法国知识分子。休谟无疑影响了边沁的哲学，哈特莱以联想主义学说影响了他的心理学。用边沁的话说，其伦理学的首要原则几乎是在哈奇森的《论道德的善与恶》中发现的。根据哈奇森的说法，一个既定行为在多大程度上能被称为道德上的恶，取决于"它所造成的不幸的程度以及遭受不幸的人数；所以，所谓最好的行为就是实现了最大量的人的最大幸福的行为。"[①]不过，正是法国革命前的哲学家促成了边沁思想基调的形成。边沁本人崇拜伏尔泰，也是爱尔维修的热烈追随者。1769年，他阅读爱尔维修的著作后，立即决定将一生奉献给立法原理。"爱尔维修之于道德世界，如同培根之于物理世界，道德世界有了培根式的人物，道德世界的牛顿也会出现。"如果我们就此推测边沁渴望成为道德世界的牛顿，这并不为过。

当边沁了解了贝卡利亚的《论犯罪与刑罚》之后，认为贝卡利亚比爱尔维修更高一筹：

> "啊，我的大师，"他惊叹道，"你是第一个理性福音的传播者，你使意大利远远超越了英国，而我要进一步超越法国。爱尔维修没有论及法律问题，所以他没有帮到你，没有对你的基本思想有所助益。你论述了法律的缘由，而法国只是说了些法律的行话，对一句行话追根溯源不过就是与英国的行话相比较而已。你通过许多有益的探索形成了有效的研究路径，这些都是提供给我们将来之用？——我们永远不要偏离这一路径。[②]

1770年，22岁的边沁开始了巴黎之旅，这证实了法国对他的影响力。事实上终其一生，他在许多方面保持着法国路易十六时代的哲学家风范。另一次对他产生影响的旅行是1785年对俄罗斯的访问。

---

① 转引自哈勒维，见《哲学激进主义的成长》（*The Growth of Philosophic Radicalism*）第13页。
② 同上书，第21页。

他的弟弟塞缪尔（后来的将军塞缪尔·边沁爵士）受雇于凯瑟琳皇后，尝试俄罗斯的农业现代化，这一任务被证明不仅在当时是困难的，即使现在依然困难。杰里米曾希望凯瑟琳引入他所制定的科学的刑法典。"在俄罗斯，"他写道，"为了人们能有思想而承受了如此多的痛苦，同时某些政府机构为了不让人民思考也苦恼万分。"[①] 然而不幸的是，尽管他的弟弟在宫廷的工作非常成功，但凯瑟琳推测他想与一位宫女结婚，他因此失宠，杰里米及其法典的编纂也随之受到冷遇。

无论在哪里，在黑海度假、在自己的房间或在皇后广场大街，边沁每天都大量写作。他将所写的东西小心地藏在书橱的分类格内，除非一些好友要检索，否则就放着不动。结果，他在英国默默无闻，他的著作出版时也未引起多大注意。1788 年，他遇到了日内瓦人杜蒙特，后者成了他的热情信徒。从边沁那里获得手稿后，杜蒙特将其译成法文，使这些著作在欧洲大陆广为人知。此外，杜蒙特还为米拉波的演讲提供材料，米拉波因忙于爱情和躲避债主，没空研究问题。杜蒙特在发表米拉波的文稿《地方通信》时大幅引用了边沁的文字。1789 年，边沁写信给米拉波：

> 我赞同并为您的意旨感到骄傲，您的观点就是我的观点。在完成这些文字期间，我焦躁地关注着。同时，我的译者和审稿人又借重米拉波伯爵的荣耀，允许我将自己塑造成与您通信的人。

---

① 埃弗拉德：《边沁的教育思想》（Everatt, *The Education of Bentham*），第 153 页。

边沁在法国的声望如此之高，以至于议会选他为法国公民。但他仍是一个托利党人，很快就对法国革命表现出厌恶之情，几乎同时，革命也将他忘却了。不过在其他方面，他的声誉稳步提高。亚历山大的自由派大臣斯佩兰斯基非常钦佩他。1814 年，亚历山大还邀请他帮助起草一部法典。在西班牙和整个拉丁美洲，他备受尊敬，西班牙国会还投票赞同使用公款印刷他的作品。《西班牙的圣经》一书中的博罗说，他在加利西亚的一个偏远地区因销售《圣经》被捕，但当地方法官发现他是"大人物边沁"的同乡时，随即将他释放。美国前副总统亚伦·伯尔邀请他来墨西哥，在那里他们一个可以做皇帝，一个可以成为立法者（墨西哥人的这一计划未能实现）。而边沁想去加拉加斯，这样可以一边享受那里的气候，一边为委内瑞拉制定一部刑法。在这些遥远的地方，边沁的名声似乎没有止境，正如黑兹利特所述：

> "先知在自己的国家之外赢得了最大的荣耀"，不少人以自己的经历验证了这句古老的格言，而边沁先生就是其中之一。他的声誉好像居于圆周之中，其学识反射出日渐强烈的光芒，照耀在地球的另一边。他的名字在英国鲜有人知，在欧洲情况略好，而在智利的平原和墨西哥的矿山达到了顶峰。他为新大陆创立宪法，并为未来制定各种法律。他所居住的威斯敏斯特地区的人们做梦也没想到会出现这样的人物。不过他的光芒照到西伯利亚时是那么苍白，那里的未开化的人们只能得到一些无济于事的安慰，而且可能以凯列班①的口吻对边沁说："我知道您，您的狗和您的灌木丛！"也许黄褐色皮肤的印度人会跨越浩瀚的太平洋

---

① 莎士比亚剧《暴风雨》中的半人半兽形怪物。——译注

向他伸出友谊之手。我们相信凯瑟琳皇后与他的观点一致，我们知道亚历山大皇帝也召见过他，赠了他一个装有自己微型画像的金制鼻烟盒作为礼物，一位哲学家得到如此荣耀后回归故里。相比之下，霍布豪斯先生在竞选活动中，罗尔勋爵在普利茅斯港，都取得更大的成就，边沁先生在巴黎或勃固虽然获得很大声誉，但这些似乎显得有些虚无。原因是我们这位作者的影响力仅仅在知识方面，他一生致力于追求抽象的、普遍的真理，并献身于这些问题的研究——

　　"这是一种从印度河流域飘向波兰的思想"——

　　他从未在自己的思想中混杂个人阴谋或政党政治。确实有一次，他在张贴传单时说他（杰里米·边沁）心智健全，认为塞缪尔·罗米里爵士是代表威斯敏斯特的最恰当人选，但这只是一时的突发奇想。如果说边沁的推论是正确的，那么就应该像他关于普遍人性的学说一样放之四海皆准，而不是局限于数百人的命运或者死亡率的高低。他的研究不仅涉及道德领域，而且涉及现实的物化世界。很少看到与之相近的思想，他的伟大思想以恰当的尺度呈现，随着时间的推移而获得力量，又因为传播到世界各地而得以提升！

　　作为哲学家的边沁先生与作为诗人的拉封丹有许多相似之处——除了职业取向不同外，他们在一般习性和其他所有方面都相似，都有着孩子般的纯真。在最后40年里，他居住在威斯敏斯特的一幢房子内，那里可以俯瞰公园，如同一位身居斗室的隐士。他将法律简化为一个体系，同时将人的心灵简化为一台机器。他几乎从不出门，也很少见客。即使少数几位被允许登门造访的客人，一般也是逐一单独与他见面，他不喜欢别人见证他的谈话。在交谈中，他说得很多，听话只听事实而不听观点。

与此同时，中年的边沁卷入了一个倒霉的项目，使自己生活陷入痛苦，财务陷入困局。他（或者也许是他弟弟）发明了一种新型监狱，称为"圆形监狱"。这种监狱呈星形，坐在中央的狱卒可以看到每间牢房的门。不仅如此，通过镜子和百叶窗组成的系统，狱卒可以看见囚犯，而囚犯无法看到狱卒。他认为这一想法还可以应用于工厂、医院、精神病院和学校。不过，有人以自由的名义反对将这项计划推广至除监狱外的其他地方。但边沁认为，我们的目标是幸福而不是自由，他不相信自由为幸福所必需。"你可以视这些对象为军人，视他们为修道士，甚至视他们为机器，这些我都不在乎，但只要他们幸福就行。虽然战争和风暴最为引人入胜，但和平与宁静更适合人们生活。"[1]

不要以为边沁在任何时间都将自己完全束缚于"圆形监狱"之中，其实他会参与五花八门的活动。例如，1800 年他发明了冰箱。但多年来他全神贯注于圆形监狱，并竭力劝说英国政府至少按照他的计划建一座这样的监狱。终于，他获得了一半的许诺，于是为此购买土地，但后来发现政府改变了主意，因此损失了大量的财产。他将自己的失败归咎于乔治三世的个人影响，有人认为这也是他后来产生共和思想的原因。不过在其他时间和地点，他的计划获得了批准。沙皇亚历山大在圣彼得堡建了一座圆形监狱，1920 年伊利诺伊州也建了一座。然而英国政府仍然固执己见。最后在 1813 年，因为当初

---

[1] 伊利·哈勒维：《哲学激进主义的成长》，第 84 页。

政府曾鼓励他建监狱，所以给了他2万英镑的补偿。但在1808年，通过与詹姆斯·密尔的联盟，他进入了人生的第三个也是最重要的阶段。

当边沁成为激进主义者时，他在哲学上的一般观点并无改变，仍然坚持年轻时的思想。边沁不是一位深刻的哲学家，但他思维清晰，富有逻辑，确信自己的理论正确无误。他的哲学有两大基石，一为心理学，二为伦理学。在一份仅供自己参考的笔记中，他简洁地表述了其哲学基石：

> 联想原理：哈特莱，观念与语言之间的联结，以及观念和观念之间的联结。最大幸福原理：普里斯特利。详尽地运用于道德领域的各个分支：边沁，先前爱尔维修采用了这一方法。

下面有必要对每一种原理加以阐释。

"联想原理"，就是大家熟悉的"观念的联结"，边沁将其归功于哈特莱。比如，在我与厄普顿·辛克莱交谈时，"联想"会让我说："我希望刘易斯太太一切都好。"有时这一原理的结果会给人带来快感，比如看到牛肉时会让人想起啤酒。[①]众所周知，联想为我们提供了抓捕罪犯的一种方法。我们假定你正在盘问一个人，怀疑他用刀割开了他妻子的喉咙。你说一个词，他接着说出第一个闪现在他脑子里的一个词。比如，你说"猫"，他说"狗"；你说"政客"，他说"贼"；你说"刀"，他会冲动地说出"喉咙"，但他知道最好不要这样说，于是在犹豫了很久后说"叉"，犹豫的时间表明他在抗拒自己

---

① 英语里牛肉（beef）啤酒（beer）非常相似。——译注

的念头。

迄今为止，联想已经司空见惯。但有些人认为所有的心理过程都可以通过联想来解释，又认为心理学仅凭借这一原理就可以科学化。这一学说是边沁从哈特莱那里学来的。休谟比他的任何英国或法国的接班人都伟大，在哈特莱之前，他就在同一研究方向上完成了对他而言所有可能的工作，休谟想到了他的接班人所思考的一切问题，并指出了为什么他们认为自己是正确的，然后进一步指出，毕竟他们也有不太正确的地方。尽管休谟的接班人想从怀疑论中得出一种义理，但休谟的上述做法惹恼了他们，正因如此，他们对休谟的赞美总是少于他应得的。其实哈特莱发明的不是联想原理，只是他的理论过度扩张遮盖了所有的心理现象。

应当注意的是，在此问题上，自边沁时代以来，心理学的状况除了用语的变化外并无改变。我们不再提"联想原理"，而称之为"条件反射"。我们认为这类经验主要受到操作的影响，不取决于"观念"，而在于肌肉、腺体、神经和大脑。巴甫洛夫指出，根据这一原理可以做很多事，而沃森断言它能做一切事。不过，当沃森不能圆满地解释为什么"胡椒"一词不会让你打喷嚏时，人们必定会认为他的体系其实并不完善。

联想主义学派和行为主义学派之间有一个重要区别。前者关注的是心灵所做的一切，而后者主要关注的是身体做了什么。联想学派倾向于强调心理的存在，而否认物质的存在。正如一位诗人所说：

> 斯图亚特·密尔对于精神和物质
> 予以无情的猛烈攻击，

但密尔对于精神的攻击程度要远远小于对于物质的。行为主义者的情况恰恰相反，他们相信物质，并不认为心理是个必要前提。

条件反射原理与联想原理的不同之处是，在科学方面，前者有了明确的进步。新法则涵盖了所有旧法则的内容，而且包含了更多更好的内容。无疑，旧法则在特定领域内是正确的，而新法则在更广泛领域内被证明是正确的，它覆盖了旧法则。真正引起争论的不是正确与否，而是其适用范围，有人说所有的心理现象都为条件反射原理所涵盖，也有人坚持认为存在着各不相同的思维法则。现在关于这一问题的争论基本上还是停留在130年前的情形。

重要的是联想主义和行为主义有着非常相似的结论。两者都主张确定性，也就是说，他们认为我们的所作所为都受制于一定的法则，我们的行为至少在很大程度上是确定的，所以在既定情形下我们的行为可以由优秀的心理学家予以预测。于是，有人设想边沁会这样说："犯罪是环境的产物，如果特定的环境使人变坏，就必定有其他环境使他变好。所以我只需发明合适的监狱，就可以自动地将小偷转化为诚实的人。"与此相似，行为主义者认为培养德行良好的儿童只要创造出正确的条件反射就可以了。在实验室中，当狗照你的意图去做，你就给它食物，反之你就电击它。同样的方法也适用于儿童，他们让大家确信，如果这样做的话很快就可以让这些儿童遵循良好的行为模式。我还没有找到恰当的话来称赞这一发现，它为沃克福特·斯奎尔斯[1]提供了有效的方法。

---

① 狄更斯的小说《尼古拉斯·尼克贝》中的人物，开了一所教育犯罪青少年的学校。——译注

"最大幸福的原理"是边沁学派最著名的理论。根据这一原理，所谓善的行为就是促进最大多数人的最大幸福的行为，不然就是恶的行为。根据上面引用的段落，边沁特别将这一原理归功于普里斯特利，我不知道他为什么这样做。正如我们所见，很早以前哈奇森就援引边沁的话准确地表述了这一原理，并以某种形式为大多数英国和法国哲学家所接受。众所周知，普里斯特利是一位否认三位一体的神学家，也是一位化学家和激进主义者。他构建了一个高度理性化的神学框架，几乎可以说是他发现了氧气，并且即使在最糟糕的日子，他还是站在法国大革命一边。由于这个原因，伯明翰的暴徒捣毁了他的房子，而他非常明智地流亡美国。他是一位最值得称道的公民，然而并没有什么特别的理由可以声称自己是最大幸福原理的发明者。

边沁的伦理学和心理学之间有所冲突。一个好的行为会促进普遍的幸福，但根据他的心理学定律，每个人都是追求自身幸福的。因为大家都会不由自主地追求自身幸福，对此加以指责无非是徒费口舌，而立法者的任务就是要让那些出于公共利益的行为也能保障个体幸福。正是这一原理激发了边沁的所有法律工作。

人们也许会猜测，这样的话我们就必须频繁地人为鉴定个人利益与公共利益的一致性。然而根据边沁的观点，有众多的原因可以使这种鉴定工作并不像大家想象的那样频繁。正如先前许多作家指出的，因为人有同情心，所以面对别人痛苦的场面自身也会感到痛苦。此外，人们又发现（那个时期的经济学家都赞同）作为一般规则，一个人可以通过追求自己的幸福来促进普遍的幸福。同时个人利益与公共利益的一致性学说也为自由放任主义提供了理论依据，它像其他一些严肃学说一样，拥有一种机敏有趣的特征。比如，曼德维尔问世于

1723 年的《蜜蜂的寓言》经过不断地修改，已经显得不太严肃了。曼德维尔在书中坚持"个人的恶德是公共的利益"这一主张，认为正是我们的自私才促进了共同体的善。经济学家和伦理学家对这一学说大加赞赏，同时阐明曼德维尔不应称之为"个人的恶德"，因为只有没有把握心理学真正原理的人才会将利己主义视为一种恶。尽管利益的自然和谐之说不能作为一个毫无例外的绝对真理，但作为一个广泛适用的一般原则逐渐被自由放任的倡导者所采纳。当然，以后我们也会看到李嘉图是如何在不经意间给了这一学说致命一击，并为阶级斗争这一与之对立的学说奠定了基础。

以最大幸福原理为基石的伦理观，后来被称为功利主义。如果我们认真地加以思考，那么在一定程度上可以说它是与正统的道德教义对立的。的确，巴特勒主教这样的杰出神学家也接受了这一学说，其实直到功利主义成为激进分子的口号之前，并没有人对此反感。一个以行为的结果来判断行为道德性的理论会认为，即使一个偶然事件也可以只通过其后果来判定善恶，并认为这一思想符合传统观念。然而事实上，根据传统观念，将某类行为归为有罪时并不考虑它们产生的后果。无疑，一般来说"不可偷盗"这一规诫是非常合理的，但也很容易想象，在有些情况下，一个窃贼可能会促进普遍的幸福。在功利主义的体系中，所有的一般道德规则都容易导致例外情形。边沁是一个自由的思想家，他的主要门徒也是，因此人们很自然地会指责他们的学说的不道德性。但事实上，这种指责可能比人们预期的要少很多，部分原因在于这一学派的领导者在提出他们的学说时均持谨慎态度，部分原因在于他们的私生活异常清白。尽管他们的学说从根本上说是颠覆性的，但总体而言，他们还是赢得了尊敬。

边沁并没有对快乐和幸福做出区分，也坚决拒绝给所谓"较大"的快乐以定性上的优势。正如他所说："快乐是等量的，图钉与诗同样是好东西。"尽管如此，在实践中他的学说几乎是禁欲主义的。他认为，自我认同是最大的快乐，因为相对于未来的快乐，人们往往更珍视现在的快乐，所以只有聪明人才会审慎和自我节制。总体上说，他和他的弟子们在努力工作中追求幸福，并对所有的快乐漠不关心。无疑，这是性格问题，而不能说是从理论推导出来的原则，所以结果是，他们的道德品质与那些持正统观念的对手一样严谨。

第十章　詹姆斯·密尔

　　正是主要借助于詹姆斯·密尔，边沁才成为英国政治领域中的一大势力，而边沁身上大量的顽固的苏格兰人性格，也转化为英国激进主义性格。密尔出生于 1773 年，比边沁晚 25 年。其父是个小商人，他的教育归功于其资助人约翰·斯图尔特爵士，当时斯图尔特爵士被这个孩子的才能所震惊。本打算让他成为一名牧师，但密尔在完成教育时已不再信仰基督教。[①]1802 年，密尔来到伦敦，但当时他绝非激进分子，因为支持反雅各宾派。他以新闻业为生，闲暇时教自己的儿子并写一本有关印度历史的书。历史书的写作始于 1806 年，1818 年出版，这本书使他的整个余生都受雇于东印度公司。从 1808 到 1818 年，密尔在很大程度上依赖于边沁的馈赠。在边沁居住的皇后广场的花园里，有一栋曾经属于弥尔顿的小房子，有段时间，边沁出钱租下它给詹姆斯·密尔居住，但后来边沁又在自己房子的附近另找了房子给密尔住，密尔自己也

---

① 爱丁堡的约翰·斯图尔特爵士和夫人送密尔到爱丁堡大学学习，并提供学费和住宿费，作为回报，詹姆斯·密尔必须准备当牧师。——译注

支付一半的租金。夏天时，如果边沁离开伦敦，密尔通常陪他同行。

在遇到边沁之前，密尔就已然是个激进分子。在心理学方面，他是哈特莱的追随者；在经济学方面，他接受了马尔萨斯理论，又是李嘉图的好友；在政治上，他是极端民主人士和自由放任主义的信徒。他不是一位原创思想家，但他思路清晰，充满活力，具有天生追随者应有的坚定不移的信念，因此彻底鄙视任何与先贤学说有偏差的理论。"我太明白可怜的康德在说些什么了。"在简要阅读了这位哲学家的著作后，密尔这样写道。由于爱尔维修在各方面与密尔颇为相似，所以密尔非常推崇他，并从他那里接受了当时流行的教育万能的观念。长子约翰·斯图亚特出生时，密尔正好开始写作印度史，他找了许多合适的材料来证明爱尔维修理论的正确。受害者的自传①是本极其有趣的书，提到了结果，顺带揭示了詹姆斯·密尔的个性。

密尔的工作能力很惊人。他整天在书桌前写他的历史书，儿子约翰也在同一房间学习，这样一有问题就可以请教父亲。约翰的教育全由父亲操持。他说他3岁时开始学习希腊文，"要记住父亲教的那些词汇，都是常用的希腊词汇，还要记住它们的英语含义，父亲会将这些含义写在卡片上"。7岁时，约翰开始学习拉丁语，当年他读了6篇柏拉图的对话，但对《泰阿泰德篇》没有完全理解。同时，他还学习算术，并难以置信地学了历史。"在美国独立战争的问题上，我站在了所谓英国立场的错误一边，就像我孩童时代常常犯错那样（直到我父亲指正）。"为了娱乐，约翰阅读《安森的航行》一书，"我的儿童

---

① 其子约翰·斯图亚特·密尔写了本自传，讲述了父亲的严教使他过早接触了同龄人不可接触的广博知识，同时由于没有玩伴，他不可避免地出现一些心理扭曲，对后来的人生产生了一定的负面影响。故称受害者自传。——译注

书要比玩具多得多，我很少有玩具，除了亲戚或熟人偶尔送的礼物之外。在这些儿童书中《鲁滨孙漂流记》是无与伦比的，它在整个童年时代不断地给我带来愉悦。其实，我父亲对我的系统教育并不排斥娱乐书籍，尽管他对此的态度非常保守"。

8岁起，约翰不仅要学习，还要教他众多的弟弟妹妹们。除了《伊利亚特》《奥德赛》以及埃斯库罗斯、索福克勒斯和欧里庇得斯这些最好的拉丁文作家，还有大量的历史著作，对罗马政府的研究等，所以约翰在指导完弟弟妹妹们之后已经没时间再学别的了。事实上，12岁之前，他似乎也没学什么别的，除了代数、几何、微积分以及部分高等数学。

不要以为约翰在生活中找不到什么乐趣。"在我童年的这段时期，"他说，"我最大的消遣之一就是科学实验，但只是在理论上，而不是实际操作；不是尝试做实验，甚至连看实验的机会也没有，只是在书本上读到有关内容，后来我常常为没有亲自尝试感到遗憾。"

12岁时约翰开始学习逻辑，阅读了亚里士多德在这方面的所有著述，还有一些经院哲学家和霍布斯的著作。闲时他常和父亲一起去巴格肖特希思漫步，听父亲教导他不必傻乎乎地用三段论逻辑来思考问题，并教他如何缩减前提以得出恰当的三段论形式。

约翰快14岁时，他的父亲开始为东印度公司工作，但对约翰的教育一如既往，就在这一年，父亲给他讲了所有的政治经济学理论。

14岁是该去外面看看世界的年纪了，于是约翰被送去海外1年多。离家前，父亲就像波洛尼厄斯①在类似场合所做的那样，给了他一些忠告。确切的话并没有记录，但大致说了下面这些：

———————————

① 莎士比亚悲剧《哈姆雷特》中的人物。——译注

"约翰，此刻我想告诉你，因为意识到高估自己的优点是一种严重过失，所以我一向小心地对你隐瞒一个事实，那就是你的知识素养超过了大多数同龄人。现在，为你好，我想让你去国外游历，到了国外，如果不是从我这里，也一定会从别人那里发现这个事实。有些人甚至会轻率地赞美你，这会让你产生错误的念头，以为自己拥有非凡的才能。实际上，不管你比别人知道的多多少，都不能归功于你自己，只是你遇到了异常优越的条件，有这样一位父亲能够教你，给你必要的磨难，为你花时间。你比那些没有如此幸运的孩子懂得多，这没什么好得意的，相反，如果你没有懂得那么多才叫丢脸呢。"

詹姆斯·密尔热衷于反基督教，他坚持认为公认的上帝即使存在，也是一种无比残忍的存在。但是在与儿子的关系中，他似乎不能完全使自己脱离连他本人都否定的上帝的这种秉性。约翰虽不情愿，但还是批评了父亲，他说父亲对他的孩子不够温存。随即又补充说，父亲也有柔情，只是藏而不露，他不喜欢情感的流露，不过读者对此感到怀疑。约翰坦陈自己对父亲没有什么爱，因为"对他的惧怕使爱的源头枯竭了"。他又说，这对他的父亲来说肯定是件悲哀的事，不过弟妹们是由约翰来教导的，他们也许会温情脉脉地爱着父亲。

在以后的人生中，约翰一直在寻找与父亲观点分歧的原因，但真正走到与父亲起争执那一步时，他又犹豫了。约翰在他的书中写道，每当感伤的时候，父亲的幽灵似乎会出现在头上，对他说："约翰，不要软弱。"詹姆斯·密尔是个好人，他努力工作并致力于公共事业。但他不该在对待孩子的问题上任意所为。

约翰对于父亲的人生观的评价很有意思，他说，詹姆斯·密尔在人生观方面比其他任何人更能准确地代表整个边沁学派。

在人生观方面，他具有斯多葛学派、伊壁鸠鲁和犬儒主义的特征，而且不是现代意义上的特征，是古代意义上的特征。就其个人品质而言，斯多葛学派的色彩占主导。他的道德标准是伊壁鸠鲁式的，是功利主义的，并以此作为评判对错的唯一标准，也以此来判别某种行为产生快乐或痛苦的趋向。但他对快乐没有信心（这正是犬儒主义的要素），我可以肯定地说，至少在他晚年的孤独岁月中确是如此。他对快乐无动于衷，并断言至少在现在的社会状况下很少有什么快乐值得我们去追求和付出。他认为生活中人们遭遇的大量不幸可以归因于对快乐的高估。正因如此，希腊哲学家在很大程度上提倡节欲——在放纵的过程中要懂得停下来自我节制一下——节欲在密尔那里，如同在希腊哲学家那里，几乎成为教育规诫的中心。在我儿时记忆里，父亲向我大量灌输这种美德。他认为人类的生活至多可以用可怜两个字来形容，在青春岁月结束后，对人生的好奇心也随之而去。不过此话题父亲不常提起，我们猜测也许是因为年轻人在场的缘故。但是一旦提及，他就会营造一种毋庸置疑的氛围并展现一种深刻的信念。有时他会说，如果好的政府和好的教育为人们创造了应有的生活，那么人生还是值得拥有的。但是在说这些话时，他从未表现出极大的热忱，甚至没有传递出一种实现的可能性。他从未认为精神的享受高于人生的其他方面，甚至也不认为人生的快乐高于一切，人生的快乐可以带来美好的结果，但在评价快乐的价值时，他并不将此考虑在内。在评价时他将仁慈的情怀置于高位。他也曾经说过，一个老人除非让自己沉浸在年轻人的快乐之中，否则就不可能感到幸福。对于所有炽热的情感，所有推崇这种情感的言论和著作，他公然地表现出极大的藐视，视它们为疯狂。"热情"这个词对他而言并不重要，他甚至表现出轻蔑和反对。他认为现代道德标准与古代的相比已经发生偏差，现代人在情感上背负着巨大的压力。

快乐是唯一的善这一信念，加上人类在经历快乐时表现出的无能和无助，都反映了功利主义者的思想特征。如果对快乐和痛苦加以计算的话，情感麻木的人反而有利。功利主义者认为，一个人的快乐可以以其银行账户来衡量，而痛苦也可以以罚款多少或监禁长短来衡量。另外，无私的品格和对社会的奉献精神又与每个人只追求自身快乐的学说在心理学上形成一种令人好奇的悖论。在列宁及其最真诚的追随者身上，也许我们可以发现类似这种悖论的东西。显然，列宁认为所谓的善在于丰富的物质商品，他非常藐视所有利他主义的诉求，并且像边沁学派那样坚信，经济上的自利决定了人们的经济活动。为了这一信条，他忍受了迫害、流亡和贫困。当他成为一个大国领袖时，却过着斯巴达式的简朴生活，又因为对物质繁荣的推崇而使自己的国家陷入多年的极端贫困。边沁学派并没有号召人们做出如此英勇的举动，但它们在精神上却是非常相似的。

詹姆斯·密尔之所以成为民主主义者，不是因为觉得自己受到了压迫（谁敢压迫他这样的人?），也不是出于泛滥的同情心，更不是天降大任。我们可以这样判断，他之所以成为民主人士，是他理性地应用了幸福的计算方法的结果。假定你要把1先令分给12个孩子，在其他条件平等的情况下，给每人1便士就会产生最大的幸福。如果将1先令给其中一人，其余11人一无所获，那么得到钱的那个人可能会因为过多的甜食而生病，其余 11 人则妒火中烧。从目前来看，这就是共产主义的论据所在。但所有的边沁主义者都激烈地反对共产主义，因为他们认为竞争是激励人们从事各种活动的要素。同时，上述平均的思想也没有应用于政治权力的分配。不过根据利己主义的一般观点，没人可以将自己的利益放心地托付他人，所以某个阶层如果缺乏权力就会遭遇不公。此外，如果要激励人们以竞争的方式参与有益的活动，那么这种竞争必须向所有人开放，同时应当废除不公的特权。显然，边沁深谙这些观点，再加上圆形监狱的失败，使他摈弃托利党，成为民主主义者。

功利主义者都是异常理性的人，而且也坚信大众的理性。"每个有理性的人，"詹姆斯·密尔说，"都习惯于权衡证据，什么有力便依据什么行事和做决定。当我们以同样的办法对各种结论及其证据予以同样的关注时，就有了一种道德上的确定性，即大多数人的判断会是正确的，尽管有些人可能被误导；同时，我们也可以确定，最有力的证据无论来自何方，都将给人留下最深的印象。"这是个幸福而单纯的信念，它属于弗洛伊德和五花八门的宣传手段出现之前的时代。奇特的是，密尔在生活中也是通过自己的经历来确立个人信念的。我们知道，边沁主义者是一些博学之士，也是一些艰深著述的作者，他们的唯一目标是诉诸人的理性，而且他们成功了。直到 1874 年，英国的政治历程几乎在所有重要方面都是按着他们的主张推进的。在维多利亚时代，理性的胜利没出乎人们的意外。而在今天这个更为狂乱的年代，它看起来像是黄金时代的神话。

边沁一旦接受了民主观念，就变得比他的学派中的任何人都更为民主。他甚至将君主制和上议院都视为不可取的制度，然而，在这一点上，没人敢冒险公开支持他。他也没找到任何反对妇女选举权的理由，相反，还提出了支持妇女选举权的许多出色论据，当然他最终也没能形成公开发表的明确结论。据约翰·斯图亚特·密尔说，边沁似乎私下里更喜欢听取那些受他影响的年轻人的意见："赋予所有人选举权的每个理由，亦要求我们让妇女享有同样的权利，这也是刚刚转变观念的年轻人的普遍观点。我们还可以高兴地宣布，在此关键问题上，边沁先生完全站在我们这边。"不过，对边沁先生而言，上述观点一直停留在学术层面。后来约翰·斯图亚特·密尔将此问题提交议会关注，这才产生了实际意义。

詹姆斯·密尔在边沁学派运动中具有双重意义。首先，他像哈米尔卡塑造汉尼拔①那样塑造了自己的儿子约翰。约翰和蔼可亲、性格亲切，并不是天生可以按激进主义哲学那样的严苛教义来塑造的。事实上，后来约翰使激进主义在各方面变得较为和缓。但他仍然相信，父亲的学说其主流还是合理的。如果约翰过于自信而完全执着于自己的观点，那么也许他的影响力就不会如此巨大。

其次，詹姆斯·密尔具有吸引追随者的能力，他将一些杰出的个人整合成一个学派，极大增强了这个集体的影响力。大多数激进主义者自然以怀疑的态度看待马尔萨斯及其理论；但詹姆斯·密尔接受了该理论，并赋予其新的含义。作为激进主义的剪裁师，密尔和他的朋友弗朗西斯·普莱斯并没有马尔萨斯身为神职人员的那种顾忌，所以从马尔萨斯的经济学说和人为抑制人口的愿望推演出一种理论构想，开始时被称为新马尔萨斯主义。以后他们又不顾打压，逐渐传播这种

---

① 迦太基名将，军事家，是欧洲历史上最伟大的四大军事统帅之一。——译注

理论，直至今日，它使大多数文明国家的人口停止了增长。

1812年，在詹姆斯·密尔的帮助下，普莱斯被引荐给边沁，边沁也因此接触了先前他不熟悉的某些社会和政治层面。普莱斯对边沁充满敬爱之情，在信中称他为"亲爱的老父亲"。格雷厄姆·沃拉斯在《弗朗西斯·普莱斯传》中引用的边沁给普莱斯的一封信，便是一个例证。信的内容是关于边沁采取了预防措施来隐瞒自己对于基督教的敌意及其对新马尔萨斯主义的信仰（可能是普莱斯说服了他）。信中出现的意指"基督徒"的"神徒"一词取自"神像"，而"神像"在信中的意思是"基督教"[①]，如此，这些话题就可以在仆人面前提及，而不至于让流言蜚语有可乘之机。信的内容如下：

> 皇后广场大街
>
> 1831年4月24日，星期日
>
> 亲爱的好孩子：
>
> 我已经为你约了时间，你可以另约，也可以在这个时间去见见普伦蒂斯，听他因为称你为"大胆的坏男人"而向你致歉。（哦，约的是星期二的1点，正好是我开始绕步走的时间。）我告诉他，通过20年的亲密接触我可以断定你是个大胆的人，但绝不是个**坏**人。我问他为什么称你为坏人，他回答说这是因为你传播抑制过多人口的理论，我说抑制人口过多只是权宜之计。问题是他是神徒，加尔文派的，承自他那两位声名狼籍的当牧师的前辈。我对他表达了这样的观点：据我观察每个人都应为自己的行为负责，但没人应为自己的观点负责。在人口问题上，他与你的

---

① "juggical"（神徒）取自"Juggernaut"（神像），此为暗语。——译注

分歧并不多于你与他的分歧。如果每个人都要跟与自己有不同观点的人争论不休的话，那么这个世界就会乱成一团。至于你们争执的问题，我非常小心地没让他知道我的立场。看来一场争吵近在眼前，除非我能成功地说服他，但是我没有时间。我所能做的是让他像我那样从宗教角度加以理解，我对各种观点都是宽容的，还引用了一两次《圣经》……

詹姆斯·密尔汇聚了边沁、马尔萨斯、李嘉图和弗朗西斯·普莱斯的思想。弗朗西斯·普莱斯的中产阶级下层激进主义思想，反过来与弗朗西斯·伯德特的上层阶级激进主义思想密切相关。哈特莱和爱尔维修的学说加上休谟的部分思想，形成一种正统的教义，从而给威斯敏斯特选举中的那些激动的乌合之众提供了一个哲学基础，让他们拥有了精神上的体面。其中，詹姆斯·密尔的作用就像砂浆，把单块砖组合成一座大厦。但这座大厦也很奇怪，没人希望看到构成这座大厦的材料整合在一起的样子。大多数激进主义运动，要么源自对被压迫者的同情，要么出于对压迫者的憎恨，而在詹姆斯·密尔的激进主义中，两者都不突出。显然，他认可一种普遍的仁慈，比如他在反对正统神学的残忍时就表明过。然而，这种情感并不会十分强烈，而且会被任何人身上更强烈的情感冷落在一边。在詹姆斯·密尔那里，仁慈是刺激情感的因素，但它处于背景，任何时候都不是压倒性因素。另外，他还毫不费力地接受了一些观点，根据这些观点，许多痛苦是不可避免的，如果这些观点是合理的，就会变得有力；如果是错误的，就会不堪一击。这种有力和不堪一击成为边沁学派发展过程中的特征。

第十一章　李嘉图

　　与詹姆斯·密尔不同，李嘉图单凭他的学说而不是个性便成了一位重要人物。大家都说他是个可爱的人。约翰·斯图亚特·密尔提到他时，反复称其为"我父亲最亲爱的朋友"，并说"他慈祥的面容和亲切的态度对年轻人非常有吸引力"。1818 年，李嘉图进入议会，人们怀着敬意听他演讲，但他的影响力仍在于他的作家身份。他的主要著作是 1817 年出版的《政治经济学及赋税原理》。从某种意义上说，这本书成了正统经济学的标杆。同时，人们发现魔鬼也可以从中引经据典：社会主义者和单一税①支持者都从他的学说中获得启发。社会主义者求助于他的价值理论，而单一税支持者求助于他的地租理论。更普遍的是，通过讨论社会中不同阶级之间的财富分配，他顺便阐明，不同阶级有不同的利益。马克思的很多思想便来自李嘉图。因此，李嘉图具有了双重意义：作为官方经济学的源泉，同时也无意间

---

① 19世纪的亨利·乔治等人认为在经济不断进步的情况下，贫困仍持续存在的原因在于土地的稀缺和大量地租流向土地所有者，"单一税"即旨在对土地所有者的地租征税。——译注

孕育了异端之说。

李嘉图的地租理论其实很简单，条件合适便完全有效。在思考地租理论时，让我们首先从农业土地入手。我们知道，有些土地比较肥沃，有的则较为贫瘠，任何时候都必定会有一些土地正好处在耕作边际，刚刚达到可耕作的程度。换言之，它给予农民的资本回报刚好等于同样的资本在其他地方投资所产生的收益。在这种情况下，如果地主要收取这块土地的租金，那么农民就不再认为它值得耕作。如此，这样的土地就不会给地主带来租金。相反，在那些较为肥沃的土地上，一定资本的收益率要超过通常的利润率，于是农民愿意支付租金给地主以取得耕作权。农民愿意付出的就是超出可耕作的最差土地所获收益的多余的利润。所以，在1英亩土地上进行耕种所获谷物的价值超出可耕作的最差土地上所获作物的价值的部分就是这块地的地租。

适用于农业土地的租金理论也适用于所有土地。一块位于规模较大的城镇中心区域的土地可用于建造商店或办公楼，并产生巨大收益。这种收益，一部分体现为包括建筑物等形式在内的资本的利息，一部分为企业的利润，还有一部分以地租的形式支付给土地所有者。城镇规模的扩大会给中心区域的商店或办公楼带来更多收入，最后地主也可以凭土地使用权索取更多租金。当然，一定要记住，这个理论只关乎地租，而不涉及建于土地上的建筑物产生的租金。

在英国，由于《谷物法》^① 的生效，李嘉图的地租理论产生了很

_____

① 指1815年至1846年强制实施的进口关税，以"保护"英国农夫及地主避免与生产成本较低的外国进口谷物竞争。它规定国产谷物均价达到或超过某个限度时方可进口。——译注

大的实际意义。如果从海外进口谷物，那么英国最差的农业土地将无人耕种。结果，继续用于耕种的土地便没有所谓最好和最差之分，租金也会随之下降。当然，对地主而言这种影响极为显著，而他们又恰恰控制了议会。

另外，由地租理论引出的进一步结论又与亚当·斯密主张的自由贸易观点密切相关。如果在取消关税的情况下进口粮食，那么用于最差土地上的资本就会流向工业，从而让工业的出口所得用于支付进口粮食的费用。这种新的资本运用方式必然比旧的方式更为有利可图，因为如若不然，那些钱就不会去购买进口粮食，转而会用于国内的粮食生产。所以，随着地租的下降，国民财富就会增加，不仅可分配的总额增加，而且工业阶层会分得更大份额的财富。这一无懈可击的论点自然吸引了工厂主，地主则不然。当改革法案将政治权力转移至中产阶级后不久，自由贸易主义者控制了议会。1846 年，谷物实行自由贸易，人们发现这一结果正如经济学家所预测的那样。

李嘉图的地租理论准确地反映了作为中产阶级的工厂主与处于上层阶级的地主之间的矛盾，这种冲突主导了 1815 年至 1846 年的英国政治。但人们在运用地租理论时，具体做法的激进程度可能大大超过了李嘉图或曼彻斯特人①的设想。这些人都很有钱，但还想更有钱，他们是勤劳致富，不愿屈居那些无所事事的富人②之下。不过他们绝不是革命家，只不过希望这个世界始终能让他们享有财富。此外，他们对国家有着根深蒂固的不信任，无疑是因为事实上他们无法控制国

---

① 曼彻斯特英国棉纺织业的发祥地，也是世界上第一座工业城市，曼彻斯特人与英国工业革命息息相关。——译注
② 指收地租的地主。——译注

家。有鉴于此，他们没有从李嘉图进一步发展到亨利·乔治及其单一税的主张，然而单一税应该说是一个完全合乎逻辑的结果。付给地主的经济地租不是因为地主提供了任何劳务，只是因为人们要获得在他的土地上创造财富的许可。地主可以靠别人的劳动致富，自己不必动一个指头。他的经济职能仅仅是收取租金，并没有以任何方式增加国家财富。所以不难推断，土地私有制应该废除，所有租金应交给国家。然而，李嘉图没有如此推论，甚至没有考虑过。

李嘉图的价值理论，虽然相对他的地租理论在正确性方面有所逊色，但影响力更大。经济学中的价值问题可以这样引出：假设你有 1 英镑，你可以用它买一定数量的小麦或啤酒、烟草、大头针、书籍，乃至其他东西。如果一定数量的小麦和一定数量的大头针都要花 1 英镑，它们就有了相同的"价值"。那么多少大头针与一定量的小麦具有相同的价值是由什么来决定的呢？李嘉图回答说：如果它们需要同样数量的劳动来产生，那么它们就具有了相同的价值。他说，任何一种商品的价值都是由投入生产的劳动来衡量的。

在一定程度上，这一学说是正确的。如果你是个木匠，你花在制造桌子上的时间是制造椅子的时间的 2 倍，那么你自然会对桌子收取双倍费用——剔除木材的成本后。人们制造的不同产品都要支付相同标准的工资，所以产品价格就与投入的劳动力成正比——仍然是在剔除原材料成本后。有人可能会说，李嘉图的价值理论在自由竞争条件下近乎正确。无论何时，商品价值主要取决于制造的过程，这与取决于土地的自然肥力的情况不同。

但是，我们很容易发现，这一理论不可能完全正确，其原因只看它与李嘉图的地租理论发生冲突这一点就可以了。无论在何处生产，相同质量的2蒲式耳小麦具有相同的价值；但在较好土地上生产1蒲式耳小麦，要比在贫瘠土地生产1蒲式耳小麦所花的劳动力少，而这恰恰是李嘉图的地租理论的基础，由此他应该明白他的价值理论可能是不正确的。当然还有一些更极端的例子，在一个新金矿的开发初期，有时会发生这样的情况，有人偶然捡到一块价值1万英镑的大金块。按普通工资标准，这个人的劳动力价值大约为2先令6便士，但是按价值计算，他的这块黄金仍然只能等于此人为获得这块黄金所必须付出的劳动力的价值。

我不希望价值理论的细节把读者弄得兴味索然，但是这一主题在社会主义的发展中被证明具有巨大意义，所以不可避免地要进行一些探讨。在某些情况下，李嘉图的理论是相当正确的；而在另一些情况下则是完全错误的；在最常见的情况下，它或多或少是正确的，但不是全部正确；在特定情况下，这个问题还涉及垄断所扮演的角色。

让我们先来看第一个例子，在这个例子中我们剔除了地租因素，而垄断在其中也几乎不起作用——这个例子就是所谓的李嘉图时代的棉布生产，也许棉布才是他心目中的商品。在这个领域存在众多制造商，彼此激烈竞争。原材料在相当一致的条件下生产出来，种植者也在竞争中出售原料。当然，为制造必要机械所投入的劳动力也构成了制造棉布的劳动力的一部分。另外那时当地有丰富的铁矿石供应，并产自许多不同的矿山，而且这些矿山还没有出现任何联合起来的迹象。另外，随着时间的推移，许多公司都可以制造纺织机械。当然事实上当时也有一种垄断因素，那就是专利的存在。理论上说，这些专利代表着发明者的技能所包含的垄断价值。不过，支付给发明者的特许权使用费在一匹棉布的成本中只占非常小的部分。总体来说，棉布的价格很大程度上确实取决于制造所投入的劳动量。

现在让我们看看截然相反的例子，比如达·芬奇的画。一幅随便涂涂的画大概可以卖5先令，与之相比，很可能达·芬奇所花的劳动力并不多多少，但他的画可能值5万英镑。这就是纯粹的垄断的例子：因为供应不能增加，所以价格仅仅取决于需求。如果一个人具有完全或部分的垄断技能，那他就会得到这样的收入。我想这样的人包括歌剧演唱家、杰出的医生和律师、电影明星等。

大多数情形介于这两种极端之间。一般情况下，一个产业的原料要么来自农业，要么来自矿产。如果来自农业，正如我们看到的那样，地租规律将修正李嘉图的价值规律：价值将取决于在最差土地上进行耕种所耗费的劳动力，而不是在平常土地上所耗费的劳动力。如果原料来自矿产，并且有许多独立的供应源，那么也完全适用于像农业生产一样的推论。但掌握供应源的矿产所有者之间联合起来的情况并不少见，所以原材料的价值取决于当时支配垄断的规则。在以后的阶段，部分的或者完全的垄断日渐取代竞争。这种情况部分是因为托拉斯的形成，部分是因为专利，部分是因为原材料的所有权。

如果原料的垄断者有能力增加供应，那么生产商就必须考虑究竟是以低价买入大量原料，还是以高价买入小批量原料。显然，生产商在原料上支出越多，他的产品就会卖得越少，而且产品售价存在某个点，在这个点上，生产商可以获得最大利润。但这个点与生产成本无关，除非生产成本设置了最低点，价格低于这个最低点时如果生产者再降价就将无利可图。

李嘉图的理论认为价值取决于生产中投入的劳动量，对此我们还远不能说它相当正确，而在李嘉图时代，它的正确性就更低了，原因在于竞争的减少。李嘉图自己某种程度上也意识到了其理论的局限性，但詹姆斯·密尔和麦卡洛克出于信徒的热忱，紧抓这一理论不放，并拒绝承认就连李嘉图自己也认为有必要设定的限制性条件。由此，正统经济学几乎无所限制地接受了这一理论，直到一个更好的理论出现。所谓更好的理论是在很久以后由杰文斯提出的，它给了需求的重要性以应有的地位。

自然，劳动者利益的捍卫者对李嘉图的价值理论持欢迎态度并加以运用，这是李嘉图所没有预料到的。他们质问，既然商品的全部价值归结为生产该商品的劳动，那么为什么不将全部价值都支付给那些制造商品的人？如果地主和资本家没有增加商品的价值，那么他们有什么权利侵吞那部分产品？经济学家与工人阶级运动相结合，尤其是汤姆斯·霍吉斯金和威廉·汤普森，基于李嘉图的理论提出了自己的主张，认为任何人都不应接受报酬，除非这是劳动的回报，劳动者生产的全部产品的权利应归劳动者本人拥有。我们在后面将会看到，这些人在与罗伯特·欧文有关的社会主义运动中产生了影响。之后他们又影响了马克思，而马克思的论据也基于李嘉图的价值理论。今天，当李嘉图对正统经济学的影响已大大减弱，它还依然存活于马克思主义经济学中，后者在经济学以及其他理论里还保持着一种属于 19 世纪早期的视野。

第十二章 边沁主义学说

　　马尔萨斯、边沁和李嘉图的理论相互结合，导致了一种学说体系的形成。这一学说为中间阶级和工人阶级中逐渐增多的进步人士所接受——尽管正如我们将看到的那样，与之对立的学派也在工人阶级中产生了影响。在某些方面，边沁主义学说的追随者所接受的观点比其领导者的思想更为粗糙，而在另一些方面则相对要好些。我们有必要思考一下，在边沁主义学说的推广者心中这一理论有了怎样的变化，因为正是通过他们，这一学说影响了立法。

　　哲学激进主义的观点自然而然地分成了三支：经济的、政治的和道德的。其中，经济思想最为重要。

　　这一学派的经济学方面以马尔萨斯为主导。在引导工人阶级接受道德约束之前，人口理论不可避免地会使非熟练劳力的工资只能勉强维持自己和家人的生计。在妇女和儿童也挣工资的地方，男人的工资只需足以养活他自己。人类历史上可能有某些时刻，在经历了毁灭性的战争或极为可怕的流行病之后，工资会暂时超过温饱线，但其结果将是婴儿死亡率下降，直至人口越来越多，工资再次回到以前的低水平。因此，好心的慈善家的方案没什么意义，济贫法的救济也没什么用。试图通过罢工和工会来提高工资的工人阶级被彻底误导了。旨在实现经济平等的共产主义者可能会拖垮富人，但不能改善穷人的地位，因为人口的增长会迅速破坏任何暂时的改善。

工人阶级有一个希望，且只有一个，那就是谨慎行事，学会控制自己的生殖本能。中产阶级的激进主义者，除了少数人，其他都力劝工人阶级应该通过"道德约束"来控制生育。普莱斯是个热诚的马尔萨斯主义者，他还记得自己出身工人阶级，所以提倡痛苦较少的方法。同时，整个学派因其学说中的人道主义尝试而得到了谅解，这些尝试是通过一些看起来浮于表面的做法减轻雇佣劳动者的痛苦。

地主作为社会阶层的另一极，也同样要维持自己的地位。李嘉图的地租理论表明，《谷物法》产生的整体利益从长远看归于地主；农民将被更高的租金剥夺原本可能属于他们的利益。而雇佣劳动者既没收益，也没损失，因为他们在任何情况下都将处于饥饿的边缘。但工业企业的雇主是有损失的，因为当面包涨价，他们不得不支付更高的工资，以免工人饿死。所以，为工厂主的利益计，应当废除谷物的进口税。

利润是支付租金和工资后的剩余部分。因此，要提高利润就得少付租金和工资。而少付工资只能通过让面包更便宜来实现，也就是说要实现谷物的自由贸易；同样，要降低租金就得让那些最差的土地退耕，并会因此使以利润为生的阶级加倍获利，而对以租金和工资为生的阶级则刚好相反。边沁主义者正是利润阶级的代表，他们最先接受了工业化和机械化的现代信念。

政治上，边沁学派的信条包含三个主要内容：自由放任、民主和教育。作为一种原则，自由放任产生于法国大革命前的旧制度时期，消弭于法国大革命期间，拿破仑并没有采取自由放任。而 1815 年的英国与路易十六时期的法国一样，有着产生自由放任的条件：一个充满活力与智慧的中间阶级在政治上受制于一个愚蠢的政府。也许人们可以设想国家控制的一些有益形式，但现存的国家更可能采取有害的形式。新生阶级意识到他们掌握着一种新的力量，并且在创造一个新世界，他们所要求的仅仅是不受干扰。

迄今为止，我们有太多的理由可以为自由放任辩护，但它已经成为一种教条并被发挥到极端荒唐的地步。代表边沁主义者观点的《经济学人》杂志，甚至反对 1848 年的公共健康法案。当时有一个委员会揭露了大多数大型城镇的卫生状况极其骇人听闻，公共健康法案因此获得通过。当法案提交下议院时，没有遭到更有力的反对，《经济学人》对此感到失望。编辑写道："苦难和邪恶是大自然的忠告，是摆脱不了的。慈善家急于通过立法把它们赶出这个世界，但在他们了解他们的目标和结果之前，往往会产生更多的邪恶而不是善良。"[1] 因为缺乏排水系统，流行病在离下议院不远的地方肆虐，所以议会的"仁慈"就是对那些不用建造一个适当的排水系统的观点的有力驳斥。大多数哲学激进主义者反对工厂立法，尽管当时的情况表明工厂立法是最不容置疑的。1847 年，两院通过法案，禁止儿童在棉纺厂每天工作超过 10 小时，但《经济学人》刊出的标题却是"上议院联合下议院阻止工业发展"，文章指出，该原则与《谷物法》如出一辙——都

---

① 克莱普汉姆：《现代英国经济史》第一卷，第 545 页。

是为了某个阶级的利益进行的无理干涉。①

詹姆斯·密尔和（晚年的）边沁全心拥护民主，这个学派的大多数人也接受了民主，但带有一定局限性。在他们心中财产所有权的重要性占有很大的位置，所以并不赞同众多没有财产的选民的意见。他们都期望有某种比1832年的改革法案影响更深远的东西，但几乎没人想主张成年男性的普选权，也只有极少数人想为妇女呼吁选举权。主张成年男性普选权的是宪章派，他们属于工人阶级，不如边沁主义者受人尊敬。事实上，边沁主义者总是在现实的政治领域尽可能地促进选举权的扩大，因此，如果他们的诉求更激进，他们在推进民主的过程中就可能达到他们本应达到的效果。

如果人们接受了足够的教育，可以追随某种理念，那么对民主的信仰将与对超越人的心灵的理性力量的信仰结合在一起。詹姆斯·密尔的儿子说他父亲：

> 对于以下两件事的效力具有无限信心：代议制政府，完全自由的讨论。我的父亲完全相信理性可以影响人的心灵，他认为无论何时只要将理性传递给民众，那么一切都可以实现。如果全体民众都学会阅读，如果所有见解都通过语言或书面传递给民众，如果通过男子普选，他们可以选出一个立法机构，这个机构又使得他们赞同的意见发生效力，那么一切目的都可以达成。他认为，当立法机关不再仅仅代表一个阶级的利益时，它就会诚实地并以足够的智慧谋求普遍利益。因为在这种情形中，人们在受

---

① 克莱普汉姆：《现代英国经济史》第一卷，第577页。

过良好教育的心智的指引下做出通常认为是好的抉择，选出能够代表他们的人，然后赋予其自由裁量权。相应地，贵族统治，即任何形式的少数人掌权的政府，在父亲眼中是人类与从他们中间选出来管理他们事务的最智慧的人组成的政府之间的唯一障碍，对此他予以严厉的斥责。民主选举是他的主要政治信条，它不是以自由或人权或其他什么为依据的，它是"确保有一个好政府"的最基本要素。在他那个年代，民主选举或多或少地占有重要地位，通过选举，民主通常能得以捍卫。他只坚持他认为必要的东西，相比之下，他对是君主制还是共和制不太关心——在这方面，他与边沁相去甚远。在边沁看来，国王具有"一般腐败者"的特质，所以必定极其有害。

"如果所有人学会阅读，一切都可以达成。"詹姆斯·密尔想象工人晚上回到家里阅读休谟、哈特莱或边沁的著作；但他并没有预见到，虽然向有阅读能力的民众提供了文本，但并没有教会他们什么。像密尔所期望的那种工人自然会有，可密尔的确是个异类，而且除了那些比早期边沁主义者更加克己的家伙，所有人都觉得密尔向来就是个异类。怀着这样的期望，自然便产生了普及教育的巨大欲求，所有边沁主义者在当时开设工人学校的运动中都起了相当大的作用。虽然直到 1870 年，英国才普及了义务教育，但如果没有哲学激进主义，那时还普及不了。

令人惊讶的是，当时大众教育遭遇了强烈的反对，甚至不希望大家在自己的住处学习。1807 年，惠特布莱德提出了一个法案，要在全英国实施初级教育。应埃尔登和坎特伯雷大主教的要求，该法案被上议院否决。否决是合乎程序的，但奇怪的是这一法案居然遭到了英国皇家学会主席的极力反对。"（他说）让穷困的劳工阶级受教育的提议在理论上看似有理，但实际上是有损于他们的道德和幸福。这种教育会使他们轻视自己生活中的许多东西，使他们不再好好地从事农业和其他耗时费力的工作，而这些劳动是他们的社会地位注定的。不教育他们如何服从，会使他们变得任性且不易管理，这种现象在那些以制造业为主的郡已经显而易见。另外，教育会使他们阅读煽动性小册子、邪恶的书籍以及反基督教的出版物；还会使他们对上级傲慢无礼；其结果是，过不了几年立法机构就会发现必须使用暴力手段对付他们，并且不得不给行政长官们提供比现行法律更有力的法律手段。"[①]

不信奉英国国教的新教徒们无视这些严重警告，继续找学校学习，而教会因为惧怕对年轻人失去控制而被迫跟风。边沁主义者在这场运动中表现活跃。

读者可能还记得在本书第二部分的开篇格言中提到的福利奥特博士，他讨厌廉价的流体力学小册子，讨厌蒸汽知识学会和所谓的博学朋友。我怀疑是否有廉价的流体力学小册子的存在，那位博学的朋友叫布鲁厄姆，而蒸汽知识学会是"传播实用知识的学会"，其主席是布鲁厄姆，副主席是约翰·罗素勋爵。布鲁厄姆就算不是彻头彻尾的边沁主义者，也是边沁主义者非常亲密的同盟。詹姆斯·密尔的儿子说，詹姆斯·密尔"是一位善良的天才，支持布鲁厄姆所做的大部分公众事业，无论是教育、法律改革，还是其他方面"。尽管福利奥特

---

① 《城镇劳动力》，1932 年版，第 57 页。

博士和皇家学会主席激烈反对，但该学会还是传播了很多有用的知识。不过，反对大众教育的偏见非常顽固。1853年，我的祖父在彼得舍姆村（他住在那里）建了一所学校，绅士名流们抱怨"他摧毁了那里延续至今的贵族特质"，这种偏见甚至现在还在。

边沁主义者的政见还有一个重要的方面，那就是敌视帝国主义。边沁甚至在他身为托利党人时期，就认为海外领地没用。在法国大革命达到高潮时，他写下了《解放你的殖民地！向1793年法国国民公会喊话，依赖遥远的欧洲国家是无用而有害的》并赠给塔列朗。这话不是只对法国说的，对英国殖民地他也持同样的观点。边沁使他的朋友兰斯多恩勋爵转变了立场，1797年兰斯多恩在上议院发言称："对西班牙所能做的最大的好事就是，不让西班牙人再受迁往殖民地（美洲的西班牙殖民地）的惩罚，并使他们像其邻国人民一样勤劳。对英国而言，最大的罪恶无非是让已经过多的海外领地进一步增加。"总体而言，边沁后来的追随者在这个问题上继承了他的观点，作为自由贸易的信徒，他们不认为主权统治有什么经济利益，或者能给帝国带来什么骄傲。18世纪，辉格党比托利党更帝国主义化；19世纪，在边沁主义的影响下，最典型的自由派是英格兰本土主义者[1]。然而在这方面，国家自豪感在哲学上过于强烈。在边沁主义全盛时期，帕默斯顿[2]成了自由党的偶像，部分原因在于他更关心英国的威望而不是世上任何理论。

但也必须承认，在这方面就连边沁也受到了帕默斯顿的毫不掩饰

---

① 英格兰本土主义者主张英国不参与国际事务。——译注
② 最初为托利党人，后转投辉格党，多年任英国外交大臣，两任首相（其中1859年是作为新成立的自由党的首位首相），是英国民族主义的象征。——译注

的世界主义的诱惑。自从詹姆斯·密尔受雇于东印度公司，他和边沁都感到一个大有可为的领域已经开辟，供他们实验。边沁希望能够启动一部印度的法典，"我将是英国治下的印度的已故立法者，在我死后20年，我将成为那里的绝对统治者。"哈勒维在引用这句话后又补充道："他去世28年后，印度的刑法生效；这部法典是麦考利在边沁和詹姆斯·密尔的思想影响下起草的。所以，边沁虽然没能给英国立法，但他实际上成了英国辽阔的海外领地的已故立法者。"①

　　边沁主义的道德观有点奇特。智识上，他们不受束缚；理论上，他们为快乐而活；经济上，他们认为一个神志正常的人会追求自己金钱上的利益；政治上，他们提倡大变革，但不能激烈，不要狂热，不要过于放任自己的情绪表达，即使在他们让自己或自己所在阶层的利益处于不利时也不能这样。他们中的一些人，尤其是边沁，对自身的金钱利益表现出一种罕见的漠不关心，愿意为友情或公共目的牺牲大笔金钱。至于快乐，他们在书上读到过，并料想它一定是件好事，但他们对自己生活中的快乐一无所知。他们的精神解放从未付诸任何有悖于现有道德规范的行动——也许詹姆斯·密尔谨慎地倡导新马尔萨斯主义算是个例外，普莱斯较为大胆地宣传新马尔萨斯主义也算一个。除了普莱斯，他们都是"书呆子"，他们也有付诸行动的冲动，但宣泄出来的最自然的途径却是写作。他们的生活杂乱无章，在面对一个马贩子或打牌时经常作弊的人甚至一个普通酒鬼时全都不知所措。

　　詹姆斯·密尔的道德观是这个学派的典型，对此他儿子曾作如下

---

① 哈勒维：《哲学激进主义的成长》，第510页。

描述：

在伦理方面，他对一切对人类具有重要意义的东西表现出积极而严格的道德情感。而对于所有的所谓普遍道德的学说，他的态度极为冷漠（尽管这种冷漠没有体现在个人行为上）。他认为普遍道德是没有基础的，除非它以禁欲主义和神职人员的教诫为基础。例如，他期待两性关系极大地增加自由度，不过他并没有装模作样地去定义这种自由的条件到底是什么或应当是什么。他对于两性自由的观点无论在理论上还是在实践中都与淫荡好色无关。相反，他预期自由度的增加所产生的一个有益结果是，人们对于两性的想象将不再停留在肉体关系及其附属关系之上，而会归结为人生的最主要目标之一。他认为，想象力和情感的扭曲是人类心灵中最根深蒂固和最普遍的罪恶。

事实上，詹姆斯·密尔对性的看法与我对看足球的看法一样。我不会想到禁止别人观看足球比赛，也无法想象有什么理由要禁止观看，我希望人们不要过于理智而去设定这种禁忌。如果我生活在一个视足球为邪恶的国家，在那里足球比赛只能秘密地进行，而且每个人都假装对此毫不知情，那么我有可能会为那些受压制的足球运动员进行抗争，但我不会投入太多的热情。而我的这种态度正是那些纯粹快乐主义者会对性道德采取的态度。

在实践中，他们最珍视的美德是谨慎。其原因很多。首先是马尔萨斯本人，因为他认为太早结婚并拥有一个大家庭是一种基本的罪，只有谨慎才能使男人免犯此罪。另一个原因在于这样的事实，即对于那些有点资本的人来说，投资赚钱很容易；而对那些一无所有的人来说，生活就显得非常艰难。再一个笼罩在人们心头的阴影，就是对法国大革命的恐惧，人们感到只有牢牢控制住情绪和热情才能防止类似事件的发生。

功利主义者的另一种美德与谨慎密切相关，那就是清醒的理智。他们对手上的每个主题都仔细推演思考，并且从不设想通过灵光一现来了解事物。他们很少受到情感的误导，虽然他们是讲究系统的，但对于系统的偏爱并没有导致他们在任何课题上出错。这种清醒的理智大多承自洛克，在洛克的《人类理解论》中有一章很重要，名为《狂热》，是针对克伦威尔派的。还要提及的是，当时在智识上而不是政治上，卫理公会在功利主义所处时代拥有与之相似的地位。卫理公会教徒知晓另一个世界的一切，认为另一个世界比我们此刻的尘世生活更重要。而边沁主义者对此一无所知，他们不是无神论者，但后来又被称为不可知论者。在没有证据的情况下，他们会暂缓做出判断——这是一个难得的受到赞叹的做法。

人们猜想功利主义者对事物的判断是根据其实用性而不是其自身特点，因此，功利主义者过去受到嘲笑，现在也是。"功利主义者会说，夜莺有什么用呢？除了烤来吃。玫瑰的芬芳又有什么益处呢？除非你能提取到 10 先令一滴的玫瑰油。早晨的云层透出红光有什么用呢，就为了提醒牧羊人，叫他在外出时带上雨衣？"[①] 必须承认，早期功利主义者的性情给这种指责留下了话柄，但我认为，其结果更多是由于语言上的暗示。事实上，这个学派的学说中并没有什么必然招致

---

① S. 巴林-古尔德：《福音派的复兴》（S. Baring-Gould, *Evangelical Revival*），马萨诸塞，1920 年，第 7 页。

普遍指责的东西。按照其学说，快乐是好事。如果你听夜莺唱歌比吃了它能得到更多的快乐，那你就不要烤了它。如果你留着夜莺唱歌比你吃了它，对于你和夜莺而言都能得到更大的快乐，那么立法者将制定法律规定你不应该杀了那只鸟。这就是功利主义的学说，还有什么更多的疑问吗？

至于功利主义者的性情，现有的观点虽然具有一定的正确性，但这种正确性又有局限性。边沁喜欢音乐，詹姆斯·密尔让约翰读的诗，比他同龄男孩读的多。长大后的约翰具有诗人气质，略多愁善感，他渴望父亲给他出难题，并以此为乐。至于这个学派的名称，边沁及其门徒是传统人士，所以他们不能容忍无用的东西，"功利"这个名字也由此产生。狄更斯在《荒凉山庄》中抨击了大法官法庭[①]的诉讼程序，指出这一程序确实连夜莺的歌唱都不如，没什么内在价值。因此，以实用性检验来判断，这一程序应受谴责。边沁将实用性检验应用于英国法律体系中的所有陈旧内容，发现仅律师的收入还可以保留。他认为整个英国法律的实用性不足，并试图安排法律改革。在所有这些领域，功利主义的标准是值得称赞的，基于这一标准的功利主义也是合理的。也许功利主义者没有夜莺的魅力，但他们确实具有实用价值。

---

① 指英国 15 世纪开始建立的隶属于大法官的衡平法法院，以向当事人提供某些不能从普通法法院获得的法律援助。——译注

第十三章　英国的民主

　　民主以其胜利而自信的形式与人权学说一起，从美国走向了世界。在英国，第一次彻底的民主运动是宪章运动，其主体哲学理念来自美国，但宪章运动失败了。不过，一段时间之后，通过提出普遍代表权的新要求，宪章运动获得了成功。普遍代表权由科布登的朋友布赖特首先提出，后来成为科布登信徒的格莱斯顿①在 1841 年至 1846年的议会上再次提出。后期这一成功运动的灵感来自哲学激进主义者。除了宪章运动时期之外，哲学激进主义者对英国政治而言最重要的一个影响和特点是，他们为民主建构了理论。

　　英国的民主情怀，与美国和欧洲大陆的相比，在一些重要方面有所不同，我们还将在以后的章节对此加以关注。其中一个非常重要的区别是，在英国，民主的主张诉诸历史和传统。作为现代民主重要元素的代议制度，自 13 世纪以来就在英国不间断地存在着。无疑，下议院在任何时候都没有代表人民，但它代表着贵族以外的阶层，17 世

---

　　① 作为自由党人，四次出任英国首相，被认为是最伟大的英国首相之一。——译注

纪时，这些阶层利用下议院为自己的权利进行了有力而成功的斗争。就拿约翰·布赖特来说，他在1867年就为工人赢得了选举权，莫利勋爵说："一个政治领袖为保持我们民主的历史传统而据理力争，约翰·布赖特是约翰·汉普登、约翰·塞尔登和约翰·皮姆颇有价值的战友，同时极具清教徒领袖的精神。"约翰·布赖特自己是一名贵格会教徒，向来受斯图亚特王朝迫害，但他完全意识到自己延续着克伦威尔时代的精神。

在激进主义者中间非常普遍地存在着一种作为改革代表的渴望，一种回归我们祖先更纯粹习俗的愿望。1838年，在宪章派最早的一次户外会议上，会议主席道布尔迪①在提出成年男子普选权的要求时说：

> 我国实行普选可以追溯到亨利六世时代的中期。那么又是怎么放弃普选的呢？那是在内战的混乱中。当时人民不了解它的价值，于是以一些似是而非的借口对法律做了修改。从那时起，英国人就一直在体会这种背信弃义行为的后果，邪恶也在渐渐潜入。那时候，国家富裕，平民百姓也富足到一定程度，因此他们（倾听人民意见的人）也就不再有什么选举的想法了。当时几乎没有任何针对平民的税收，也不需要税收，因为由人民选举的议会关注的是人民的收入。但是一旦放弃普选，一切随之改变。贵族们逐渐发现民众太过富裕，于是制定法律来纠正这种恶果。②

道布尔迪的历史观点的准确性有待商榷，但英国的特点是极端激进主义者通过捍卫自己的观点来复兴一个遥远的过去。就像瓦特·泰

---

① 即 Thomas Doubleday，1830年代的英国背部宪章派领袖之一。——译注
② 甘米奇：《宪章运动史》（*History of the Chartist Movement*），第23页。

勒起义，它发生在道布尔迪所谓的黄金时代，其目的就是要回归亚当夏娃时代的社会体系。

英国和美国在民主情怀方面的一个重要区别在于，美国是农业化的，而英国主要是城市化和工业化的。旧济贫法使得农村劳力尽管贫困，但仍然唯命是从（除了1830年的短暂暴动外），农民通常也站在地主一边。在工业地区则出现了不同的情况。通常，地主并不住在当地，但他们制定法律限制工厂主。从1815年到1846年，由于关税问题，工厂主在政治上反对贵族，为保险起见，他们拉拢雇佣劳动者以寻求支持。工业在迅速增长，技术也在进步。这一切联动起来促使工业人口，无论是雇主还是工人，都接受了激进主义。而农村地区仍然是封建的，几乎没有变化。

在美国和欧洲大陆，民主与民族主义密切相关，在英国则相反。美国独立战争和法国大革命的一系列战事将民主与国家的军事力量结合了起来，它们的军事主要用于压迫臣服的国家，而不是为了自卫，而英国的军事力量则结合对一些事件的反应以及威灵顿公爵的决定。所以，英国的民主党派和政治家最不好战，也最不热衷于帝国主义。这种情况一直持续到1894年格莱斯顿退休。

19世纪英国的民主觉醒在很大程度上源自贵族和君主的恶政，这种恶政始于1760年，在整个乔治三世和乔治四世统治时期持续存在。当时，上议院通过腐朽的选区制度控制了下议院；政府效率低下且腐败得不可思议；税赋沉重，尤其是对最贫困的人口而言，因为很大程度上都是针对生活必需品征收的。议会的整个立法权都在以牺牲社会其他人的利益为代价来使地主致富。所以，那时的一切都需要改革——教育、法律、司法系统、监狱、城镇的卫生状况、税收、济贫法以及其他许多方面。再者，这个国家的统治者自己在猎狐狸、打野鸡，却制定了针对偷猎者的严峻法律。最后，这个国家的理智以及它的人性和常识结合起来要反抗这一制度的延续。

英国在智力上的反抗采取了哲学激进主义的形式，幸运的是，当改革成为可能时，已经有人在细节上想到了应该做些什么。由于边沁及其学派的缘故，当时的宣言对人权的表述有点含糊，当然，宪章派在这点上还是旗帜鲜明的。总体而言，当时的反动派比较情绪化，而改革者的特点是注重实用。也许正因如此，源自他们的这场运动持续了50年后，社会才对此作出反应。

争取民主的运动最艰难的是第一仗，也就是为《改革法案》而战。1832年，《改革法案》赢得胜利，针对下议院的改革要取消腐败的选区和扩大选举权。其实在法国大革命之前一些有影响力的政治家已经倡导了这些改革举措，只是因为法国正经历一系列战争，当时连同其他一些立法上的改革都被搁置一边。尽管如此，这些仍是追随福克斯的辉格党人的渴望。因此，当格雷领导的辉格党1830年掌权时，他们展开行动支持一个法案，并认为这一法案小皮特在第一次执政时就已提起过。尽管他们的建议是温和的，但他们的言辞是为推进民主。约翰·罗素勋爵在介绍《改革法案》时说，他们坚决认为下议院不该是"一小群人或者特殊利益的代表，而应是整体的代表……它应该代表人民，来自人民，同情人民"。

1832年代表英国贵族的辉格党人，与1789年代表法国贵族的改革派在观念上相类似。米拉波、拉斐特和斐扬派①希望实现和平而温

---

① 斐扬派是法国大革命中的资产阶级君主立宪派。——译注

和的改革，并为法国制定一部宪法，内容与 1832 年之后的英国宪法非常类似。为什么立宪改革派在英国成功而在法国会失败呢？无疑，这里有很多原因，但我认为主要是因为法国革命既是农村的革命，又是城市的革命，英国的情形则不同。法国贵族尽管投票废除了自己的封建特权，但后来发现自己面临一种被敌视的状态，并且陷入财务危机，这使他们的改革热情一下子冷却了，并向外国求助镇压革命。而英国的改革者在一开始鼓动改革法案时，就以血的代价平息了农村的反抗，所以认为自己的收益是安全的。因为事态对贵族而言并不是那么生死攸关，故而在革命的威胁之下，托利党做出了让步。最终，政治权力和平地交到了中间阶级的手中。

虽然《改革法案》严格地通过宪法规定的途径获得通过，但是如果没有革命的实际压力，法案不可能成为法律。为了使这种威胁产生实际效果，中间阶级就不得不争取工人的支持，而这必须点燃工人的希望。当然，后来采取的措施实际上对工人并没有什么利益可言，而且还剥夺了他们在少数地方的投票权，比如在威斯敏斯特地区，以前他们在那里是有投票权的。中间阶级痛恨贵族垄断了政治权力，但并不希望建立一个让他们的雇员也拥有投票权的体制。事实上，《改革法案》正是中间阶级所期望的。从 1832 年到 1867 年迪斯雷利扩大选举权为止，虽然大多数大臣职位仍由贵族担任，但他们不得不求助的选民是商人、厂主或店主。最终的政治权力落在了新生力量的手中，这也逐渐改变了英国政治的基调。

对工人阶级而言，《改革法案》及其产生的后果是一种痛苦的觉醒过程。改革后的议会最初采取的措施之一就是通过新《济贫法》，它引入的一种新制度在《雾都孤儿》中有所呈现。旧《济贫法》需要改变，新《济贫法》的最终效果无疑减轻了过去的悲惨状况，但还是带来了一些不堪忍受的残酷和苦难，后者以马尔萨斯的理论为依据证明它是合理的。工人们帮助中间阶级获得了权力，得到的回报却是新《济贫法》。这种背叛行为引发了工人阶级的政治意识。正如旧《济贫法》孕育了马尔萨斯，新《济贫法》孕育了马克思和恩格斯。

雇佣劳动者觉醒的第一个产物是工会主义的发展（后面的章节会有所叙述），工会主义由社会主义的创始人罗伯特·欧文倡导。当工会主义崩溃时，对政治而不是对产业方法的信念得以复活，一段时间之后，直接导致了宪章运动。这一运动萌芽于 1836 年成立的伦敦工人协会，它主张的"宪章"包括六点：成年男子普选权、议会每年改选、投票选举、取消财产门槛、付议员薪水、选区平等。

不过，欧文对宪章运动无动于衷，如同对所有政治改革运动的态度一样。"如果实行普遍选举权和投票选举，明年就会有一个选举产生的国会，"他说，"它极有可能是效率最低的，会引发最大的动荡，最坏的可能是公众集会示威，这种局面已经主导了这个国家。"

新《济贫法》作为中间阶级的激进主义措施，遭到两大相互对立的势力的反对，一个是托利党，另一个是宪章派。托利党愿意屈从于在旧《济贫法》之下产生的乡村地主，但当会议从反对新《济贫法》转向为反对宪章时，托利党的行径遭到大家的厌恶。

> G. S. 布尔牧师拒绝参加在哈茨黑德摩尔（Hartshead Moor）举行的盛大的反《济贫法》示威游行，因为他们提出的解决方案是采取普选……第二年，他抱怨说反《济贫法》的会议转变为激进分子的会议，并宣称他永远不会以激进主义行事……

另一方面，宪章派对他们的盟友也没少批评。"在狂热的保守党人如斯坦厄普伯爵、他的侄子和其他拥戴者的掌握下，在威廉·皮特①血腥暴政工具的控制下，"宪章派写道，"鼓动反对《济贫法》不过是一种派系斗争的诡计，托利党希望得到辉格党那样的地位和薪资，以便运用他们的权力，但他们采取的方式更为糟糕，远不如当年辉格党手握权力或运用这些权力时的情形。"②

虽然宪章所倡导的措施是纯粹政治性的，但宪章派的终极目标是经济性的。历史学家甘米奇（是宪章派成员之一）指出：

> 民众看着那些被授予选举权的阶层，这些人躺在财富的沙发上，而与之形成鲜明对照的是自身的悲惨境遇。如果究其原因，得出下面的结论不足为奇——那就是将民众排斥在政治权力之外是造成社会畸形的原因。

但是别把问题搞混，作为一个整体他们从来没有超越上面那六点诉求，也没有讨论在他们得到权力之后将如何实现经济上的改变。

宪章运动成了一场悲剧，它并没有实现任何目标。后来这场运动因为许多领导人身陷囹圄而受阻，其内部又在如何诉诸武力的问题上产生了分歧。但其崩溃的主要原因是反《谷物法》联盟的崛起，这提出了一个议题，即中间阶级和工人阶级的利益是一致的。事实上，《谷物法》废除后，对自由贸易的鼓动和雇佣劳动者状况的迅速改善，在一段时间内消除了工人阶级对中间阶级政治家的怨恨。

---

① 英国首相，父子同名，都担任过英国首相。——译注
② J. L 哈蒙德和巴巴拉·哈蒙德：《宪章派的时代》（*The Age of the Chartists*），第 268 页。

约翰·布赖特自己是一个中产阶级棉花生产商，在反《谷物法》行动中是科布登的战友，在为城市工人赢得选举权的行动中又是一位领导人。在扩大选举权的问题上他并没有什么个人利益，之所以这样做，主要动机就是不愿看到战争的发生。他曾反对克里米亚战争，并因此暂时失去了在议会中的席位。他讨厌帕默斯顿的傲慢好斗，而这种好斗精神又受到大部分中间阶级的欢迎，他相信工人阶级更赞同一个不那么好战的政策。只要帕默斯顿活着，他就能阻止布赖特所有的改革努力，但1865年他死后，自由党开始觉得他们应该自由了，于是迪斯雷利着手开展教育转化托利党的工作，结果城市工人在1867年取得了选举权。农村劳动者因为某种原因，被视为比较危险的群体，不得不一直等到1885年才在格莱斯顿的推动下获得投票权。

第十四章　自由贸易

　　英国的中间阶级在 1832 年获得了政治权力之后，自然就开始着手修改法律，以增加自己的财富。国家的发展需要两类立法：一类是改善工厂和矿山的现状，另一类是扫除阻碍工业化发展的法律，而后者仅仅是按照工厂主的利益来实行的。其中最重要的一项是废除谷物税，这显然违背农业地主的利益，因而遭到大多数贵族的竭力反对。当实业家们提到面包昂贵所造成的罪恶时，地主们反驳说工厂里使用童工和长时间的工作也是一种罪恶。最后，每一方都成功地改革了弊端，后者正是另一方的利益之源：沙夫茨伯里勋爵推行了他的《工厂法》，科布登则推行了自由贸易。工厂主和地主之间的争端非常幸运，因为双方都被迫将其诉诸由无私的人组成的法庭。

　　然而，双方的争端并不在同一层面上，因为工厂主创造的是现代生产方式，而地主只是收取租金。当时的英国实业家冷酷无情，他们自信会获得成功和新的权力。他们中的许多人都是通过自力更生崛起的。他们追随哲学激进主义者，相信竞争是进步的动力，所以不能容忍任何削减竞争的事物。他们要求取消对他们和其他人制造的货物所收的保护性关税：他们认为，给他们一个自由天地，废除特殊优待，他们就一定能胜出。

在谷物自由贸易的问题上，实业家们不仅在争取自己的利益，也是在为国家和世界的利益而战。在其他国家，谷物的生产成本比英国低，而在英国生产棉花则比其他国家便宜。但英国坚持自己生产粮食，这样总体可供分配的财富必然较少，而假使英国少产粮食、多产工业产品的话，就会有更多的财富可以分配。如果允许最差的土地退耕，那就只有小部分财富以租金形式流向地主，否则不仅总额减少而且其中大部分财富会流向地主。这些是根据李嘉图的地租理论得出的结论，根据这一理论，一块土地的租金是其产出与最差土地的产出之间的差额。因此，谷物自由贸易将双倍有利于非地主阶级：在增加国家财富的同时，又可以在增加的总额中获得较大的比例。因此，自由贸易代表了勤劳的阶层的利益，不仅包括雇主，还有工人。

此外，自由贸易也代表了整个世界的利益。那些出售粮食给英国的国家将变得富有，贸易互利又可以缓和国际间的对抗，从而有助于促进和平，至少自由贸易的倡导者是这样认为的。

如此就产生了这样一种情形，即一个强大的阶层在主张自身利益的同时，也在促进全局利益。这种情况也容易导致具有广阔视野和人道理念的领导人的出现，在他们身上自私的因子被公德心所掩盖，领导大家为自由贸易而战的科布登就是这样一个人。作为一位棉花生产商，他切身体会到自由贸易将给他所在的阶层带来经济利益，但同时他又是一位国际主义者，对他而言自由贸易属于一个更大的事业的一部分，这个事业就是世界和平。当他为工厂主同行争取到自由贸易后，发现这些人对于实现他其余的计划一无用处，这令他感到懊恼。

对这些人来说，科布登的公德心在符合他们自身利益时就有价值，一旦不符，他们就会起来加以反对。

科布登在政治上具有全局视野，尽管因为帕默斯顿的不利影响，这种理念在他一生中很大程度上没有起到什么作用。但是随后因为格莱斯顿和自由党中那些有较少辉格党倾向的人接受了这种理念，于是它变得非常重要。再者，科布登通过反《谷物法》运动的成功获得了良好声望，而这种声望又促使欧洲大陆的自由主义深受他的理念的影响，所以我们可以说科布登的重要性已经不再纯粹局限于英国了。

和许多改革者一样，科布登受到常识的启迪。他认为国家应该追求国家的财富，而毋需过多考虑荣誉和领土这类事情。他主张和平主义，这不在于任何先验的抽象理由，而在于如果将战争和为战争而做的准备视为一种投资的话，那么这种投资不啻为浪费。他明确表示，之所以支持国际主义，就是因为民族主义减少了人类的财富。同时，在他追求经济利益的外表之下，却有一颗善良的心和人道主义情怀。对于产业工人的恶劣境况，他确实没有看清；但毫无疑问正如科布登在辩论中所指出的那样，自由贸易的政策大大提高了他们的实际工资。他不相信马尔萨斯理论，也不相信"工资铁律"①。在反《谷物法》行动中，他坚持认为，粮食的自由贸易会提高工业生产中雇主和雇工的地位，实践表明他的观点是正确的。他的经济学一如詹姆斯·密尔或麦卡洛克的经济学，明智而实用，并不是僵化的理论。他从经济学家那里找到了支持自由贸易的理由，对其余部分则忽略不顾。

①　一种经济学理论，认为在资本主义中存在着工资被压到维持生存水平这样一个不可避免的趋势。——译注

人们谴责科布登是卑鄙之辈，因为他认为对国家而言没有比物质财富更重要的了，这种谴责不仅在科布登的时代成为一种习惯，甚至在我们今天的时代亦是如此。当科布登和布赖特反对克里米亚战争时（当时英国像一战时那样疯狂地卷入了这次战争），大家宣称这表明他们的思考没有跳出英镑、先令和便士。丁尼生在《莫德》中也表述了这一观点，后来这些诗句不断被引用，以警告那些"理想主义者"。下面是他对布赖特出席和平会议的描述：

> 上周一个人来到郡镇，
>
> 要折服我们可怜而渺小的军队，
>
> 玩弄一次专制国王的游戏，
>
> 在我们的国家，三番五次地上演这样的故事：
>
> 戴着宽边帽的小贩，心怀神圣，
>
> 即使耳朵里塞满棉花
>
> 在梦里依旧听到便士的叮当声，
>
> 这个小贩要终止战争！

当丁尼生看到克里米亚战争即将打响时，他的反应是：

> ——我想一场保卫正义的战争将要发生，
>
> 铁血暴政将被终止，
>
> 男人的荣耀将屹立在古老的高处，
>
> 英国的唯一上帝不是富豪，
>
> 贸易也不再是一切，
>
> 和平在田园小丘吹出无精打采的曲调，
>
> 伴着谷物成熟，羊群的增加，

加农炮弹却懒洋洋地躺在岸边生锈——

这首诗以爱国主义高贵品质的光芒结尾：

　　——我走向了更高的目标，

　　在那里只是失去一点渴求黄金的欲念，

　　和平的愿望充满了谬误和耻辱，

　　可怕的，可恨的，凶暴的，不可告人的；

　　再次向展开的战旗致敬！

　　虽然许多光芒会变得暗淡，

　　虽然看到那些在冲突中倒下的战士，

　　许多人会因此哭泣，

　　虽然神的怒火也会在一个大骗子面前消散；

　　然而暗淡的将飞向光明，

　　瞬间将铸就众多辉煌的名字，

　　高贵的思想在阳光下更加自由，

　　民众之心与这一愿望一起跳动；

　　在黑海和波罗的海的岸边，

　　战斗的要塞正张开致命的血口，

　　心中的怒火已点燃战争的火焰。

　　让它自由地燃烧或熄灭，

　　让战争风卷残云，

　　我们已经证明自己拥有的事业心，

　　我们仍然高贵，

　　我已觉醒，心智更胜从前；

> 我感受到我的祖国，
> 我怀着我的仁爱，
> 我信奉上帝的意志，
> 拥抱既定的命运。

此时，科布登没有那么意气风发：

> 至今，工人阶级已经感受到战争的影响，不仅是就业的减少，还有高企的食品价格。对于那些领取最低工资的非熟练工而言，情况非常严重，于是这个阶层中人数最多的农业劳动者便成了最大的受害者——他们是沉默而无助的群体，在政治的喧嚣中，没人听取他们的呼声，也不能在任何社会运动中感受到他们的存在。那些感情用事者告诉我们，战争提升了人民的国家尊严感，压制了金钱的力量，抛弃了对财富的崇拜，等等。该让这些人去农村崎岖的路上走一走（他们需要拄着东西），到林区走走，到沼泽地走走，在特伦特南部岛上的任何一个地方，他们都可以发现那些农业劳动者此时的平均工资每周还不到 12 先令。让他们去问问一个处于平均线之下的五口之家，在面包卖 2 便士 1 磅时该如何活下去。没人能给出答案。

经济常识和"理想主义"之间的对立在克里米亚战争中到达了一个转折点，对人类而言，不幸的是，此后"理想主义者"在总体上获得了胜利并继续发展。我并不准备维护一个抽象的伦理命题，即认为什么也比不上物质的繁荣，但我与科布登都认为，在所有产生重要社会效果的政治目标中，追求普遍的物质福利的政治目标是最好的。不然，当衣食无忧者告诉穷人，他们应该超越口腹之欲追求更高的心性时，整个表演该是多么虚伪和令人作呕。善巧方便的理想主义有很多形式。在拿破仑战争时期那些最糟糕的日子里，卫理公会和福音派人士告诉穷人应该将希望集中于天堂，让富人留在地球上不受干扰地拥有财富。紧随其后的是各类中世纪史研究家：柯勒律治、卡莱尔、迪斯雷利，牛津运动①的领导者，等等；他们的学说本质上是从美学角度反对机器和工业时代的富豪。更重要的是，还有一种在科布登时代的英国以帕默斯顿为代表的民族主义观点，而这种观点已经证明在科布登主义或社会主义中得到强化——这种强化至少持续到现在。

所有这些"高贵"的信条，以各种方式成为隐蔽的残忍、专制或贪婪的情绪的发泄口。宗教备受尊崇，它教导人们尘世的财富是无用的，如同圣弗朗西斯的例子那样，导引出甘受贫穷的誓言。对于像丁尼生这样的人我们不禁会怀疑，在他们的潜意识中是否存在一种安抚穷人的逃避术。中世纪史研究家中较好的一类人——包括柯勒律治和牛津运动的领导者——发现现代世界是如此痛苦，他们在寻求一种逃避现实的鸦片，一个童话故事，或者在构建一个往昔的黄金时代。他们并不是阴险之徒，只是缺乏坚持实用性思想的决心。迪斯雷利怀有同样的梦想，这一梦想强大到足以将现实扭曲为他的一种幻想：他幻想我们的印度帝国不仅是棉织品的一个市场，也是一个重现所罗门王或奥古斯都的辉煌的地方。迪斯雷利还给帝国主义增添了一种浪漫而迷人的光环，与那里的人民分享自欺欺人的论调，并鼓励对他们实行暴政和掠夺。而卡莱尔的理想主义以一种陈旧的形式出现，并成为惩

---

① 19世纪中期由英国牛津大学部分教授发动的宗教复兴运动，该运动主张恢复教会昔日的权威和早期的传统，保留罗马天主教的礼仪。运动领导者有纽曼、凯布勒、皮由兹等人，该运动对英国国教会的保守倾向影响甚大。——译注

罚罪人的借口。他最钦佩铁血男人，心中的榜样是弗朗西亚博士，一位巴拉圭的独裁者。在称颂弗朗西亚时，除了他未经审判便绞死40名歹徒的事迹，卡莱尔找不到其他可说的。事实上，他严苛的道德原则不过是为掩盖自己对人类其他种族难以消除的恨意。卡莱尔的这些理想传给了尼采，又通过尼采传给了纳粹。至此，民族主义还没有表现为一种赤裸裸的贪婪，它可能被定义为一种真正的伦理原则与地理的或种族的因素结合的产物。比如我们假定家庭生活的纯洁性具有最高的道德意义，同时我们在地球的某个地方发现了这种最纯洁的道德，那么生活在首善之地的人们就有权——甚而有责任——杀死其他地区的人，而且想杀多少就杀多少，并强迫幸存者进贡。不幸的是，征服者的优越美德在征服的过程中容易丢失。关于民族主义的论题，现在我不想说得更多，因为我们还将在下文谈到。

让科布登感到极为失望的是在中间阶级中兴起了沙文主义。1835年时，中间阶级还不习惯使用手中的权力，科布登相信他们会支持他对于和平的热爱。"英国的中间阶级和辛勤工作的阶层，"他说，"只有通过保卫和平才能维护自己的利益。战争的荣耀、名声和酬金不属于他们，战场是贵族的收获之地，是用人民的鲜血浇灌的。""在未来的选举中，"他继续说道，"我们可能会看到，在自由选区的代表中将尝试一种'不干涉外国的政治理念'。"经验表明，他的这一期望是错误的：帕默斯顿是最鲁莽的干涉主义者，他成了中间阶级的偶像，而科布登却因为反对克里米亚战争失去了自己的席位。与科布登的思路相似，马克思认为无产阶级不愿意容忍帝国主义的战争。无论是马克思还是科布登，都没有认识到在掌握政治权力之后，掌权者的心态会发生变化，也没有认识到富人可以通过一定的手段欺骗民主。一个被剥夺权力的阶层可能会反对统治者引发的战争，但当他们得到投票权时就会感到战争也是自己的战争，于是也会变得像以前的政治寡头一样好战。

科布登的另一个幻想是贸易会促进和平：

> 贸易是一服灵丹妙药，就像济世救人的医学发现一样，为这个世界的健康打了预防针，也为世界各国留存了文明的气息。贸易不仅是一包包商品离开了我们的口岸，也意味着承载了智慧和丰富思想的种子来到那些相对落后的社会成员之中。贸易不只是一个商人对我们这个制造业之国的访问，而且是他回到自己的国家时就成为自由、和平和好政府的传道者——参观了欧洲每个港口的蒸汽船以及神奇的铁路，这些成了所有国家的谈资，成了我们开明制度所蕴含的价值的广告和凭证。

我们有必要思考一下阻碍贸易促进和平的原因，因为这是科布登主义失败的主要原因之一。当两个国家在进行商品交换时相互并没有构成竞争，也就是说，任何一方都不能生产它所要买的产品，那么我们就认为这种贸易对双方都是有利的，这也是科布登希望切实发生的结果。在他那个年代，大多数贸易都属于这种类型。我们将工业产品大量出售给那些没有实现机械生产的国家，并从他们那里购买不列颠诸岛所没有的天然物产，这样的贸易促进了国家之间的友谊。但是，一旦一个国家销售另一个国家也能生产的商品，竞争对手的愤怒将变得比客户的满足感更为强烈，友谊也变成了敌意。在一战前几年，根据《商标法》，所有在英国销售的外国商品必须标明原产国。人们不断看到"德国制造"的标识，这使人想到由于德国的竞争，英国在贸易中落败——人们相信这一情形在很大程度上刺激了好战情绪。自由贸易的观点认为，进口商品的费用是由出口商品所得支付的，所以贸易在整体上并不损害国内的生产，但是这一论点对于遭受外国竞争的人们而言是无效的。从科布登时代起，大不列颠之外的所有发达国家便开始模仿英国工业并与之竞争，但是这些制造商与英格兰和苏格兰的实业家相比均处于劣势，因此请求保护，在他们拥有足够的政治影响力的地方也确实得到了保护。那些充斥着廉价商品并试图建立英国工业模式的国家是不喜欢英国的，贸易的深化导致了国家间敌意的激化，情绪的发展走向了科布登所期望的反面，这是他在政治心理方面最重大的失误之一。

科布登在政治上是反对贵族的，早年他也反对工人阶级，虽然程度很轻：对于前者，原因在于贵族拥有特权而没有智慧；至于后者，因为工人阶级缺乏教育。科布登非常赞赏美国，很大程度上是因为美国的工业企业不会受到贵族的影响和传统的阻碍，其外交政策也没有干涉其他国家事务的习惯。他曾以华盛顿的名言作为他的第一本小册子的主题句："我们对于外国的一个重要行为准则是，扩大我们的商业关系，尽可能少地产生政治关联。"在其政治生涯中，科布登总是以这句格言来劝导英国政治家，但都是徒劳。1859年，帕默斯顿邀请他入阁，被他拒绝，因为他不能默许那个气势汹汹的老恶棍的外交政策。

与他那个时代大多数的政治家不同，他认为是工业而不是军备才是国家力量的源泉，并据此认为美国比俄罗斯更为重要，他说：

> 我们的政治家和政客无论其信念是什么，都应该赶紧研究

美国的工业、经济与和平政策，而不是研究俄罗斯的发展。美国正是凭借这些，而不是什么蛮力，使英国的伟大与强大有被取代的危险。由于美国的成功竞争，我们在国际上的排名很可能变成第二。

科布登在 1835 年就具有这样的信念，表明他比现在所知的大多数人更为睿智。甚至到了 1898 年，德国皇帝仍希望西班牙在美西战争中获胜。至于英国政府，也许比威廉二世还要迟钝，直到美国内战后才有了科布登的这种见解。

在美国，实业家不受贵族的干扰，对此科布登说：

> 让我们看看两个帝国在铁路建设方面的进展，没什么比这个更能说明像英国这样一个老牌大国，其劳动力在与其年轻对手竞争时是处于何等的劣势。

> 同一时间，在美国几乎每天都会看到一家新的铁路公司由一些州的立法机关批准注册，成本只有几美元，几乎是以鼓掌的方式成立的。英国议会则通过投票阻拦了一些极其重要的项目，而跟在这些项目后面的是利物浦铁路线上的列车。

> 伦敦和伯明翰的公司花费了 4 万英镑之巨，试图获得立法机关的批准，但受阻于上议院。以下一些具有代表性的问题摘自在审查委员会作证时的提问：

> 你知道黑斯廷斯夫人住处的地名吗？——你的铁路线离那里有多近？——从那幢房子的主要房间向外看，能否看到火车从房子前面经过？——离这幢房子多远可以看到火车？——大约四分之一英里吗？——在这段距离内的房间里会听到机车的

声音吗？——会切分那里的路面或建造路堤吗？——这些会在房间的可视范围内吗？——看看乡下的其他地方，有没有可能在距离黑斯廷斯夫人住所较远的地方另为铁路建设选址？

在强调无知地主的控制权的弊端时，科布登是完全有理由的。当然，美国的铁路问题也存在着另一面。除了腐败的立法机关外，美国资本家不受任何控制，他们无偿获得了无数的公共土地，并且为使董事获利而发明了一些欺骗普通股东的巧妙手段。一个惯常的方法是把归公众所有的财富转移到公司股东手中，再从股东手中转移到董事那里。由此，经济权力便集中在少数空前巨富的手中。

美国商业和政治的腐败，自华盛顿成为美国第一任总统时就已经存在，然而科布登似乎并没有意识到这点。像那个时代的所有人一样，他相信竞争，但这种竞争应该遵循某种规则，就像打板球一样。当然，科布登喜欢的竞争不是大家争相买通法官，让法官对自己的违法行为网开一面；也不是铁路方面给其中一位竞争者的运费比其他人便宜。他所设想的竞争，如果国家力量介入其中，牺牲外国人的利益来帮助其国民，也是违反规则的。国家应该仅仅是裁判，只监督竞争者是否坚守规则。威廉·詹姆斯举了一个年轻人的例子，他说当这位年轻人得知足球比赛的目的是让球进入对方的球门，就在一个漆黑的夜晚将足球放在了对方的球门内。按照科布登和"曼彻斯特学派"的意思，一个人借政府之力致富，似乎跟这个年轻人的行为一样，都是不光明磊落的。但是，这一类比对他们来说可能极不公平，因为他们并没有意识到他们设想的竞争是一场定有规则的比赛，以为它遵循的是自然法则。由于他们是诚实的受尊敬的公民，不必以刑法刻意限制他们的行为。而当他们听说范德比尔特①和古尔德②的所作所为时震惊不已：这根本不是他们的意思！但不可否认，那时的竞争就是这样。

科布登认为帝国主义是愚蠢的，他公正地看待印度问题，即使在叛乱期间，大多数英国人都被冲昏头脑时他也依然如此。在针对叛乱的疯狂想法达到顶点之时，他写道：

> 不幸的是，对我而言，我不能与那些寻求"改革"印度的人合作，因为我没有这样的信念，不相信英国的强力可以永久统治这个国家。尽管我想看到这家公司③被取缔——因为它使英国无法看清其扮演的可怕角色——然而我不相信在议会的控制下英国王权可以统治印度。即使下议院放弃国内立法的所有责任，专门承担起管理数亿亚洲人的任务，也不可能成功。印度必须由那些生活在地球那边的人统治。根据我们的观念，当地人的管理是糟糕的，但是人们更愿意接受与自己肤色相同的人的统治，接受自己亲友的管理，而不愿接受从地球另一端匆匆而来的入侵者的统治，即使这种统治更好，也是一种羞辱。

这一时期，他写信给布赖特说：

> 当英国在亚洲大陆一亩领土也没有时，她就迎来了幸福快

---

① 美国著名航运、铁路、金融巨头，在19世纪末20世纪初的"镀金年代"，他无疑是亿万富翁的代表。——译注
② 绰号海盗大亨，现代商业的创始人，19世纪美国铁路和电报系统无可争议的巨头，股票市场的操纵者。——译注
③ 指东印度公司。——译注

乐的时刻。但是如何使这种幸福降临，是我没有能力表述的。我对着星空祈祷自己不会处于那种窘境，即公开地就那个在当时吸引了所有人注意力的话题发表自己的见解，因为我知道我不能凭着自己的信念维持正义，也不可能在大英的任何选区获得信任。所有人都认为，英国如果失去印度帝国，就会走向沉沦毁灭，我们还能找到没有被灌输这种思想的人吗？还是让我去照看我的猪和羊吧，至少这么做不是出于妄想。

科布登当时并没有在议会，没有义务公开表述自己对印度问题的看法，但他觉得自己比克里米亚战争期间更加孤立。他发现，兰开夏郡和约克郡的工厂主把印度视为一个用英国刺刀替他们保留的市场，于是抱怨这些人不理解自由贸易的原则。当然，他似乎没有想到，印度如果能自己做主，也会在关税保护下发展棉纺业，这样它就不需要从曼彻斯特进口了。在我看来，不用武力统治印度的理由完全站得住脚；但我不认为在那个时候，这与英国纺织业自身的经济利益没有冲突。对科布登而言，自由贸易远不是一种财政常识方面的考量，它已成为深层道德信念的一部分。他坚信诚实是最好的政策，因此有时候不明白最好的政策实际上也可能是不诚实的政策。从他那个时代到我们今天的工业发展表明，在这一点上他的心肠比他的头脑更好。

在我们这个时代，科布登受到两种对立观念的批评：一种是民族主义者的批评，因为世界主义激发出了科布登对自由贸易的热忱；另一种是来自社会主义者的批评，因为科布登讨厌工联主义①和《工厂

---

① 因最早出现于英国工人联合会而得名，在 19 世纪中叶宪章运动衰落后开始广泛传播。——译注

法》。我认为，也许社会主义者对科布登的批评的激烈程度稍稍超过了其应有的程度。科布登当然希望改善工人阶级的状况，他也确实极为显著地改善了他们的处境。自从实行自由贸易政策以来，工人的实际工资飞涨，除了在克里米亚战争期间，当时由于港口被封锁，绝大多数进口粮食难以抵达。依靠铁路，英国的中西部得以开发，这使得实际工资水平进一步提高，但是如果没有自由贸易也做不到这点。沙夫茨伯里勋爵在处理劳动条件的问题时尽显仁慈，并成功地促成了各种有价值的《工厂法》被采纳。但我想，一个头脑清醒的研究者不会认为，沙夫茨伯里对于促进雇佣劳动者幸福的贡献可以与科布登的贡献相提并论。然而，由于感情因素，在这方面沙夫茨伯里勋爵比科布登获得了更多声望。

当然，我们不可能准确地判断在促进英国繁荣的过程中自由贸易有多少功劳，但是显然，如果《谷物法》仍在实施，就需要更多农业劳动力来养活不断增长的人口，投入英国土地上的一定劳动力所生产的粮食要比通过工业品交换所得的国外生产的粮食更少。然而不仅如此，自由贸易还明显增加了工人的实际工资。据克莱普汉姆称，1850年到1874年间实际工资大幅上涨，随后到1886年有所下跌，然后再度上升，到1890年时已经超过1874年的水平。1874年的平均实际工资比1850年的高出50%—60%。至于与科布登尤为相关的棉花贸易，即使在最糟糕的1886年，平均收入仍比1850年高48%。在《谷物法》废除之前的时期，1850年的货币工资比1810年的还低。如果其间实际工资还有所上升的话，那也是发生在1810年至1846年之间，当时，皮尔①转向了自由贸易。鉴于这些事实，科布登在提高工资方面的重要作用是难以否认的。

同时，科布登明确反对对于雇佣劳动者之间自由竞争的一切限制，他对童工的态度也较少教条主义。他支持限定童工的劳动时间以及他们的用工年龄，但他反对《10小时法案》。该法案禁止工厂每天开工时间超过10小时，试图以此来保证孩子在工厂工作的时间不超过10小时。原则上，干涉成人劳工的工作时长似乎是他反感的，虽然经验已经表明，只想有效地限定童工的劳动时长是非常困难的。1836年，在一封关于其在斯托克波特市的候选人资格的信中，科布登提出了一个非常不切实际的建议，即每个工人应该从工资中省下20英镑，以便能自由地移民美洲。另外，他似乎完全不知道皇家调查委员会所揭露的罪恶。他在自己的第一本关于英国、爱尔兰和美国的小册子中竭力辩解，说在仁慈地干预欧洲大陆事务之前，我们应该着手解决爱尔兰农民的贫困问题，但他从未将同样的思路应用于英国的产业工人。

1842年，科布登在给他兄弟的信中坦诚地表达了自己对工会的态度："如果依赖工会，"他说，"与工会结交，那么你会一无所获。它们建立在野蛮的暴力和垄断的原则之上，我宁愿生活在阿尔及尔总督统治下，也不愿受制于工会委员会。"无疑，科布登时代的大部分雇主也持如此观点。此外，这也符合他对于自由竞争的总体信念。以上种种，说明科布登在看待劳工问题时除了从雇主的角度，并无其他角度。

---

① 英国首相，托利党的创始人，是英国19世纪举足轻重的人物。——译注

当然，科布登反对国家在产业方面采取的所有行动，除非是绝对必要之时。在生命的最后一年里，他在一个精心准备的演讲中指出，"不应允许政府为自己制造任何本可以从竞争市场中的私人生产者那里获得的物品"。

自由贸易在 1846 年的胜利并不十分彻底。后来规定从 1849 年起，每夸特谷物应缴 1 先令的税，其他一些保护措施也继续实施，这些措施的最后一项直到 1874 年才取消。政府的总体政策在 1914 年终于转向了支持自由贸易，因为尽管 1880 年代兴起了贸易保护主义运动，约瑟夫·张伯伦①又在 1903 年倡导了另一场更激烈的运动。打败他的是选民对"饥饿的四十年代"② 挥之不去的记忆，尤其是在自由贸易初期，英国每个阶层都取得的超乎寻常的飞速进步。当然，自由贸易不是唯一原因，英国工业的霸权地位和横贯美国的铁路才是关键因素。但如果没有自由贸易，进步就不可能如此迅速。从 1846 年到 1914 年，经济学家的学说除了偶尔的修正外，都证明了英国各阶层的福祉整体上在持续增长。

在其他地方，自由贸易的问题要复杂得多。的确，拿破仑三世在科布登的劝诱下，与英国签订《1860 年英法商业条约》引入了自由贸易，该条约废除了以前针对大量进口商品的禁令，并将英国输入法国的几乎所有商品的关税降至 30%或更少。但这只得到了拿破仑本人的许可，在法国从未被广泛实施。法国的工厂主自然觉得，没有关税的帮助，就不可能抵抗英国的竞争。尽管工厂主们缺乏热情，但拿破仑

---

① 英国政治家，曾任伯明翰市市长、殖民大臣，推行扩张政策。非后来的首相张伯伦。——译注
② 指 1840—1849 年的英国饥荒。——译注

还是在 2 年后与德意志关税同盟①签订了类似的条约。在法国,唯有葡萄种植者这个阶层全心全意地赞成自由贸易,因为他们依赖出口。不过,当他们的生意毁于葡萄根瘤蚜②时,他们被一种神秘莫测的方式说服,认为关税将使他们能够应付这种有害的小生物。从那时起,除了一些孤立的知识分子,法国就没有自由贸易者了。然而在科布登的影响下还是缔结了一系列商业条约,直到 1892 年,法国才普遍施行高度保护性的关税。

在德国,许多小州都拥有自己的海关,这给商业带来了难以忍受的烦恼。从企业家的立场出发,迈向自由贸易的最重要一步就是关税同盟的建立。开始主要是在普鲁士,后来逐渐囊括了德国北部的所有地方,1871 年之后,除了汉堡和不来梅,整个新帝国都加入了。在联盟的形成过程中,特别是在德国政治统一之前,自由贸易理论最初是由施坦因介绍给德国人的,自然他对关税同盟的建立起到了一定作用。此外,德国的政治权力主要集中在地方权贵手中,这使得实业家们觉得他们的处境如同 1846 年之前的英国一样。因此可以说,在德国的统一使自由主义情绪被民族主义情绪取代之前,德国的自由主义者和中产阶级在总体上是支持自由贸易的。1879 年,俾斯麦进行关税改革,使德国放弃了当时业已存在并居于主导的自由贸易政策。从那时起,自由竞争的信念便不在德国的政策中起作用了。

在美国,北方采纳了科布登的一半纲领,南方采纳了另一半。南方支持自由贸易,因为他们靠出口棉花为生,关税的唯一作用就是提

---

① 该同盟于 1834 年由 38 个德意志邦联的邦国组成。——译注
② 一种黄绿色小昆虫,严重危害欧洲和美国西部的葡萄。——译注

高必须购买的商品的价格。但南方依赖奴隶制，北方则拥有民主和自由的劳动力，所以北方决定通过高关税来建立自己的产业。南北战争期间，靠着战时关税，北方的工业第一次变得举足轻重。从那时起，即便有时并不需要关税产生的收入，并且这对政府来说是一种尴尬，美国也一直是贸易保护论者的天下。

尽管在英国之外，科布登对立法的影响浮于表面并且转瞬即逝，但他在欧洲大陆声望极高。1846 年，当他在英国取得大胜之后，又在欧洲各国高奏凯歌。

> 他作为财富科学的伟大发现者处处受到欢迎，大众对这门科学产生的兴趣大大超过了其他任何科学。他劝说世界上最富有的国家彻底改变其商业政策，人们视他为发现重大秘密的人。他走访的每个欧洲大国的每个重要城市几乎都以宴会、祝酒和致辞的形式庆贺他的到来。他会见了教皇、三四位国王、一些大使和所有杰出的政治家，并不失时机地说了些应景的话，甚至恳求教皇以其影响力来反对西班牙的斗牛活动。[1]

教皇陛下当时（1847 年）还是位自由主义者，还没有意识到商业会滋生罪恶，所以态度非常和蔼，答应调查一下斗牛问题。"他自称赞同自由贸易，并表示会竭尽所能推动自由贸易，但又谦虚地补充说，他能做的很少。"

几个月后，科布登会见了梅特涅，梅特涅滔滔不绝地和他聊了很久，但没有涉及自由贸易，因此他对梅特涅印象并不深刻，认为梅特

---

[1] 莫利：《科布登传》(*Life of Cobden*)，第一卷，第 464 页。

涅展现出的是"一种经过精心修饰的外在而不是内在的人格力量",而梅特涅的言语"巧妙多于深刻"。会见后,他在日记中乐观地写道:

> 在治疗国之疾病的医生中,他也许是最后一位,这些医生只会察看一个国家的症状,日复一日地满足于浮于表面的补救措施,从不试图探究表面之下的问题,从不去发现困扰社会机体的罪恶之源。他们将旧的方式强加于人,但是现在很多国家的政府都已经开始试验,政治家的这种命令将随着梅特涅一起消亡。[1]

奥地利和俄罗斯对科布登虽然并不热情,但很有礼貌;而在西班牙、意大利和德国,他的受欢迎程度势不可挡。在西班牙,他被比作哥伦布;在意大利,音乐家把小夜曲献给他;在德国,他的仰慕者送他一大笔钱。这件事惹恼了特赖奇克,他恨恨地称科布登为"物质主义者"并指出:

> 英国的变革以一种胜利者的自信鼓舞了全世界的自由贸易者,在随后的20年中,他们的学说几乎在整个文明世界保持优势地位。本世纪值得夸耀的每一个新发现,都归因于世界各国的相互联合,因而征收带有敌意的关税看起来是十分荒谬的。商业措施的长期相互让步开始了,这促进了普遍的利益。但最后人们将意识到一个古老的真理,国内市场比世界贸易重要得多。

自由贸易学说在 19 世纪中叶的盛行可以归因于科布登,但这一学说的首次传播要追溯到 1776 年的亚当·斯密,在后来的拿破仑战争期间从人们的视线中消失。支持自由贸易的抽象论据源自劳动分工

---

① 莫利:《科布登传》,第一卷,第 474 页。

的原则，它由斯密提出并被后来的大多数英国经济学家所接受。根据劳动分工的原则，如果甲善于制造汽车，乙善于酿酒，如果双方守住自己的专长，并交换彼此的产品，那么双方都会有利可图。如果各人都花一半的时间制造汽车或酿酒，那么他们所得的汽车或酒将比各人专注于自己的专长的情况下要少。当甲乙分别生活在不同国家时，这一原则仍然有效。然而这些抽象的思考对政府的影响却很小。

最早（1841年）为贸易保护主义提供理论辩护的是德国经济学家利斯特（List），即著名的"幼稚产业"论。以钢铁为例，也许一个国家天然非常适合发展庞大的钢铁产业，但由于外国的竞争，启动的成本会令人望而却步，唯有在政府的协助下才能做到。在利斯特撰写他的著述时以及之后的一段时间内，这种情况就存在于德国。但是经验表明，一旦允许实行保护主义，即使一个新生行业长成了巨人，它也不可能被撤销。

贸易保护主义的另一个论据并不是纯粹经济性的，它对政府的影响更多些，这个论据就是一个国家在战争期间应该尽可能地自己生产所有需要的产品。这种论点是经济民族主义学说的一部分，作为和平主义者和反帝国主义者的曼彻斯特学派对此强烈反对。最终，经济民族主义比科布登的纯粹商业观念更具影响力，但这只是国家主义总的发展历程中的一个方面。

曼彻斯特学派所倡导的自由竞争原则，没能考虑到社会发展动力的一定规律。首先，竞争会导致某些人的胜利，结果垄断就会终止并取代竞争，洛克菲勒的一生就是其中的经典例子。其次，因为一些个人可以通过联合来增加他们的获胜机会，所以个人竞争有被群体竞争取代的趋向。对此，我们可以举出两个重要的例子，即工联主义和经济民族主义。正如我们已经看到的，科布登是反对工会的。因为工会会不可避免地造成雇主间的竞争，同时工会也会被利用，成为分享更多产品份额的工具，而每个人应有的份额本来都是应该得到保证的。科布登也反对经济民族主义，它产生于资本家中间，其动机与从雇工中间产生的工联主义的动机非常相似。在美国和德国，实业家们显然可以通过联合来增加自己的财富，并从国家那里获得优惠，如此一来，竞争就变为一国的集团与其他国家的集团之间的竞争。虽然这有悖于曼彻斯特学派的原则，但它在经济领域必然会如此发展。在所有这些方面，科布登未能理解产业演进的规律，以至于他的学说仅在短期有效。

虽然自由竞争原则在实践中日益受到《工厂法》、工会、保护性关税和托拉斯的制约，但是每当有人提议干涉商业人士的活动时，它仍然是他们的理想诉求。在美国，大型垄断企业的头头们依旧声称相信竞争——不过其意思是让那些希望被他们雇佣的人竞争上岗。正如弗朗西斯·普莱斯一样，他们也仍然相信竞争是唯一可能激励产业发展的因素。然而当这种信念阻碍有组织的管理时，它就变得有害，因为此时有组织的管理要比不受管制的竞争更有效率。好在这一信念的影响力要比60年前小得多。当时，它似乎被达尔文奉为宇宙法则。

达尔文的《物种起源》发表于1859年，它或许被视为边沁主义经济学说在动物世界的应用。众所周知，通过阅读马尔萨斯的著作，达尔文得出了"物竞天择，适者生存"的想法。在他的理论中，所有的动物都加入了谋生的经济斗争中，那些最为彻底地践行斯迈尔斯在

《自助论》中的箴言①的动物就可以生存、繁衍，而其他的则走向灭亡。因此便出现一个进化的总趋势：最聪明的动物逐渐取代愚蠢的动物，最终进化为人。

达尔文主义，不仅出现在其创始人的著作中，在赫伯特·斯宾塞的著作中也有更多表述，它标志着哲学激进主义的完成。但它所包含的元素让爱尔维修和詹姆斯·密尔震惊，尤其是那些与遗传相关的内容。达尔文主义一直是激进主义的典型学说之一，从最广泛的意义上讲，激进主义认为人的心理差异源于教育的差异。但达尔文认为遗传与自然变异一起构成了进化的必要因素。有许多种类的昆虫，这一代在下一代出生之前就死了，显然它们对环境的适应与教育无关。每个达尔文主义者必定认为，人类在智力方面存在先天差异。詹姆斯·密尔告诉儿子约翰，说约翰的造诣不是源自天赋，而是由于他有一个愿意不厌其烦地教育他的父亲。而达尔文主义者会将约翰的某些进步归功于遗传，这就使激进主义关于人生而平等的理论出现了裂缝。

当然，很容易将达尔文主义运用于民族主义。犹太人、北欧人或厄瓜多尔人据说是最优秀的人种，于是得出了应该创造一切条件让他们富有的结论——虽然统计表明，富人的后代比穷人的少。如此一来，达尔文主义为哲学激进主义的世界主义观念过渡到希特勒主义者的种族偏见提供了帮助。

可以观察到的一个有趣现象是，随着自由竞争信念在经济世界中的衰退，生物学家们开始不满足于适者生存仅仅作为进化的动力。能取代"适者生存"的理论虽然远未确立，但无论如何这都是一种相当

---

① 斯迈尔斯在《自助论》中开宗明义：天助自助者。——译注

与众不同的思想。也许当我们的政治稳定下来时，我们的进化理论将变得清晰起来。

达尔文主义还在其他方面对科布登主义者的竞争信念构成致命威胁。正如曼彻斯特学派所设想的那样，竞争不仅是个人之间的竞争，还是群体之间的竞争，竞争是纯粹经济性的，并且在法律框架内进行，动物之间的竞争则不在此列。从历史上看，人类竞争的最重要形式是战争。因此，达尔文主义的常见形式往往是好战的和赞成帝国主义的，尽管达尔文自己没有这样的倾向。

因此，达尔文主义虽然起源于科布登主义和哲学激进主义，却一直是一种对这两者不利的力量。通过强调遗传，它减轻了人们对于教育万能的崇信，也替代了关于某些种族天生比其他种族优越的信念，这反过来导致了对民族主义的强调。由于战争被认为是一种竞争手段，竞争与和平主义的联姻也不复存在，这两者一直不般配，因为和平主义和合作才是天然的伙伴。

我并不是说流行的达尔文主义在做出这些推论时已被科学证明。在不同的环境中，它可能保留了达尔文和斯宾塞的政治观，当然，生物学在其目前的状况下是不会为民族主义或好战背书的。但正如马尔萨斯的学说引起了早期激进主义的思想困境，达尔文的学说也对后期的激进主义造成了思想困惑。早期的困境可以通过控制生育来解决，后期的困境则可以通过优生学来克服，但它必须比现在时兴的任何一种优生学都更科学、偏见更少。

下篇　社会主义

第十五章　欧文和早期英国社会主义

自由放任主义学说即使在其影响力极盛之时，也并非没有受到挑战。大多数工厂主将国家视为关税和枢密院①令的源头，在对不令人满意的工人进行惩罚时，工厂主试图减少国家的干预作用。在他们看来，组织是邪恶的，他们希望每个人（在法律的范围内）由自己的力量来决定其沉浮。

然而，工厂蕴含着一种完全不同的思路。一方面，一家大型工厂本身就是一个组织，并从良好的管理中获得效率。其次，一个设备齐全的工厂的生产能力是如此之大，如果不对产量进行管理，就可能出现供过于求的局面，这样雇主就会倒霉，工人就会失业。所以，工厂内部的情况表明了组织的效用，而无组织的状况会显示出无限制的生产的危险性。这样的思考导致罗伯特·欧文，一位经商多年的成功的

---

① 它是英国近代史上的一个重要机构，继承了中世纪以来英国中央政府的一些特点，但不同之处在于它不再是王权的附庸，而是相对独立的有自主决策能力的政府机构，能影响议会内阁的产生和组织形式。枢密院制度产生于宗教改革直接推动的政府改革，是英国政府近代化的开始。——译注

工厂主，成了社会主义的奠基人。

在每一个重要的运动中，先行者和后来者在智识方面并不一样。但丁之前的意大利诗人、路德之前的新教改革者、詹姆斯·瓦特之前的蒸汽机发明家，等等，概莫例外。这些人在思想上是有独创性的，但在执行上却没有成功。这种说法对罗伯特·欧文同样适用。他不像卡尔·马克思那样全面，也不具有当代正统思想家那样的思考力，后者是在亚当·斯密的基础上建立了自己的理论。不过，正因为欧文的思想并不严格限制在一个体系内，所以他成为多种重要发展路线的发起者。在某些方面，他有着奇怪的现代意味。他从雇佣劳动者的利益出发来思考产业，却同时保留了大雇主的独断心态。由于这一特点，他让人想起了苏联：我们很容易想象他会以极大的热情编制"五年计划"，并需要经历失败的痛楚才能了解农业。然而，如果强行类比的话，就会产生误导。欧文并不是一位完全的智者，却是一位十足的圣人，很少有人比他更受人们的全心爱戴。经历了功利主义干燥多尘的氛围之后，又处于他那个时代对工厂体系的恐惧之中，所以欧文热情而慷慨的个性就像夏雨一样令人耳目一新。

1771 年，罗伯特·欧文出生在蒙哥马利郡的小镇纽敦，1858 年在这里去世。[①] 他那有着不可思议的活力的 87 年生命历程分为许多阶段，有些重要，有些不重要，但所有经历都非常有趣，都显示出鲜明特征。他的父亲是一位马具商，也是邮政局长，但这一职位的年薪实际上不超过 10 镑。欧文上学时大约 4 岁，7 岁时就已学会读、写、

---

① 以下传记材料主要来自波德莫尔 1906 年出版的《罗伯特·欧文传》，另外科尔的《欧文传》也有所助益。

算，并成了助理教员。在接下来的两年中，除了教学技能外，他在学校里几乎没学到什么。不过校外时光他收获颇多。"镇上的人都认识我，我也了解镇上的每个家庭。镇上有学问的人，比如牧师、医生和律师，都对我开放他们的藏书，我就像拥有图书馆一样，他们允许我按自己的喜好随意带回家阅读，我充分利用了他们给我的这种自由。"曾有三位未婚女士，她们都是卫理公会教徒，试图让欧文皈依她们的信仰，但是"当我阅读各种宗教著作之后，感到很惊讶，首先是不同教派的基督徒之间的对立，然后是犹太教徒、基督徒、穆斯林、印度教徒和中国教徒……之间存在的刻骨仇恨，他们称其他人为异教徒。研究这些相互对立的信仰以及他们对彼此的刻骨仇恨，开始引起我对这些分歧中任何一个真理的怀疑……通过阅读宗教以及其他方面的著述，10 岁的我强烈地感到，所有的宗教中一定存在一些根本性的错误，就像他们在那个时期被教导的那样"。

据他自己回忆，他的父母只惩罚过他一次：

> 我总是渴望满足父母的意愿，从不拒绝他们的一切要求。有一天，我母亲含含糊糊地对我说了些什么，我猜想恰当的回答应该是"不"，于是就像往常一样说了"不"——以为会遂了她的心愿。但她并不理解，认为我拒绝了她的要求，立即十分严厉地对我说——她对我说话一贯是和善的——"什么！你不？"我想，既然已经说了"不"，如果改口说"是的"，那不是自相矛盾吗，等于是在说谎，于是我又说了个"不"，但并没有违逆她的念头。如果她那时耐心而冷静地询问我的想法和感受，就会正确地理解我的话，一切都会如常。但我的母亲并不了解我的想法和

感受，语气变得更严厉更愤怒——以前我从没有违逆过她，无疑，当我重复说"不"时，她极为惊讶和气恼。我的母亲从没有惩罚过我们这些孩子中的任何一个——这是我父亲的事，为了让我们循规蹈矩，我的兄弟姐妹们偶尔会挨鞭子，但我此前从没挨过。我的父亲被叫了进来，我表明了自己的拒绝态度，当我再次被问道是否愿意按母亲的要求去做时，我坚定地回答"不"。然后，每问我一次是否愿意服从要求，我就拒绝一次，也因此挨一下鞭子。每次问我我都说"不"，最后我平静而坚定地说"你可以杀了我，但我是不会去做的"，这下一锤定音了，后来他们没有再尝试纠正我。我清楚地记得孩提时的这段感受，这让我相信经常处罚不仅无用，而且非常有害，对惩罚者和被惩罚者都是伤害。

10岁时，欧文告诉父母他已经长大了，说服他们放他去闯世界。父亲给了他40先令，送他到伦敦，去跟他哥哥住，他哥哥在高霍尔本做马具生意。6周后，这个10岁男孩在林肯郡斯坦福德的一位店主——詹姆斯·麦克古福格先生那里得到一个职位。从那时起，他再也没花过父母一分钱。一切顺利，雇主喜欢他，他也喜欢他的雇主，他们唯一的分歧似乎就是宗教问题：

> 这是我最大的不情愿，经过长期的思想斗争，我不得不放弃对基督教的最初和刻骨铭心的喜爱。但我在迫使自己放弃对这一信仰的同时，也拒绝其他所有教派，因为我发现它们都基于同样荒谬的想象。"每个人都形成了自己的品质——从而决定了自己的思想、意志和行动——并在面对上帝和他人时对这些品质

负有责任。"但是,我的思考让我得出非常不同的结论。理智告诉我,我无法生造出自己身上的某些品质——天性会强加给我一些,社会通过语言、宗教和习惯也会强加给我一些,我完全是天性和社会的产物。天性赋予人品质,社会来引导这些品质。既然我看到了宗教的根本错误,所以不得不放弃所有灌输给人们的宗教信仰。但是,我的宗教情感立即被一种普遍的仁爱精神所代替——这种仁爱不是为了某个教派或政党,也不是为了某个国家或种族,而是为了全人类,怀着一种真诚和炽热的愿望为他们谋福利。

然而,欧文的当务之急是换个新环境。他在弗林特先生和帕尔默先生位于伦敦桥的商店里找到了一个职位,这里年薪达 25 英镑,他认为自己俨然是个富人了。不过工作很繁重,他必须在 8 点赶到店里,穿戴齐备,"那时候穿衣打扮不是一件小事。我还是个小伙子,我不得不等着发型师给我搽粉和发油、卷头发,让我脑袋两边各有一个大波浪卷,脑后再拖一条僵直的辫子,直到这一切都精致而有条不紊地完成后,我才会出现在顾客面前"。商店打烊时,他的工作也未能完结,因而往往要到凌晨 2 点才能回去睡觉。他不喜欢没有闲暇时间自学,又担心长时间的工作可能会有损健康,所以他在曼彻斯特的萨特菲尔德先生那里又找了份新工作,并在那里一直待到 1789 年。那时他 18 岁,是个成年人了,于是决定自己创业。

当时,克朗普顿的纺纱机刚发明不久,还没有取得专利权。欧文便从他哥哥那里借了 100 镑,与一个名叫琼斯的人合伙开始制造走锭纺纱机。但在第二年,琼斯找到了一位资本更多的合作伙伴,他们买断欧文的股份，说好给他 6 台走锭纺纱机作为补偿，但实际上欧文只收到 3 台。靠着这 3 台纺纱机，欧文开办了工厂，并且第一年就盈利 300 英镑。

在这一年的年底，欧文听说了德林克沃特先生，这位富有的粗布制造商在找新的经理，他就申请了这份工作。当被问及想要多少薪水时，他说"一年 300 英镑"。德林克沃特先生大惊，这天上午他已经面试了很多人，这些人所要求的工资加起来也没有这么多。但是欧文拒绝降低要求，并向对方证明他通过自己的工厂就赚了那么多。欧文恰到好处地展现出了实干型风格，让德林克沃特先生对他留下了深刻印象，并得到了工作。他非常成功，很快就成了合伙人（那时他 20 岁）。然而此时工厂迎来了一个机遇，可以与一家有实力的公司合并，其所有人欧德诺先生也想娶德林克沃特的女儿，他们问欧文要多少钱才愿意解除合伙关系。这伤害了欧文的感情，他撕毁合伙的契约并辞去了经理职位。但这一鲁莽行为并未有损于他，反而让他获得了美誉，没什么可以阻碍他的成功。很快欧文就与他人建立了合伙关系，与之前一样，一切都欣欣向荣。

欧文的下一步——决定了其以后的商业生涯——是迎娶富有的苏格兰制造商大卫·戴尔的女儿，并买下了他在新拉纳克的工厂，这年他 28 岁。大卫·戴尔非常虔诚，站在其宗教立场，有段时间反对欧文成为他的女婿。但是没有人能长久地抵抗欧文的性格魅力。当大卫先生出售自己的工厂时——作为一位非常成功的生意人，一个苏格兰人——他让欧文自己来定价。欧文说他对工厂的估价是 6 万英镑。"如果你这么认为，"戴尔先生答道，"我就接受你的报价，如果你的朋友们也赞同的话。"欧文的朋友们（他的合伙人）同意了，交割就此完成。不久，欧文和戴尔先生的女儿便在1799年9月结婚。她依旧虔诚，并在别人的说教下相信她的丈夫会下地狱。尽管如此，她还是一生爱着他，而欧文只有在手上的项目让他有所喘息的当口才想起她，向她表达爱意。多年来，他们一直居住在新拉纳克。在合伙人允许的情况下，欧文按树立榜样的思路经营这个地方。从生意的角度看，这个地方一直是成功的，而它在其他方面的成功让它扬名全世界。

曼彻斯特的岁月让欧文有机会结交有识之士。1793年，他加入曼彻斯特文学与哲学学会，后来又推荐道尔顿加入该学会，这位将原子理论引进化学的科学家那时已是欧文的密友。珀西瓦尔博士是曼彻斯特文学与哲学学会的创始人，他强烈支持工厂立法，在这个问题上他可能对欧文有所影响。不过这段时间后，没有多少证据表明欧文从别人那里学到了什么。

罗伯特·欧文的生活可以分为4个时期。第一个时期，他是斯迈尔斯《自助论》里的那种典型的英雄，凭借自己的努力迅速获得财富和影响力，这一时期以他收购新拉纳克的工厂收尾。第二个时期，他是仁慈而精明的雇主，他的工厂付给工人的薪水之高，使其他雇主认为这种慈善家的做法肯定会导致企业破产。这一时期，他仍然获得了惊人的成功，但其成功的惊人之处在于将商业和美德结合起来。这个时期始于1815年，终于1828或1829年，尽管那时他仍与新拉纳克有联系，但由于开始实施社会改革，这种关联多少有些松懈。在他从事社会改革期间，尽管开创了社会主义、合作运动以及工人阶级的自由思想，但从任何直接意义上说不算成功。渐渐地，他从一个受人尊敬的工人运动领袖变得像一个小教派的大祭司。大约1835年以后，他不再具有公众意义上的重要性，而成了一位纯粹的空想家，并以精神主义思想为最终目的。他的早期成功以及随后的失败源于同一个原因：自信。如果他尝试的东西在根本上是可行的，那么自信是一种财富；但是后来当他试图在几年内实现至少需要一个世纪才能完成的变化时，他的失败和他的自信之间便产生了冲突，从而使他远离现实世界——并渐行渐远，最后只剩下他自己过去的声音。在空想世界里，他的潜意识成为万能，并不知不觉地希望它在每个领域中发挥作用。也许要成为伟大的创新者，就应该像他那样超越理性所允许的范围去相信自己。最伟大的创新者都认为自己是神圣的或近乎如此；欧文亦有这个毛病，不过是以一种温和可亲的方式。其他的先知说的是神的语言，而欧文说的是理性的语言。令他惊愕的是，民众的理智可以如此盲目，但他们的心灵他始终认为是好的。

在新拉纳克，欧文的目标还算适度，所以取得了巨大的成功。他先是配备了最新的机器和高效的管理者，然后没动用任何法律制裁便根除了猖獗一时的盗窃行为。接着他又解决了酗酒问题：晚上派人在新拉纳克的街道上巡逻，一有人酗酒就会被举报并罚款。在短短几年里，部分是由于他所采取的这一措施，部分是由于其个人影响力，如果撇开元旦那天不算，他几乎成功地消除了所有酗酒现象。他还坚持要求街道保持清洁。另外，为了鼓励工厂里的勤劳之风，他想出了一个妙招。把一些小块木头四面分别涂成黑色、蓝色、黄色和白色，黑色表示不好，蓝色表示一般，黄色表示良好，白色表示优秀。每个工人旁边的显著位置都会放一个，显示出他的工作和行为应得的颜色。

奇怪的是，这一方法非常有效；最后，几乎每个人都得到了黄色或白色。[①]

到目前为止，我们一直在思考欧文让工厂生机勃勃的做法。就这方面而言，他非常成功，在他管理的头 10 年中，除了 5% 的资本利得之外，还获得了 6 万英镑的利润。因此，他的合作伙伴有充分的理由对他感到满意。有了他们的认可，欧文可以自由地尝试更多的慈善措施。

在欧文接管新拉纳克时，那里的雇工数量在 1800 至 2000 人之间，其中 500 人是来自济贫院的儿童学徒。欧文立即决定不再接受贫困儿童，只接受 10 岁以上的孩子，这些孩子来自拉纳克邻近的城镇，并得到了他们父母的同意。他的合伙人坚决要求每天工作时间为 14 小时，用餐时间少于 2 小时。但 1816 年，欧文成功地缩减了工作时间。至于工资，1819 年的平均工资为：男工每周 9 先令 11 便士，女工 6 先令；男孩 4 先令 3 便士，女孩 3 先令 5 便士。必须承认，这些数字并没有什么乌托邦意味。在这样的问题上，欧文不能随心所欲，因为他必须赚取红利，他的合伙人对他的慈善事业一直颇有怨言。在 1809 年和 1813 年，在新合伙人的协助下他买断了现有合伙人的股份，并希望可以获得更多的自由。第二次买断时，杰里米·边沁和一位名叫威廉·艾伦的贵格会教徒提供了大量资金。后来在与艾伦的合作中也仍然遇到难题，但与他跟以前的合伙人遇到的难题是不同的，而且整体而言也不那么严重。

---

① 目前苏联仍然存在类似的习惯，集体农场里颁发代表不同功绩的徽章，例如飞机表示最好，爬行的螃蟹表示最差。

起初，欧文和他的工人之间有点问题，因为他是南方人，而且是外地人。但他渐渐地赢得了他们的心，其原因部分在于他的个性，更在于他在 1806 年的行为。当时美国对所有出口英国的商品实行禁运，从而切断了原棉的供应，这样工厂不得不关闭 4 个月之久，但欧文在此间一直向所有雇员支付全额工资。在此之后，他获得了所有人的信任。

欧文在管理方面最有趣的一个做法是建立了与工厂相关的学校。与那个时期的其他所有改革者一样，他认为教育具有非常重要的意义，并且主张性格完全是——或者几乎完全是——环境的产物。但与承认爱尔维修的权威的那些人不同，他是自己发现这个伟大真理的，（或者按他的说法）仿佛喝下一碗滚烫的"燕麦粥"，在消化各种思想之后得出的。无疑他比詹姆斯·密尔多一个优势：他爱孩子，也理解他们。有关教育问题他说的都很好，他懂得孩子的情感、身体以及智力。欧文完全按现代思路建起了一所幼儿园。在那里，孩子们穿上合适的服装跳舞是课程的重要组成部分，这让艾伦先生头疼，尤其是男孩不穿裤子而要穿上苏格兰短裙。艾伦让欧文承诺这类事情今后不再发生，但显然一切仍在继续。

新拉纳克闻名全世界，10 年内有将近 2 万人来参观。其中有尼古拉大公（后来的沙皇），晚上他待在欧文的屋里，听其阐述观点听了 2 小时甚至更久。他提出让欧文派一个儿子去他那里效劳，甚至建议欧文带领 200 万过剩的人口及其家庭去俄罗斯。从尼古拉后来的政治生涯看，这件事颇为怪异。

1813 年，欧文带着寻找新合伙人的想法造访伦敦，其间结识了几乎所有值得关注的人——不仅包括所有的哲学激进主义者，还包括首相、坎特伯雷大主教以及其他许多名人。每个人都喜欢他，那时他还没提出任何明显具有颠覆性的学说。1814年，欧文发表了《新社会观》，书中提出了自己特别钟爱的学说，即环境可以塑造人的性格，并推断环境的巨大改善将很容易产生效果。这部著作几乎送达了每个有影响的人手里，甚至连厄尔巴岛上的拿破仑也拿到了。说来也怪，拿破仑不仅读了，还附上赞许的评价把书送了回来。从厄尔巴岛回来后，欧文认为应该允许他有机会把书中的理念付诸实践。然而，首相作为欧文的朋友，对此却不以为然。

1815年，欧文尝试提出了一个规范雇用童工的法案，由此他第一次接触现实的政治。他希望完全禁止10岁以下的儿童在纺织厂工作，并希望允许18岁以下的任何人一天工作不超过10个半小时。起初一切顺利。只要能获得议会的支持，他就有信心政府会批准。在议会中，他赢得很多人的支持。该法案由老罗伯特·皮尔爵士负责，1802年皮尔使唯一一部《工厂法》生效，该法案规范了棉纺厂对穷学徒的雇佣。但罗伯特·皮尔爵士自己也是工厂主，他坚持要与其他人商议，后者则开始组织反对行动。很显然，这项法案要经过长时间的斗争才能通过，而且还要做出很多让步。

在皮尔按照欧文的思路于1815年提出法案后，他允许该法案延期。1816年，皮尔按自己的意愿成立了一个调查委员会。在该委员会面前，雇主们提供证据证明长时间工作将对孩子的道德品质产生有益影响。一天在工厂待14个小时会使他们顺从、勤奋、守时，因此为了孩子们好，不应缩短工作时间。此外，如果立法机关介入，就不可能面对外国的竞争，这样工厂主将会破产，而每个人都将失业。但是，与这些证据针锋相对的是医学界人士的看法，他们都认为长时间工作对健康有害。而雇主中唯有欧文和皮尔提出证据支持该法案。

1817 年一无所成，因为皮尔病了。不过 1818 年，他又重提这一法案，并做了少许修改，以减轻雇主们的反对。法案在下议院获得通过，但在上议院遭到否决。那些议员大人成功地找到了一些医务人员，后者发誓说，在工厂一天工作 15 小时对孩子的健康再好不过了。"一位著名的医生甚至拒绝承认，如果一个孩子一天站 23 小时会有害健康。"①

最终，两院于 1819 年通过了该法案。但这个版本在许多方面不如 1815 年的版本令人满意，它只适用于棉纺业，而非所有纺织业；它把童工的年龄限制定在 9 岁而不是 10 岁；它允许一天实际工作 12 小时，而在厂里要待到 13 个半小时，包括吃饭的时间；它不再任命专门的检查员，而将检查任务交给了地方法官和牧师。1802 年的法案的经历已经表明，地方法官和牧师会玩忽职守，是靠不住的。而新法案，正如他们所愿，结果证明完全无效。

与此同时，欧文已经着手实施他改造世界的第一个伟大计划。考虑到社会主义萌芽于其中，对于欧文一开始就在一定程度上得到了一些大人物的支持，着实令人感到惊奇。维多利亚女王的父亲肯特公爵，生前（他死于 1820 年）一直是欧文的朋友。约克公爵、坎特伯雷大主教、其他主教以及许多与他们地位同等的人，都带着尊敬听他讲话，不仅因为他的话委婉而有说服力，也因为他在新拉纳克的成功实践。当他的诚实变得越来越老练圆滑，他的这些好友渐渐离他而去，但起初整个世界都是对他有利的。

---

① 哈蒙德：《城镇劳动力》，第 167 页。

欧文最初的提案是 1817 年向一个特别委员会提出的,是对《济贫法》的质询。和平造成了大面积的失业,正如欧文所说:"和平条约签署之日,就是生产商的大客户死亡之时。"但这只是暂时的原因,实际上机器正日益取代人类的劳动。有一种乐观的理论认为,廉价的机器制品会刺激对新的劳动力的需求,会有与手工业时代一样多的劳动力得到雇佣。这一理论至今仍有其正确性,不过它仰赖不断扩张的海外市场。但在 1816 年和 1817 年,海外市场并没有扩大:欧洲大陆正在征收关税,而南美洲市场也只是非常有限地局部开放。正如现在所有人都知道的那样,无论如何海外市场都不可能无限扩张。欧文是第一个完全意识到机器的生产力所带来的问题的人。他说,和平

> 使大不列颠在不断的行动中拥有一种新的力量,也许我们可以放心地说,它远远大于 1 亿个最勤劳的人全力以赴所产生的力量。举个例子来说明这种力量,比如将英国一个大型企业的机器开动起来,再配备不超过 2500 人,其产量与 50 年前常规做法下苏格兰现有人口所能生产的一样多!而大不列颠拥有好几个这样的企业……所以我国在战争结束时拥有的生产力,将相当于实际人口增加 15 或 20 倍所达到的生产力,而这种生产力主要是 25 年里形成的。[1]

他接着说:

> 战争对劳动力再生产的需求已经结束,同时也不可能为他们找到新的市场。这个世界的收入不足以购买如此巨大的力量所

---

[1] 科尔:《欧文传》,第 177 页。

生产的商品，随之会出现需求萎缩，所以有必要收缩供应来源。机器动力的价格远低于人类的劳动力，这点很快就得到证实。其结果是前者仍在工作，后者已被取代。而且现在人类劳动的价格可能远远达不到将个人生存维持在一般舒适度的绝对必要的水准。①

"工人阶级，"他总结道，"现在已经没有合适的手段与机器竞争了。"因为机器不能停止运转，所以要么让数百万人挨饿，要么"为穷人和失业的工人阶级找到他们能占优势的职业。对这些人而言，必须使机器服从于人，而不是像现在那样，以机器来取代人类劳动"。

我认为，这是第一次有人觉察到我们现代所面临的问题。抱怨机器是无济于事的，但是如果这个问题留给旧的经济力量去自由发挥，就会产生一个让劳工贫困并被奴役的机械化的世界。能预防这种罪恶发生的只有深思熟虑的规划，而不是自由放任的政策。所以欧文主张，经济的大形势与我们自身所面临的小情形是一个道理。然而，先是海外贸易的增长，然后是经济帝国主义的兴起，遮蔽了欧文学说的真理性达100年。最后时间证明是他觉察到了工业发展的重要规律，而这一规律完全被他那个时代的正统经济学家所忽视。在激进主义者中，普莱斯以人口论在辩论中击败了欧文，事实上这在当时被认为是一个较好的案例，但从长远看，还是证明欧文的论断是正确有效的。

欧文的解决方案不如他对邪恶的分析那么敏锐。首先，因为他向一个调查《济贫法》的机构提出了自己的计划，主要是关于解决贫困的方法。欧文的方案是将失业者集中到村庄，在那里他们合作耕种土

---

① 科尔：《欧文传》，第179页。

地和从事工业生产，尽管他们的大部分工作基本上还是农业方面的。大家生活在一个大的建筑群里，有公共阅览室和公共厨房，进餐也在一起。所有3岁以上的孩子都居住在另设的寄宿公寓，而且在很小的时候就开始接受合适的教育。所有的人都和睦地生活在一起并共同劳动。化学方面的最新成果会被用于促进农业生产的科学化，但是像后来的克鲁泡特金一样，欧文相信集约化耕作。尽管理由相当不充分，但他还是更喜欢用犁耕田。他的工厂是最先进的，施肥也讲究科学，但耕地方式上仍采用原始做法。

欧文的计划使他的同时代人感到震惊和好笑。皮科克在介绍时称他为"图古德先生①，一位合作论者，既不斗争，也不祈祷。他想把世界分割成棋盘一样的方格，每个方格就是一个社区，它们互相提供产品，为每个人提供一切所需，一台大型蒸汽机为他们服务，它既是裁缝又是针织品制造者，既是厨房又是厨师。当每个人都在推进一项改造世界的方案时，图古德先生说'建一个平行四边形的合作公社，中间放一台蒸汽机承担女仆的所有工作'"。欧文的"平行四边形"被大家当作笑柄，除了极少数人，没人当真。事实上，抛其他所有困难不说，财务困难是难以克服的。他预计要建立一个包括男人、女人和儿童在内的1200人的基地，初始成本在9.6万英镑。的确，一旦启动，就可以自给自足，也可以向投入的资本付息。但是，谁会以人均80英镑的代价去改造人类？这种事或可在小范围内进行实验，但要以此革除国家的弊病，显然是不可能的。

欧文并没有因为缺乏适当的宣传技巧而失败。欧文成立了一个囊

---

① 英格兰姓氏，意为"太好了"（Toogood）。——译注

括大多数要人的委员会，也得到了政府的鼓励，还诱导《泰晤士报》和其他一流的报纸撰文赞美他，甚至把自己写的文章夹在其中。一旦报纸这样做了，他就买下 3 万份到处分发——这可能以于他有利的方式对他人产生了影响。

欧文并没有声称自己的计划具有原创性。他认为，这是一个名叫约翰·贝勒斯的作家最先提出的，贝勒斯在 1696 年发表了一本小册子，名为《关于创办一所有用的贸易和畜牧业学院的建议》。欧文也可能将这一创意部分归功于宾夕法尼亚一个拉普派信徒（Rappites）的社区。而欧文的敌人说，他的思想和托马斯·斯宾塞的思想在很多方面是相同的，斯宾塞认为土地属于人民，且不该为私人所有。无论托马斯·斯宾塞的思想是否影响了欧文，他确实值得人们铭记。他出生于 1750 年，1814 年去世。从 1775 年起，并且在反雅各宾派的反应最糟糕的整个时期，无论是在纽卡斯尔，还是后来在尚书巷（Chancery Lane）做书商，他始终主张土地国有化。使他产生这一思想的是 1775 年发生在纽卡斯尔的一件事。当时，一家公司被圈进了摩尔镇，一位自由民为主张租金而起诉并胜诉。斯宾塞出了一本书，书名非常引人注目，叫《猪肉或对猪一般的人的教训》。他的第一篇文章，在纽卡斯尔哲学学会作了宣读，题为《论以分割租金的方式将国家土地作为狭隘的合伙关系中的一种股份制财产的管理模式》。他经常被关进监狱，其追随者也是如此，后者自称为"斯宾塞式的慈善家"。政府指责他们实施阴谋，并中止了他们的人身保护权。如此追溯欧文的思想脉络并不是为了安抚大主教，但是斯宾塞不会因为欧文最终失去高层的支持而感到烦忧。

1817 年 8 月 14 日，欧文在一次公开会议上阐述了自己的计划，他完全相信这一计划很快就会被全世界采纳。他有很多支持者，但也有一些人从一开始就拒绝接受。包括科贝特在内的激进主义者认为它"简直无异于一种修道生活"。马尔萨斯从人口论出发反对他的计划，而李嘉图总体上是支持的，诗人骚塞发现欧文改造世界的方法中宗教的不足。对于后一种指控，欧文认为保持沉默是不坦诚的，于是在8月21日的第二次会议上发表了一个精心准备的演讲。讲演中，他竭力强调不仅他自己不是基督徒，甚而认为宗教是人类弊病的主要根源：

> 我的朋友们，我要告诉你们，迄今为止你们甚至已经不知道幸福到底是什么了，仅仅是由于错误——严重的错误——与迄今为止教给人类的每一种宗教的基本观念结合在了一起。因此，人们极其矛盾和悲惨地活着。由于这些体系的错误，他造就了软弱低能的动物、愤怒的偏执者和狂热的迷信者，以及悲惨的伪君子；而这些品质不仅被带到了实施计划的村庄，**还进入了乐土，由此我们再也找不到什么乐土了！**……

此后，欧文当然就被大主教和主教、公爵和内阁部长以及《泰晤士报》和《早报》抛弃了。在大人物中，只有肯特公爵支持他，苏塞克斯公爵对他的支持已大不如前。议会中反对工厂立法的人发现他们反对怜悯儿童的论据中最有说服力的一点是，主张仁慈的欧文其实不信任何宗教。欧文并不气馁，继续走自己的路，仿佛一切都进行得很顺利，并且开始努力筹集至少可以启动一个合作村所需的资本。然而，当时他的努力毫无结果。

接下来的一年，欧文立足欧洲大陆，他向亚琛会议提交了一份呈文，并在亚琛与亚历山大大帝有过一次（不太幸运的）会面：

> 沙皇（亚历山大一世，欧文的客人尼古拉大公的哥哥）正
> 要离开酒店，欧文向他作了自我介绍，并呈上两份材料。当时沙
> 皇没有那么大的衣袋来装这些文件，所以拒绝接受，而让欧文当
> 晚去见他。沙皇粗鲁的语气令欧文不悦，所以他没有去。不过，
> 他将文件委托卡斯尔雷勋爵呈交大会，卡斯尔雷是参加亚琛会议
> 的英国代表之一。后来欧文从各种渠道得知，它们被认为是大会
> 提交的最重要的文件之一。

欧文本该知道，一个穿着考究的人，不管怎样都是不愿意在衣袋
里塞满文件而弄坏自己着装的。

欧文逐渐意识到政府不会接受他的计划，但他仍然寄希望于地方
当局。1820 年，他提交了一份长篇报告给拉纳克郡，相当详细地说
明了他的想法。这份报告中最重要的新意在于建议以劳动券取代货
币。当时，政府正要恢复因为战争而在 1797 年中止的黄金支付，货
币问题因此成了当务之急。按欧文的建议，所有的价格都按生产中
投入的劳动加以固化，支付则以劳动为单位。他说："价值的自然单
位，原则上是人的劳动，或者人的体力和脑力结合起来而起的作
用。"他认为采纳这一体系会产生近乎奇迹的力量。1817 年以后，欧
文一如既往地期望过高，几乎没有意识到障碍的存在。随着年纪渐
长，他变得越来越不现实，而他性格中应变所谓世界末日的因素更
加突出。

然而，在给拉纳克郡的报告中也有大量正确而重要的内容。报告

首先指出，劳动是所有财富的来源，[1] 并认为要生产足够的产品并不难，唯一的困难是找到市场。而市场是由工人阶级的需求创造出来的，他们的需求则取决于工资。因此，要改善市场，只需提高工资。"但社会的现有安排并不根据劳动者的辛勤付出来付给报酬，因而所有的市场都失败了。"在阐述他的劳动券及其村庄之后，他继续表示反对过度的劳动分工。孩子应受到全面的培训，成人应该将农业劳动与工业生产结合起来。教育一如既往地被欧文视为其他一切事情的基础，但这样的教育所追求的目标遥不可及。所有人都富足，不会再有什么战争、犯罪、监狱，相反，到处都洋溢着幸福。

1824 至 1828 年的 4 年间，欧文的大部分时间按平行四边形合作村的思路开展社区实验。乔治·拉普是德国宗教改革家，曾经组织了一些热心的拉普派信徒来到美国，建立了一个名为哈莫尼的聚集地，先是在宾夕法尼亚，后迁往印第安纳。这些人放弃婚姻、戒绝烟草，结果变得富裕而幸福。1824 年，他们决定再次搬迁，次年便将在印第安纳的所有财产卖给了欧文。欧文称之为新哈莫尼，在游说了美国总统和国会后继续经营，并组建一个他梦寐以求的社区。但如同在实验中发生的那样，一切都错了。欧文因此损失了 4 万英镑，变成了穷人。而跟他一起来到新哈莫尼的儿子们保留了一些土地，并最终成为成功的美国公民。

说来也怪，新哈莫尼在一个方面取得了令人惊讶的成功。当时欧文从欧洲引进了一些科学人才，其中很多人的工作富有价值。他的儿子就成了美国地质调查局的负责人，该局总部 1856 年前一直设在新

---

① 当然，这只是部分正确，正如我们在涉及李嘉图时所看到的那样。

哈莫尼。波德莫尔在 1906 年这样写道:

> 因此,尽管欧文的伟大实验失败了,但在另一个方向上取得的巨大成功使他的努力得到了回报。在不止一代人的时间里,新哈莫尼仍是西方主要的科学和教育中心。从新哈莫尼辐射出来的力量,在许多方面影响了美国的社会和政治结构。即使在今天,罗伯特·欧文的印记依然清楚地烙在他所创建的城镇上。新哈莫尼与西部的其他城镇不一样,它有年头了,在那些破碎的希望和理想的尘埃中形成了我们当下生活所根植的土壤。镇上的几位著名公民作为欧文这位伟大的社会主义者的后裔,依然继承着他的名字。令小镇感到自豪的是它拥有一个公共图书馆——管理员本人就是第一批移民的孙子——馆内约有 15000 册藏书,其中许多是珍本和孤本。

欧文在短暂投身工会运动之后(于 1834 年退出,对此将在下一章中探讨),就不再与工人阶级的激进主义有任何密切联系。他成了一小撮自由思想家的领袖,在那些体面阶层的眼中他也不再是"仁者欧文先生",而是一个危险人物,煽动民众信仰无神论和参与革命活动。1835 年,因为在一系列演讲中对于婚姻问题宣扬了非正统观点,并以《关于旧的不道德世界中的教士婚姻的演讲》为题公开发表,他更加不受欢迎了。这一标题具有误导性,其实他的意思是教士所赞扬的婚姻。欧文此时已经完全成为一名共产主义者,他反对婚姻与私人财产联系在一起的制度和习俗,也反对婚姻涉及类似私人财产的东西。他不仅以非常激烈的语言谴责这样的婚姻,而且谴责孩子们身处的家庭环境。尽管婚姻是自由的,但他似乎仍然希望大家携手终老。

我不知道，这些观点是不是柏拉图式共产主义的理论成果，或者受到他个人生活的状态的启发。欧文夫人 1831 年去世，尽管欧文常常长时间离家，但没有证据表明他对她已无感情。在她生命的最后一年，她在给欧文的信中写道：

> 哦，我亲爱的丈夫，有段时间我非常急切地期盼你能给我些建议……我希望你会记得下周四，我们结为一体的日子——那是 31 年前的事了。从我自身的感受来讲，我认为我们还像 31 年前一样彼此真诚相爱，而且比 31 年前更加了解彼此。我真诚地希望，没有什么可以消融我们的这份感情。

尽管他的敌人公开指责他的学说，但对他的私生活无话可说。平行四边形、幼儿园、消灭私有财产、废除形式主义的婚姻，所有这些构成了一个逻辑上一致的学说体系，因而没有理由去寻找欧文道德观念的其他来源。

在那些阴郁的岁月中，只有两个人没有对欧文的离经叛道感到震惊，一个是墨尔本勋爵，另一个是——维多利亚女王。尽管发生了多切斯特劳工事件，欧文与墨尔本仍保持着友好的关系，后者 1839 年将欧文引荐给了女王。欧文见人总要带去一些文件，这次他给他的君主带去的是"在理性宗教徒的一般社区协会的代表大会上的发言：恳请政府指定各方对大会提出的改善协会状况的措施进行调查"。至于如此诱人的标题，是否引得女王陛下优雅而愉快地阅读了，并无历史记载。

从没有人对墨尔本兴师问罪，但将一个臭名昭著的不信教者引荐给女王为他招来了严厉的痛斥。埃克塞特的主教提交了一份伯明翰的著名人士反对社会主义的请愿书，指出欧文的组织是非法的，可以甚至应该将他关进监狱。

他补充说，欧文还有其他亵渎上帝的和不道德的可怕行为，这种自弹自唱并不会搅扰那些大人的视听。主教的手头一直有欧文的一本书——无疑是有关"教士婚姻"那本——本书中的一段文字一直萦绕在主教的眼前，但主教从未允许自己的心灵被这些文字污染，也不允许自己引用那些最亵渎上帝的和淫荡的词语，更不可能以此来说服高贵的侯爵（诺曼比）有必要立即采取行动——他不可能也不会这样去做。

不过，这还不是最糟的，在昆伍德（一个欧文主义者的社区）竟然有人在安息日演乐、跳舞、唱歌！而这就是首相认为可以引荐给年轻而天真无邪的君主的那个人！

全国各地的小人物对主教的演说进行了积极的跟进，结果一些人以基督徒的慈悲为名，围攻了欧文主义者。但是并没有非常极端的事发生，而这帮欧文主义者也渐渐淹没在茫茫人海。1846 年，一位牧师在议院调查委员会面前就铁路建设问题作证，他的回答表明，在那些富有阶层的思想中，社会主义和自由性爱是那么牢固地结合在一起。关于受雇干粗活的那些工人的道德问题，这位牧师被问到：

"你说到了不信宗教者的看法，你相信他们中的很多人都是社会主义者吗？"

"实际上他们中的大多数是的，"他回答，"虽然他们看起来有妻子，但很少人是结了婚的。"

这一回答所显示出的维多利亚式的巧妙值得赞赏，但是在任何其他意义上，都没有把握说这些干粗活的工人就是社会主义者。这一时期的社会主义者人数极少，他们热忱而有才智，工人不属于这类人。

要对欧文的所作所为和影响力形成正确的判断绝非易事。直至1815年，欧文看起来就像一个完全务实的人，从事的所有事业都取得了成功，改革者的冲劲并没有让他踏足那些不可能的事业。此后，欧文的视野打开了，但日常的睿智却减少了。他改造世界的努力失败了是因为缺乏耐心，因为没有对财务问题予以应有的关注，也因为他相信通过那些在他看来不证自明的真理便可轻而易举地迅速说服每个人。他在新拉纳克的成功误导了他，正如开始时这些成功也误导了其他人一样。欧文了解机器，也知道如何使自己讨人喜欢，这些品质在新拉纳克足够了，但对他以后的冒险事业而言则远远不够，欧文缺乏成为一个成功的领导者或成功的组织者的品质。

然而，作为一个有思想的人，欧文理应得到一个崇高的地位。他强调了与工业生产相关的一系列问题，时间已经证明这些问题是很重要的，尽管在欧文活跃的时期之后不久，这些问题的重要性暂时被铁路的发展所掩盖。欧文察觉到除非通过大幅提高工资来扩大市场，否则机器带来的产量增加必然导致生产过剩或就业不足。他还察觉到，这样的工资增长不可能由自由竞争所主导的经济力量来引发。他推断，如果工业化要带来普遍的繁荣，那就必须有更为社会化的生产方式和分配方式。19世纪，由于不断地找到可以开拓的新市场和新国家，人们成功地避开了生产过剩的逻辑，但在我们的时代，欧文分析论断的千真万确开始变得显而易见。

在欧文一生中，对其计划最为激烈反对的是人口理论和促进工业发展的竞争规律。马尔萨斯称欧文是"真正仁慈的人",并同意他所提出的《工厂法》及教育措施,但对这两者都提出了改进意见。马尔萨斯说,所有的平等体制都缺乏"可以独自克服人类天生惰性的刺激因素",人口的增长完全取决于私有财产,而平等体制移除了对人口的审慎抑制。"因为所有人都是平等的,或者处在类似情况下,任何人都没有理由认为自己应该比别人承担更多的克制义务——他(欧文)绝对无法提出一个达成(限制人口的)目标的模式,无论古代抑或现代的其他任何人试图做到这一点或者有类似的想法,最后都无能为力。从一定高度讲,限制人口不是不合情理的,不是不道德的,也不是残忍的。这些似乎表明,基于人口理论的反对平等体制的论点是不认可这一貌似有理的结论的,即使理论上承认也不可能。

有两种有效的反对意见,其中之一是出生率的下降,它是对人口论论据的反驳。具有奇怪的讽刺意味的是,这一意见主要来自中产阶级激进派,他们认为,工人阶级最终学会了生育控制,这对社会主义的成功是至关重要的,虽然大多数社会主义者对此怀有敌意或持冷漠态度。另一种意见是,由于劳动生产率的提高,人口形势已经没那么严峻了。当工作时间一般在 12 至 15 个小时时,对贫穷的恐惧无疑成了激励工人工作的必然因素。但是,管理得当的话,采用现代方式,工人每天工作很少的时间就足够了,而这些都可以通过不难执行的纪律来得以保证。

欧文的村庄,作为一种解决方案,当然显得有点荒谬。共产主义制度不可能在一个小范围内得到充分试验,就算不在全世界也必须至少在一个国家内试验。那些将农业和工业结合起来的村庄,几乎每个都在食物问题上接近自给自足。这样的方案在 1815 年工业化的北方似乎是很自然的，那里的工厂单独建在农村地区，各自通过水力发电运作。但在现代世界，工业区是不可能自己生产食物的。现在，即使一个小社区，也不可能在经济上实现自给自足，除非人们准备接受一个非常低的生活标准。

至于其他方面，对于欧文的平行四边形合作村设想，我们仍有许多要叙述的。欧文不同于他的同时代人，他不是从赢利和亏损两个方面来思考生活的。他还记得美，记得感受力和理解力的培养，最重要的是他还记得儿童。在他所规划的公共生活中，就可能拥有牛津大学和剑桥大学的美好教育氛围；也有可能拥有供儿童学习和游戏的自由空间，那些美好的公共房间。而这些是我们习以为常的家庭个人主义（family individualism）所不可能提供的。只有通过联合，那些比他人穷的人才可能脱离肮脏之地，享受宽敞的建筑带来的愉悦，享受充分的空气和阳光。对于儿童来说，充斥着现代城市的世界是一座监狱，除非穷孩子可以在街上玩耍，但即使这样也是不健康的、危险的。欧文提供了在个人主义和竞争世界中被忽视的重要需求。欧文认为，向新社会转变不仅可能，而且更容易和更快。尽管他设想的东西那么美好，但几乎所有改革者都忽视了。比如他认为，只要做一些技术上的调整，发展机器生产的可行性就会增加而不是减少。鉴于上述原因，尽管欧文有他的局限性，但他仍是一位重要人物，他的思想仍能结出果实。

第十六章　早期的工联主义

如果一个人处于垄断地位，那么他在出售商品时会比受制于竞争的人获得一个更好的价格。如果他有竞争对手，那么通常从他的利益出发会与竞争者联合起来，这样他和竞争者就可以共享垄断的优势。然而，这类联合常常很难得到保证，因为那些竞争对手往往会彼此怀疑，在同意联合之后，如果其中任何一个破坏约定，单独与买家谈判，就会取得暂时的利益。此外，当买家意识到一旦卖方之间达成一致，情况将对他们不利，就会尽可能通过法律和公众舆论来阻止卖方形成这种一致。于是，消费者极力主张竞争的好处，而生产者主张联合的好处。这两种对立观点之间的冲突，以及由此产生的阐述它们对公共利益的影响的一般理论，贯穿于19世纪的经济史。

劳动被认为是一种商品，由雇佣劳动者出售，资本家购买。假定人口不断增长，雇佣劳动者自由竞争，工资就必然趋于下降，从而达到维持生活的水平。工会至少在初创时是试图通过出卖劳动力力的联合，来防止上述结果的产生——起初这只在特定手工业中出现，后来逐渐扩展到更广泛的领域，最后包括了英国工业领域的绝大多数雇佣劳动者。无疑，雇佣劳动者在经济上的议价能力以及劳工的普遍地位，因为工联主义得到了极大提高。但在早期，其步伐是艰难的，一些过分的希望也一再落空。

根据西德尼·韦伯夫妇的说法，最早的工会始于 17 世纪后期，在机器生产时代开始前的 100 年就已经产生，但工联主义只是在工业革命时期才重要起来。"工会的崛起是基于以下情况，即绝大多数的工人不再是独立的生产者，他们自己不再能控制整个过程，不再拥有生产资料以及他们的劳动所制造的产品，他们成为终身以工资收入为生的雇佣劳动者，既不拥有生产工具，也不拥有作为成品的商品。"①一些行业，比如裁缝业，在机器时代来临前，从业者就已沦为无产阶级，但是只有通过大型机械设备和工厂体系，工联主义的存在条件才开始大规模出现。正因如此，这些条件在大不列颠显示出其重要性的时间远远早于其他地方。

18 世纪，工会还不足以引起法律如此多的敌意，但从 1799 到 1913 年，工会受到了法律的迫害，先是立法机构和法院联手对付工会，然后是法院无视立法机构的意图而加害工会。皮特提出的一项法案 1799 年在议会匆匆通过，该法案认定所有的工人联合会非法。从理论上说，雇主联合会也是违法的，但这部分的法律只是官样文章。其他法规及普通法，也是在方便行事时被援引。1812 年，在织布工的罢工中，该委员会成员因违反普通法关于联合会的规定而遭到逮捕，并被判处 4 至 18 个月不等的有期徒刑。1818 年，纺纱工举行罢工，

---

① 西德尼·韦伯、比阿特丽丝·韦伯：《工联主义的历史》（*The History of Trade Unionism*），1920 年的修订版，第 25—26 页。

依据 1305 年"谁是同谋，谁是助讼者"的法规，其领导者被判处 2 年监禁。当时起诉频频，即使没有罢工也依然如此。"在 19 世纪的前 20 年里，"韦伯夫妇说，"我们见证了工会成员遭受法律迫害的事实，他们被视为反叛者和革命者——工会的健康发展受到阻挠，促使工会成员走上了暴力和叛乱之路。"

1824 年，在中间阶级激进派的干预下，工联主义进入了一个新阶段。在这之前，工人运动只是自发地增长，雇佣劳动者之外的人士对此要么忽视，要么讨厌。1810 年，起诉《泰晤士报》排字工人事件引起了弗朗西斯·普莱斯的关注，这位激进的裁缝看到了联合会法的不公。20 年代早期，英国的政治基调开始变得不那么恶毒和反动了，普莱斯对于废除上述法律的要求获得了两位哲学激进主义者麦卡洛克和约瑟夫·休谟的支持。1824 年，休谟成功地让议会通过了一项措施，以保障联合会的完全自由。在那些日子里，政府不太关注企业问题，休谟悄悄地进行，确保议会议员和政府部长不会注意到正在发生的一切。① 直到罢工大爆发，人们这才惊讶地发现旧的法律不再有效。在接下来的一年，即 1825 年，议会重新制定了一些已在无意中被废除的法律条款，但并没有宣布罢工和工会为非法。从此，工联主义虽然经过了许多起起落落，但终于在英国的产业和政治中重要起来。

只要工会没有受到中间阶级的影响，无论在政治上还是经济上，就不会有什么远大目标，也不会对工人阶级的团结有太多认识。工会由地方团体组成，成员大部分是某些手工业的熟练技工，有时他们会与其他地方的类似团体合作，但很少关注保住自己工资之外的任何事

---

① 参见沃拉斯所著的《弗朗西斯·普莱斯传》(*Life of Francis Place*) 第八章。

情。但是工会的一些领导人在接触到哲学激进主义关于废除联合会法的思想之后，才意识到还有另一种学说存在，它给雇佣劳动者的建议远比马尔萨斯的自我克制理论的冰冷的安慰以及移民海外的经济理论要多。不仅欧文，一些经济学家也在宣扬社会主义，其中最重要的是托马斯·霍吉斯金，一个被马克思难得怀着敬意引述其观点的人。继李嘉图之后，霍吉斯金教导我们，劳动是价值的源泉，但与李嘉图不同的是，他认为劳动者应该得到其生产的所有产品。霍吉斯金的一些行为吓坏了詹姆斯·密尔，密尔在 1831 年 10 月 25 日怀着极大的焦虑写信告诉普莱斯，一个"工人阶级"代表团一直在向《纪事晨报》的编辑布莱克先生宣扬共产主义。

> 他们的财产观念真可怕。他们不仅希望不要将这与他们的代表权混为一谈，这是对的，尽管目前看来这不是真理，正如他们应该看到的；而且他们似乎认为财产根本不应该存在，财产的存在对他们而言是一种恶。我毫不怀疑，无赖就在他们中间。而布莱克真的很容易被人强加这些观念。当然，事情需要调查，没人像你那样具备探查问题的手段，也没有人有这么多的整治方法。那些愚蠢的人不知道他们疯狂渴望的对他们而言是一场灾难，除了他们自己，没有人能给他们招来这样的灾祸。

普莱斯回信道：

> 我亲爱的密尔，鉴于你有时会煞费苦心地为老百姓服务，又鉴于你是位有影响力的人物，我寄给你一篇文章以回应你的关注。求告于布莱克的那两个人并非来自工人代表团，他们和另外 4 人一起组织召开了布莱克福莱斯路的圆形大厅会议以及芬斯伯

里的费城教堂会议，但会议在组织上其实是失败的。他们现在宣扬的学说就是霍吉斯金在 1825 年的小册子中公开宣称的，小册子题为《劳工抵御资本的主张》……

接着是一封长信。[1]

一年后，密尔将普莱斯的话转告给布鲁厄姆：

> 阁下提及劳工有权拥有这个国家全部的生产成果，包括工资、利润和租金等一切在内，这是胡说，是我们的朋友霍奇金［原文如此］的疯话，他将这种疯话作为一种体系公开发表，并以无与伦比的狂热来宣传它。他通过手段让这些内容悄悄出现在《纪事晨报》上，他还成了审稿编辑之类的人，而布莱克（编辑）并没有敏锐地察觉到，尽管布莱克在财产问题上的所有观点看起来颇有道理。这些观点如果传播开来，将是对文明社会的颠覆，要比匈奴人和鞑靼人掀起的滔天灾难更为糟糕。[2]

社会主义教育的结果就是对中间阶级激进主义的反抗，由此纯粹的工人阶级运动得以迅猛发展，这些运动部分是工联主义性质的，部分是合作运动性质的，而欧文在很大程度上被视为该运动的倡导者。虽然欧文当时忙于新哈莫尼的事务，但合作运动在开始时就与欧文的学说紧密联系在了一起。据说，"社会主义"一词首次出现在 1827 年的《合作杂志》上，指的是欧文的追随者，它把欧文合作村的那些拥护者称为"领受圣餐者和社会主义者"[3]。由于建设合作村所需的资金

---

① 沃拉斯：《弗朗西斯·普莱斯传》，第 274 页。
② 密尔致布鲁厄姆的信见于贝恩的《詹姆斯·密尔》（*James Mill*），第 364 页。
③ 克莱普汉姆：《现代英国经济史》(1926)，第一卷，第 412 页。

没有到位，导致合作运动以更实际的方式向前发展。现在合作商店遍地开花，就是欧文当年开拓的结果。但在最终达到高度实用的形式之前，它经历了各种变化，还有一些不成功的尝试。

1832年9月，欧文在格雷旅店路一座相当宏伟的建筑内开办了"全国公平劳动交易所"，这是一个旨在"消除愚昧和贫穷的机构"，而那座建筑此前曾被欧文的一个名叫布罗姆利的信徒用过。交易所的买卖所得不是金钱，而是劳动券，它或多或少代表了工人的劳动成本。一桩大生意已经形成，但没人知道它会赚还是亏。后来布罗姆利开始要求欧文支付巨额租金（不是劳动券），于是欧文搬到了新地方，1833年7月，欧文与这项事业断绝了联系。当时还有另外一些劳动交易所，大部分在伦敦，也采用了与欧文的交易所类似的原则。在相互联系中，它们成立了一个"联合行业协会"，向失业者提供工作，并以劳动券支付报酬，而工人生产的产品则被送到劳动交易所。但是，整个运动很快就陷入了令人悲哀的境地。威廉·洛维特当时是一位欧文主义者，后来成了宪章派的领袖，他与联合行业协会有着密切的关系，将交易所的失败归因于"宗教差异，缺乏法律保障，妇女们不喜欢不得不把生意限制在一家商店里"。而欧文没能处理好背后的宗教问题这点常常令人惊讶。

工会运动在短时间内与这些早期在合作运动方面的失败尝试有着密切的关联。尽管一些工会组织远离了运动，但在1833年，大部分组织还是接受了欧文的信条。在他的领导下，工会会员人数突然大幅增加，并试图实现宽泛的社会主义目标。

欧文一如既往地期待立竿见影，他认为工会运动可以在几年内改变整个经济体系。建筑工人工会曾经写信给欧文，他回复道："你们可以在不到 5 年的时间内为整个大英帝国的人民完成这一转变（进入一个合作的新时代），在不到 5 个月的时间内从根本上改善大不列颠和爱尔兰的制造业阶层的状况。"[1] 建筑工人组成了"全国建筑行业兄弟会"，准备自行承揽建筑合同，雇主则被告知其权力已经终止，但是如果能证明自己的能力，就允许作为管理人员进入兄弟会，同时建筑工人还要求提高工资。雇主对欧文主义者描绘的幸福时代没有热忱，并拒绝雇用工会会员。当时发生了一次罢工，罢工者在伯明翰为自己建造一座会馆。然而，在建筑完工之前资金便耗尽了，于是整个企业破产，但与此同时它仍然专注于更广泛的运动。

1833 年 10 月，全国各地的工会代表在全国劳动公平交易所开会，建议成立"全国生产阶级和有用阶级的道德大联盟"。几周内，它就拥有了 50 万成员，而工会会员的总数估计为 100 万。虽然有些工会组织对欧文有所疑虑，但全国工会大联盟却完全信奉欧文的学说。欧文的乐观精神以及会员人数的快速增长，似乎使会员们行事草率起来。到处都是罢工，雇主们变得心惊胆战，工会会员就业被拒，其结果是他们再也没有资金了。

就在此时发生了多切斯特劳工案。当时有 6 个人在组建农业劳工友好协会的分会，这本身并不违法，但他们已经执行了誓言，因此被判 7 年流放。欧文和其他领导人不得不代表这些不幸的人进行煽动，他们竭尽所能，但是内政大臣墨尔本态度强硬。

工会大联盟的事务如今也是一团糟，欧文又和他的副手们发生了争执，主要是宗教问题，最终一拍两散。欧文的主要助手 J. E. 史密

---

① 科尔：《欧文传》，第 271 页。

斯也厌倦了社会主义，因此创立了普遍主义宗教。这段插曲之后，史密斯作为《家庭先驱报》的编辑，过上了宁静而富足的生活。在人员和财政的困扰中，全国工会大联盟痛苦地走向了终点。而欧文也放弃了对它的希望，劝说追随者继续相信他跟他加入一个新组织。"英国和外国工业、人道、知识联合会"① 以及工联主义，一度归于沉寂。工人阶级的热情先是通过宪章派转向了纯粹的政治领域，1844 年随着"罗奇代尔公平先锋社"的建立，又转向了第二次合作运动，该运动仍然视欧文为先驱，但追求更切实可行的手段，以达到一个不那么革命的目的。1848 年，韦伯夫妇说：

> 革命的危险已经过去，新一代工人正在成长，他们并不了解过去压迫的最可怕之处，但汲取了中产阶级改革者的经济哲学和政治哲学。尽管只有少数人阅读边沁、李嘉图和格罗特的著作，但是像布鲁厄姆勋爵和查尔斯·奈特这样的教育家的活动向技术学校的师生和《一便士杂志》的读者传播了"有用的知识"。反《谷物法》联盟的大肆宣传以及自由贸易的总体进展，都极大推动了中间阶级关于"自由企业"和"不受限制竞争"的想法的传播。

欧文的工联主义遭受了惨败，从 40 年代到 80 年代，英国的财富得到了普遍增加，同时曼彻斯特学派控制了英国的经济政策，工人阶级的领导人由此转变为个人主义激进分子。不过，工联主义在经历巨

---

① "全国生产阶级和有用阶级的道德大联盟"因在采取措施上的分歧而陷入困境，许多罢工都失败了，一度更名为"英国和外国工业、人道、知识联合会"，更专注工人和雇主的共同利益，并试图任命欧文为"大师"以恢复组织威望。——译注

大挫折之后（韦伯夫妇估计 1840 年英国的工会成员不到 10 万人），还是得以稳步成长，并蔓延到所有工业国家。在大不列颠，它通过定期的更新立法成功地化解了法官们周期性的敌意。80 年代时，糟糕的日子去而复返，工资开始下降，工会又记起了欧文，并重燃社会主义信念。1885 年，海因德曼称赞"高尚的罗伯特·欧文"曾经察觉到折中主义的无用。"但是在他那个时代，还没有预料到革命，现在时机已经成熟，并且准备就绪……19 世纪伟大的社会革命近在眼前。"[①] 不过，革命并没在 1885 年到来，也没有比 1834 年有更多的不同。当然，后来社会主义者发现了有用的工作要去完成。欧文某段时间曾将一些非技术工人招进他的工会，最终却导致这些人挨饿、入狱和流放。80 年代后期，当工联主义再次向那些非技术工人招手时，戏剧性地引发了一系列成功的罢工。事实证明，国家社会主义被证明是行不通的，于是人们在城市社会主义的道路上做了大量有益的工作。

贸易复兴了，社会主义凋零了。现在贸易又一次衰退，社会主义再次兴起。也许这不是这个循环的最后一轮，但最后一轮必然到来。

---

① 见前面引用的韦伯著作，第 411 页。

第十七章　马克思和恩格斯

社会主义并没有像哲学激进主义的信条那样很快成为现实政治中的强大力量。一般而言，直到 1917 年它仍然是一个少数人信奉的没什么实际作用的信念。然而，作为一种思想体系，它与李嘉图和詹姆斯·密尔属于同一时期。罗伯特·欧文失败之后，社会主义运动一度主要在法国开展，并适应了前工业时代的状况。圣-西门和傅立叶的学说有相当大的影响力，而且当时的社会主义者足够强大，足以在 1848 年的革命开始时占据主导。不过，那个时期的法国社会主义仍有一些欧文主义的缺陷，也有它自己特有的一些缺陷。在从资本主义生产向社会化生产过渡的问题上，它并没有统一的理论体系，也没有切实可行的方案。

有了马克思和恩格斯，社会主义才达到心智成熟，才有能力催生出一个正儿八经的政党。《共产党宣言》已经包含了马恩学说的所有要素，它发表于 1848 年法国革命爆发之前。在精神上，马克思的体系属于这一时期。

要了解马克思，就必须考虑他在形成自己思想的过程中所受到的极为复杂的影响。第一个影响他的是黑格尔，马克思在大学时代就接触到了黑格尔思想，而且此后一直没有摆脱其影响，其要素至今仍留在共产主义思想中。从黑格尔可以引出一个无所不包的爱的体系，并相信历史是一种有序的思维安排，具有与黑格尔的辩证法相同的必然性和逻辑对立的尖锐性。接着，马克思作为德国的一名激进记者，遭遇了当时审查制度带来的所有困难。此后，马克思对知识的渴望使他接触到了法国社会主义，并从法国的情况认识到革命是政治进步的常规方法。然而却是恩格斯率先向他们的共同工作贡献了有关英国工业主义的第一手知识的所有要素。1845 年，恩格斯出版了自己的著作《1844 年英国工人阶级状况》，这段阴郁时期的印象刻在了马克思和恩格斯以后所写的每件作品上。但对于英国的了解，马克思可能仍然过于抽象和形而上学，缺乏关于产业现实方面的前沿知识，而他的说服力正是源于产业现实。在他的学说完成之时，其中结合了来自 3 个国家的有价值的内容。德国使他成为一个体系的创立者，法国使他成为一个革命者，英国则造就了他的博学多闻。

1818 年，马克思出生于莱茵兰的特里尔，那里受法国影响之深要远超德国的大部分地区。[①] 马克思的祖上几代人都是犹太拉比，但他的父亲是律师。马克思 6 岁时，其祖母过世，全家成为基督徒，马克思也作为一个新教徒接受教育。17 岁时，他爱上了一位贵族出身的美丽女孩，并说服了双方父母允许他们订婚。然而，离他们被允许结婚还有 7 年时，女孩的父母坚决反对他们结合。

---

① 关于马克思的生平，我主要依据奥托·拉赫尔《卡尔·马克思的生活和工作》（*Karl Marx: His Life and Work*）（艾伦和昂温出版有限公司）。

作为大学生，马克思显示出了超乎想象的精力，但其导向却有些问题，这一特点伴随他一生。19 岁时，马克思给父亲写了一封长信，汇报自己为燕妮写了 3 卷本的诗集，翻译了塔西佗①和奥维德②的大量作品，以及两部《学说汇纂》③，写了一部 300 页的法哲学著作，感觉毫无用处，又写了个剧本，并"在心情不佳时，一直钻研黑格尔思想"，此外还读了不计其数的各种主题的书。

黑格尔已于 1831 年去世，但他在德国的影响力仍然非常大。黑格尔学派分裂成两个派别，即老年黑格尔派和青年黑格尔派。1839 年，黑格尔的思想体系遭到费尔巴哈破坏性地批判，费尔巴哈从黑格尔的绝对唯心主义回到了一种唯物主义的形态，同时他具有青年黑格尔派的许多色彩，后者以激进主义区别于老年黑格尔派。在德国学术圈，特别是在年轻人中间，这是一个学术活动非常活跃的时期。虽然从学术角度看，德国领先于世界其他国家，但在政治和经济方面却远远落后于法国和英国。在德国存在着荒谬的审查制度，中产阶级也没有任何政治权力。这些必然导致知识青年即使不成为革命者，也是激进分子。他们对来自国外的政治思想持非常开放的态度，特别是法国的。年轻时的马克思并不孤单，他和一群热情洋溢的年轻人在一起，所有人都被劝信哲学是一切的关键，所有人选择了最适合激进政治的哲学。

马克思先是在新闻界找到了一份职业。1842 年，他成为《莱茵

---

① 古罗马最伟大的历史学家。——译注
② 古罗马最具影响力的诗人之一。——译注
③ *Pandects*，6 世纪东罗马帝国皇帝查士丁尼下令编纂的 50 卷本罗马法学家学说摘录全书。——译注

报》的撰稿人，不久又成了编辑，此时他第一次意识到纯理论哲学并不能提供任何解决方案。马克思对这一问题的关注始于一个法律问题，当时一些穷人因从森林里偷盗木材而入狱。他意识到经济问题被过分忽视了，在阅读了一本关于法国社会主义的著作后，更加确信这一点。1843 年 1 月，《莱茵报》因审查制度而被取缔，马克思便有空从事研究，并决定了解社会主义。

当时，社会主义在法国占主导地位，为此马克思来到了巴黎。英国的社会主义在罗伯特·欧文的领导下，其主流已经变成世俗主义和反基督教。正如我们已经看到的，欧文一直反对政治方法，英国的激进主义政治的大旗也留给了宪章派，但宪章派的计划本身并不与经济问题直接相关。相反，在法国，由圣西门和傅立叶开创的运动正在继续，并充满了活力。马克思结识了这一运动的领袖们，其中最重要的是蒲鲁东和路易·勃朗；也了解了有关社会主义的方方面面，但没有和任何一个法国社会主义者交上朋友。必须指出的是，马克思以前的社会主义不值得受到任何程度的尊重。圣西门本质上是中世纪研究学者，并不喜欢工业主义和现代世界，试图在净化的基督教中寻求复兴力量。而傅立叶尽管作为现有经济体系的批判家具有一定价值，但当他提出一个更好的生产组织计划时，就变得完全不切实际。他们的重要性在于，促使一些知识分子对资本主义不满，并寻求终止这种不满的方法，或者至少极大地减轻资本主义的罪恶。在法国，这些人已经成功地开创了一场工人运动，它既不像宪章运动那样纯粹是政治性的，也不像工会运动那样纯粹是经济性的，但同时具有上述两种性质。人们认识到，诸如成年男性公民选举权这样的政治手段虽然是必要的，不过必须用来实现对无产阶级具有重要意义的经济目标。马克思在法国学到了政治与经济之间关系的理念，并终生铭记。

马克思和他的小圈子都相信哲学和政治之间有着密切关系，这点在他学生时代就被视为不证自明的真理，并成为其信念的一部分。当时他说："如果没有无产阶级的揭竿而起，哲学就无法实现其价值；如果没有哲学实践，无产阶级就无法崛起。"然而，英语国家的人民并没有认真对待哲学，所以这种观念对他们而言必然有些奇怪，除非他们学会接受共产主义信念。那样说来，似乎对马克思而言，哲学实践和无产阶级的崛起一样重要。事实上，马克思很好地阐明了这样一种理论，即所有哲学都是经济状况的表现。

马克思与恩格斯的友谊始于1844年的巴黎。恩格斯比马克思小2岁，在大学时代也受到了影响马克思的那种思想的熏陶。恩格斯的父亲是一位棉纺厂主，在德国和曼彻斯特都有工厂，恩格斯曾被派往曼彻斯特在家族企业中工作。这使他亲眼见识了工业化的最新情形，以及在非常糟糕的时期英国工厂的状况，也就在这时他开始写关于英国工人阶级状况的书。这本书有效地运用了材料，后者稍后也出现在马克思的《资本论》第一卷中。它内容具体，处处呈现来自官方资料的事实；在今天看来颇为阴郁，但对不久将来的无产阶级革命抱有希望。这本书可能使人们对恩格斯在两人的合作中的重要性做出判断，因为马克思在遇到恩格斯之前一直太过学究。欧洲大陆的邪恶现象或许与英国一样严重，但没那么现代化，不太适合以此控诉资本主义。恩格斯总是低估自己在两人共同工作中的贡献，但无疑他的作用非常巨大。最重要的是，他引导马克思注意到了那些最能支持其经济理论的一系列事实。在合作开始前，至少唯物史观的主要轮廓似乎是两个人各自独立发现的。

恩格斯在第一次见到马克思时，就已经在一个名叫摩西·赫斯的人的影响下转变成共产主义者。赫斯在德国激进分子中非常突出，1843 年时他说：

"去年，当我正要动身去巴黎的时候，恩格斯从柏林赶来看我。我们讨论了当时面临的问题。而他，一个变革元年的革命家，已经离我而去，成了坚定的共产主义者，这令我极为震惊。"

有趣的是，就在这个时候，马克思结识了海涅，海涅非常赞赏马克思，并且成了共产主义的支持者。

当时，欧洲大陆的知识分子在政治上要比英国的知识分子进步得多，这无疑是因为欧洲大陆的中产阶级力量较弱，而革命显然是走向进步的开始。1848 年之前，梅特涅仍在执政，当时马克思和他的朋友们的观点让他们的支持者受到的迫害远不如现在严重。

1845 年 1 月，在普鲁士政府的要求下，马克思被逐出巴黎，他因此去了布鲁塞尔。正是在这时，他开始接受恩格斯的慷慨馈赠，后者成了他余生的主要资金来源。从布鲁塞尔开始，在恩格斯的帮助下，马克思展开共产主义宣传，并开始接触各类组织，包括工人教育协会、正义同盟、民主联盟、民主派兄弟会。后来，正义同盟在伦敦的大风车街举行集会，发展为共产主义者联盟，其纲领指出"推翻资产阶级政权，建立无产阶级统治，消灭旧的阶级社会，建立没有阶级、没有私有制的经济和社会秩序"。1847 年 12 月，该组织决定马克思和恩格斯应起草一份声明以表述其宗旨。在历史上，共产主义者联盟的全部意义由这一决定产生，因为最终形成了《共产党宣言》。

就《共产党宣言》的风格、生动性、简洁性和宣传力而言，在马克思的著作中是最好的。它展现了革命前夜风起云涌、风云变幻的特点，新获得的理论内涵让它明晰易懂。《共产党宣言》这样开篇：

"一个幽灵，共产主义的幽灵，在欧洲游荡。为了对这个幽灵进行神圣的围剿，旧欧洲的一切势力，教皇和沙皇、梅特涅和基佐、法国的激进派和德国的警察，都联合起来了。"

它的结尾：

"共产党人不屑于隐瞒自己的观点和意图。他们公开宣布：他们的目的只有用暴力推翻全部现存的社会制度才能达到。让统治阶级在共产主义革命面前发抖吧。无产者在这个革命中失去的只是锁链，他们获得的将是整个世界。"

"全世界无产者，联合起来！"

其余部分中还包括了对世界历史的阐述，开头是"至今一切社会的历史都是阶级斗争的历史"，这表明现代资本主义已经引发了一场激烈的革命，并显然不可避免地将以三段论的方式引导世界历史进入下一个阶段，即无产阶级革命的阶段。

我不知道其他任何文件是否具有同等的宣传力量。这股力量源于强烈的激情，一种被知性包裹的不可动摇的阐述。

正是《共产党宣言》赋予了马克思在社会主义运动中的地位，即使他没有写《资本论》，也应该得到这样的地位。

《共产党宣言》刚刚完成，巴黎就爆发了革命。临时政府在很大程度上是社会主义性质的，它邀请马克思去巴黎，后者欣然前往。但他在那儿仅仅待了一个月，此时革命蔓延到了德国，他自然希望能在自己的国家有所表现。

历史上很少有运动像1848年的革命那样让所有的参与者彻底失望。对温和的革命家来说，失望只是暂时的，但对马克思而言，是一生的沮丧。

1849 年 5 月，马克思被逐出普鲁士，并始终没有获准回国，尽管他实际上秘密地短暂回国过几次。他在德国的活动仅仅跟新闻有关，也许比人们预期的温和。但反动势力还是不能容忍。他从德国到了巴黎，1 个月后就被驱逐出境，于是剩下的唯一避难所就是当时被称作"流亡者之母"的英国。在英国，除了短暂地离开过几次，他余生一直住在那里，不再试图在他那个时代激起革命，而是在未来某个不确定的日期为革命提供精神刺激。

以 1848 年革命的失败为界，马克思的一生分为两个时期，革命的失败剥夺了他当时的希望，使他变成了一个贫穷的流亡者。如果对共产主义终将胜利的信念缺乏坚定的知识基础，他几乎不可能像他在现实中做到的那样，坚持不懈地为具有丰碑意义的工作做艰苦的准备，而且是在除了几个朋友和信徒外，得不到任何支持的情况下。马克思在晚年表现出的坚韧和勤奋确实惊人。

就个人境遇而言，马克思的生活与米考伯先生[1]的相似，要面对讨债者、当铺老板以及拒付票据的纠纷，等等。马克思全家住在索霍区第恩街的两间小屋里。1852 年，他的一个尚在襁褓的孩子夭折，马克思夫人写道：

"我们可怜的小弗朗西斯卡得了严重的支气管炎。这个可怜的孩子与死神搏斗了三天，受了很多苦。一切结束之后，她小小的尸体停放在后面的小屋里，我们都去了前面的房间。晚上，我们躺在地板上，其他三个孩子跟我们一起为失去这个小天使而流泪……她恰恰死

---

① 狄更斯小说《大卫·科波菲尔》中的人物。——译注

在我们最悲惨的时刻，德国的朋友已无力帮助我们。厄内斯特·琼斯那时来拜访过我们，答应提供帮助，但也无能为力……我怀着急切的心情，匆忙赶到附近一位不久前曾拜访过我们的法国难民那里求助。他立刻以最友善的方式给了我2英镑，我用这笔钱买了棺材，我的孩子现在正安静地躺在里面。她来到这个世界时没有摇篮，而我们花了很长时间也没能找到让她永久安息之地。"

恩格斯继续在曼彻斯特的家族企业中工作，省下每一分钱支持马克思。自然，恩格斯与父亲的关系不太好，后者是一位虔诚的加尔文派教徒，所以可以支配的钱也不太多。他们靠新闻工作的收入贴补，这些收入主要来自美国，但所得较少且不安全。马克思唯一的儿子在9岁时去世，"自这可怜的孩子死后，屋子里又凄凉又冷清，他就是这屋子的灵魂。"他在给恩格斯的信中写道。在和孩子打交道时，马克思总是很讨人喜欢，街坊的孩子都叫他"马克思老爹"，还向他要糖，没人空手而归。和孩子在一起，马克思可以摆脱抗争的压力和自卑的恐惧，而压力与自卑使他焦躁且易于与成年人争吵。1933年10月28日，《新政治家与国家》杂志发表了这样一封信：

少女塔

1865. 7. 3

亲爱的小人国小姐：

你必须原谅我迟迟回复的个性。我属于那种在以某种方式做出决定之前要再考虑一下的那种人。因此，当我接到一位我完全不认识的疯丫头的邀请时感到很吃惊。然而，在确定你是得体的以及你与商人之间的交易的高调之后，我很高兴能抓住这个相当奇怪的机会去品尝你的食物和饮料。由于我有点风湿，希望你的客厅没有换气的东西。对于所需的通风设备，我将自行带来。又因右耳有些聋，请在我的右边安排迟钝的人，我敢说你的客人是不会想要迟钝的伙伴的。至于左边，我希望留给美女，我的意思是说你客人中长得最好看的女士。

我有嚼一点烟草的习惯，所以请准备这类东西。由于以前与美国佬来往养成了随时吐痰的习惯，希望不会找不到痰盂。我行事相当随意，并且讨厌热烈而亲密的英国氛围，因此你必须准备以亚当那样的着装风格来见我，我希望你的女客们也稍稍采纳这样的思路。

再见，我亲爱的不知名的小疯丫头。

永远属于你的
克莱恩克利博士

读者纷纷猜测作者是谁，但没人猜对，其实这是马克思写给女儿的信。

但是马克思给恩格斯的信却充满了枯燥单调的哀歌式的罗列：他病了，他妻子病了，他孩子病了，肉铺和面包店等他付账，他母亲再不能帮他什么了。他将恩格斯的帮助视为理所当然，即使在最不恰当的时刻，依然倾诉自己一大堆的麻烦。恩格斯曾与一位倾心于他的爱尔兰女孩同居，女孩的突然死亡对他是个沉重的打击。恩格斯写信告知这一噩耗，马克思在回信中写道：

"亲爱的恩格斯：玛丽去世的消息使我既惊讶又沮丧。她极为善良、机智，并十分依恋你。鬼都知道我们的圈子里现在除了麻烦，什么也没有。我自己也说不清我现在是否正晕头转向。我试着在法国和德国赚点钱，但都失败了，只希望 15 英镑不至于让我熬不过一两个星期。现在没人再赊账给我们了，除了肉铺和面包店（他们只肯赊到本周末），我被学费、房租和其他所有花销搞得焦头烂额。我付了其中几个人一点钱，在钱落入他们口袋的瞬间，回敬我的是加倍的暴力逼债。此外，孩子们没有衣服或鞋子外出。一句话，账单多得可怕……我们很难再维持两周了。在这样的时刻我还给你讲这些恐怖的事情真是自私至极。但顺势而为才是解决之道，一个恶魔能帮你赶走另一个恶魔。"①

经济问题直到 1869 年还困扰着马克思，那年恩格斯（他父亲此时已去世）卖掉了他的生意，还清了马克思的债务（120 英镑），每年固定给他 350 英镑，自己也到伦敦生活，最终恩格斯可以自由地将所有的时间投入社会主义工作。

为撰写著作，马克思一直在大英博物馆借阅书籍。1859 年他发表了《政治经济学批判》，1867 年《资本论》第一卷出版，第二卷和第三卷在其去世后由恩格斯出版。典当行、家庭问题、疾病和死亡都没能分散他的注意力，妨碍他完成这些具有代表意义的巨著。

除了写作，马克思在 1849 年之后唯一重要的工作与国际工人联合会即"第一国际"有关。该组织 1864 年在伦敦建立，为随后的国际社会主义运动奠定了基础，而马克思是其中的精神领袖。尽管第一国际孕育了伟大事业的萌芽，但它本身并没有取得任何巨大的成功。在英国，工会组织在一阵犹豫后几乎无一例外地对该组织表现冷淡。

---

① 见前面引述的奥托·拉赫尔的著作，第 225 页。

在德国，马克思对拉萨尔及其继任者施韦策的不满，使得拉萨尔创建的全德工人联合会对其十分反感，马克思还错误地指控施韦策与俾斯麦的合作。在瑞士和拉丁美洲国家，巴枯宁的影响力导致无政府共产主义的蔓延，后者不同于马克思主义之处在于采取政治行动方面和国家的作用方面。事实上，巴枯宁及其追随者最终加入了第一国际，并试图控制它，但他们与马克思的争执导致组织在1872年瓦解。

马克思在任何时候都不是个宽容的对手，1848年之前拉赫尔就说过：

"以不宽容的方式清除共产主义队伍中的一些人，导致了共产主义阵营的分裂，但这不是必然性的结果，也不是由经济发展的进程所决定的。其主要原因是马克思对个人独一无二的支配地位的渴求，他使其合理化并演变为对自己思想的征服力的狂热信仰。"

在这方面，马克思并没有随着年龄的增长而改观。在他所有的敌人中，他对巴枯宁的攻击是最凶猛的。巴枯宁是俄国贵族，曾积极投身于1848年的德国革命，结果1849年在萨克森被判处死刑。被移交给奥地利人之后，再次被判处死刑，然后由奥地利人引渡给沙皇尼古拉，并关押于彼得保罗要塞中，后被送往西伯利亚。1861年他从西伯利亚逃脱，最终借道日本和美国到达伦敦。早在1848年，马克思就在出版物上指控他是间谍，虽然后来证明这种指控缺乏根据，但在随后的几年中，马克思还是在适当的场合旧话重提。当巴枯宁在被监禁和流放12年后，竭力想恢复与以前革命同志的联系之时，他发现自己受到了怀疑，并最后发现马克思是这一切麻烦的根源。不过，他并没有表现出怨恨，而是给马克思写了一封友好的信，二人因此见了面，他当面劝说马克思相信他的革命气节。片刻之后，马克思平息了不满，写信给恩格斯说："我昨晚再次见到了他，这是 16 年后的第一次。我必须说我非常喜欢他，比以前喜欢多了……总的来说，我发现他是极少数能经过 16 年还没有退化的人之一，而且还比以前进步了。"

然而，这两人之间的友谊却没能长久。巴枯宁是无政府共产主义的信徒，马克思是政治共产主义的信徒；马克思讨厌斯拉夫人，巴枯宁痛恨犹太人。这些个人原因和非个人原因使得两人的合作变得不可能。就巴枯宁而言，个人原因还不足以产生隔阂，在读了《资本论》之后他写道："25 年来，马克思忠诚地、积极有效地服务于社会主义事业，并带领大家朝着这个方向前进。如果出于个人动机破坏或削弱马克思的有益影响，我将永远不会原谅自己。不过，我可能会卷入与他的斗争，不是因为他伤害了我个人，而是因为他鼓吹的国家社会主义。"

1868 年，巴枯宁加入第一国际，并着手将他的观点带进组织。他和马克思之间展开了激烈的斗争，其间，事实证明马克思及其追随者实在算不上谨慎。间谍指控再次重提，还说他盗用了 25000 法郎。在 1872 年的海牙代表大会上，马克思取得多数支持，决定开除巴枯宁，理由是他"以欺诈手段获取他人财产"。但这是一个无价值的胜利，因为次年第一国际就寿终正寝了。

社会主义者和无政府主义者在第一国际终结时都存活了下来，但在社会主义运动蓬勃发展之时，无政府主义者始终在政治上无足轻重。在俄罗斯，巴枯宁有一个在很多方面胜过他的继任者，名叫克鲁泡特金，他活着看到了马克思主义者取得了对俄罗斯的控制权。至于其他地方，除了西班牙，巴枯宁的拥护者销声匿迹。无论对马克思的手段作何评价，无疑，马克思的计划比他的对手更切实可行，并且是基于对人性的较为合理的判断。

当第一国际在1873年走向终结，马克思对公共事务的参与也就此结束。

马克思是第一位从无产阶级角度来思考经济现实的具有卓越精神的经济学家。正统经济学家认为他们创造了一种客观的科学，就像数学一样避免了偏见，马克思却轻而易举地证明了资产阶级的偏见导致他们经常出现错误和前后矛盾。他坚持认为，从雇佣劳动者的角度看，整个经济学将呈现出完全不同的面貌。鉴于马克思的资产阶级出身和学术教育背景，他献身于无产阶级的利益这点也许有些令人意外。另外，马克思终其一生都热衷于控制，这和他的自卑感有关，自卑使他在面对社会上层时敏感易怒，面对对手时冷酷无情，对孩子却和善有加，也许正是他的这个性格特点，首先使他成为被压迫者的捍卫者。我们很难说清是什么导致了他的自卑感，也许与他是犹太人并作为基督徒接受教育有关。为此，马克思可能在早年不得不忍受学校同学的蔑视，而作为犹太人又不能通过自己的宗教而退守内心的自信。反犹主义令人深恶痛绝，不过它也附带了一个好处：它在犹太人中培养出了保护人民的领导者，要不然人民就会成为现状的拥护者。如果这一观点正确，那么马克思主义恰好是对那些富裕的反犹分子的思想褊狭的惩罚。

第十八章　辩证唯物主义

马克思和恩格斯的理论贡献有两个方面：即马克思的剩余价值理论，以及两人共同创立的历史发展理论——"辩证唯物主义"。我们会先探讨后者，对我来说它似乎更为正确，也比前者更为重要。

首先，让我们尽力搞清楚辩证唯物主义理论到底是什么。它包含各种要素，在形而上的层面上它是唯物主义的，在方法论上受黑格尔启发采用一种辩证法的形式，但在许多重要方面又不同于黑格尔。辩证唯物主义从黑格尔那里继承了演化论的观点，演化的各个阶段在其中可以用清晰的逻辑术语来概括。这些变化是发展的本质，与其说是伦理上的，不如说是逻辑上的——也就是说，理论上，它们按照一个有足够智慧的人可以预见的计划进行，而马克思自称在计划的主要提纲中，他早已预言了共产主义普遍建立的那一刻。在涉及人类事务时，这种形而上学的唯物主义被转变为一种学说，它认为引发所有社会现象的根本原因在于任何特定时期盛行的生产和交换方式。该理论的最清晰的表述可以在恩格斯《反杜林论》中找到，其中的相关部分已经以《社会主义从空想到科学的发展》为题在英国发表。从中摘录一些将有助于为我们提供参考文本：

"可见以往的全部历史，除原始状态外，都是阶级斗争的历史；这些相互斗争的社会阶级在任何时候都是生产方式和交换方式的产物，总之，都是其所处时代的经济关系的产物；社会的经济结构总是提供了真正的基础，从这个基础上我们可以单独对整个上层建筑的司法体系和政治制度以及宗教、哲学、某个特定历史时期的思想进行最终解释。"

根据马克思和恩格斯的观点，这一原理的发现表明社会主义的到来是不可避免的。

"因此，社会主义现在已不再被视为某个天才头脑的偶然发现，而被看作历史发展出来的两个阶级——无产阶级和资产阶级——之间斗争的必然结果。它的任务不再是构建一个尽可能完善的社会制度，而是考察这两个阶级及其对抗所必然引发的事件的历史—经济方面的连续性；并在由此造成的经济状况下发现终结冲突的手段。可是，早期的社会主义同这种唯物主义观念是不相容的，一如法国唯物主义自然观与辩证法和近代自然科学的不相容。早期的社会主义固然批判了现有资本主义生产方式及其后果，但无法阐释它们，因而也不能控制它们；只能简单地把它当作坏东西丢掉。早期社会主义越是激烈地反对在资本主义社会不可避免的对工人阶级的剥削，就越是不能清楚地指出这种剥削是怎么回事，它是怎么产生的。"

这一理论被称为辩证唯物主义，也被称为唯物主义历史观。恩格斯说："唯物主义历史观从这样的命题出发：支撑人类生活的生产以及随之而来的产品交换是一切社会结构的基础；在历史上出现的每个社会中，产品分配以及与之相伴的社会阶级或等级的划分，是由生产什么、怎样生产以及怎样交换产品来决定的。所以，一切社会变迁和政治变革的终极原因，不应当到人们的头脑中，到人们对永恒的真理和正义的日益增进的认识中去寻找，而应当到生产方式和交换方式的变更中去寻找；不应当到有关时代的哲学中去寻找，而应当到每个特定时代的经济中去寻找。日益认识到现有社会制度的不合理和不公正，理性已经变成非理性和对错之分，这只是证明在生产和交换方式中已经悄然发生了变化，与早期经济条件相适应的社会制度也不复存在。同时这还说明，消除已被揭示的不协调性的方法，也必然以或多或少有所发展的形式存在于变化的生产方式本身。这些方法不是从基本原理中推导出来的，而是从现有生产体系的顽固事实中发现的。"

导致政治动荡的冲突，主要不是人类在观点和热情方面的心理冲突。

"生产力和生产方式之间的这种冲突，并不是像人的原罪与神的正义的冲突那样产生于人的头脑中，事实上，它客观地存在于我们之外，甚至不依赖于那些引起这种冲突的人的意志或行动而存在。现代社会主义实际上只是这种冲突在思想上的反映，它首先是直接深受其苦的阶级——即工人阶级——的头脑中的理想化的反映。"

这是马克思和恩格斯早期（1845—1846）合著的《德意志意识形态》中对于历史唯物主义理论的极佳表述。书中指出，唯物主义理论始于一个时代的实际生产过程，而且把与这种生产形式有关并由它产生的经济生活形式作为历史的基础。他们指出，这体现了文明社会的不同阶段及其以国家形式采取的行动。此外，从经济基础出发，这一唯物主义理论还解释了宗教、哲学、伦理等问题以及发展过程中的原因。

这些语录也许足以说明这个理论是什么，但是一旦我们批判性地审视它，就会产生一些疑问。在谈到经济学之前，人们往往会问，首先，唯物主义在哲学上是否正确；其次，如果离开了羽翼丰满的黑格尔哲学，嵌入马克思主义发展理论中的黑格尔辩证法的元素能否被证明。然后进一步追问，这些形而上学的学说是否与涉及经济发展的历史命题有任何关联，最后是审视这一历史命题本身。事先声明，我将试图证明我认为的：（1）唯物主义在某种意义上讲，可能是正确的，尽管我们不知道是否如此。（2）马克思从黑格尔那里汲取的辩证法元素使他将历史看作一个比历史事实本身更为理性的过程，并使他相信所有的变化在一定意义上必定是进步的，从而对未来产生一种确定感，而这并没有科学依据。（3）如果马克思的形而上学是错误的，那么他关于经济发展的整个理论极有可能是正确的；而如果他的形而上学是正确的，那么他的经济发展理论就是错误的。但如果没有黑格尔的影响，他永远不会想到一个纯粹经验的问题可以依赖于抽象的形而上学。（4）关于历史的经济学解释，对我而言似乎在很大程度上是正确的，是对社会学的一个最重要的贡献。但我不能认为它**全盘**正确，或者说没有信心认为，所有重大的历史变化都可以视为进步。让我们一个一个地探讨这些问题。

（1）**唯物主义。**马克思的唯物主义是一种特殊的唯物主义，它绝不等同于 18 世纪的唯物主义。当他谈到"唯物史观"时，从不强调哲学上的唯物主义，只强调社会现象的经济原因。他的哲学立场在其《关于费尔巴哈的提纲》（1845）中得到了最好的陈述（虽然非常简略）。他在其中说道：

"从前的一切唯物主义（包括费尔巴哈的唯物主义）的主要缺点

是：对对象、现实、感性，只是从客体的或者直观的形式去理解，而不是把它们当作感性的人的活动，当作实践去理解，也不是从主体方面去理解。因此，其积极的一面是由反对唯物主义的唯心主义发展起来的……"

"客观真理是否从人类思想中产生，这不是一个理论问题，而是一个实践问题。思想的真理性，即它的现实和有力，必须在实践中加以证明。关于脱离实践的思想的现实或非现实的争论，是一个纯粹的经院哲学的问题。"

"直观唯物主义——即不把感性理解为实践活动的唯物主义——所能达到的最高点，是'市民社会'中独立个体的直观。"

"旧唯物主义的立足点是'市民社会'，新唯物主义的立足点是**人类社会或社会化的人类**。"

"哲学家们只是用不同的方式**解释**世界，但真正的任务是**改变**世界。"

这些提纲的前面部分所倡导的哲学，已经通过杜威博士探讨实用主义或工具主义的著述而为哲学界所熟知。我不知道杜威博士是否意识到马克思很早就已经提出了他的理论，但毫无疑问他们对物质的形而上学地位的看法实际上是一致的。鉴于马克思对他的物质理论赋予了重要意义，所以值得我们更为充分地阐述他的这一观点。

传统唯物主义中"物的概念"是与"感觉"绑在一起的，物质被视为产生感觉的原因，也被视为感觉的初始对象，至少对视觉和触觉而言是这样的。处于感觉中的人是被动的，只是从外部世界接受印象。但是，这种被动的感觉的概念（一如工具主义者所主张的）是一种不真实的抽象，没有实际存在的对应物。让我们来观察一下一只动物接受与另一只动物有关的印象：它的鼻孔扩大，耳朵扇动，眼睛朝向右边的某个点，肌肉绷紧准备做出适当的动作。所有这一切都是行动，这些内容主要是为了提高印象的信息质量，当然也可以引发针对对象的新行动。猫看到老鼠时，绝不是纯粹直观印象的被动接受者；纺织厂主面对一包棉花时亦是如此。这包棉花提供了一个采取行动的契机，它可以转化为其他的物，而用以转化的装置显然真真切切是人类活动的产物。根据马克思的观点，大致说来，所有的物都可以这样理解，如同我们面对机器时自然想到的那样：它拥有的原始材料为我们的行动提供了条件，但就其完成后的形态而言是人类的产品。

哲学从希腊人那里吸收了被动直观的概念，并设想知识是以直观方式获得的。而马克思认为我们一向是主动的，即使在我们最接近纯粹的"感觉"时亦是如此：我们绝不仅仅是在理解我们的环境，而是同时始终在改变环境。这必然导致陈旧的关于知识的观念不再能适用于我们与外部世界的真实关系。原先认为，通过被动地接受一个客体的印象来了解感觉中的客体；现在被这样的观点取代了，即我们只有通过成功地对客体采取行动才能了解该客体。这就是为什么说实践是检验所有真理的方法。因为当我们采取行动时，我们改变了客体，所以真理就不再是静态的，也就成了一种不断变化和发展的真理。因为辩证法包含在马克思的唯物主义之中，故而他称自己的唯物主义是"辩证的"，如同黑格尔辩证法那样，成为论述渐进的变化的一个基本原理。

我怀疑恩格斯对马克思关于物的本质和真理的实用主义特征的观点是否十分理解。无疑，他认为自己赞同马克思的观点，而事实上他更接近正统的唯物主义。[①] 1892 年，恩格斯在其《社会主义从空想到科学的发展》的序言中陈述了他所理解的"历史唯物主义"。在这里，行动的作用被削弱为承担传统的科学验证的任务。他说："布丁的滋味尝了才知道。从我们转向自己使用这些对象的那一刻起，根据我们从中感知到的品质，我们将我们的感知的正确性或者其他方面放到了一个无可辩驳的最佳状态……至今还没有一个例子让我们得出这样的结论：我们受科学掌控的感知，会在我们的头脑中造成一些在本性上有违现实的关于外部世界的观念；或者说，在外部世界和我们对外部世界的感知之间存在着固有的不相容。"

这里没有马克思主义的实用主义痕迹，也没有关于感觉对象主要是我们自身活动的产物这一理论的痕迹。但也没有迹象表明恩格斯与马克思有任何的观念分歧。也许马克思后来修正了自己的观点，但似乎更可能的是，在这个问题上，与其他一些问题一样，他同时持有两种不同的观点，根据其论证的意图来决定使用其中哪一种。无疑，马克思认为一些命题在更为实用的意义上可以是"真的"。在《资本论》中，马克思阐述了皇家调查委员会的报告中所提及的工业体制的残酷性，他肯定这种残忍行为真的发生了，而非仅仅是假设它们发生了。与此类似，当他预言共产主义革命时，他相信这样的事会发生，不仅仅是这样想很方便。事实上，当它在实用主义基础上以方便与否来证明时，他的实用主义必定只是偶尔出现。

值得注意的是，不承认马克思和恩格斯之间存在任何分歧的列

---

① 参见西德尼·胡克《读懂卡尔·马克思》(*Towards the Understanding of Karl Marx*)，第 32 页。

宁，他在《唯物主义和经验批判主义》中的观点更接近恩格斯，而不是马克思。

对我来说，虽然我不认为唯物主义是可以**证实的**，但我认为列宁关于唯物主义也不被现代物理学证伪的观点是正确的。自列宁上台，很大程度上是作为对他的个人成功的反击，一些受人尊敬的物理学家已经越来越远离唯物主义，他们本人和一般公众很自然地假设正是物理学导致了这种变化。我赞同列宁的观点，即自贝克莱时代以来，没有任何实质性的新观点产生，唯有一个例外。奇怪的是，这个例外就是马克思在其论费尔巴哈的文献中摆出的论点，却被列宁完全忽视了。如果没有感觉这类东西，如果物质是我们被动把握的一种错觉，如果"真理"是一种实用的而不是理论上的概念，那么旧唯物主义，比如列宁的唯物主义，就站不住脚了。而且，由于消解了与我们相关的——并且我们在其中处于主动地位——客体，贝克莱的观点也同样站不住脚。马克思的工具主义，尽管他称为唯物主义，但事实上不是那么回事。毋庸置疑，反驳唯物主义的论据是非常有力的，它们最终是否有效还很难回答，对此我特意保留意见，因为如果不拿出一篇论证充分的哲学论文便无法给出答案。

(2) **历史的辩证法。** 黑格尔辩证法充满活力。如果你从一个局部的概念开始并以此为中介，那么它很快就会走向它的对立面；它和它的对立面将结合成一体，后者则反过来成为一个类似运动的起点，如此等等，直到你得到绝对理念，只要你喜欢，你不会从中发现任何新的矛盾。此时世界的历史发展仅仅是这一思想过程的客观表现。黑格尔认为这是可能的，因为对他而言，精神就是终极的实在；而对马克思来说，恰恰相反，物质才是终极的实在。尽管如此，马克思仍然认为世界是按照一定的逻辑规律发展的。在黑格尔看来，历史的发展规律如同国际象棋的游戏逻辑。而马克思和恩格斯认为历史具有国际象棋一样的规则，同时设想棋手依照物理规律移动棋子，棋手对此无从干预。在我前面引用的一段恩格斯的话中，他指出："用来消除已经发现的弊病的手段，**也必然以或多或少发展了的形式存在于已经发生变化的生产关系之中。**"这里的"必然"违背了黑格尔关于逻辑支配世界的遗训。为什么政治冲突的结果总是会建立一个更为发达的制度呢？事实上，无数实例并不是这样的。蛮族对罗马的入侵并没有引发更发达的经济形态，摩尔人被逐出西班牙或者根斯派在法国南部的破坏，也都没有达到这样的效果。在荷马时代之前，迈锡尼文明已被摧毁，许多世纪之后，发达的文明才再次出现在希腊。历史上，衰退的事例与发展的事例至少在数量和重要性上是旗鼓相当的。相反的观点出现在马克思和恩格斯著作中不过是 19 世纪的乐观主义。

这是一个实际的问题，也具有理论上的重要性。共产主义总是假定共产主义与资本主义之间存在冲突，可能一段时间内资本主义会获得部分胜利，但最终必然会导致共产主义的建立。他们不会设想另一个很可能产生的结果，即人类回归原始的野蛮状态。我们都知道现代战争是个严重的问题，在以后的世界大战中，大量的人口可能会被毒气和细菌消灭。我们可以慎重地设想，在一场战争之后，大型人口中心和最重要的工厂被摧毁，剩下的人口是否还有心情去建立科学共产主义？实际上我们不能确定，所有幸存者是否会在受惊吓和狂热的残暴状态中，为了最后的萝卜或甜菜互相争斗？马克思曾在大英博物馆进行他的研究工作，但是一战之后英国政府在博物馆外停了一辆坦克，想必是要告诉知识分子他们的地位。共产主义是一种高度智慧、高度文明的学说，而且它真的建立起来了，经过初步交锋，即1914年至1918年的交锋之后，几乎没有经过重大的战争，就在俄罗斯建立起来了。我认为，这样一来，恐怕共产主义学说的教条式乐观主义必定会被看作维多利亚风格的遗存。

共产主义者对辩证法的诠释还有一个奇特之处。大家都知道，黑格尔在用辩证法诠释历史时认为普鲁士国家是绝对理念的完美体现。而马克思对普鲁士国家没有好感，认为这是一个无法成立且无效的结论。他说，辩证法在本质上应是革命性的，似乎还指出它不可能会最终停滞在某个阶段。然而，在共产主义建立之后，我们没有听到进一步革命的信息。在《哲学的贫困》的最后段落中，马克思说：

> 只有在没有阶级和阶级对抗的情况下，**社会进化**才会不再是**政治革命**。

马克思并没有说这些社会进化是怎样的，或者说，没有了阶级冲突的动力，如何实现这些社会进化。事实上，在他的理论中很难看到进一步的进化如何成为可能。如果不是从现代政治的角度来看待，马克思辩证法并不比黑格尔辩证法更具革命性。此外，按照马克思的观点，由于所有人类的发展都是受阶级冲突支配的，并且在共产主义条件下只有一个阶级，因此就不可能有进一步的发展，人类必然从此走向一种拜占庭式的静止状态。然而这似乎又是不可能的，这表明在马克思的考虑之外，必然可能有其他原因引发政治变革。

（3）**形而上学的无关性**。在我看来，形而上学与实际事务无关这一论点可以用来证明逻辑之无能。大家知道，物理学家各有其观点：一些人追随休谟，一些人追随贝克莱，一些人是传统的基督徒，一些人是唯物主义者，一些人是感觉论者，一些人甚至是唯我论者。但是不管怎样，这些都没有使他们的物理学有所不同。他们也并不会因此对日月食的发生或者一座桥的稳定性问题形成不同的看法。这是因为物理学中包含着真正的知识，物理学家必须照这种知识行事，无论他的形而上学信念是什么。至于社会科学中是否有任何真正的知识，其实情形是一样的。无论如何形而上学在归纳一个结论时是有用的，因为这种结论不可能通过科学的手段得出，也就是说，没有一个好的理由来假设这种结论是真的。可知晓的能不依赖形而上学来知晓，需要形而上学来证明的知识是不能通过其他方式来验证的。实际上，马克思在他的书中提出了很详细的历史论据，其主体内容完全合理，但无一是以任何方式建立在唯物主义之上的。举一个事实为例，自由竞争最终趋向垄断，这是一种经验事实，无论你的形而上学是怎样的，其证据都显而易见。马克思的形而上学表现在两个方面：一方面，通过对事物进行剪辑和浓缩，使其比现实生活更加准确；另一方面，给出一个确定的未来，从而超出科学态度所能保证的范畴。到目前为止，他的历史发展学说表明了其正确性，但是他的形而上学与此无关。共产主义是否会普及，这一问题完全不依赖于其形而上学。也许形而上学在斗争中是有助益的：很早以前伊斯兰教徒的四处攻取很大程度上得益于这样的信念，即战死的信徒可以升入天堂。与此相似，共产党人的努力可能也是由一种信仰激发的，即相信有一个名为辩证唯物主义的神站在他们这边与之并肩作战，并相信一旦时机成熟便会带给他们胜利。另外，对很多人来说，不得不对他们看不到证据的主张表示信仰是令人反感的，而失去这些人必须被视为共产主义形而上学的一个不利因素。

（4）**历史的经济原因。**大体上我赞同马克思的观点，即经济原因是绝大多数历史巨变的基础，这不仅指政治运动，也涉及宗教、艺术和道德等领域。但是，关于这点也有一些重要的限制条件。比如说，马克思一开始就没有给基督教的存续以足够的时间，基督教在罗马帝国兴起，许多方面都带有当时社会制度的印记，但是基督教在经历诸多变化之后留存了下来，而马克思却视之为垂死的宗教。"当古代世界处在最后的挣扎时，古代宗教都被基督教打败了。当基督教思想在18世纪被启蒙思想击败时，封建社会正在同当时革命的资产阶级进行着殊死的斗争。"（马克思和恩格斯的《共产党宣言》）虽然在整个西方世界，马克思的政治影响依然巨大，然而在他自己的国家中，要实现其理想仍然存在极大的障碍。[①] 我认为，也许我们应该承认**新的**学说要获得任何成功，就必须与其所处时代的经济状况产生某种关联，但是旧的学说可以维系几个世纪而无需这种至关重要的关系。

我认为马克思历史理论的另一个问题是过于确定，他没有考虑这样的事实，即当两股巨大的力量近乎势均力敌时，一点很小的力量或许就会破坏这种平衡。我们承认巨大的力量产生于经济原因，但它往往依靠相当琐碎且偶然的事件取得胜利。在阅读托洛茨基关于俄国革命的叙述时，我们很难相信列宁没有改变俄国的历史，但是德国政府允不允许列宁回到俄国也就是那么一瞬间的事。如果那天早晨，那位部长碰巧消化不良，他说的那个"是"可能就变成了"不"，因而我不认为在理智上我们还会相信没有列宁，俄国革命还是会达到我们后来看到的那样。再举个例子，如果在瓦尔密战役中普鲁士恰巧有个好

[①] "就德国来说，"1844年马克思写道，"对宗教的批判基本上已经结束。"

将领，他们可能已经扑灭了法国大革命。举一个更神奇的例子，它可能相当有道理，如果亨利八世没有爱上安妮·博林，美国今天就根本不存在。正是由于此事，英格兰与教皇决裂，并因此不承认教皇将美洲作为礼物送给西班牙和葡萄牙，如果英格兰始终是天主教的天下，今天的美国很可能就是西班牙治下的美洲的一部分。

这让我想到了马克思历史哲学中的另一个错误。他认为经济冲突总是阶级之间的冲突，然而大多数冲突都是种族或国家间的。19世纪初，英国的工业化是国际化的，因为它想使其工业保持垄断。似乎在马克思看来，如同在科布登看来，世界将越来越全球化。但是俾斯麦让事态转向了不同的一面，工业化自此变得越来越国家化，就连资本主义和共产主义之间的矛盾也日益表现为国家之间的冲突。当然，国家之间的冲突确实在很大程度上是经济性质的，但这个世界按国家分成不同的集团这件事本身主要不是由经济原因决定的。

在历史上相当重要的另外一些原因或可称为疾病方面的原因。例如黑死病，马克思清楚地意识到了它的重要性，而经济只是黑死病的病因之一。无疑，在经济水平较高的人群中不会发生这种病，但是欧洲许多世纪以来一直像1348年那样处于相当贫穷的状态，因此这一疫情的最直接原因不可能是贫穷。再举一些这类例子，比如热带地区的疟疾和黄热病的流行，事实上这些疾病现在已经可以预防了。这类事情会产生非常重要的经济影响，尽管其本身不是一个经济问题。

马克思理论中最有必要修正的内容是关于生产方式变化之原因的观点。在马克思的理论中，生产方式体现为主要原因，但是生产方式不时变化的原因却完全未作解释。事实上，生产方式的变化主要是由于知识的原因，也就是说，是由于科学的发现和发明。马克思认为，在经济状况有需求时，才会产生科学发现和发明。然而，这个观点是不符合历史的。为什么从阿基米德的时代到达·芬奇的时代，几乎没有实验科学？阿基米德之后的6个世纪中，经济条件应该使科学工作变容易了。另外，正是文艺复兴之后的科学发展才导致现代工业的出现。但是经济过程中的这种智力原因没有被马克思充分地认识到。

历史可以以许多方式来看，如果对历史事实进行精心挑选的话，就可以发现许多一般的历史范式，这些范式似乎可以充分涵盖足够的理论依据。如果不过分严谨的话，我提出下列理论作为工业革命因果关系的选项：工业化可归因于现代科学，现代科学可归因于伽利略的发现，伽利略的发现可归因于哥白尼的学说，哥白尼的学说可归因于文艺复兴，文艺复兴可归因于君士坦丁堡的陷落，君士坦丁堡的陷落可归因于土耳其人的移居，而土耳其人的移居可归因于中亚的干燥缺水。因此，寻找历史原因的基础性研究便是水文地理学。

第十九章　剩余价值理论

尽管马克思的剩余价值理论在具体细节上很繁琐，但其主体框架还是简单明了的。他辩称，一个雇佣劳动者生产的物品的价值只相当于他工作时间所得工资的一部分，通常假定为一半左右，而他在工作时间生产的物品的其他部分成了资本家的财产，尽管资本家没有为此支付任何报酬。所以雇佣劳动者的产出超过了其所得的报酬，这些额外产出的价值就是马克思所谓的"剩余价值"。从剩余价值中产生了利润、租金、什一税和其他一些税——总之是工资之外的一切。

这种观点是基于一个并不完全容易理解的经济论据，这种论据部分是有道理的，部分是错误的。不过，非常有必要分析一下马克思的这些论据，因为这些已经对社会主义和共产主义的发展产生了深远的影响。

马克思从正统经济学出发，认为商品的交换价值与生产商品所需的劳动量成正比。我们已经在与李嘉图有关的章节中探讨过这一学说，并发现它只是部分正确而且是在特定的情形下。就生产成本用工资来表示而言，这个观点是正确的；而且资本家之间存在竞争，会尽可能压低商品价格。但如果资本家们形成了托拉斯或卡特尔，或者如果原材料的成本占生产总成本的很大一部分，这一理论就不再正确了。然而，马克思从他那个时代的经济学家那里接受了这一理论，尽管他看不起这些人，而且他显然没有审视支持这一理论的根据。

下一个论据来自马尔萨斯（未得到充分承认）。根据马尔萨斯的人口理论，雇佣劳动者之间始终存在竞争，竞争将确保劳动力的价值像其他商品一样以生产（和再生产）的成本来估量。也就是说，工资将刚好满足劳动者及其家庭的必需，在竞争机制下不可能超过这个水平。

马尔萨斯的人口理论，与李嘉图的价值理论一样，是有局限性的，这点我们已经考虑到了。马克思总是轻蔑地拒斥马尔萨斯的人口理论，而且一定要这样做，因为正如马尔萨斯慎重指出的那样，如果它是合乎逻辑的，那么所有共产主义乌托邦都不可能实现。然而马克思并没有提出任何合理的论点来反驳马尔萨斯，更值得注意的是，他不带质疑地接受了工资（在竞争体制下）必须始终处于最低生活水平的定律，而这一定律依据的却是他在其他时候拒绝接受的理论。

从上述前提来看，剩余价值理论似乎遵循了劳动价值理论和工资铁律。我们假定，雇佣劳动者一天工作12小时，用6小时产出其劳动的价值，剩下6小时所生产的东西便体现为资本家的剥削，即他的剩余价值。尽管资本家不必为后面的6小时支付报酬，但是为什么资本家能够按照生产所需的劳动时间来制定其产品的价格，这个原因没有说明。马克思忘了，他的整个理论依据的是所有的劳动都必须支付报酬这一假设，以及进一步假设资本家之间是互相竞争的。[①] 没有这些假设，就没有理由认为价值应与生产的劳动时间成正比。

如果我们假设有许多相互竞争的资本家在经营，且事态真如马克思最初设想的那样，那么价格可能会下降，并仍然能盈利，因为这是竞争的结果。确实，资本家不得不支付租金，还可能为借来的钱支付利息，就资本家而言，他被迫将利润降到最低，低到他认为仍然值得从事这桩生意的水平。另一方面，如果没有竞争，所有垄断者将按照"交易可以承受"的原则把价格固定下来，而这一价格与投入的劳动量无关。

不可否认，确实有人靠剥削来赚钱，但马克思对这一经济过程的分析似乎是有缺陷的，而导致这一错误的主要原因是接受了李嘉图的价值理论。

我在上文已经指出，价值可以由价格来衡量（除了货币的波动之外）。事实上，从价值的定义我们可以得出这样的结论，即一个给定的商品的价值就是可以用来交换其他商品的量。价格仅仅是以可度量的单位表明不同商品的交换价值的方法：如果我们想比较多个不同商品的价值，最容易的方法就是通过价格比较的手段，即与黄金（在黄金货币体系下）的交换价值。鉴于价值意味着"交换价值"，那么（在任何给定时刻的）价值由价格来衡量这一事实仅仅是价值定义的逻辑结果。

但是马克思还有另一种价值理论，它与作为交换价值的价值的定义有着隐性的冲突。这个从未清晰显现的理论是伦理学上的或形而上

---

① 虽然恩格斯在《哲学的贫困》的序言中对此作了陈述。

学的概念，它的意思似乎是价值是"商品**应该**交换的量"。马克思的一些话可以说明在这点上要把握马克思的意思是有难度的。

他说："价格是物化在商品中的劳动的货币名称。因此，商品与构成其价格的货币之和等价，不过是一种同义反复的表述，正如一般情况下，对于一种商品的相对价值的说明就是对两种商品等价性的说明。虽然价格作为商品价值量的指数，是商品同货币的交换比例的指数，但并不能由此反过来说，商品同货币的交换比例的指数必然是商品价值量的指数……商品的价值量反映了一种社会生产关系，是一定商品同总的社会必要劳动时间之间必然存在的关系。一旦价值量转化为价格，这种必然的关系就表现为一种商品同另一种商品（货币商品）之间或多或少的偶然交换比例。但这一交换比例既可以表示该商品的实际价值量，也可以表示偏离该价值的黄金数量，根据具体情况，黄金的价值可以与其分离。可见，价格和价值量之间的数量不一致的可能性，或者价格偏离价值量的可能性，是价格形式本身固有的。"

至此我们可能认为马克思考虑的只是意外的波动，比如或许因为买方和卖方的相对精明或贫穷造成了这种波动。然而，如果马克思继续对价格和价值之间作一个更严格的区分，如果他继续抓住这一理论不放，就会给他带来麻烦，而对此马克思显然没有意识到。他说：

"价格形式不仅可能引起价值量和价格之间即价值量和它的货币表现之间的量的不一致，而且能够包藏一个质的矛盾，以致货币虽然只是商品的价值形式，但价格可以完全不是价值的表现。有些东西本身并不是商品，例如良心、名誉等，但是也可以被它们的所有者出卖以换取金钱，并通过它们的价格取得商品形式。因此，没有价值的东西在形式上可以具有价格。在这里，价格表现是虚幻的，就像数学中的某些数量一样。另一方面，虚幻的价格形式——如未开垦的土地的价格，这种土地没有价值，因为没有人类劳动物化在里面——又能掩盖实在的价值关系或由此派生的关系。"

对马克思及其劳动价值论而言，当然必须坚持未开垦的土地是没有价值的这一观点。又由于未开垦的土地通常也有一个价格，所以在这一点上马克思就有必要将价格和价值加以区分。现在看来，交换价值并不是某一特定商品事实上可交换的其他商品的实际数量；如果人们按生产某种商品所需的劳动量来衡量其价值的话，那么交换价值就是该商品可以交换到的物品数量。马克思承认，人们在买卖商品时是不会这么评估的，因为如果他们这样做的话，没有在其中投入劳动的未开垦土地就不可能与被开采出来的黄金进行交换。据此我们认为，马克思说一种商品的价值是由生产它所需的劳动量来衡量的，这并不意味着该商品在市场上可能卖到什么价钱。那么他的意思到底是什么呢？

马克思指的可能是下列两种情况之一。也许他仅仅给"价值"下了言语定义①：当我谈到某商品的"价值"（他可能这样说）时，我指的是生产所需的劳动量，或者说同等劳动量所生产的其他商品的数量。另一种可能是，他也许是在伦理意义上运用"价值"一词：也许他的意思是物品**应该**根据投入其中的劳动来进行交换，在经济正义所支配的世界就是这样做的。如果马克思信奉前者，那么其价值论中的大部分命题将变得没有意义，而那些主张价值与价格之间关联的观点

---

① verbal definition，即通过一个词去定义另一个词。——译注

就变得武断，并且有部分内容是错误的。如果他信奉后者，那么他就不是在分析经济事实，而是在建立一种经济理想。而且，这种理想是不可能实现的，因为李嘉图在其地租理论中已经强调：生长在差地上的 1 蒲式耳小麦要比生长在良田上的 1 蒲式耳小麦包含了更多的劳动，但在任何可以想到的经济体制中它都不可能以更高的价格出售。所以，"价值"的含义无论是言语上的还是伦理上的，都削弱了马克思的经济理论，使之呈现出一种混乱状态。

不过，对"价值"的伦理解读似乎不仅对马克思，而且对所有支持劳动价值论的人都有一定影响。以马克思为例，这一点可以通过这样一个事实来证明：关于未开垦的土地的价格，他提及诸如一个人的荣誉的价格这样的事，在我们看来这种事也以价格来衡量的话在道德上应受谴责。至于其他经济学家，研究一下霍吉斯金就相当有趣，马克思从他那里学到了很多，他是第一个将劳动价值论用于无产阶级利益的理论家，并在洛克的学说中发现了这一理论的来源。洛克的学说辩称私有财产的正当性在于一个人拥有自己劳动产品的权利。[1] 如果他将自己的劳动产品同别人的劳动产品进行等量交换，公正就得到了维护，所以劳动理论符合道德。也许这一观点在不知不觉间影响了马克思，他认为价格和价值之间的差别在于，价格代表了资本主义的罪恶。

马克思的著述的效果很大程度上取决于他通过算术图示中隐含的假设。让我们从众多例子中举出典型一例。

---

① 哈勒维：《托马斯·霍吉斯金》（*Thomas Hodgskin*），第 208—209 页，巴黎兴业小说书店 1903 年版。

"再举个例子，杰科布曾为 1815 年算了一笔账，因为预先对一些项目做了调整，所以很不全面，但对我们来说已经够用了。他假定每夸特小麦的价格是 8 先令，平均每英亩收 22 蒲式耳的小麦。

每英亩所产出的价值

	英镑	先令	便士		英镑	先令	便士
种子	1	9	0	什一税、地税和国税	1	1	0
肥料	2	10	0	地租	1	8	0
工资	3	10	0	农场主的利润和利息	1	2	0
总计	7	9	0	总计	3	11	0

假定产品的价格等于其价值，在此，我们发现剩余价值分布在利润、利息、租金等各种项目里。这些项目与我们无关。我们把它们加在一起，就得到剩余价值 3 镑 11 先令。我们把买种子和肥料的 3 镑 19 先令作为不变资本，使它等于零。预付的可变资本就是 3 镑 10 先令，由此生产出来的新价值是 3 镑 10 先令＋3 镑 11 先令。这样，s/v＝3 镑 11 先令/3 镑 10 先令，剩余价值率在 100% 以上。工人用他一半以上的工作日时间来生产剩余价值，而这些剩余价值被各种人以各种借口瓜分了。"

在这个例子中，s 表示剩余价值，v 表示可变资本，即工资。可见，马克思在剩余价值中包括了农场主的全部所得以及所有的地税和国税。因此，这一计算隐含了下列意思：（1）农场主没有工作，

（2）地税和国税完全交给了懒散的富人。当然，马克思不会明确地做出这些假设，但它们就隐含在他的数字里，在这个事例和其他类似事例中皆是如此。1815 年的情况正好适用上述事例，这一年，根据旧的《济贫法》，地税主要花在了工资上。国税则确实主要流入了基金持有人手中，但剩余的部分中，有一部分肯定是花在了有用的方面——比如维持大英博物馆，没有它，马克思也不可能完成他的巨著。

比地税和国税问题更重要的是资本家的工作问题。就农场主这类小资本家而言，把他们当作有钱的闲人是荒唐的。一个农场就算是国营的，也需要一名监工，而能干的监工的年薪可能与农场主一年的利润大致相当。1846 年之前的棉花生产商形成了恩格斯的资本家概念，然后又形成了马克思的资本家概念。这些生产商大部分都是以很小的规模经营，而且几乎完全靠借来的资本。他们的收入取决于如何巧妙地使用借来的这些钱。他们确实残忍，但并不懒惰。必须有人组建工厂，必须有人购买机器、销售产品，必须有人进行日常监督。在资本主义早期，所有这一切都是由雇主来完成的，而马克思认为雇主的收入全部来自对雇员所创造的剩余价值的占有。我知道，马克思的著作中也有些段落的看法与之相反，但它们是孤例，而雇主不工作的假设在其著作中无处不在。

在现代资本主义企业大规模发展的过程中，的确，资本家常常是空闲的。在经营管理方面，铁路的股东们什么也不做，董事们做的也不多。所有重要的管理工作越来越多地落在了拿工资的专家身上，资本家则成了纯粹的食利者。而社会主义意味着更科学地组织工业生产，混乱和缺乏远见的情况更少一些，拿工资的专家可能会更同情这一制度。然而，那些专家很少表示支持，因为马克思造成的偏见，社会主义不仅倾向于支持工人对抗游手好闲的富人，而且还倾向于支持体力劳动者对抗富人和脑力劳动者。马克思忽视了小资本家在管理自己业务方面的作用，由此产生的理论对大规模资本主义中从事管理工作的领薪专家也是不公正的。赞颂体力劳动并以此对抗脑力劳动，这是理论上的一大错误，其政治后果是灾难性的。

也许大家会说，马克思在其经济分析的细节问题上是否正确并不重要。他坚持认为无产阶级受到了野蛮剥削，而他们受剥削的原因在于富人掌握的权力，这一点是正确的。从这个角度来看，把一类富人和另一类富人区分开来毫无意义，重要的是要结束剥削，而这只能通过在与富人的集体斗争中夺取权力来实现。

对于上述观点存在两种异议。首先，如果不明智地消除了剥削，可能使无产阶级比以前更加贫困；其次，马克思没有正确地分析金钱的力量，并因此给自己树了些不必要的敌人。

第一种反对意见适用于摧毁任何权力分配不均的制度。拥有权力的人总是利用自己的地位来为自己获取特殊利益，同时，他们一般都希望防止混乱，以确保他们从中获利的制度具有一定的效率。他们倾向于垄断政府方面和管理方面的经验。如果他们突然一无所有，那么很可能发生的情况是，曾经的被压迫者的那种知识和经验上的匮乏，将令这些人陷入比他们已经逃离的那种痛苦还要糟糕的境遇。如果这种情况没有发生，在新解放的一边，必定有足够数量的政府情报和技术情报来维系社会的政治和经济生活。在法国大革命这样成功的革命运动中，反抗者就比旧制度的捍卫者拥有更多的知识和情报。如果这一条件不能满足，转变必然困难重重，而且可能永远不会推动任何进步。所以海地人民在摆脱了法国的控制之后是否更幸福了，这是令人怀疑的。

至于对金钱的威力的分析，我认为亨利·乔治[①]比马克思更为正确。亨利·乔治继斯彭斯[②]和法国重农学派之后，发现了土地的经济力量，并坚信唯一有必要进行的改革，就是将土地租金付给国家而不是土地的个人所有者。这也是赫伯特·斯宾塞在变老并受人敬仰之前所持的观点。它更为古老的形式，几乎不适用于现代世界，但它包含了一个重要的真理，不幸被马克思忽视了。让我们试着用现代术语重新阐述。

一切剥削他人的权力取决于拥有某种全部或部分的、永久或临时的垄断，这种垄断可能极为多样。土地就是最明显的例子。如果我在伦敦或纽约拥有土地，由于有非法侵入法的保护，我就可以求助国家的全部力量来防止他人未经我同意而占用我的土地。那些希望在我的土地上生活或工作的人必须支付租金，如果我的土地非常有优势，他们就得付我大笔租金。我什么都不必做就可以得到租金。资本家必须规划生意，专业人士必须锻炼自己的技能，而土地所有者可以在什么也不做的情况下对他们的产业征收费用。同理，如果我拥有煤、铁或其他矿产，就可以和那些希望开采的人谈条件，只要留给他们平均利润即可。产业的每个进步，城市人口的每次增长，都会自动增加土地所有者以租金的形式所能得到的东西。别人工作时，地主始终无所事事，但别人的工作能使他越来越富。

然而，土地绝非唯一的垄断形式。总体而言，资本的拥有者也是

---

① 19世纪末美国的知名社会活动家和经济学家。——译注
② 即 Thomas Spence，他主张土地国有，反对贵族制度，提倡对丧失劳动能力者提供社会保障。——译注

垄断者，他们共同对付贷款人，这就是他们能够收取利息的原因所在。信贷控制是一种与土地同等重要的垄断形式。那些控制信贷的人可以根据自己的判断，支持或毁掉一桩生意，甚至可以在一定程度上决定某个行业的总体兴衰。这就是他们所拥有的垄断力量。

现代世界最具经济实力的人，其实力来自土地、矿产和信贷以及它们的结合。大银行家控制着铁矿石、煤田和铁路，而小资本家在他们的怜悯之下讨生活，几乎和无产阶级一样。颠覆经济权势的第一步就是要赶走这些垄断者。在一个没有私人垄断的世界里，那些没有终极经济力量的帮助，依靠自己的技能取得成功的人是否会造成很大的危害，这一点仍有待观察。反过来讲，如果阻止亨利·福特先生生产廉价汽车，世界总的来说会不会变得更好，这是值得怀疑的。而大产业家对世界造成的危害，通常取决于他们靠垄断力量攫取的资源。在劳资纠纷中，雇主是直接的敌人，但他通常只不过是敌对阵营中的一个个体。真正的敌人是垄断者。

第二十章　马克思主义的政治学说

马克思的政治学说是其经济理论和辩证唯物主义的产物。以前的社会主义者呼吁人们的仁爱之心和正义感。欧文直到他生命的尽头仍然是"新拉纳克的慈父"。圣-西门诉求的是宗教，旨在创立一种新的基督教。傅立叶与欧文一样，也试图发现一个能完美体现其理论卓越之处的聚居地。马克思意识到了这些方法的徒劳无功。他认为，"仁慈"的力量永远不会大到足以改造整个经济体系；也不可能在孤立而零星的小型社区引入社会主义，而必须通过政治剧变，大规模地开创社会主义。他和恩格斯指责之前的社会主义者是空想家。他们要做的是：在理论上，预见到工业化必然会辩证发展；在实践中，确保无产阶级夺取政权，而其阶级利益就是实现从资本主义到社会主义的过渡。

马克思和恩格斯早在 1848 年就认识到竞争必然导致垄断。他们看到，企业有扩张的趋势，而每一次技术进步都会促进这一扩张。在恩格斯去世之前，托拉斯在美国的发展已经明显地反映出了这一点，但是能在 1848 年就意识到，说明他们具有一种当时其他人所没有的洞察力。马克思认为，资本的集中将使资本家的数量减少，而那些在竞争中落败的人将沦为无产阶级。最后，只剩下几个资本家，其他所有人几乎都将成为无产者。无产阶级在与资本斗争的过程中将学会组建自己的队伍，先是全国性的，然后是国际性的。当资本家的人数变得足够少而无产阶级充分地组织起来之时，无产阶级将夺取政权，终结资本主义时代：

"随着侵占和垄断这一转型过程的全部利益的资本巨头不断减少，困苦、压迫、奴役、恶化和剥削大量增加，但与此同时，工人阶级的反抗也在增加，这个阶级不仅人数不断增长，而且是由资本主义生产过程本身的机制训练、团结、组织起来的。资本的垄断成了生产方式的桎梏，而生产方式是伴随着垄断而兴起和发展的，并在垄断之下形成。生产资料的集中和劳动的社会化最终到了与资本主义外壳无法相容的地步。这个外壳将化为碎片。资本主义私有制的丧钟将要敲响。剥夺者将被剥夺一切。"①

对马克思而言，一切政治都存在于由经济技术方式的变化引起的阶级斗争之中。资产阶级在法国大革命中战胜了封建贵族，继而又在1830年的革命中战胜了他们，以我们所见，这是必要的。在英国，战胜封建贵族部分是靠内战②实现的，但最终是通过1832年的《改革法案》③和废除《谷物法》彻底完成的。在德国也有过同样的尝试，但

---

① 《资本论》（Capital），第 1 卷，第 836—837 页。
② 英国内战是指 1642 年至 1651 年在英国议会派与保皇派之间发生的一系列武装冲突及政治斗争，它对英国和整个欧洲都产生了巨大的影响，并由此将革命开始的 1640 年作为世界近代史的开端。——译注
③ 这是 1832 年通过的关于扩大下议院选民基础的法案。它改变了下议院由保守派独占的状态，加入了中产阶级的势力，是英国议会史上的一次重大改革。——译注

在1848年的革命中没有完全取得成功。同年，法国出现了一场新革命的端倪，即无产阶级反抗资产阶级的革命。在1848年法国革命的最初几个月里，社会主义者相当强大，能够建成全国性的工场（workshop），理论上每个人都可以在那里得到有报酬的工作。但到了6月，社会主义者遭到大屠杀，此后很长一段时间，他们在政治上再也没有发挥明显的作用。马克思期待着一系列这样的斗争，打败社会主义者在此过程中将会变得越来越难，并且最终成为不可能。如同资产阶级战胜封建贵族一样，最终，无产阶级肯定会战胜资产阶级。

没有哪位先知的预言是完全正确的，但马克思在许多方面都是对的。竞争在很大程度上被垄断取代，无产阶级变得越来越社会主义化，在一个伟大的国家，政府正试图建立共产主义。当然，在一些方面马克思搞错了，甚至是非常重大的错误。

他最大的错误是低估了民族主义的力量。《共产党宣言》喊出了"全世界无产者，联合起来！"的口号，但经验表明，大多数无产者痛恨外国人甚于他们的雇主。1914年，就连马克思主义者，除了极少数例外，也都服从他们的资本主义祖国的命令。即使白人无产者到时候可能被劝导忽略国界，他们也需要更长的时间才能真正与身为他们对手的黄色、棕色或黑色人种团结在一起。而在白人无产者这样做，并且黄色、棕色或黑色人种的人报之以李之前，无产阶级很难在对抗资产阶级方面取得任何稳定的胜利。

事实证明，在无产阶级方面，民族主义比单纯的经济力量更强大；在资本家方面，国界通常也是联合的边界。大多数资本主义的垄断都是全国性的，而非世界性的。例如，就钢铁行业而言，在美国、法国、德国都有既成事实的或者实质上的垄断存在，但这些垄断组织彼此独立。我们几乎可以说，真正国际性的产业唯有军火工业，[①] 因为对它们而言，重要的是战争应该是长期而频繁的，至于那一方获胜则无关紧要。此外，不同国家的垄断者相互竞争，并导致各自的政府帮助他们竞争。国家之间的对抗与阶级斗争一样，大多是经济冲突，这种对抗至少在现代政治中是同样重要的，但是按照马克思的观点，所有的政治都由阶级冲突支配。

对于民族主义未能给予应有的重视，马克思对此没有什么太多借口。他亲自参加过 1848 年的德国革命，仔细地观察到了民族主义在镇压革命中所起的作用。马克思在他 1851 至 1852 年所写的《革命和反革命或 1848 年的德国》[②] 一书中，讲述了奥匈帝国的斯拉夫人是如何努力摆脱德国的束缚，但最终失败的。这些斯拉夫人的民族主义后来成为一战的近因，现在他们组成了捷克斯洛伐克，并成了南斯拉夫的一部分。马克思对他们没有任何同情，而是从正统的德国民族主义立场来看待整件事。他说：

"德国的斯拉夫人恢复独立的国族存在的尝试，目前结束了，而且很可能是永远地结束了。许多国族的零星残余，其民族性和政治活力早已被消灭，因此近一千年来不得不跟在一个更强大的民族，即他

---

① 见《秘密的国际公司和爱国公司》（*The Secret International and Patriotism Ltd.*），由民主管理联盟出版。

② 事实上，该著作是恩格斯于 1851 至 1852 年写成的，并陆续发表在《纽约每日论坛报》上，署名是马克思。直到 1913 年马克思和恩格斯的来往书信发表后，才知道作者是恩格斯。1896 年，马克思的女儿编辑出版了第一个英文单行本，书名是《革命和反革命或 1848 年的德国》，同年还出版了德文版，书名是《德国的革命和反革命》。——译注

们的征服者的后面，就像英国的威尔士人、西班牙的巴斯克人、法国的下布列塔尼人，还有最近一段时期北美洲那些地方的西班牙和法国的克里奥尔人，那些地方后来被英美种族占领。这些垂死的民族，如波希米亚人、卡林西亚人、达尔马提亚人等，都试图利用 1848 年欧洲的混乱局面恢复他们在公元 800 年时的政治地位。过去一千年的历史应该已经告诉他们，这样开倒车是不行的；就算易北河以东以及萨勒河的全部领土确曾一度被有斯拉夫血统的民族所占据，这个事实也只能证明德意志民族征服、并吞和同化其古老的东方邻人的历史趋势，以及他们在体力和智力方面的强大；并且，德意志人并吞其他民族的趋势过去一向是，现在也仍然是西欧文明传播到东欧的最有力的手段之一；只有当德意志化的进程规模足够大，结构足够紧密，牢不可破，能够作为独立的民族存在，就像匈牙利人，还有某种程度上的波兰人那样，这种趋势才会停止；因此，这些垂死民族天生的不可避免的命运，就是让它们的强邻完成这种瓦解和并吞的过程。当然，这对于泛斯拉夫主义梦想家的民族野心来说，并不是非常乐见的前景，这些梦想家已经成功地鼓动了一部分波希米亚人和南斯拉夫人。但是，他们怎么能期望历史为了取悦少数得了肺结核病的人而倒退一千年呢？这些人所占据的领土的每一部分都散布着德国人并被德国人包围；这些人几乎从远古以来出于文明的考虑除了德语之外就没有用过别的语言，而且他们缺乏民族生存的首要条件——领土的数量和紧凑性。因此，德国人和匈牙利人的斯拉夫领土上到处都有泛斯拉夫主义的崛起，遮住了所有这些不计其数的小民族力求恢复独立的企图；到处都与欧洲的革命运动发生冲突。而斯拉夫人虽然假装为自由而战，但总是（波兰的部分民主派别除外）被发现站在专制主义和反动势力的一边。因此，在德国、匈牙利是这样，甚至在这里以及土耳其的某些地方亦如此。他们是人民事业的叛徒，是奥地利政府的阴谋集团的支持者和主要道具，他们把自己变成了所有革命的民族心目中的不法之徒。虽然许多斯拉夫人由于太无知，并没有参加泛斯拉夫运动的领导者们制造的关于民族问题的小纷争，但我们永远不应忘记：在布拉格这个半德国的城市，成群的斯拉夫狂热分子欢呼并一再高喊：'宁受俄罗斯的鞭笞，不要德意志的自由！'在他们1848年的第一次努力化为泡影，奥地利政府给了他们教训之后，不太可能有再次尝试的机会了。但如果他们再次准备以类似的借口去和反革命势力结盟的话，那么德国的职责就很清楚了。任何处于革命状态并卷入对外战争的国家，都不能容忍一个万第①那样的心腹之患。"

如果马克思有自我批评的勇气，他写下这段话的事实应该向他表明了，即使是马克思主义者也不能免于民族主义偏见。

马克思有时认为，在资本主义制度下，民族主义是不可避免的，只能被无产阶级的统治所替代。于是他在1846年写道：

"幻想成立欧洲共和国，并以政治组织来保障永久和平，就像空谈靠自由贸易来保障人民团结一样荒唐可笑……每个国家的资产阶级都有其特殊利益，而且由于他们认为这些利益高于一切，它永远不会超越民族界限……但是，全世界的无产者却有一个共同的利益，一个共同的敌人，一个共同的斗争前景，广大无产者生来就没有民族偏见，他们的整个文化和运动本质上是人道主义的、反民族的。只有无

---

① 法国西部省名。18世纪末的法国资产阶级革命时期和19世纪初，这里是贵族和僧侣在英国支持下组织富农和中农反叛的场所，因此"万第"一词成为富农反革命活动策源地的统称。——译注

产者才能消灭民族界限，只有无产者才能让不同的民族亲如兄弟。"①

目前，这仍然是一个尚未实现的梦想。

虽然马克思正确地预言了资本主义工业的集中化，但至少到目前为止，就其更为重要的部门而言，已形成垄断或近乎垄断，而他错误地假定垄断意味着个体资本家数量的大幅减少。在英国、法国或荷兰这样的国家，有无数的老太太、退役上校和各种各样的食利者，靠自己投资的收益生活。这些人是极端反动的政党的支柱，因为除了收益稳定之外，他们什么也不关心。即使是工人，如果属于一个投资了基金的互助会，也会热衷于维护资本主义制度。事实上，不像马克思所假设的那样，资本家和无产者之间并没有明确的区分。继黑格尔之后，马克思在寻找现实世界中逻辑范畴的体现，并期望事实有着教科书中那般非此即彼的明确界线。然而在任何老牌富国，情况绝非如此。相反，有着资本主义特征的利益深入无产阶级之中，成为一种将马克思认为日益背离的阶级紧密结合在一起的手段。例如，以下这些人作为飞机制造商汉德利-佩奇有限公司的股东在 1931 年 6 月 5 日就拥有共同利益，这种利益不仅体现在资本主义制度上，而且体现于战争中：

> 大英帝国巴兹尔·梅休勋爵、亨利·格雷森勋爵，许多银
> 行和投资公司，维多利亚勋爵、皇家空军路易斯·格雷格中校，
> C. R. 费尔雷先生，圣迈克尔和圣乔治勋爵、优质服务勋章获得
> 者 J. 道恩阁下，格拉夫顿公爵夫人，亚瑟·布朗勋爵，F. 汉德

---

① 本段似出自恩格斯的《在伦敦举行的各族人民庆祝大会》一文，而非马克思所作。——译注

利·佩奇先生，亚瑟·J. 佩奇先生……出租车司机，市政官员，印刷工，火车站站长，黄铜铸造工，修靴匠，羊毛分类工，木匠，药剂师，农民，普通警员，教师，鱼贩，海军军官，空军少将，兼职牧师，准将，外交部公务员，音乐教授，医生，曼彻斯特卫斯理教堂（有限公司）托管人。[①]

不同阶层之间的这种利益一致不仅源于对投资的关注，而且源于与个人的工作性质相关的原因。就拿警察来说吧，只要他是资本主义法律和秩序的守护者，他就算是资本家的盟友。当他希望通过晋升来改善自己的境况时，他必须取悦当局；而当他希望通过改善警察的整体状况来提升自己的境遇时，他就变成了一个无产阶级，并且会诉诸工会和罢工的机制。同样的思路也适用于士兵和水手。但是，任何明智的、不想被打败的资本主义国家，总能让这些阶层站在自己这边。马克思意识到了这些阶层的存在，却没有意识到他们将变得多么庞大和重要。

马克思的另一个错误是把工业人口分为资产阶级和无产阶级。这就涉及大型资本主义企业中的受薪雇员。一百年前雇主自己负责的管理工作，现在通常交给领薪职员。除管理人员外，常常还需要技术和科学专家，化工行业尤其如此。所以，资本家和无产阶级之间就有了一个新的中产阶级，这个新的中产阶级承担了以前由雇主履行的全部或大部分职能。在美国，继承资本的情况比欧洲少，富人实际上仍然在很大范围内控制着工业，特别是在金融和一般政策方面；但随着美国资本主义变得越来越老牌，这种情况很可能会成为历史。在英国，

----

① 《秘密国际》，第 19 页，民主管理联盟出版。

资本家正变得无所事事，领薪雇员是他的授权管理者。这种趋势极有可能变得普遍。

领薪雇员没有理由喜欢资本家，后者不工作却获得了大部分的利益。但这些雇员相比工薪阶层还是享有优越的地位，因而在是否成为社会主义者并与工薪阶层共命运这一问题上犹豫不决。毫无疑问，这部分是出于势利的考量，但绝非全然如此。马克思轻视体力劳动之外的所有工作，并且不打算诉诸无产阶级之外的其他任何阶级。而科学专家意识到了自己在现代社会中的重要性，并不打算成为体力劳动者的附属。为资本家效劳，他们的重要性至少可以通过受雇而得到认可，同时获得某种程度上的尊重。但在无产阶级革命之后，他们担心自己是否还能有这样的地位。因此，他们中的大多数仍然是资本家的或多或少不情愿的盟友。

马克思通过他的学说创造了他所预言的阶级斗争，但他过分美化体力劳动，导致阶级分化达到了社会标准的低点而不是必要程度，并由此将现代经济世界中的最重要阶层，即那些从事工业化社会的技术工作的人视为敌人。这些人或者他们中的很多人本可以被社会主义争取过来，如果不是对这些相对幸运的阶层展示一种复仇意味的学说，而是提出一种更科学、更明智的组织世界生产和分配的学说。私人资本主义已经证明自己混乱不堪，并且无法产生劳动生产率提高而带来的繁荣。很明显，在大型生产领域，利润的激励不再是正确手段，而社会主义者倡导的某种组织方式已经成为人类经济福祉的必要条件。

现在，从效率而不是从阶级斗争的角度来看，提倡国际社会主义是可能的。但在马克思的观点主要源自其中的 40 年代英国，这样的观点几乎是不可能的。任何没有完全被阶级偏见蒙蔽双眼的人，除非铁石心肠，否则必然会对产业雇主感到强烈的愤慨。当时，无产阶级迅速发展，在所有工业区都出现了激烈而尖锐的阶级对立。而大部分中产阶级经济学家都替雇主辩解，并以被马克思轻蔑地揭露过的谬论为可憎的行为辩护。

事实上，当我们细想 19 世纪前半叶英国资本主义的状况时，就会觉得马克思将呼吁的重点落在阶级对抗上并不令人惊讶。在英国，尽管资本主义在 1846 年后变得没那么残酷了，但在征服的新领地上，其残酷行为还在全力继续。事实上，在比属刚果，暴行的程度远远超过了在英格兰北部工厂和矿山发生的最恶劣情形。人们为了利益什么坏事都干得出来。当然，这不是资本主义创造的新事物：狮心王①对犹太人、毕沙罗②对印加人的所作所为，都表现出了与马克思深恶痛绝的雇主一样的冷血贪婪。但是当我们将马克思视为现今时代的先知时，事情就有些不同了。马克思的仇恨，虽在意料之中，且其对象确实可憎，但并不是科学的经济学研究的良好依据，也不是有关取代资本主义的制度的一个建设性理论。马克思主义学说是 40 年代英国工业化的研究的结晶，也许这是一种不幸。在之后的时期，它可能会采取一种不那么激烈的形式，并在更广泛的领域赢得追随者。

马克思主义由于诉诸无产阶级的仇恨，已经失去了许多可能的重要盟友。同时，仇恨是最活跃的人类情感，若非来势凶猛，它所引发的运动不会如此有活力，意志如此坚定。这种激烈程度从一开始就是经过深思熟虑的。在他 1846 年写的一封针对克里齐（H. Kriege）的

---

① 英王查理一世的绰号。——译注
② 灭掉南美印加帝国的西班牙人。——译注

公开信中指出，1800多年来，仁爱并没有成功地改善社会状况，并没有赋予行动所必需的精神动力。他说，当今世界的实际情况是资本和劳动的尖锐对立，它为社会主义论点提供的强大源泉是人类之爱所不能比的。"这些情况，"他说，"在呼唤我们：'不能再这样下去了，必须有所改变，我们人类自己必须促成这种改变。'这种铁一般的必然性扩大了社会主义者的努力成果，给了他们积极有力的支持者，并将在全世界所有的仁爱之心散发出微弱的光之前，通过改变现有经济关系为社会主义改革开辟道路。"

要打赢一场战争，诉诸仇恨也许是正确的心理战术，1914年到1918年的所有交战各方都作如此之想。但是在随后的建设阶段，这种心理战术就不对了。对我们这些品尝了《凡尔赛条约》苦果的人而言，这点应该是显而易见的。马克思并不是一个完全令人愉快的人物，他的性格中大量最不应令人赞赏的东西却被他的追随者效仿。人们不禁感到，任何以这种心理发动的战争一旦成功，必然导致一种像《凡尔赛条约》那样灾难性的和平。仇恨被纵容超过底线，就会变成一种习惯，然后它必定不断寻找新的受害者。

但是，更进一步地说，在一个高效的现代国家，仅仅希望通过无产阶级来战胜资本主义，这是非常值得怀疑的。资本家，连同那些认为自己与其有共同利益的人，并不像马克思以为的那样只占人口的一小部分。此外，正如现在的情形一样，他们中包括了现代战争所依赖的大部分技术专家。空军有可能站在无产阶级一边吗？没有空军，无产阶级能赢吗？这只是现代马克思主义者所面临的诸多问题之一。

马克思的阶级斗争学说吓坏了中间阶层使后者走向反动，又宣扬政治观点是（而且一向必定是）基于经济偏见，而不是基于对普遍利益的考量，由此成为扼杀 19 世纪欧洲自由主义的力量之一。在马克思几乎没有政治影响力的美国，老式的自由主义仍然存在，而今正试图以一种非马克思主义的方式重构自己。也许现在提出这种温和的方法为时已晚，也许现在世界已经无法逃脱酷烈的阶级斗争的炼狱。但如果这是不可避免的，那么正是马克思的著作促成了这种局面的形成。

马克思的学说就像其他人的理论一样，部分是正确的，部分是错误的。其中很多内容可以驳倒，但他的理论中有四点非常重要，足以证明马克思是一个极具智慧的人。

首先是资本的集中，从自由竞争逐步走向垄断。

第二是政治中的经济动机，现在人们几乎认为这是理所当然的，但在马克思提出这一点时，它还是一种大胆的创新。

第三是那些不拥有资本的人夺取权力的必要性，这是从经济动机中推导出来的，与欧文对仁爱的吁求形成对照。

第四是国家取得一切生产资料的必要性，其结果是社会主义必须从诞生起就拥抱整个国家，如果不是拥抱整个世界的话。马克思的前辈们的目标是小型社区，他们设想社会主义可以在小范围内进行实验，但马克思认为这样的尝试是徒劳的。

正是基于这四点，马克思才有资格被称为科学社会主义的创始人。像其他学说的创始人一样，他需要在各个方面加以修正。如果马克思受到宗教般的敬畏，那么很可能会导致不幸；但是如果将他视为一个容易犯错的人的话，我们仍然可以从他身上发现很多最重要的真理。

第三部分

美国的民主与财阀统治

自由从西方突然降临，
在通往死亡和天堂的路途上，
又一轮太阳升起在烈焰中，
燃烧着，点亮着，照耀着。
从遥远的亚特兰蒂斯放出的年轻光芒
追逐着阴影和梦想。
法兰西，和她所有升腾的自信，
隐藏起来，但没有熄灭；
穿越云层，降下光荣的雨滴
落在远方的德国直到西班牙。

哎！一切都是为了自由！

如果岁月，财富，或者遗憾，

或者命运，能压制自由！

——雪莱

正如我们所看到的，在工业化方面，有两个相当完整的哲学体系，每个体系都伴随着一种进步的政治。它们是：哲学激进主义学说和马克思的唯物论的社会主义。为了征服舆论，这两个学派，尤其是前者，与前工业社会的自由主义联合起来，而自由主义又与美国和法国的革命相关。一切进步的观点，诸如民主、反封建以及热心于教育等，都在杰斐逊的指引下。最进步的观点也接受了民族主义的自决原则，有关它的第一次明确表述体现在《独立宣言》中，这同样归功于杰斐逊。

19世纪进步的政治很大程度上是通过工业激进主义与18世纪的民主理想、个人自由以及知识启蒙的合作和互动形成的。随着时间的推移，工业化变得越来越有侵略性和自信，而18世纪的进步则渐渐没入历史背景之中。从封建制度中解放出来的资本家，将"自由"的理想缩减为"自由竞争"的目标。而自由竞争，在无法无天地放纵了一段时间之后，导致了全国范围内的垄断，结果把国家变成竞争参与者，私人企业之间的竞争被经济民族主义所取代。

如此，起初与工业激进主义联合的18世纪的自由主义渐渐没入历史背景之中。工业资本转向保守，而进步的动力越来越系于无产阶级身上。对无产阶级而言，由于雇主的经济实力，杰斐逊的"个人自由"毫无用处。于是，当进步的政治学说变成无产阶级的政治理论，它便失去了18世纪的要素：组织和平等取代了个人自由。

上篇　美国的民主

第二十一章 杰斐逊式民主

在美国成为一个独立国家的最初 72 年中，欧洲人对它的兴趣主要在于它是民主最完全和最重要的范例，然后才是这个国家本身。对美国的看法存在分歧，就像现在人们对俄国的看法一样：激进派认为承认美国存在缺陷就是叛国，保守派则认为承认美国的优势才是叛国。这一观念并不局限于欧洲。除了早期的联邦党人之外，美国人认为自己是推动进步者。1809 年杰斐逊从任上退休时说："这里是唯一存放人类残留的自由的地方，我们对自己、后代和人类的责任，通过每一个神圣而光荣的动机召唤我们，在危难之时看顾我们所热爱的祖国的安全，而这种危难正搅动和激荡着这个世界的残余势力。"54 年后，同样的情怀激励林肯在葛底斯堡发表演说，沃尔特·惠特曼则表达了当时美国人的共同感受：

> 年老的一代人都止步不前了吗？
>
> 他们衰颓了，不再学习，在海的那一边倦怠了吗？
>
> 让我们担当起这不朽的任务，接过这重担，继续学习，开

拓者，啊，开拓者！

民主理论与经济学家和社会主义者的学说不同，它绝不是新的。在现代世界，它有两个来源，一个是古典的，一个是新教的。在美国民主的创立者中，这两者交织在一起，而在他们的继承者那里，只保留了新教的来源。

在大流士加入之前，希罗多德在其著名的篇章里代表波斯阴谋家辩论君主制、贵族制和民主制的相对优点。当然，希罗多德将希腊人的情绪归咎于波斯人：在他那个时代的希腊，民主作为一种政府形式已为人熟知。同样，罗马人憎恨国王，并建立了一个共和国，它变得越来越民主，直到最终被罗马帝国取代。像格拉古兄弟①那样善于慷慨演说的典范以及一些罗马作家，尤其是在罗马帝国的统治之下，创作了大量值得称赞的作品来歌颂人民的自由。布鲁图斯②和卡西乌斯③成了象征：但丁欣赏神圣罗马帝国，所以视他们为头号罪人，并把他们和犹大一同送进撒旦的口中。但那些憎恨专制君主的人，把布鲁图斯作为罗马时期乃至中世纪的共和主义者美德的化身。

随着古典研究的复兴，希腊和罗马对政治思想的影响也与日俱增。18世纪时，所有聪明的贵族都熟悉拉丁语，许多人还熟知希腊文，所以或多或少带有共和思想的文字是符合上流社会品味的。贺瑞斯·沃波尔④在他的墙上挂了一份查理一世死刑判决书的复制品，上

---

① 平民选出的古罗马著名的保民官，各自在任期内领导了一场改革。由于改革触怒了保守势力而先后被杀。而古罗马共和制开始动摇，也是从这对兄弟开始的。——译注
② 古罗马的政治家和将军，出身贵族世家，图谋暗杀恺撒。——译注
③ 古罗马将军、刺杀恺撒的主谋者之一。——译注
④ 英国作家，第四任奥福德伯爵。——译注

面题有 "Major Charta" 字样，以表明其优于 "Magna Charta"①。在法国，知识分子激进主义在很大程度上与崇拜古人有关，结果造成拿破仑痛恨塔西佗，不能容忍任何教授称赞这位作家。在早期的美国，这种风潮的影响虽然总是不如新教的影响重要，但大家也会有同样的感受。1809 年，弗吉尼亚州议会称赞杰斐逊对他的祖国有着"罗马般的爱"。在咨询华盛顿的雕像时，他建议应该象征性地披上托加长袍②。美国公众舆论的早期领导者们，特别是那些弗吉尼亚人的舆论领导者，无论在思想上还是在风格上都受到古典主义典范的很大影响。

在大革命前的法国，那些自由派贵族在革命中并无所得，但希腊和罗马的影响是他们持有民主思想的主要原因。而另外三个非常重要的影响是：卢梭，源自洛克的哲学，拉法耶特及其同袍在美国革命中的经历。所有这三种影响归根结底都源自新教。

在德国、英国和美国，神学上对教皇的反对非常容易过渡到对民权的反对。路德早已坚称"个人判断"原则③，它意味着有些事是当局无权胁迫个人去做的。在得到一些王侯的支持后，路德将他的教义限定于反对基督教会当权者方面，但在由此引发的骚乱中，许多人拒绝接受这一限定。1525 年，农民起义的领袖们强烈要求废除农奴制，

---

① 这两处的西文词组都是"大宪章"的意思。后者为拉丁语。——译注
② 著名的罗马式长袍，看起来像是衣服外面绕了一圈布。——译注
③ 即 the principle of private judgment，是马丁·路德宗教改革的主张之一。背景是启蒙运动诞生出的个人主义精神。他认为罗马教廷控制信众并使其无法发挥作用，他支持"信徒皆祭司"，强调单个信徒的灵魂力量，并以此作为反驳罗马天主教铁腕统治的圣经依据。罗素赞同这种自由和反权威的思想，称其为"对独立个体智力活动价值的重估，是在迄今黑暗盛行之处散播光明……"。——译注

"既然基督用自己宝贵的鲜血救赎了我们所有人，那么无论牧羊人还是贵族，无论最卑贱者还是最高贵者，都是一样的"。农民起义被镇压了，路德也以难以置信的凶暴加入了镇压行列。不过这场运动被再洗礼派①继续发展，他们在无政府主义的共产主义中得出了它的逻辑结论——这与巴枯宁和克鲁泡特金反对马克思的学说是一样的。欧洲大陆上的再洗礼派被镇压后，他们的教义传到了英国，成为贵格会的起源。掘地派②的领袖温斯坦利解释说，他们不需要政府，因为他们把所有物品都公有了。③ 虽然克伦威尔不接受这些学说，但查理一世接受了，凯旋的查理一世的圣人大军从理论上讲是民主性质的。而且它为古人所理解的民主增添了一个新原则，即个人自由的原则。平等源于基督为所有人牺牲的事实，自由则来自个人审判权。自由，如果推导出它的逻辑结论，就会涉及无政府主义，所以新教政治家不得不找到某种方法使之容许政府的存在。最好的办法似乎是将民主与人权学说结合起来，并规定政府干预私人事务不应超过的限度。如此，新教的民主就成为一种政府理论，一种政府权力界线的理论。

克伦威尔的军队通过移民把这些新教教义带到了新英格兰。在那里，如果他们没有真正控制地方政府，至少也可以作为一种发酵剂促使当地逐步走向民主政权。在英国，反对斯图亚特王朝复辟的人们继续宣讲天赋自由权。这些人，尤其是阿尔杰农·西德尼，似乎对杰斐

---

① 16世纪欧洲宗教改革时期新教中一些主张成人洗礼的激进派别的总称。该派否认婴儿洗礼的效力，主张能够行使自由意志的成人受洗才为有效。——译注
② 17世纪英国资产阶级革命时期代表无地和少地农民的空想社会主义派别，主张社会政治平等、财产平均，消灭土地私有制。——译注
③ 刘易斯·H. 贝伦斯：《英联邦时代的掘地派运动》(*The Digger Movement in the Days of the Commonwealth*)，1906年。

逊产生了相当大的影响。[①] 当然，洛克对他也有影响，但这种影响反映出的是 1688 年英国安定下来之后，革命时代的常识残余。至于卢梭，他似乎对美国革命的领导人没有任何明显的影响。

因此，杰斐逊式民主的教义有两部分：一方面，政府应该是民主的；另一方面，政府应该尽可能少管。需要采取共同行动时，应以多数人的意志为准，但每个人都有某些不可剥夺的自然权利，对此政府不应干预。

基于以下三个原因，杰斐逊应被视为美国民主的奠基人：首先，他起草了《独立宣言》；第二，他领导了共和党而且是共和党[②]的主要创建人，并以此推翻了反民主的联邦党人；第三，他是第一位信仰民主并寻求建立民主的总统。

杰斐逊为人民谋民主，他自己却不是人民的一员。他的父亲靠个人努力发家，但他的母亲姓伦道夫，是弗吉尼亚的名门望族。他本人从小就与富农子弟交往，享受着独立而舒适的地主生活。他自然属于弗吉尼亚的统治阶级，21 岁时成了治安官，1769 年，26 岁的他成了下议院议员。临结婚前，他从英国订购了一架古钢琴、几双长筒袜以及各种华贵的服饰。尽管他是一位优雅的绅士，但他对社会等级的蔑视是真心实意、根深蒂固的，这使得他在法国大革命期间没有陷入伯克灌输的虚假的感伤主义。1794 年，他希望法国人能"最终将国王、贵族和神父送上长期以来淹没在人类鲜血中的断头台"。1777 年，在

---

① 参见 F. W. 赫斯特：《杰斐逊的生活和书信集》(*Life and Letters of Thomas Jefferson*)，第 508—509 页。
② 不是现在共和党的源头。

独立战争期间，他促使弗吉尼亚州代表大会废除了预定继承人的顺序和长子继承权，它们直到那时还处在一种尊崇的地位，如同英格兰贵族拥有的土地特权。他的传记作家塔克在 1837 年写了一篇评论，揭示了杰斐逊这些措施的成效："革命前（弗吉尼亚）四驾马车的数量大概是现在的 2 到 3 倍，但现在两驾马车的数量可能是以前的 10 倍，甚至 20 倍。"如果这反映了民主的进步，那应该是一种不太激进的民主。

独立战争前，杰斐逊全力投身与英国的论战之中。战争期间，他先是当了国会议员，然后又成了弗吉尼亚州议员。在弗吉尼亚，他促成了法律的彻底修改，废除了谋杀和叛国罪之外其他罪行的死刑，这样一下子从中世纪精神跳到了贝卡利亚①的现代理念。杰斐逊消除了教会的官方地位，引入了完全的宗教信仰自由。（在此之前，除圣公会外，所有宗教在弗吉尼亚都遭到迫害。）杰斐逊还试图通过一项法案，规定在法案通过之后出生的奴隶都是自由人，但是他的废奴努力并没有成功。1779 年，他当选为弗吉尼亚州州长。1784 到 1789 年，他出任法国大使。回国后，他担任国务卿直到 1794 年年底。1797 年，他成为副总统，1801 至 1809 年担任总统，当时他已经快 66 岁了。

从杰斐逊政治生涯的大致轮廓来看，人们可能认为他没有时间花在政治之外的其他兴趣上。然而事实上，他对家乡蒙蒂塞洛的爱，对建筑的兴趣，对科学无尽的好奇心，至少和他的政治抱负一样地强烈，并让他在闲暇时和退休生活中感到了真正的快乐。他的《弗吉尼亚笔记》说明了他的兴趣广泛，它写于 1782 年，当时他刚刚侥幸逃

---

① 意大利经济学家、法理学家，代表作为《论犯罪与刑罚》。——译注

脱了英国人到他家里的抓捕以及议会同僚的弹劾。此书是为了回答法国人 M. 马博伊斯先生的疑问而作，后者一定被书中奔涌而出的信息所震惊。比如，他问到关于河流的问题，杰斐逊给出了 35 条河流的主要信息，偶尔还会突然激情勃发，如数家珍："俄亥俄河是地球上最美丽的河流，它水流平缓，水质清澈，岩石和急流并没有破坏它那平滑的河面，是江河中唯一的例外。"山峦、瀑布、洞穴、野生动植物，这个细心的观察者骑马穿越整个州的东西南北，把各种细节一一列举了出来。

他不仅是作为科学爱好者在写作，而且是以爱国者的身份写作。著名的博物学家布丰曾大胆地说，新大陆的动物要比旧大陆的小，而在美国"天然物种不够活跃，也不够强壮"。这种说法是不可容忍的。杰斐逊在整整 3 页的附注中比较了欧洲和美洲类似动物的重量，从水牛开始，他发现美洲的水牛要比布丰所在的衰败的大陆的任何动物重许多倍。不仅如此，杰斐逊还说，如果布丰先生能够承受水牛的重量的话，那么在猛犸象面前他必定会屈服，而猛犸象的骨架就是在俄亥俄州发现的。再有，当他任州长时，一些因生意来拜访他的印第安人曾向他保证，这一庞然大物仍然生活在西北地区。除了印第安人的证词外，还因为"这是大自然的安排，没有任何证据可以证明大自然会允许任何一个物种的动物灭绝"。终其一生，杰斐逊都相信猛犸象依然生活在美国大地上，这甚至成了政治竞选中的一个话题。他的观点并没有什么荒谬的地方，在这件事上碰巧错了，但在很多方面他可能是对的。当然，说到有违科学，他可比不上著名的布丰先生。

杰斐逊是一位成功的具有独创精神的建筑师，是将古典风格运用于美国国情的先驱，精妙的蒙蒂塞洛和弗吉尼亚大学都出自他的设计。

18 世纪的文化中所有值得称道的东西都在杰斐逊身上得到了体现，没有什么有限和停滞的品质是那个时代所不满意的。美国北部的文明从 17 世纪的基调突然过渡到 19 世纪的基调，因而缺少一种成熟的成分。杰斐逊在文化上的影响与其在政治上的影响一样大，不幸的是，这点被人们忽略了，他的文化影响只存在于南方，但也被南北战争所摧毁。缺乏 18 世纪的传统使得美国看起来更加乏善可陈。

杰斐逊的政治哲学思想在《独立宣言》中得到了简洁有力的表达。其中的话已为人所熟悉，至少对美国人是这样——熟悉得令人熟视无睹。尽管如此，我还是得要求读者耐心地看看对关键段落的一些分析：

"我们认为这些真理是不言而喻的：人人生而平等，他们被造物主赋予了某些不可被剥夺的权利；其中包括生命、自由和追求幸福的权利。为了保障这些权利，政府才在人们中间建立起来，并经被统治者同意获得其正当权力。任何形式的政府一旦对这些目标的实现起破坏作用时，人民便有权将其更换或废除。"

当杰斐逊说这些真理"不言而喻"时，他的意思正是他所说的：他的意思是它们就是大家所知的自然之光，而 18 世纪的自然之光要比现在明亮得多。在个人道德方面，他同样依赖于自然之光。在生命行将结束时，杰斐逊在写给南卡罗来纳州的约翰逊法官的一封信中，解释了他早期的政治行为，他说他的政党相信"人是一种理性的动物，天赋权利，并具有天生的正义感"。在 1815 年写给亚当斯的信中，他说："道德意识也是我们宪法的一部分，就像感觉、视觉或听觉一样，英明的造物主一定知道它是我们这种注定要生活在社会中的动物必须具备的。"他又补充道,"每个人在对他人行善时都会感到快乐","美德的本质在于做对别人有益的事"。

杰斐逊对道德意识和人类天生善良的信念,为他的自由主义思想奠定了基础。如果每个人通过自己的良心,都能明白什么是正确的行为,并且如果正确的行为就是做对他人有益的事,那么为了普遍的幸福,每个人都应该遵从自己的良心行事。此外,在没有腐败的机构,暴政日益衰弱的情况下,杰斐逊相信,大多数人总体而言会遵从自己的良心。对于极少数例外,法律也许是必要的;但总的来说,自由是提升人类的幸福所必需的。

对于经历过第一次世界大战的一代人来说,反驳这种哲学的乐观主义几乎是没必要的。《凡尔赛条约》以及对富农和犹太人的迫害,都是以最崇高的道德名义展开的。务实地看待杰斐逊的学说,从其意图和可能产生的效果来看会更有成效。允许干涉自由**有时**是不可避免的,但并不意味着这种干涉**总是**值得称赞的。它经常发生,发生在杰斐逊时代的欧洲,政府禁止许多有益的行为,也下令实施了很多有害的行为。阻碍贸易,推动战争;限制自由思想,鼓励盲从。对于不受任何人欢迎的行为的惩罚,比如盗窃,过于严厉,以至于引发了比它想要纠正的更严重的罪行。在这样一个世界上,首先要做的就是清除政府的错误行为,为此,有些极端的自由哲学就成了一种有用的工具。自由放任主义作为一种理论也许是站不住脚的,但作为一种政治力量,在杰斐逊时代无疑是有益的。

在美国,有扩张的空间这一事实促进了自由。那些不喜欢受拥挤城市约束的人可以向西迁移,那些有犯罪冲动的人可以与印第安人或墨西哥人开战。杰斐逊的民主观念是农业性质的,他惧怕大城市的发展，并且部分基于这个理由反对制造业的关税。[①] 他的政党中大部分人是小自耕农，不喜欢城市资本主义。从他那个时代到今天，美国的政治进步主要是农业性质的，很大程度上是因为在他的这种自由主义对产业工人没有任何用处。在发达国家，即使是最小的自耕农在社会和经济地位上都要优于大多数人。杰斐逊也许，而且很可能确实不喜欢以银行为幌子的资本，但他却站在资本一方对抗工薪阶层。这使得美国很难发展出任何现代意义上的进步政党，也使得名义上的进步人士三心二意。人们几乎不知道像 W. J. 布赖恩这样的人是否可以归为激进主义者，或视为陈旧思想和行为的最后的孤独的捍卫者。但在杰斐逊时代，小自耕农仍拥有未来。

杰斐逊哲学中的另一个问题适时变得尖锐起来，是关于自决权的。《独立宣言》声明，当任何政府破坏"生命、自由和追求幸福的权利"时，人民有权更换或废除它。这种情况意味着与此有关的人民本身就是这个问题的法官，但是这里没有办法来界定哪一群人构成了"人民"。假如这样，南方人可以诉诸《独立宣言》的原则来为其脱离联邦的行为辩护，这并非没有道理。显然，有些情况下，自决必须服从于人类的最高利益。如果把苏伊士运河和巴拿马运河交给它们流经地区的人自由控制的话，便是荒谬之举。自决原则必须经得起一般公共利益的考验，而不能绝对地说成是一种"天赋权利"。随着技术进步，世界变得越来越一体化，允许一国绝对独立于其他国家而存在业已日益成为前进的障碍：国家也像个人一样，必须学会服从政府。在

---

① 参见查尔斯·A. 比尔德的《杰斐逊民主的经济起源》 (*Economic Origins of Jeffersonian*) 全书。

这一点上，自由主义哲学同其他哲学一样，对于现代世界的需要来说，过于无法无天。

美国宪法与《独立宣言》不同，它并不来自杰斐逊，而是在他驻留法国期间起草和通过的。当然，宪法必须获得大家一致同意，但是当时最积极推动这部宪法的力量是后来杰斐逊在政治上反对的那些人。在一本值得称赞的书中①，查尔斯·A. 比尔德分析了经济动机，正是这些经济动机激发了那些制定宪法并促使其通过的人。这种冲动主要来自拥有个人财产，尤其是持有联邦和各州债务的人。宪法中有一种打败民主的自觉愿望，例如授予最高法院的权力以及保证契约神圣性的条款等。比尔德的有些结论值得一提：

"美国宪政运动的发端和开展主要是由于四种个人利益集团的驱动，即金钱、公共证券、制造业、贸易和航运，当时它们受到了《邦联条例》的不利影响。"

"起草宪法的费城制宪会议的与会者，除少数外，都立即、直接对新制度的建立表示了个人兴趣，并从中获得了经济利益。"

"宪法本质上是一份经济文件，它基于这样一个理念，即个人财产的基本权利先于政府财产的，并在道德上不受大多数民众制约。"

可以看出，虽然那些促成宪法的团体并不是杰斐逊特别感兴趣的团体，但宪法的哲学中，没有什么可以让他合法地反对。他也相信个人权利先于政府，当然也不敌视财产之类的东西。他也不反对宪法，除了宪法中遗漏了一项权利的申明，这是他后来相当看重的。宪法的

---

① 《美国宪法的经济解释》（*An Economic interpretation of the Constitution of the United States*），1925 年。

通过是催生财阀统治的政权的第一步，就这样，杰斐逊式民主被淘汰了。

根据新宪法，第一届国会选举产生，以民主机制使富人更富的事业辉煌地开始了。在独立战争期间，联邦政府和几个州的政府已经举债，并常常承诺付钱给士兵，却付不出现金。这些债券已经跌到只值其名义价值的一小部分，因为人们非常怀疑它们能否被兑现。后来国会决定按面值赎回它们，但是并没有采取任何措施来防止利益相关者事先获知国会的这一意图，结果富有的投机者以非常低廉的价格从居住在乡下的退伍军人手中买下了这些债券，而那些退休军人根本没有听说国会发生的一切。这是一场腐败的狂欢，精明的商人大多没有参加过战争，却以损害老兵和其他淳朴民众来获利。对此群情激愤，但根本于事无补。

这些交易的发起者是财政部长亚历山大·汉密尔顿，历史上最能干、最重要的人物之一。没有证据表明他存在个人腐败，事实上他离开岗位时也是一个穷人。但这场腐败是他有意为之，并认为这是值得的，能对富人产生应有的影响。别人只为自身利益辩护，他却是不偏不倚。例如，他主张发展制造业，部分原因在于他认为使用童工是件好事。他说："妇女和儿童在制造业比在其他行业更有用，而且后期比早期更有用。据估算，在大不列颠的棉花厂雇工中，几乎七分之四是妇女和儿童，其中儿童占比最大，许多还是幼童。"汉密尔顿不喜欢民主，而且推崇英格兰。在整个职业生涯中，他的目标就是让美国变得像英国一样。他希望财阀可以成长为贵族，也确信腐败是让财阀统治战胜民主的最好方法。

汉密尔顿与杰斐逊不同，既不是美国人，也不是贵族，他是一位苏格兰商人的私生子，法属西印度群岛人。少年时期汉密尔顿在圣基茨岛上度过，他阅读普鲁塔克的著作，并梦想出名。十几岁时写了一篇描述飓风的文章，广受赞誉。"对飓风的描述使他发了财。梦想靠武力发迹的汉密尔顿，现在凭借自己的笔使朋友们集资送他去美国接受教育。他终日渴望以刀剑获得荣耀，并不知道笔可以让他不朽。"[1]独立战争初期，汉密尔顿19岁时，他热切地在军中寻求出头的机会，但他只是一名士兵，虽然光荣，却不辉煌。然而作为一名政治家、金融家和记者，他向世人展示了自己的才华。

在制宪会议上，汉密尔顿主张总统和参议员应该是终身制，州长应由总统任命，并有权否决州立法。他宁愿选择一个赤裸裸的君主制，并在很长一段时间内对此抱有希望。尽管宪法并不是他想要的，但他看到了某种可能性，于是着手制定了其中的大部分条款。他是联邦党人的领袖，并在广泛阐释联邦政府的权力方面做了大量的工作。他利用关税来激励制造业。从1789年到1801年杰斐逊就任总统，其间他整合了金融、商业和工业资本，除对外政策上的某些方面之外，可以说他建立了一个控制美国的政党。

1790年到1794年，汉密尔顿和杰斐逊都是华盛顿内阁的成员。起初，刚从法国归来的杰斐逊未能理解汉密尔顿的政策走向，还帮助他一起确保联邦政府按面值承担各州的债务——后来他对此感到后悔。不久，杰斐逊和汉密尔顿之间形成了一种令人不快的敌对情绪，并各自领导了一个剑拔弩张的党派，从没有人像他们俩那样水火不

---

① 克劳德·G. 鲍尔斯：《杰斐逊与汉密尔顿》（*Jefferson and Hamilton*），1929年，第24页。

容。杰斐逊代表民主和农业，汉密尔顿则代表贵族和城市富豪。杰斐逊一向富有而地位卓然，相信人性本善；不得不为贫穷和出身而抗争的汉密尔顿则认为人从根本上讲是堕落的，只有在政府压力的胁迫下才会做出有益之举。杰斐逊有财产傍身，周围是有教养的朋友，他信赖普通人；而汉密尔顿对平民百姓了如指掌，一直寻求出人头地的机会。五花八门的兴趣让杰斐逊感到快乐，没有什么野心，在所有的政治运动中都保持着宽容和高洁；汉密尔顿的虚荣心则要求他一再取得成功，在论战中表现出仇敌般的恶毒和不择手段。这两个人某种程度上都成功了，某种程度上也都失败了：杰斐逊使美国成为民主之乡，汉密尔顿使美国变成百万富翁之家。

在政治上，胜利属于杰斐逊；在经济上，胜利归于汉密尔顿。汉密尔顿的政党四分五裂，很大程度上因为他失去了理智，尽管有他干练的领导，但该党还是没能控制美国政府更久一点。美国的向西扩张使相信杰斐逊式民主的选民多了起来，因为汉密尔顿和他的政党是亲英派，外国移民，特别是爱尔兰移民，也将选票投向了杰斐逊。美国后来的发展方向——开疆扩土发展农业——只会增加民主对美国政治的影响。从政治上讲，汉密尔顿的努力希望渺茫。

从经济角度看，汉密尔顿的政策具有各种不同的发展方向。由于种种原因，起先或多或少是偶然的，美国的制造业享受了越来越多的保护措施；因为关税是选举中经常被提及的问题，而工业领域的雇主和雇员又有着相同的经济利益，所以尽管在30年代发生了一些零星的运动，无产阶级的政治意识却很少，工业地区也呈现出顽固的保守倾向。汉密尔顿蓄意引入政治机体中的腐败，在西部开发中发现了越来越多的机会，首先是新土地的分配，随后是铁路融资。西部在与东部资本力量斗争时总是被打败，部分原因在于腐败，部分原因在于没有能力进行规划。西部农场主坚信，就像自己国家的宪法所规定的那样，对财产权的不尊重是不被允许的，而这些权利使他们服从银行。如此，美国的富人比以往任何人都有富有，获得的权力也远超过去的君主。

杰斐逊式的农业民主可以在像丹麦这样的国家取得成功，而丹麦几乎没有给大规模的资本主义提供发展的机会。但在美国这样一个幅员辽阔的国家，农业基本上依赖铁路，所以农耕式自由主义不可能成功。要掌握现代资本主义的巨大力量，就不可能通过和蔼可亲、随心所欲的个人主义实现。但是杰斐逊给美国的前进步伐绑上了这种现在还不充分的哲学，无意间使汉密尔顿的经济学取得了比他想要的更为彻底的胜利。

在 1933 年以前，这两个人唱主角的哲学一直主导着美国人的生活。

第二十二章　西部的开拓

19 世纪乐观主义是由物质生活的迅速发展引起的，而物质生活又相应地可以归结为两个相关因素：工业方面不断占领新市场，农业方面不断征服未开垦的土地。地球是有尽头的，扩张的过程不可能永远持续下去，但是美国西部、大英帝国的自治领以及南美洲的南部国家为扩张提供了如此广阔的空间，似乎没必要为遥远的将来，为所有这些空荡荡的地方有朝一日将被占据而烦恼。

在美国，对西部的征服是由那些信仰杰斐逊式民主的人来完成的，当荒无人烟的地方吸纳了足够的居民之后，他们就在那里建起了民主政府。美国农业人口的增长，在许多方面与人类历史上任何已知情形完全不同。在欧洲，封建领主和农奴的划分随处可见，在俄国、波兰、奥匈帝国和部分德国地区也仍然存在。农业工人即使不再是农奴，实际上也还是被束缚在特定的土地之上，或者至少被束缚在某个居住区，无论是在专业分工上还是在政治上，都没有什么主动性。即便在法国，农业工人通过革命拥有了土地之后，还是会在教会的影响下陷入保守主义。在美国，西部的农业人口属于移民，他们具有冒险精神，注重生产方法的技术革新，从自治和艰苦生活中产生的自尊和自信，使他们不会将其他人视为比自己优越的社会阶层。在整个西部，一种民主的、高奏凯歌的进取精神时刻准备挑战这个世界，西部在物质方面的惊人成功使它日复一日地相信自己是正确的。

征服阿勒格尼之外的土地的第一阶段是战争和外交问题。1756年，法国人拥有加拿大和整个密西西比河流域，而西班牙人拥有佛罗里达、得克萨斯和西部偏远地区。1763年，英国人占领了加拿大和密西西比河谷的东半边，后者在1783年割让给了美国。1803年，杰斐逊从拿破仑手中买下了密西西比河谷的西半边；1821年又从西班牙那里购得了佛罗里达；得克萨斯在短暂的独立之后，于1845年自愿并入美国。1848年征服墨西哥，使美国的领土向西一直延伸到太平洋。

大范围的占领有时比合法拥有要晚得多，但是跨大陆的扩张是从联邦成立到19世纪末一直持续的运动。即使在殖民时期，英国人也无法压制美国人背着他们探索和利用未开垦之地的愿望。而当他们摆脱了乔治三世的控制后，沿海各州的人对拥有了自己的土地欣喜若狂，并且一定程度上受自身困境的驱使，大举翻越山脉向密西西比河谷迁徙。日复一日，月复一月，年复一年，长长的移民队伍在行进，富裕的家庭坐着马车，后面跟着他们的牛羊，贫困的家庭则步行，家当就在包袱里或者手推车上，沿着西部公路一路找寻新成立的州。肯塔基州1792年加入联邦，田纳西州是1796年加入，俄亥俄州1803年加入。在西北部，一开始进展缓慢，因为英国人仍怀有敌意，并以各种借口阻拦移民，直到1794年英美签署《杰伊条约》。1783年，各军事要塞同意投降，而印第安人却站在英国人一边，使移民们感到这个国家并不安全，这种现象一直持续到1812年的战争之后。从1815年开始，印第安纳和伊利诺伊虽然仍有许多印第安人，但很快也接受了移民，并分别于1816年和1818年成为美国的两个州。而更西北的地区，必须联合灌溉，所以直到很久之后才有人定居。例如，南达科他、北达科他直到1889年才被纳入联邦。但到1820年，阿勒格尼西部的定居者总数超过225万，到1840年有近700万。

西进运动在好年景时规模缩减，在坏年景时则高歌猛进，因为此时穷人想逃避失业、低工资和高税收。但是许多非经济的动机也在促进西进运动，所以移民从未完全停止。喜欢冒险，热爱自由，再加上一个近乎浪漫的愿望——想成为文明进步大军的先锋队，从而使得一些人抛弃舒适，去忍受拓荒生活的风险和艰辛。正如托克维尔所说：

> 我乐于承认美国没有诗人，但我不承认他们没有诗意的想法。在欧洲，人们大谈美国的荒蛮之地，但美国人自己从不去想。美国人对那些无生命的自然奇观熟视无睹，可以说，他们在斧头落下之前不会觉察到自己周围的浩瀚森林。他们的眼睛盯着另一种景象，盯着美国人穿越荒野的行进路线——干涸的沼泽，改变走向的河流，人迹罕至之地和被征服的大自然。他们自己的这番壮观形象并不是每隔一段时间就映入美国人的眼帘，可以说，这一形象在每个美国人最微不足道和最重要的行动中都萦绕着他们，而且总是在他们脑海中飞舞。没有什么比美国人的生活更琐碎，更乏味，更充斥着微不足道的兴趣，一句话就是如此无诗意。但在它所暗示的思想中，总有一种充满诗意的思想，那就是他们蕴含的精神，能为整个人注入活力。[1]

---

① 托克维尔：《论美国的民主》，第2卷，第67页（朗文，格林及其公司，1875年）。

美国西部开始认为自己是民主的典范，世界也这样认为。然而，当时的美国有三种其独有的重要情况，它们影响了人们的性格和社会生活，使这两者与无论哪个政府治理下的欧洲的情形大不相同。这三种情况就是：自由土地，印第安人和黑人奴隶制。最后一个我将留待以后的章节阐述。如果我们想了解美国民主的特点，其他两个在这一点上都是有说头的。我先从印第安人说起。

从一开始，与印第安人的冲突就给美国人带来一定的刺激性和社会凝聚力，这在不那么危险的环境中是不可预料的。印第安人有许多优良品质，但他们非常残忍。那些自己的妻子和孩子始终面临被剥去头皮或被战斧劈死的危险的男人，很难以兄弟般的态度对待他们。而印第安人也没法不憎恨白人的无法无天和野蛮侵略。詹姆士·特拉斯洛·亚当斯在描述1637年的佩科特战争时说：[1]

> 这是一个关于白人侵略和种族仇恨的故事，两个半世纪以来，在几乎所有边界地带不幸地反复上演。第一次新英格兰战争中的主要事件是清教徒在约翰·梅森上尉的领导下，突袭了野蛮人的主要村庄。一个刮着大风的黑夜，通往围栏的两个入口都被人把守，以防任何人逃脱，随后点燃了火把，500个印第安男人、妇女和儿童被烧死。而清教徒的领袖竟然说上帝保佑，在那个可怕的夜晚，待在家里的人比平时多了150人。

在这之后，当我们得知这些殖民者是如何以宗教为由对待贵格会教徒时，已经不感到惊讶了：他们绞死了三男一女，其他人则被囚

---

[1] 《民主的进程》（*The March of Democracy*），第1版，第25页。

禁、殴打和折磨，孩子们在西印度群岛被卖作奴隶。[1] 即使到了19世纪，边界地区仍有热衷迫害的因素。除了针对摩门教徒之外，它不再进行宗教迫害，但政治迫害依然存在，特别是在奴隶制问题上。

在西北地区通常发生这样的事，最先到来的是探险家，不久之后是皮货商人，经过十几年乃至两个世纪的岁月洗礼，商人们的报告诱使法国、英国或美国政府在荒野中建立军事据点。（其动机通常是想确保本国皮毛贸易的安全。）在白人国家之间的战争中，印第安人会被煽动去屠杀那些偏远地区的驻军，这导致了报复：印第安人将在一场激烈的战斗中被打败，被诱导签订条约，据此"出卖"自己的土地，并迁往更远的西部某个新的保留地。在战争中，边远地区的定居者被印第安人屠杀，印第安人也被定居者杀害。边疆地区的每个白人都被要求随时响应号召，自愿上阵抗击印第安人。尽管印第安人最终总被打败，但他们获胜的次数并不比失败的次数少，而且当双方人数相等时，印第安人几乎总是胜方。[2]

早年，对印第安人的恐惧一直笼罩着边境。尼古拉和海伊在描述亚伯拉罕·林肯的祖父（也叫亚伯拉罕）的生活时说：

> 直到1795年《格林维尔条约》签订，印第安战争漫长而血腥的历史才告结束。没有哪一天，拓荒者可以安心离开他的小屋，相信自己回来时它不会化为灰烬，他的小羊群在家门口被杀害，或者被困住，情形比被杀还糟。每当夜幕降临，离家的男人

---

[1] 《民主的进程》，第26页。
[2] 参见 M. M. 奎夫的《芝加哥和旧西北》（M. M. Quaife, *Chicago and the Old Northwest*）。

对妻儿的担心非常普遍，其情其景甚为悲惨。

拓荒者亚伯拉罕·林肯的生活很快就以灾难性的结局结束了。他定居于杰斐逊县，住在从政府那里购买的土地上，并在森林中辟出了一个小农场。1784 年的一个早晨，他带着三个儿子莫迪盖、约西亚和托马斯到空地边开始一天的工作。灌木丛中射出的一枪杀死了父亲，长子莫迪盖本能地跑向房子，约西亚则跑向邻近的要塞求救，而最小的托马斯只有 6 岁，被留在了父亲的尸体旁。莫迪盖到了小屋，拿起来复枪，透过枪眼看见一个身上有战争图案的印第安人，正要弯腰拉起地上的孩子。莫迪盖小心地瞄准了这个野蛮人胸前的白色饰物，将他射倒，小男孩托马斯这才得以逃脱，跑向小屋。这时莫迪盖从阁楼再次向野蛮人开火，野蛮人也从灌木丛中现身，直到约西亚从要塞带着援军赶到，袭击者才逃跑。这一悲剧在莫迪盖心中留下了不可磨灭的印象，无论是出于为被杀的父亲复仇的心理，还是因为成功射击带来的运动员般的乐趣，都使莫迪盖成了一名坚定的印第安人追捕者，而他很少停下来探究进入自己步枪射程中的那个印第安人是友是敌。

在 1832 年的黑鹰战争中，林肯本人也曾与印第安人作战。哈里森荣升总统是因为在蒂珀卡努打败了印第安人。而杰克逊总统尽管主要是靠打败威灵顿的姐夫而声名鹊起，也因为在与塞米诺尔印第安人的战斗中获胜而声名远扬。

在与印第安人的战争中，最戏剧性的一幕是 1812 年在芝加哥的迪尔伯恩要塞的大部分驻军被屠杀，是一场针对英国人的战争。那时的芝加哥，几乎只有一个军事据点，还有一个名叫金西的商人。负责指挥的上尉希尔德奉命撤离要塞。在距离要塞2英里的地方，他的小股部队遭到袭击，据他自己所说当时有38名男子、2名妇女和12名儿童被打死。幸存下来的少数人有过奇怪的冒险经历。[1] 比如，西蒙斯太太和她6个月大的女儿。西蒙斯太太在屠杀中失去了丈夫和2岁的儿子，她被印第安人囚禁了6个月，其中大多数时间是抱着婴儿行军。她忍受着印第安妇女棍棒的"夹道欢迎"，还要设法保护自己的孩子。最后，她被带到底特律，落在了英国人手中，至此她的苦难才算结束。大屠杀过去8个月后，她到达她父母避难的木屋。即使在那里，在她到达后不久，她的姐姐和姐夫也被印第安人杀死。此后，她和女儿的生活才归于平静。后来女儿结婚了，并不断向西迁居，先后在俄亥俄、艾奥瓦和加利福尼亚生活，1900年西蒙斯太太在加利福尼亚去世。[2]

贸易商金西被印第安人视为中立者，所以在大屠杀中毫发无损。然而，他和他的儿子、女儿以及儿子们离异的妻子在随后与印第安人签订的每个条约中都遭受了损失，当然也得到了补偿。

1812年战争期间，在酋长特库姆塞和他的兄弟发起了一场空前

---

[1] 参见 M M 奎夫的《芝加哥和旧西北》。

[2] 大屠杀中幸存下来的少数人似乎有着非凡的生命力。其中的一位名叫肯尼森，他声称自己生于1736年，并参加过独立战争。1812年战争之后，他献身于追求和平的事业，但他发现和平时期比战时更为危险：一棵倒下的树砸伤了他的颅骨、颈骨和两根肋骨，阅兵场上他的两条腿又受了枪伤。然而，他结婚了4次，并有22个孩子。109岁时，移居芝加哥，在那里依靠军人退休金直到1852年。他的最后一年在博物馆里度过，而且获得了公葬的待遇。

团结的行动。他的兄弟被称为先知，从大灵①那里得到启示。有一次，大灵对先知说：

> 我是英国人、法国人、西班牙人和印第安人之父。我创造了第一个人，他是所有人包括你的父亲。我将他从长眠之中唤醒，并通过他，现在向你宣示：我没有创造美国人，他们不是我的孩子，而是邪魔的子孙。他们在大水的浮沫中生长，这水被恶灵搅扰，强劲的东风将浮沫吹进了树林。他们人很多，但我讨厌他们。②

如果大灵特别喜欢印第安人，那他有理由讨厌美国人。然而，从文明人的角度来看，很难认为他们的所作所为符合正义和人性。我们不能为美国领土上居住着文明人感到遗憾，而如果文明人居住在那里，印第安人就不可避免地要遭受苦难。正如托克维尔所说：

> 无论从哪个方面思考北美土著人的命运，他们的灾难似乎都是无可避免的：如果他们继续处于野蛮状态，就只能退出历史舞台；如果他们试图使自己的生活方式文明化，去接触文明社会，就会遭受压迫和贫困。如果他们继续从这片荒地游荡到那片荒地，就会走向消亡；如果他们试图定居下来，还是必然面临消亡。欧洲人的帮助指导对他们而言是必要的，但欧洲人的做法具有破坏性，迫使他们进入野蛮生活。只要那些人迹罕至的土地仍然属于他们，印第安人就拒绝改变自己的习惯，而当他们被迫屈

---

① Great Spirit，北美许多印第安部族所崇拜的对象。——译注
② M. M. 奎夫：《芝加哥和旧西北》，第186页。

服时，改变他们为时已晚。

　　西班牙人带着寻血猎犬①，像捕猎野兽一样追逐印第安人，他们像风暴一样洗劫这个新世界，没有太多的耐性或同情心。但是破坏必须终止，疯狂必须停止。逃过屠杀的印第安人融入了征服者之中，最终接受了征服者的宗教及礼仪。另一方面，美国人对待土著人的行为特点是对法律形式的单一依附。如果印第安人维持他们的野蛮状态，美国人就不参与他们的事务，视之为独立民族；没有买卖协议，就不能拥有印第安人的狩猎场。如果这样的印第安人民族碰巧被侵犯，以致无法在其领地上维持生计，美国人会提供兄弟般的援助，将他们送到离祖辈的土地足够远的地方。

　　西班牙人的空前暴行，使印第安人蒙受了不可磨灭的耻辱，却无法消灭他们的种族，甚至没能成功地完全剥夺印第安人的权利。但是美国人通过自己独特的恰当措施，平静、合法、仁慈、兵不血刃地实现了双重目的，在世人眼中也没有违反任何一条伟大的道德原则。对人性法则多一分尊重，是不可能毁灭他人的。②

在印第安人自成一体的情况下，拓荒者的生活异常艰辛。早期，他们靠自由和希望支撑着——而希望往往被证明并不是一种虚妄。北方的生活比南方艰难，一则由于严寒的冬天，二则因为缺乏奴隶的劳作。然而，对于那些穷得买不起奴隶的人而言，北方更宜居，因为在

---

① 世界上品种最老、血统最纯正、体型最大的嗅觉猎犬之一。——译注
② 托克维尔"没有流血"的说法是不对的。

南方他们的社会地位要低于奴隶主。当肯塔基州不再属于边地，林肯的父亲于1816年移居印第安纳，为此他造了个筏子，带上了全部家当，包括成套的工具和400加仑威士忌。后来筏子翻了，好在他找回了大部分东西。他从最后的定居者的房子出发，披荆斩棘地穿过森林，来到一个称心满意的地方，把威士忌和工具存放在那里，并依靠少量的卧具和一些锅碗瓢盆同妻子及两个孩子生活在一起。整整一年，他们住在一处只有三面遮挡的地方，另一面却暴露在风雨之中。在这段时间里，他清理了一些土地以备耕作，建造了一个合适的木屋，但他认为没有必要安装门窗和地板。尼古拉和海伊说："他的小屋与其他拓荒者的一样，几个三条腿的凳子，一个用木棍做成的床架固定在原木之间，屋子外角用插入地面的分叉的木桩支撑；桌子，是一块劈开的巨大原木，装上四条腿；一只陶罐、一个水壶和一口平底锅，再加上几个铁罐和锡盘就构成了全部的家具。男孩亚伯拉罕晚上要从一个用木钉固定在小屋原木上的梯子，爬到阁楼上树叶铺成的床上。"在那里，亚伯拉罕的母亲与这一地区的许多其他移民都死于热病。

疟疾和其他热病在整个西部非常普遍，尼古拉和海伊将林肯的忧郁个性归结于此，他们说：

"这种本质上的哀伤并不是林肯所独有的，可以说是早期西部移民所特有的一种地方病。其部分源于他们当时生活的状况，他们在那里大部分时候处于严重和凄凉的孤独之中，为生存而挣扎……除了这种普遍的忧郁倾向之外，很多拓荒者在早期都得过疟疾，随后的日子也一直受其影响……许多人死了，活下来的很多人长大后虽然不再有疟疾的直接症状，但在各种神经紊乱中仍保留着折磨他们童年的疾病的痛苦痕迹。"[1]

在南方，拓荒生活相对容易。没人相信安德鲁·杰克逊有商业头脑，但他很快从一个穷困潦倒的状态摇身一变成为一个拥有大量地产和许多奴隶的人，这是他通过从事法律工作得来的，[2] 其职业资质不包括学习和对土地投资。他 1788 年来到田纳西，一位身无分文的 21 岁青年"在到那里 8 年后，成了这一地区的富人"[3]。南方的主要困难在于印第安人、西班牙人和热病。但它不像北方，不要求一个人具有独立的身体耐力。

边地的生活必然造成拓荒者及其子女在文化上的暂时退化。没有学校，没有教堂，没有受过教育的人，要竭力与荒野抗争，书少，威士忌多，这一切使人们忘记了他们所掌握的知识，更不能将知识传授给自己的孩子。对巫术和预兆的信仰死灰复燃，比如栅栏必须在有月亮时搭建，土豆必须在没有月亮时种下。[4] 拓荒者，尤其是妇女，大部分是笃信宗教的，他们因为没有教堂而苦恼。在人口稀少的地区，巡回布道者通过信徒的营地集会不时地满足大家的精神需求。人们从 50 英里外的地方赶来，在华丽的演讲辞以及对孤独的慰藉的双重作用下，表现出最显著的歇斯底里的症状，在地上打滚，发出奇怪的哭喊声，整个人陷入精神恍惚。所有这些现象都是与世隔绝的农业人口的

---

① 《亚伯拉罕·林肯：一段历史》(*Abraham Lincoln: A History*)，第 1 版，第 189 页。

② 他的传记作家说："他无疑对法律知之甚少。"参见巴塞特的《安德鲁·杰克逊传》(*Life of Andrew Jackson*)，第 14 页（纽约麦克米伦，1916 年）。

③ 同上书，第 17 页。

④ 前引尼古拉和海伊的著作，第 1 版，第 41—42 页。

特点，它曾存在于 16 世纪的德国和 17 世纪的英国，还有 20 世纪拉斯普京的西伯利亚。但这使特罗洛普夫人很吃惊，她对此作了生动而有趣的描述。[1]

在美国，妇女的影响力比其他国家的都要大，在边地社会其影响力在于文明化方面。部分原因是她们不喝威士忌，还有追求社会声望的愿望，具有母性；而且比她们的丈夫较少沾染上那些粗野的冒险家所具有的摆脱文明社会的欲望。当然，边地的女性比男性少，这也有助于她们赢得尊重。尽管信徒的营地集会是草率粗放，但宗教总的来说还是一种惩戒性的力量，而且妇女通常比男性更虔诚。鉴于所有这些原因，女性依然保持着对秩序的渴望，即使在不可能的情况下也是如此。

文明化的影响可以通过林肯的继母得到证明，父亲娶她进门时，林肯才 10 岁。我们记得，他家的木屋是没有门窗的，这一点立即得到补救。她给孩子们带来了床和衣服，她丈夫也加入了浸礼会。林肯开始上学，费用不贵，因为熊来这个社区比教师勤。在林肯的一生中，他只受过一年的学校教育。在他长到一定年龄后，父亲就送他到农场当帮手。晚上，他会读他仅有的几本书：《圣经》《伊索寓言》《鲁滨逊漂流记》《天路历程》《华盛顿传》和《印第安纳州修正法案》。至于其他，林肯全靠自己的努力，他将自己的起步归功于继母，因为他当时年纪尚小，没法自力更生。

有趣的是，他在 1836 年一封写给报社作为竞选演说的信中说：

---

[1] 特罗洛普夫人：《美国人的家庭生活方式》（*Domestic, Manners of the Americans*），第 15 章。

"我将承认所有白人都有纳税或携带武器的权利（绝不将女性排除在外）。"100年前这是一个不同凡响的观点。

支持妇女权利的运动首先在美国西部进入政治现实。1846年，威斯康星州提出的一项宪法中包含了已婚妇女拥有财产权的内容，虽然当时被否决，但同年在得克萨斯和1849年在加利福尼亚同样的权利内容获得通过。[①] 第一个允许妇女投票的是1890年的怀俄明州。在东方和欧洲，妇女仅仅因为一战才有了选举权。

法律和政治是推动西部拓荒者与东部知识分子联结的强大力量。1787年的《宪法》和《西北条例》展示了关于未来美国各州和领土的伟大预见。有了这样的法律，基于最高法院对《宪法》的解释，任何地方只要有足够的人口就可以自治。自治为大家提供了政治方面的训练，而联邦层面的竞选又让人们了解了更多的拓荒地区对于全国性重要问题的意见。在某些情况下，诉讼可能会提交给最高法院。无论如何，许多这类案件都会涉及重要的权利，并且需要相当的法律技巧才能妥善处理。边地各州的大多数杰出人士都是律师，很大程度上是由于那些最先在文明的边缘地带建立基业的受过教育的人对于律师的需求。法律在西部城镇的生活中发挥了很大作用，通常是拓荒先驱们以粗略而现成的方式执法。庭审往往是在小木屋，陪审团会到附近的林间空地考虑他们的裁决。人们普遍具有参与管理地方事务的愿望，这也是他们获取知识的主要动因。

学校和大学的重要性在美国很早就被意识到了。1780年，当独

---

① 麦克马斯特：《美国人民的历史》（*History of the People of the United States*），第7版，第271页。

立战争处于困境中时，弗吉尼亚州议会还捐助了肯塔基州一所大学。"这是联邦的利益所在，总是鼓励和促进每一种可能会改善思想和传播有用知识的设计，即使对偏远地区的公民亦是如此。否则，后者在野蛮的社区并以原始的方式交往，这种情况可能会使他们对科学不友好。"[1] 这是杰斐逊派的语气，尽管提及了"有用的知识"，却不如后来的教育宣传更有实效。但是，同样的政策基本上任何地方都在奉行，最终美国所有的州都建立了州立大学体系。

学校教育是一个困难的问题，不仅因为人口稀少，还因为有外国移民。1850 年，美国的白人文盲几乎是 1840 年的 2 倍。1840 年的总人口中，每 31 个人中就有一个文盲，1850 年是每 24 个人中就有一个。[2] 有趣的是，此时最积极提倡普及教育的人中就有欧文的儿子——罗伯特·戴尔·欧文。[3] 北方的学校比南方的好，甚至北方那些不怎么稳定的地区也是。"密歇根州在很多方面是一个典型的西北边地之州……但在 1850 年，它的图书馆、报纸、期刊、公立学校比阿肯色州或密苏里州多，白人文盲则比它们少。"[4] 几乎所有的村庄都有学校，但教师收入都很低：男教师每月 15 美元，女教师每周 1.25 美元。学校只是些小木屋，但无论如何已足以教所有的孩子读书写字。

然而，如同文化中断时经常发生的那样，那里的文化质量也有一些永久性的损失。革命对法国的文化造成了打击，此后从未完全恢

---

① 前引尼古拉和海伊的著作，第 1 版，第 15—16 页。
② 爱德华·钱宁：《美国简史》（*A Shor History of the United States*），第 5 章，第 271 页。
③ 同上书，第 250 页。
④ 前引麦克马斯特的著作，第 7 版，第 199 页。

复，在俄国也可能产生了同样的后果。美国的缔造人们自然而自觉地对心灵的东西持开明态度，富兰克林和杰斐逊在巴黎最具智慧的社交圈内受到了尊敬。在拓荒阶段过去之后的西部出现的文明更具有自我意识——没有足够的传统根源，都是机器制造出来的——和实用主义，因为它必须证明自己适合有点粗鲁的民主。教育，比如可以通过文凭或学位来证明的教育，是人们热切希望的，但教授不像在欧洲那样受尊重：在州立大学，他们要忍受纳税人的偏见，在其他大学又要服从由商人组成的董事会的经济利益。其结果是，教授们不能以百分百的诚实对待前者的神学和后者的经济学。类似的弊端在其他国家也确实存在，但在美国不应该存在，因为这有悖于杰斐逊派的传统，如果杰斐逊主义者对学术自由的信仰还在，就不会有它们的容身之地。

拓荒时期的另一个结果是文化的非功利性部分，几乎被认为是只有女性才关注的东西。因为大多数妇女不会从专业角度探究绘画、文学或哲学，而只是有琢磨的兴趣，所以她们对这些学科的探求是肤浅的，这些学科从早期开始便以讲座来满足她们。东部几乎与西部一样，将文化留给了女性，因为东部男性的注意力都在生意上。生意之所以吸引男性，很大的原因在于西部的开发。麦克马斯特[1]引用了《费城纪事》上登载的 1842 年里的 3 天费城上演的以下知识性娱乐节目：

> 摩门教长老的布道；莱尔的地质学讲座；关于求爱和婚姻的讲座，地点为威尔伯·菲斯克文学研究所；关于胡格诺派，地点在威廉·韦斯特学会；关于社会主义，地点在人类进步联谊大

---

[1] 前引麦克马斯特的著作，第 7 版，第 82 页。

厅；论异象的存在，地点在南方会堂；论动物的魅力，地点在杰斐逊图书馆和文学学会门前；关于拿破仑，地点在里士满学会；在卡罗尔学会讨论的问题是"应该废除死刑吗？"。

直到今天，美国在文化方面仍然主要是一个以女性为主体的欣赏者的国家，而在实用方面却取得了卓越的成就。美国在医学、法律、建筑和机械发明方面都很擅长，但在诸如数学和理论物理等研究领域，几乎所有的进步都是欧洲人取得的，与此同时艺术领域则出现了世界性的衰退。一位英国作家在1821年描述了美国人对未来的期望，他说：

> 其他国家都吹嘘他们现在或曾经拥有过的东西，但是真正的美国公民在思考自己国家未来将变得多么伟大时才会骄傲地鼻孔朝天。其他国家因为一大批祖先所做的事而要求得到尊重和荣誉，美国人的荣耀则系于一个遥远的后代所取得的成就。其他国家诉诸历史；美国人则寄希望于预言，他们一手马尔萨斯理论，一手穷乡僻壤的地图，放肆地讥笑我们与未来的美国不堪一比，并且为地图上的未来疆域将传颂着美国故事而开心不已。放眼未来是他们永远不变的源泉。如果一个英国旅行者抱怨美国的旅馆，并表示他不喜欢四个人睡在一张床上，那么他首先会被指责为诽谤，然后会被告知等100年再来看看美国旅馆将如何胜过英国的。如果提到莎士比亚、弥尔顿和牛顿，他会再次被告知"等我们清理了我们的土地，才有空去处理其他的事；等到1900年，你再看我们的诗人多么高贵，天文学家多么知识渊博，望远镜多么长，胜过你们那个破半球所能产生的一切"。

关于旅馆和望远镜的预言是正确的，现在美国的这些东西比其他任何地方都好，但莎士比亚、弥尔顿和牛顿这个预言就不是这样了。现代世界没有类似莎士比亚和弥尔顿的人物，最接近牛顿的还是欧洲人。

对西部无主之地的占领直到大约 1890 年才算完成——不包括俄克拉何马州，长期以来那里是印第安人的领地。铁路通车之后，边地生活的艰辛大大缓解，但拓荒者们又不得不面对新问题。大体上，密西西比河及其支流是南北流向，因此只要运输主要靠水路，接通西部地区的最重要地点便在其南方。然而在铁路建成之后，交通路线为东西走向。甚至随着 1825 年伊利运河的开通，这一情况更早便开始了。不过即使到了铁路时代，西部大部分地区仍然主要依赖于密西西比河。

早年，跨越山脉和平原的举动具有一种盲目的本能性质，就像古代日耳曼人迁徙时的那种情况。此举遭到了乔治三世的反对，起初也为东部各州所不喜，因为这造成当地人口外流。早期的移民没有什么贸易活动，他们根据自己的需要进行生产——作为食品的作物，缝制衣服的鹿皮和建造房屋的原木。他们对这个世界一无所求，只希望不受侵扰。但是当边地从森林变为草原时，带来了巨大的变化。种植粮食，并让铁路将其送到东部或欧洲的饥民之中，以换取生活必需品及日渐增多的奢侈品，这件事对他们变得有利可图。然而在这个阶段，由于拓荒者在性格、经验或政治哲学方面的不适应而出现了经济问题。通过铁路，拓荒者被动地依赖于东部的资本主义，于是往日的自由烟消云散。因为尽管他们仍然可以凭自己的高兴种植小麦，但只能借助铁路将小麦运出去。有组织的经济的巨大力量困扰着他们。甚至在铁路之前，银行也使他们面临同样的问题。从杰克逊对美国银行的抨击，到布赖恩的"自由铸造银币运动"，西部通过个人主义的民主模式以盲目而无效的方式努力掌控大生意。

征服西部的人具有勇气、坚韧、希望、自立以及向往文明社会的基本天性。要了解他们的成就，就应该将其与发生在拉丁美洲大部分地区的情形加以比较，在那里一股白人种族的细流消失在印第安人和黑人中间，留下大部分未开发的原始丛林，而政府还像过去一样采取暴政和放任的混合策略。美国的西部移民具有一定的集体意识，这无需多言，因为这出自他们的本能，也是所有人共有的。他们首先希望征服土地（这也是最重要的），完成之后，想建立一个自由平等的公民社会，在必须按规则行事的情况下服从大多数人制定的规则，但尽可能免受政府的干预。他们成功地征服了大地，成功地保住了政治自由，却失去了经济自由，现在看来这是一个不可避免的过程。他们干得很出色，但他们赖以成功的哲学理念是一片空白，也不能解决更喧嚣的世界的那些问题。

第二十三章 杰克逊式民主

西部第一次取得政治权力是在安德鲁·杰克逊1828年当选总统时。在他的领导下，开创了一种新型民主，比杰斐逊的更为民主。在当时，弗吉尼亚已经出了4位总统——华盛顿、杰斐逊、麦迪逊和门罗——并且还有2位同姓亚当斯，即亚当斯父子。他们都来自东部，都是受过教育的传统人士，也许都是根据贵族政治的主张来治理国家。麦迪逊和门罗是杰斐逊的密友，而"弗吉尼亚王朝"似乎已然开始成为政治体制中的既定力量。然而，王朝覆灭了，杰克逊本人是南方人，他得到了南方的支持，也得到了西部的支持。此外，宾夕法尼亚州和纽约州日益增长的民主情绪也让这些州中的多数人站在了杰克逊一边，反对代表了传统和新英格兰保守主义的J. Q. 亚当斯。当时，没有人能够仅仅依靠西部的支持就成为总统，但杰克逊将西部的理想和情怀引入了政府之中；不过这是依然存在奴隶制的美国西南地区人民的理想，它截然不同于西北地区人民的理想，这后来体现在了林肯身上。

杰克逊的父亲是阿尔斯特长老会成员①，1765 年他与妻子和两个儿子一起移居北卡罗来纳州。他想靠耕种维生，却未能成功，不久之后他的儿子安德鲁出生，但无论北卡罗来纳还有南卡罗来纳都没人知道。他 1767 年过世，他的遗孀，穷困潦倒的寡妇，去自己已婚的姐姐家当了管家。她的姐姐相对富裕，夫家是农民，住在南卡罗来纳州一个主要由北爱尔兰新教移民组成的社区。安德鲁的母亲希望他成为牧师，但其趣味使他走向了不同的方向。杰克逊的传记作家说"他是四邻所有野孩子中最野的一个"，喜欢赛马、斗鸡，和其他男孩大打出手。在教育方面，他"既不好学也不可教"，只是设法掌握了读写和简单的加法，即使快到生命的尽头时，还是不能正确拼写和写出符合语法的句子。

　　与此同时，独立战争的战火蔓延到安德鲁的家乡。他的一个兄弟在战斗中丧生，另一个或是死于天花或是死于伤口感染，他的母亲因护理伤兵引起发烧而过世，这些亲人的故去都发生在 1780 年和 1781 年。那时，安德鲁还是个孩子，才 13 岁，却已经与英国人作战，并于 1781 年被俘。英国指挥官"命令安德鲁给他擦靴子。他抗议说他是战俘，不是仆人，我们可以猜测他说这话时的语气。回答他的是砍向他脑袋的军刀，虽然他用手臂挡住了，手上和头上留下的伤痕却伴随他终生直至走进坟墓"。交换俘虏使他重获自由，14 岁时他离开了军队，自力更生。安德鲁翻山越岭来到查尔斯顿，在那里结交了对赛马感兴趣的富有的年轻人，据说那时他靠下注维生。安德鲁的传记作者并没有说他是赛马的赌注登记人，但似乎在这样暗示。同时还暗

---

① 以下有关其生平的内容主要摘自 J. S. 巴塞特的《安德鲁·杰克逊传》，1916 年。

示，因为与查尔斯顿的体育精英有来往，他的举止也庄重得体，而这碰巧在某些场合给华盛顿留下了深刻印象。

然而，查尔斯顿并不是他的志趣所在，雄心壮志促使他去选择一些庄重的职业。17岁时，他决定学法律，并在一个叫索尔兹伯里的城市成为一名法律系学生。据他当时的一个熟人说，他是"索尔兹伯里历史上最风风火火、最闹腾、最会斗鸡、最会玩牌，也最会恶作剧的家伙"。3年后，即1787年，他开始在北卡罗来纳州执业。但不到12个月，他决定再往西走，并在田纳西州的纳什维尔安顿下来，那里成为他漫长余生里的家。

位于坎伯兰山谷中的纳什维尔，1788年仍处于动荡状态。印第安人先是受英国人煽动，后又因西班牙人怂恿，一有机会就袭击美国人。美国人在1793、1794年连续两年打败了他们，并于1795年与西班牙签订条约，开辟了从密西西比到美国的航线。田纳西州因此而繁荣，最终于1796年成为美国的一个州，即便联邦党人在国会提出强烈反对。

与此同时，这一地区的繁荣也给杰克逊带来了成功。当他到达纳什维尔时，发现之前只有一个律师在此定居。这个律师是因为当地的债务人而永久地留了下来，但正义最终没有站在债权人这边。于是他们转而求助杰克逊，而他使这些人胜诉。杰克逊在实践中的做法与那些纠纷较少的城市中的知名律师有所不同。"侵权者容易摆出强横态度，而且往往得到一些同伙的支持，搞得检察官们既不愉快又面临危险。杰克逊在道德上和行为举止上都表现出了大无畏的勇气……糟糕的语法、蹩脚的发音以及辞色锋利的谴责并没有使法官或陪审团感到震惊，也没有使他们的头脑偏离真相。"业余时间，杰克逊的行为同样令人赞叹。"他的马跑得最快，他的公鸡最引人侧目，他只与那些出类拔萃之士辩论，他发的誓言即使山里最爱吹牛的年轻人也会自愧不如。"认识到了他身上的各种优点后，1796年乡亲们推选他为他们的第一位国会议员；在随后的一年里，他成了参议员；又过了一年，他当上了田纳西州最高法院的法官。在任法官期间，他亲自逮捕了一名胆敢貌视治安官及其手下权威的重犯。在边地城镇中，一位专业人士要管这些事也不算太过分，杰克逊努力做好自己的工作，无论是什么工作。他的外表与他的手枪一样具有震慑力：高大挺拔，面色苍白，眼睛碧蓝，目光炯炯。

杰克逊虽然职责重大，但还没有到连恋爱都没空谈的地步。坎伯兰聚居地是1779年罗伯逊和多纳尔森两人建立的，后成为田纳西州的一部分。而在杰克逊来到纳什维尔时，多纳尔森"已经死了，是印第安人复仇的牺牲品，其遗孀开始接受寄宿者"。杰克逊就是寄宿者之一。这位遗孀有个女儿，女婿是个恶棍，所以女儿与母亲住在一起。这个恶棍表面上与妻子和解，并定居在纳什维尔，但他对杰克逊心生妒意，尽管杰克逊向他保证他的怀疑毫无理由。后来他离家出走，并发誓要报仇。就在这位女士深感痛苦之时，杰克逊爱上了她。1791年，听说她与丈夫已经离婚，杰克逊便娶了她。然而事实上他们真正离婚是在两年之后，人们由此认定她与杰克逊属于通奸。在得知这些之后，杰克逊再次与她成婚。他们一直过得非常幸福，直到她去世，当时杰克逊才当选总统不久。在竞选期间，他的对手散布说他是一个和已婚妇女同居的不道德的人。杰克逊像骑士一样保护妻子远离谣言，但机缘巧合她还是发现了，据说正是此事加速了她的死亡。

在友情方面，杰克逊就不像爱情那样幸运了。他的性格很像李尔王；无法区分真正的朋友和奉承者，当他发现自己错信了背信弃义之徒时会怒不可遏。他总是喜欢争论，而且会不明智地选择发泄怒火的对象。例如，他在厌倦了法律工作之后成了一名将军，在战争似乎一触即发时（1807年），他焦急地盼望事态升级，却选择在这个时候告诉战争部长迪尔伯恩一些令人难堪的实话。他说亚伦·伯尔向他大献殷勤，后者正在参与被政府视为叛国的阴谋活动。迪尔伯恩就此事写了一封信给他，表达了自己的不满。杰克逊回复道：

> 一个士兵或好公民的首要责任是关注自己国家的安全与利益，其次才是自己的感受，即使在受到粗暴或肆意攻击的情况下也应如此。你来信的主旨就是个人情绪的宣泄，含沙射影的言语让人难以接受，这种观点和宗旨无关军事，你所讲述的故事和行为，暗示一个将军要自贬身份变成咆哮的刺客。（接下来）我会附上克莱本州长的一封信给您，它会向你表明我从未将自己置于对国家真正意义上的责任之外，甚至在怀疑自己受到它的伤害之时亦是如此。

> 谨祝健康并致意

> 安德鲁·杰克逊

这里补充一个附言（可能并没有发出）：

> 先生，B上校在我家里受到了一个被放逐他乡的爱国者理应得到的所有殷勤款待。我视他为流亡的爱国者，因为每一位正人君子都会对此感到遗憾。他受到了疯狂追捕，但他对我说的话充满着对这个国家的热爱，而且他遵从法律和您的命令。在他申诉并被令人尊敬的肯塔基州大陪审团宣告无罪后，我对他的怀疑

烟消云散。我确实给了他两条船，如果他想再多要两条同样的，那么我就再给两条。但是，先生，如果有证据表明他是一个背叛者的话，我会非常高兴地割断他的喉咙，就像如果有同样的证据证明你是叛徒，我也会割断你的喉咙一样。[①]

这场争吵平息了，但其他一些却是悲剧性结局。1806年，他挑战一个名叫狄金森的人，此人被认为是西部最好的步枪手。他们拿着手枪，相隔8码，每个人都想让对方死。狄金森开第一枪，他开枪时，杰克逊将自己的手按在胸口，但没有移动。狄金森惊呼："上帝啊！我没打中他?"恐惧瞬间占据狄金森心头。轮到杰克逊时，他刻意提醒狄金森此事关乎"荣誉"，而狄金森站在那里等待命运的降临。

现在杰克逊可以任意处置这个对手了。他站在那里，怒视着对方，然后慢慢地将长手枪举到水平位置，而这时狄金森颤抖着转过头去。杰克逊的目光沿着枪管移动，从容地瞄准，然后扣动扳机。但子弹没有出膛，几秒钟匆匆忙忙的询问之后，发现手枪处于半击发状态，根据双方认可的规则，这次不算，杰克逊被允许再射一次。他又一次小心地瞄准那个可怜的待宰羔羊，这一次子弹射出，打中了他的大动脉，狄金森当晚死去。当时杰克逊得意洋洋地从场上走来，小心地不让随从知道他受伤的真相，因为他想要那个垂死的对手以为自己没射中。"就算他打中了我的脑袋，我也会还他一枪。"杰克逊说。

---

① 此处作者保留了原文的两处拼写错误，"prooff"为"proof"之误，"treator"为"traitor"之误，以证明前文提及的杰克逊的拼写水平。——译注

就这次争斗和其他一些争吵而言，即使在那个时代的田纳西州，杰克逊也太出格了。因此，有段时间他不得不蛰伏在家。1812年的战争使他摆脱了这种状态，一般认为这次战争是个征服佛罗里达的机会，当时那里仍被西班牙占领。佛罗里达沿田纳西州南部海岸延伸，给交通造成了不便。另外，西班牙人和英国人还被指控煽动印第安人对抗美国人。1812年7月21日，杰克逊向部队发表声明，诉说了他的心情：

> 你心急如焚，想知道你的武器在哪里能找到用武之地。请将你的目光转向南方！看看西佛罗里达，这片领土上的河流和港口对西部的繁荣不可或缺，对我们州的东部更是如此。而且我们可以看到，那里有一只藏着黑手的庇护所，它煽动掠夺和杀戮。凶残的野蛮人刚刚血染了我们的边地，在英国军队出现在彭萨科拉湾之时，他们会再次施暴。正是在这里，一个适合你的征召机会正等待着你的勇气和热忱。此刻共和国的边界将延伸到墨西哥湾，你将从中体验到特别的满足感，因为你将为你的合众国的一部分带来显著的利益。

由于外交和政治方面仍有障碍，杰克逊接到命令只能针对印第安人。他曾经彻底打败印第安人，并将他们赶入西班牙的领地。但是，使他成为全国偶像的战绩是1815年1月8日在新奥尔良挫败英国人，当时和平条约已经签署，但作战双方都不知晓。新奥尔良之战是一场典型的徒劳无功的战争，战争结束时，引发交火的任何争议依旧悬而未决，只是勾起了英国因独立战争而生的百年仇恨。英国因为自己的愚蠢而失去了领土，但杰克逊将军获益匪浅。

美国于 1821 年获得佛罗里达，杰克逊被任命为州长。当他占领彭萨科拉时，杰克逊太太因为西班牙人将星期日作为享受的日子这一习俗而感到苦恼，认为应确保居民们意识到一个更纯粹的政权将要出现。她写道："我派斯坦顿少校告诉他们即将到来的星期日将有所不同……昨天我高兴地看到了我的话产生的实效。看到了良好的秩序，大门紧闭，赌场被拆除，礼拜日再也听不到小提琴和跳舞的声响，也听不到咒骂声。"随着美国国旗的升起，卫理公会开始分发小册子，全然不顾牧师们的抗议。求职者围住州长和他的妻子，渴望在新的土地上找到一份办公室的工作。后来，杰克逊与即将离职的西班牙总督发生了一场异乎寻常的争论，双方都有些荒谬，但西班牙总督尤甚。在经历了其他各种争吵之后，杰克逊深感厌恶，毅然辞职并退居纳什维尔。杰克逊的房子"隐宫"宽敞而舒适，他有足够的财产，足够的奴隶，他驾着"由 4 匹漂亮的灰马拉的精致马车，车上有穿制服的仆人"。

然而，杰克逊被认为比杰斐逊更为民主，毫无疑问，部分原因在于他的出身，但我认为更多是因为他缺乏教育。

1824 年杰克逊错失总统宝座，但在 1828 年以绝对多数当选，并在 1832 年连任。他一向（尽管这并非全然公正）被认为引入了"政党分赃制"[①]，根据这一制度，所有的政府任命，甚至邮政局长一职，都应授予其党员，并随着执政党的变化而改变。虽然他没有发明这一制度，但确实强化了它。这是他"民主"的一个例子，另一个例子是他对美利坚合众国银行的破坏。这两个事例都源于同一个政府理论，

---

① "华盛顿总统开创了政党分赃制。"钱宁：《美国的历史》，第 6 版，第 123 页。

即政府需要的不是技能，而是诚实，这种诚实是由公众支持的党派的党员资格证明的。在就职演说的草稿中，新当选的总统写道：

> 我应该谨慎填补行政部门各办公室的岗位空缺，尽可能安排心智俱佳的个人充任。我总是想到在一个自由政府中，对道德品质的要求应高于对才能的要求。在人民不参与国家统治的其他政府形式中，我们不难发现帝国的安全保障主要在于君主的技巧，即君主能如何利用其臣民的盲目的逆来顺受。但我们不同。在这里，人民的意志已经在他们选择的宪法中确定了下来，它左右着公务员的服务，并且更有兴趣留住那些能确保忠诚和诚实地奉献自己利益的品质。

这一理论实践起来并不总是幸运的。例如，纽约港的收税官职位给了一个名叫斯沃特伍德的人，他在总统看来"符合心智俱佳的条件"。然而就是这位聪明善良的人，几乎从一开始就以权谋私侵吞公款。在杰克逊不再担任总统之后，他的劫掠行为败露，被发现贪没的总额达到125万美元。

杰克逊对政党分赃制的信念是全然真诚的，这绝不仅仅是一个回报政治盟友的问题。在成为总统两三个月后，他在私人日记中写道：

> 对于去除那些职务一事大家议论纷纷，出于一些原因将提交给国会，也考虑是否通过一项法律定期撤销所有官职——这样优秀者可以再获任命，糟糕的或未参加评议的应当无异议地去职。现在，每个官员在上任几年后，便会认为他一生的地位财富就在于此，这是一种既得权利。如果他待了20年或更长时间，这就不仅是一种既得权利，它会被传给其子孙，如果没有下一

代，就传给他的亲属。这不是我们政府的原则，职位轮换制才会使我们的自由得以永恒。

美国人当时对于非党派公务员的概念还没有考虑充分。公职如果不随政府更迭而易手，那么人们会认为这些职位属于办公室官僚的世袭权利。英国人将通过考试选出永久性公务员的制度归结为哲学激进派的创意之一，后者革除了18世纪的贵族腐败，但没有代之以源自杰克逊体系的民主腐败。杰克逊认为政府职能需要的是美德而不是心智，所以当他听到有人建议根据学术能力授予职位时感到震惊。毕竟，他在不懂法律的情况下成为了一名成功的法官，不研究战略或战术却成了个打胜仗的将军。因此，他很自然地认为适合担任公职的条件应是一颗善心而不是一个灵活的头脑。

政党分赃制不能归因于杰克逊一人，它是美国所理解的民主的必然结果。正如钱宁所说："公务员从旧殖民制度下的永久性任期，到更民主的政治轮换模式，这一转变是不可避免的。"① 在伊利诺伊州，林肯尚年轻时，当时政党的主要政治家轮流接受国会议员或其他特别需要的职位的提名，这一做法被认为是正确的。确实，这是政党政治领域内的事，但它显示出的观点与引发政党分赃制的观点相一致，即公职不需要特殊技能，因此公职的好处应由所有的"品行端正"的人均沾，这是公平的。

其最终结果是造成人们以为政府工作无需技能，于是留着技能效力于私人企业。因此，杰克逊的制度常常导致政府受控于金融利益，而不是人民。汉密尔顿的精神在美国继续存在，而且表面上越是受到

---

① 前引钱宁的著作，第5版，第402页。

打击，就越说明其取得了真正的胜利。民主的概念是如此个人主义化，以至于所有需要大量合作的事业（除了战争）都被置于私人倡导下，而且其管理是为了首先为其发起人带来利润，使社会受益只是偶然。

但是必须承认，基于党派的公务员制度从政府的角度来看有其优越性，而且在某些情况下，这几乎是不可避免的。在约翰·亚当斯担任总统期间，杰斐逊认为有必要非常谨慎地利用这个职位，因为他相信他制定的公职人员选用条件被篡改了。[1] 林肯偶然发现，伊利诺伊州的一些邮政局长利用自己的职位为民主党谋利，不投递支持辉格党的报纸。[2] 在这类情况中，对政府有利要重于对公众不利，尽管迄今为止这种制度的存在使得一个新上台的执政党可以解除碍手碍脚的官员的职务。只有在相对平静的时期才能实现非政治性的公务员制度；但在 1918 年的俄国，这是完全不可能的。除了内战期间，美国的分裂并没有那么严重，不至于无法实现无党派的公务员制度。而在杰克逊时代不可能是因为不愿承认政府职能中需要技能。技能并非万能，所以承认需要技能似乎是对民主信仰的背叛。

类似的观点引起了杰克逊对美利坚合众国银行的抨击。曾有过一个更早的美利坚合众国银行，1791 年在汉密尔顿的倡议下成立，但遭到杰斐逊的反对，而华盛顿在对其合宪性有所犹豫后，还是予以了批准。该银行的特许执照于 1811 年到期，没有续展，部分原因在于四分之三的股份为外国人持有，主要是英国人。美利坚合众国第二银行

---

① 塔克：《杰斐逊传》（*Life of Jefferson*），第 2 版，第 64 页。
② 前引尼古拉和海伊的著作，第 1 版，第 183 页。

成立于 1816 年，主要是作为一种恢复货币流通的手段。如不续展，它的特许执照会在 1836 年到期。从一开始时这家银行就不受欢迎，当 1832 年杰克逊在总统竞选中呼吁大家授权他与该行斗争时，他得到了热烈的支持，尤其是南方和西部。

美国的银行业长期处于一种无望的混乱状态。除了美利坚合众国银行之外，还有州立银行和私人银行。那些"野猫银行"，最终通常都会倒闭。所有银行都发行票据，而"野猫银行"开办时常常没有其他资产。在西部，票据品种非常少。在美利坚合众国第一银行和第二银行的间隔期，西部流通的要么是"野猫银行"发行的票据，要么是州立银行发行的票据。前者的价值在各地都出了问题；后者一旦离开其始发地就会贬值。所以，美利坚合众国银行打算在全国统一货币。但是在经济状况不好的时候，美利坚合众国银行似乎让情况变得更糟。俄亥俄州试图对美利坚合众国银行征税，最高法院则判定不可对其征税。俄亥俄州宣称，州政府与最高法院一样有权对宪法进行解释，并强行向该行在俄亥俄州的分行收税，还下令称俄亥俄州任何人都可以抢劫该行并免于惩罚。其他几个州也遇到了类似的麻烦。在西部，每个人都借钱开荒，能开多少就开多少，而许多借款人根本无法偿还债务。主要是债权人在东部，银行代表他们的利益，各地的债务人便都有理由反对该银行。另外，西部的债务人还有一个地理原因，因为银行似乎阻碍了西部大开发的伟大脚步。

包括杰克逊在内的西部开拓者都对信贷体系的运作百思不得其解。所有人都太急于利用银行来让他们占用和开发更多的土地，但他们似乎并不认为银行在借钱时做了大量实质性工作。一切都在纸上进行：银行家没有流汗，没有伐木或耕作未开垦的土地，仅仅凭着一纸文件，没有付出任何劳动就获得了毁掉那些辛勤劳作的人的权利。如果收成不好、价格不对或者仅仅因为东部或欧洲发生货币危机，银行家就可以抽回贷款；如果农民找不到钱，他所有的劳动成果就会成为银行财产。信贷是用整个社会的劳动加以填充的蓄水池，是集体的产物，不是属于个人的，经济生活中这种集体的一面是自力更生的西部人所难以理解的，因此他们感到愤怒。非常不明智的是，所有文明社会都允许信贷——当然这是因为社会是一个有组织的集体——被某些个人挪用，并被他们用来向那些需要信贷的人提供资金。在杰克逊的时代，对这些人的获利的反对转变为对银行业本身的抵制，尤其反对银行业最无害的这种业务，因为它采取了一种极度集中的方式。在任何许可私营企业的文明社会中，必须有机构来管控信贷。但是这些掌握在私人手中的机构往往变得非常强大，以至于对所有经济活动都产生了近乎专横的支配权。杰克逊及其支持者都渴望通过西部的致富机会来获利；当那些拥有奴隶的人侵占奴隶的劳动成果时，他们没有看到任何人持反对意见；当那些地产投机者看到自己的土地因为邻居的企业而增值时，他们也不希望失去赢利的机会。只要他们渴望得到的利益是被允许的，只要银行家的这种获利是被许可的，那么杰克逊只能宣布私人银行业务做得不好，而不是应该全部停业。杰克逊式民主希望给财富欲望以自由发挥的空间，同时又嫉妒那些成功致富的人，两者在逻辑上水火不容，因此从本质上讲，这样的企图不能成功。

杰克逊无法摧毁所有银行，尽管他本想这么做。他对美利坚合众国银行行长比德尔说："在所有银行中，我并没有更不喜欢你的银行。但自从我读了南海泡沫的历史之后，就一直害怕银行。"在另一个场合他说："每个了解我的人都知道，我一向反对美利坚合众国银行，不，所有的银行。"当他说他"害怕银行"时，表达的是他最核心的感想。银行令人困惑，而且神秘，一个没有受过教育的诚实公民是搞不懂的。银行手握大权，因而它们在政治上非常重要。但在民主国家，每个心智健全的成年公民都应该能够判断所有的政治问题。所以说，普通人难以理解的任何事情都是反民主的，因而也是邪恶的。美利坚合众国银行比其他任何一家银行都更强大，所以也比它们更邪恶。既然我们不能废除所有的银行，那么至少要消灭其中最邪恶那个。我认为，以上观点能在相当程度上代表杰克逊对这一问题的思考，他因此认为自己是人民意志的忠实诠释者。

从杰克逊的个性和职业生涯来看，他必然是一个狂热的民族主义者，这不仅是从他的爱国情怀上讲，也是从帝国主义的好战意义上讲。1829 年，他在谈到密西西比时说："宇宙之神希望这个伟大的山谷属于一个国家。"神的意志直到七年战争时才实现，它让整个地区都归了法国，但从那以后它就被遗忘了，直到有一天美国政府就此事提请各国政府注意。鉴于他在独立战争中的遭遇和在 1812 战争中取得的胜利，杰克逊憎恶英国人是自然的，但他对西班牙人的仇恨就没那么入情入理了。在他那个时代，所有南方人都希望攻克南部地区。路易斯安那、佛罗里达和得克萨斯，都是在他有生之年陆续进入美国版图的；尽管佛罗里达是通过外交而不是战争获得的。1843 年，他在退出政坛很久之后写了一封措辞激烈的信敦促吞并得克萨斯，以免英国人得手：

> 英国已经与得克萨斯签订协议；而我们都知道，有远见的

国家从来不会错过与世界广泛交往的时机，何况这还可以增加其军事资源。她不愿与得克萨斯结盟吗？一旦她选择宣布这件事，就会重提（她当然会这么做）西北边界问题，作为与我们开战的原因——设想一下，作为得克萨斯的盟友，我们要与她开战。为了准备战斗，她向得克萨斯派出20000或30000人；在萨宾将他们组织起来，趁我们甚至还没注意到她的意图就把物资和武器集中到那里；占领密西西比；鼓动黑人起义；新奥尔良也可以混同作战；这样的话一场奴役战争将会横扫整个南方和西部。[①]

杰克逊的帝国主义取悦了南方，他的爱国主义令整个国家感到高兴——除了南卡罗来纳州，当时它想脱离联邦，而他大力维护联邦。他的民族主义是一种在民主国家普遍流行的民族主义，只要它们还算强大。但是，由于奴隶制问题，他直到生命尽头都念念不忘的征服南方的心愿在北方并不受欢迎。在他任总统时，是关税而不是奴隶制导致了南北分裂，在这个问题上是可能达成妥协的。政党才刚刚开始按照纬度划分，杰克逊不仅得到了南方的支持，还得到了西北地区、宾夕法尼亚州以及纽约州大多数人的支持。他被尊为爱国者和战斗英雄，他的民主也赢得了同样的钦佩。在他的引导下，普通美国人学会了鄙视，不仅鄙视欧洲，还鄙视自己国家中许多弥足珍贵的东西。如果说杰克逊对美国人性格的形成产生了最后一次巨大影响，那么美国民主就可能会与无知、鲁莽和暴力有关。幸运的是，下一代所面临的一个新问题为新影响提供了空间，通过这个影响，美国变得更值得拥有决定人类命运的权力。

[①] 前引尼古拉和海伊的著作，第1版，第226页。

第二十四章　奴隶制和分裂

　　美利坚合众国，顾名思义，是一个联邦国家，联邦政府的权力由最高法院解释的宪法所决定。最初的 13 个州在立国前就已存在，而它们在宗教、气候和历史上存在着巨大的差异。它们的经济利益也不同，在许多方面势如水火。长期以来，他们是与欧洲而不是彼此之间建立了重要的经济关系。清教徒的马萨诸塞州主要依赖航海和制造业，与圣公会的弗吉尼亚没有天然联系，后者那里有大量土地，地主喜欢贸易中断。1798 年，联邦党人通过了一系列关于外国人和煽动叛乱行为的法案，肯塔基则通过了杰斐逊起草的《肯塔基决议案》，大意是该州认为这些法案违宪，并拒绝执行，随之弗吉尼亚效仿。当时并没有普遍承认最高法院的宪法解释所有各州必须接受。1832 年，南卡罗来纳州因憎恶关税而几乎脱离了联邦。直到 1843 年，以前任总统 J. Q. 亚当斯为首的 13 名北方国会议员威胁说如果得克萨斯被吞并，他们各州也将脱离联邦。在早期的整个南方和北方，人们认为始终存在着分裂的可能性。

　　随着时间的推移，分裂的主要原因变成了奴隶制。这个问题有着悠久的历史，抛开历史就无从理解。

奴隶制是由欧洲人引入美洲大陆的所有地区。事实上，哥伦布曾因将印第安人当奴隶使用，而被西班牙政府监禁，但时间并不太长。印第安人作为奴隶并不理想，于是大量黑人从西非被带到美洲。在殖民时代，奴隶制在美国各地都是合法的，但在北方从未有过任何重要性。弗吉尼亚议会通过了废除奴隶贸易的一些措施，却遭到乔治三世的否决。在《独立宣言》的初稿中，杰斐逊将此列为控诉愚蠢的君主的罪状之一，但后来因为没有提供真正的控诉依据而被删除。不过，奴隶贸易在 1808 年与英国达成协议后被废除。

1784 年，杰斐逊提议在西北地区禁止奴隶制，尽管当时失败了，但 1787 年获得了成功，大陆会议一致表决通过禁止北方全境和俄亥俄州西部的奴隶制。在 18 世纪结束前，奴隶制在北方各州都被废除。南方各州当时兴高采烈地期待着奴隶制的逐渐消亡，至少在这一问题上，南北之间并没有深仇大恨。

在美国，就像在现代英国一样，历史的进程因为发明了节省劳动力的机器而改变。在英国，创造发明使一个人能够完成同样时间里过去要 50 个人才能完成的纺织工作，这些"节省劳力"的设备造成的结果是，那些幼童每天得工作 15 个小时。另一个结果是刺激了对原棉的需求。惠特尼 1793 年发明的轧棉机，使得一个黑人每天可以清理 50 磅的纤维而不是仅仅 1 磅。结果南方大部分州的棉花种植迅速扩张，而依赖于奴隶劳动的种植业利润巨大，于是产棉区不再对奴隶制问题漠不关心。此外，气候的极端反常以及奴隶贸易的停止，需要从南部少数拥有奴隶的州源源不断地把奴隶引入产棉区，因此各地奴隶的价格出现上涨，弗吉尼亚和比卡罗来纳作为注定深受钩虫、疟疾和黄热病之苦的受害者的繁殖地，变得炙手可热。南方人的情感和经济生活都改变了，捍卫奴隶制成为维护切身利益的手段。

南北之间的第一次严重冲突发生在 1820 年，并导致了《密苏里协议》的出炉。自北方各州废除奴隶制以来，自由州和蓄奴州的数量是相等的，并一直如此。在新加入的 8 个州中，4 个是自由州，4 个为蓄奴州。由于参议院由每个州的 2 名参议员组成，所以只要州的数目两边一样就能保持平衡。而密苏里的加入使得天平向南方倾斜。一场激烈的争论给未来敲响了警钟，杰斐逊形容它是黑夜里的火警。最后决定密苏里应以缅因州来平衡①，未来如有新的州在西部建立，那么北纬 36°30′以南地区可以蓄奴，而此线以北地区不可。这项妥协的协议左右了联邦政府的政策达一代人之久。

最终的结果是逼得南方走上了帝国主义扩张道路。在收购佛罗里达州之后，已经没有领土来建立南方新州，而许多自由州仍然可能在西北地区建立。不过，墨西哥很弱，据说"天定命运论"要求美国在时机成熟时从它那里获得更多的领土。美国冒险家在南方的鼓励下，使得克萨斯宣布从墨西哥独立，重新实行墨西哥已经废除的奴隶制。由美国移民组成的得克萨斯政府期望加入联邦，并于 1845 年实现，这使蓄奴州多了一个从而占多数。

与此同时，墨西哥冒险提出抗议，由此为墨西哥战争提供了机会。战争结束时，吞并的土地现在位于加利福尼亚州、内华达州、犹他州和亚利桑那州，还有新墨西哥州、科罗拉多州和怀俄明州的部分地区。然而，结果并没有达到南方所期望的满意程度。新获得的领土

---

① 同意密苏里维持奴隶制，同时间建立的缅因州则废除奴隶制。——译注

很快就吸引了足够的人口，被允许创建加利福尼亚州，虽然它一半在密苏里妥协线以北，一半在以南，但决心废除奴隶制。这样就导致了困局，直到几年后，即 1850 年达成了新的妥协才告结束。在此期间，由于 1848 年威斯康星州的加入，自由州和蓄奴州的数目再次变为相等。而提议新获得的领土不实行奴隶制的《威尔莫特但书》被否决了。

1850 年的妥协是经过长时间的激烈辩论，并伴随着分裂联邦的威胁才达成的。其中有 3 项规定使北方满意，2 项规定讨得了南方欢心。为取悦北方，加利福尼亚作为自由州加入联邦，尽管其大约一半的领土在密苏里妥协线以南；新墨西哥和犹他州被规划为没有奴隶制的领土；哥伦比亚特区禁止奴隶贸易。为讨好南方，通过了一个新的更严格的逃奴法，另外得克萨斯得到 1000 万美元。至于最后一项规定，尼古拉和海伊评论说："可以郑重地断言，这 1000 万元的赔偿，突然把得克萨斯债务价值提高了 3 倍，从而为该州的债券投机提供了前所未有的机会，'这是一股推动力，借以推动国会通过那些违反多数议员原判的法案'。"他们并不完全赞同这一观点，但 1000 万美元会对一些人的"原判"产生影响是无可怀疑的。

由于种种原因，1850 年的妥协破裂了，尽管几年来人们希望奴隶制问题能最终得以解决。使争议再起的原因有两个：（1）北方讨厌逃奴法并拒绝执行；（2）南方看不到在 36°30′ 以南地区建立新的蓄奴州的机会，因而废除《密苏里协议》。从这两点看，分歧在逐渐扩大，直到除战争外别无他路可走。

逃奴问题比其他任何问题都更可能让人们看清林肯的主张的真相，即联邦不能一半是奴隶制，一半是自由制。1858 年，他首次公开表明这一观点时，令很多人大吃一惊，并成为道格拉斯在辩论中反对他的主要依据。但是，当奴隶逃到自由州，或者在北方的自由黑人被误以为奴隶时，那些憎恶奴隶制的地区的居民要么被迫触犯法律，要么成为他们认为无可辩解的残忍行为的帮凶。许多对抽象的废奴主义论点无动于衷的人，无法说服自己对眼前一个活生生的黑奴视而不见。这样的现实是不可抗拒的，这项法律让北方人的良心深刻体会到这一点，这是反奴隶制演说所不可能做到的。

美国有关逃奴的立法始于宪法，是由那些对一切财产权都非常在意的人制定的。宪法规定，逃亡的奴隶无论在美国境内的哪个地方都应交给他们的主人。当时，这是南方支持联邦制获得的好处之一。1793 年通过的一项法律使宪法的这项规定产生了实效，根据这项法律，奴隶主或其代理人可以捉拿被指控的奴隶，并将其带到地方法官那里，在证明其所有权、得到法官的认可并从法官处取得证书后，便可将其带走。任何妨碍这一程序者将被处以 500 元罚款。

黑人如果被怀疑是奴隶，是不允许为自己提供证据的。专业的奴隶捕手被雇来追捕他们本应寻找的奴隶，但他们经常发现，倒不如去抓一个自由的黑人并发誓他就是要找的那位。结果，在黑人到达加拿大前，哪里对他们来说都不安全。狄更斯在他的《美国纪行》中描述了 1850 年以前法律的实际操作：

> 公众舆论造就了这项法律，它已经公开宣布，在华盛顿，在这座以美国自由之父的名字命名的城市，任何治安法官都可能会用脚镣锁住从街上走过的黑人，并将他强行投入监狱，无论这个黑人是否犯罪。法官说"我倾向于认为这人是个逃奴"，并把

他锁起来。公众舆论授权法律界人士这么做，在报纸上刊登这位黑人的情况，提醒其主人来认领，否则他将被卖掉以支付监狱的费用。如果推测他是一个自由的黑人，没有主人，那么很自然就应该根据推定还他自由。**不：*他会被卖掉，以补偿狱卒*。这样的事一而再再而三地发生。黑人无法证明自己的自由，也没有顾问、信使或任何种类的援助，对他的案件也不展开调查或质询。他，一个自由人可能要服刑多年才能重获自由，他没有犯罪，也没有定罪的借口，不经任何程序就被下狱；还会被卖掉支付监狱的费用。

狄更斯说的是哥伦比亚特区发生的事。在更北的地方，各州通过了法案来防止对自由黑人的绑架，并授权司法当局规定，在将人带走之前要有证据证明这个黑人是奴隶。但是，只要奴隶制存在，最高法院总是努力加强它，它于1842年规定，各州对逃奴法的干扰都是违宪的。所以根据法院的这一决定，奴隶主可以随处抓捕黑人而无需证明其为自己所有，直至将其带回自己所在的蓄奴州。

这就是1850年时的法律状况，而南方要求更严格的措施。作为妥协协议的一部分，这一要求获得了批准。新的法律延续了所有旧法律的酷烈特点，此外，以任何方式帮助在逃奴隶的处罚增加到1000美元，并可处最长6个月的监禁。而且还可以召集地方武装协助抓捕被指为奴隶的人，这样的话，邻近一带的人都有责任参与执行这项不得人心的法律。如果一个南方人的马跑了，他得自己去追；而当他的奴隶跑了，却可以召唤北方的所有居民协助他找回自己的财产，不提供帮助者可能会受到处罚。

北方实行这项法律的结果对于南方是灾难性的。在波士顿，一名在逃奴隶的被捕引发了一场暴乱，为此不得不出动了一整团的士兵，在这名被抓的奴隶登上遣送他回南方的护卫舰所经过的路上护送他。在俄亥俄州的奥伯林实施的一次营救行动，不得不将一些教授和牧师投入监狱。而在其他类似事件中，一些知名的贵格教徒也参与其中。南方人抱怨说，他们是在冒生命危险抓捕逃跑的奴隶。在北方，大多数人以前对南方的奴隶制漠不关心，而今由于逃奴法的实施，人们认为不可能再持中立态度或无动于衷了。废奴主义情绪仍是特例，但大家在感情上无法容忍受人尊敬的公民因帮助不幸的黑人摆脱奴役而遭到惩罚。考虑到逃亡奴隶的数量很少，南方在这方面的固执更显得不明智。南卡罗来纳州在 1860 年跑了 23 个奴隶，即 17501 中才有 1 个，整个南方跑了 0.02% 的奴隶。而且抗议声最大的大多数南方州其实损失是最小的。[①]

在南北战争前的 30 年间，北方的废奴主义无论在人数上还是狂热程度上都逐渐增加。作为公共生活中的一股力量，也许可以追溯到 1831 年，这一年威廉·劳埃德·加里森开始发行他的《解放者报》，在创刊号上他说：

> 我将竭力争取立即解放我们国家的奴隶人口……在这个问题上，我不想带着克制地写、说、思考。不！决不！告诉一个人他家着火了，惊慌中要有所克制；告诉他要带着克制去从强取豪夺者手中解救自己的妻子；告诉这位母亲要循序渐进地去救困在房中的孩子；但眼前的事业使我无法保持镇定。我是非常认真

---

① 前引尼古拉和海伊的著作，第 3 版，第 31 页。

的——我不会找借口——我不会退缩——人们会听到我的心声。

南方听到了他的呼喊。

佐治亚州议会悬赏 5000 美元，任何人只要能绑架加里森或者使任何在本州内传播《解放者报》的人被定罪，就可以得到。然而，投身这场伟大变革的早期工人在他们自己的社区里鲜为人知，以至于当波士顿市长接到南方某些州针对《解放者报》这类煽动性刊物提出的抗议时，他只能说，市政府和他认识的人里谁都没有听说过这份报纸及其编辑。在搜查中发现"其办公室像一个隐秘的洞穴，唯一可见的工作人员是一个黑人男孩，而他的支持者是极少数无足轻重的人，什么肤色都有"。[1]

杰克逊总统谴责反奴隶制的宣传，并且希望国会禁止煽动性活动，因为这些活动"蓄意鼓动奴隶暴动，制造内战恐慌"。当波士顿人听说加里森时，起初不喜欢他。有一次他遭到波士顿暴徒的袭击，被关进监狱才保住自己性命。1837 年在伊利诺伊，支持废奴主义的牧师以利亚·P. 洛夫乔伊因编辑报纸而被一伙暴徒杀害。但渐渐地，废奴主义者引起了关注，尤其是在马萨诸塞州。必须指出的是，废奴主义者的狂热对其事业而言弊大于利，还诱发了南方的暴力。他们强烈要求处死任何企图抓捕逃跑奴隶的人。此外，他们还要求解散联邦，因为他们认为与被诅咒的东西打交道是有罪的——尽管并不清楚奴隶们将如何从中受益。1843 年，加里森说："南北之间存在的协议是'与死亡达成的协议，与地狱缔结的契约'——双方都犯下了残暴

---

① 前引尼古拉和海伊的著作，第 1 版，第 148 页。

的罪行，应该立即废止。"甚至在内战爆发后，极端废奴主义者仍在要求解散联邦——这一要求令人费解，不禁怀疑他们是否真的在为黑人的福祉着想。他们的狂热也使得南方变得剑拔弩张。

为了南方的利益而废止《密苏里协议》，这是对1850年妥协协议的第一次明目张胆的政治侵犯。这个问题与堪萨斯有关，该州位于密苏里妥协线以北，但紧挨着密苏里州，密苏里州一些居民希望占领它用于蓄奴。1854年，根据《内布拉斯加州法案》①，堪萨斯和内布拉斯加应该成为蓄奴州或自由州，由它们自己决定。众所周知，自由呼声在内布拉斯加州占了上风，堪萨斯则不确定，于是堪萨斯立即成了战场。南方人从密苏里进入，北方人从艾奥瓦进入，各方都成立了一个政府，并宣称自己的政府是有权决定奴隶制问题的合法机构。在内战一触即发之际，双方都诉诸华盛顿。尽管华盛顿方面支持南方，但北方最终以人数取胜，而堪萨斯在内战前夕被承认为一个自由州。

南方的侵略性，比如废止《密苏里协议》，导致了共和党的组建，其第一次全国代表大会1856年在费城举行。新政党的纲领旨在在所有领土上排除奴隶制，至于其他方面它将重提辉格党的主张，其中最重要的一点是高关税。在总统选举中，新政党未能获胜，但表现出人意料地好。成功当选的民主党候选人布坎南获得1838169票，共和党候选人弗里蒙特拿下1341264票。弗里蒙特的选票全部来自自由州，其中11个州投了他，只有5个州投给了布坎南，林肯所在的伊利诺伊州是5个州之一。

---

① 全称是Kansas-Nebraska Act，它导致南北双方在奴隶制问题上关系进一步恶化。——译注

民主党的事业从杰克逊那里开始，他在 1829 年至 1861 年间执政，其中因为哈里森 1841 年当选总统、泰勒 1849 年就任总统而有所中断。1841 年的突发情况非常少见，哈里森在就职的一个月内去世，副总统泰勒随即继任，所以权力主要在民主党手中。在奴隶制问题之前，各方的分歧主要在于关税。民主党要求低关税，而他们的对手辉格党人主张高关税。南方赞成自由贸易，新英格兰地区赞成贸易保护。纽约州通常是民主党的天下，西北地区则摇摆不定。由于关税是主要问题，而在这一问题上南方团结一致、北方各行其是，所以南方通常控制着政府。从 1789 年到 1861 年，只有 12 年由北方掌权。这让南方人有种感觉，认为他们有权统治国家。因为北方在领土、人口和财富方面超过了南方，情况变得越来越明显，最终，北方必然获胜。对习惯于权力的人而言，这似乎是可怕的。他们想征服墨西哥、古巴和中美洲，他们梦想在整个西部引入奴隶制。他们的心态如同受到威胁的贵族，觉得有人指望他们屈从于数量上占优势者这件事不太对劲。随着危机的临近，他们不再变得越来越温和，而是变得更加狂暴跋扈，并试图通过公然的自我主张来吓唬那些本应胆小的北方人。

南方人占多数的最高法院在庆祝布坎南宣布就职的两天后，即 1857 年的 3 月 6 日宣布了著名的德瑞德·斯科特案的判决，推翻了先前认定的法律。此案判决黑人"不能成为美国公民，也不能在联邦法院起诉……美国宪法承认奴隶是一种财产，并承诺联邦政府将予以保护。《密苏里协议》和类似的禁止法案都属于违宪"。这就明确规定了《独立宣言》中关于所有人生而平等的说法，并不打算适用于黑人。

南方鼓掌欢迎这一判决；北方不愿藐视最高法院，所以不知所措。林肯从来都是尊重宪法的，他在回应道格拉斯的演讲时说：

现在来谈谈德瑞德·斯科特案的判决。这一判决声明了两点：第一，黑人不能在美国法院起诉；其次，国会不能禁止国土上的奴隶制。这是由不同法庭作出的——根据案件的不同要点分属不同法庭。道格拉斯法官没有提及该判决的优点，在这方面我要以他为榜样，我相信自己对麦克莱恩和柯蒂斯的观点的改进，不会多过他对坦尼法官的观点的改进。他谴责所有对这一判决的正确性提出质疑的人，认为是在暴力抗法。但是是谁在抗法呢？是谁不顾这一判决，宣布德瑞德·斯科特是自由的，以阻挠其主人对他的所有权？司法判决有两大用途——首先，要对案件作出毫不含糊的决定；其次，要向公众表明，发生其他类似案件时将如何判决。后者我们称为"判例"和"权威"。我们相信自己像道格拉斯法官一样（也许更加）服从和尊重政府的司法部门。我们认为，当此案解决时，它在宪法问题上的决定不仅支配了特定案件的决定，还影响国家的一般政策，而它只接受宪法本身规定的修正案的干预，超过此限无异于一场革命。但我们认为，德瑞德·斯科特案的判决是错误的。我们知道，法院经常驳回自己的决定，我们将尽我们所能促成判决更改。而我们对判决是无可奈何的。根据情况，司法判决或多或少会被作为判例。根据常识以及对于法律工作的惯常理解，应该是这样的。如果这个重要的判决是法官们一致同意的，没有任何明显的党派偏见，也符合公众的法律期望，符合历史上政府部门的一贯做法，没有任何部分是基于假定的、其实并不真实存在的历史事实；或者，如果其中一些做不到，它会不止一次提交法庭，并在多年来得到确认和重申，那么也许会有争议、否定甚至革命，也不会默许它作为一个判例。但是，当我们确实发现这一判决在所有方面都得不到公众的信任时，把它当作还没有完全确立的一个国家原则，就不是抗法、争议甚至不是不尊重。

但是，尽管德瑞德·斯科特案的判决的直接后果是给南方带来信心，给北方造成困惑，但最终效果却大相径庭。现在就目前事态来看，没有任何法律途径可以在整个西北地区排除奴隶制。已经没必要废止《密苏里协议》了，因为它是违宪的；《内布拉斯加法案》给南方的承诺比宪法规定的要少，但北方还是提出了强烈抗议。最高法院说，实际上"你可能已经开始厌恶奴隶制，你可能比1789年的人对黑人评价更高，但是你们的情感和思想对当时颁布的法令毫无用处。你可能认为自己生活在一个民主国家，但你错了：你依然受差不多70年前的决定的支配，你仍然逃不出死人的掌心，直到四分之三的州同意让你解脱"。为免产生误导，我将引用判决书中的一些原话：

> 我们假设，没有人认为与这个不幸种族有关的民意或民众情感的任何改变，在我们国家或者欧洲文明国家中，应该促使法院出于他们自身的利益，而不是他们在制定和通过该文书时打算承担的责任，来对宪法的文字做出一个更为自由的解释……不仅文字相同，意义也是相同的，都将同样的权力赋予政府，并为公民保留和保障同样的权利和权益；只要它继续以目前的形式存在，它所表述的就不仅是相同的语词，还有相同的意义和意图，这个意图是当它从它的制定者手中诞生并被美国人民投票通过时所表述的。

显然，美国的大多数公民并不希望在西北地区建立奴隶制。而最高法院已经宣布，在这一点上，就算绝大多数人同意也无法让这个意愿占上风。这是无法容忍的，于是引发了战争。如果南方不那么没耐心，北方可能会被迫采取违宪行动以捍卫少数服从多数原则。然而事实上南方比北方更具侵略性，甚至更不能忍耐，它首先诉诸武力，结果北方在捍卫宪法的同时，赢得了比宪法以往所宣称的更多权益。

无论是对外还是对内，南方以及代表其利益的政府都对他人的权利表现出专横和冷漠。杰克逊在与西班牙人打交道时树立了一个榜样，以后在墨西哥战争中也大规模地遵循了这个例子。在寻求蓄奴地区以兼并扩张时，皮尔斯总统认为古巴提供了一个合适的机会。他想尽办法从西班牙那里购买岛屿，但是西班牙竟然无礼地拒绝出售。于是1854年，美国驻伦敦、巴黎、马德里的公使会晤并草拟了一份《奥斯坦德宣言》，宣称如果西班牙不出售古巴，就应该以武力吞并。接替皮尔斯成为总统的布坎南，是这份有趣的文件的第一个签署人。在任期间，他继续寻求吞并古巴的机会，在这个问题上整个民主党都支持他。他被提名为候选人时说过："如果我能够根据我提的条件解决奴隶制问题，而我可以为此发挥作用，然后将古巴划归联邦，那么即使我成了总统，我也愿意下台，让布雷肯里奇接管政府。"民主党的纲领要求"我们竭尽一切努力确保我们在墨西哥湾的优势"，并赞扬"重建"中美洲的努力。

当南方决定脱离联邦时，它并没有放弃在拉丁美洲进行的广泛征服计划。据1860年出版的一本小册子说，蓄奴州将执行普罗维登斯的设想，"在整个热带美洲建立一个广阔、富饶、幸福和辉煌的蓄奴制共和国——我们的后代将在那里长大，并称我们有福！"一派奴隶制王国或共和国的画面，"钱宁说："在巍峨的波波卡特佩特火山之上，呈现在眼帘的是从波托马克河畔的弗农山庄到'蒙特祖马斯宫殿'的图景，它一次又一次地出现在我们所看到的南方书籍之中。"①

南方政客的观点是，在英格兰，我们已经对上层阶级中的帝国主义者以及激励他们的金融家习以为常。民主逐渐隐退，掠夺成性的寡头越来越多地掌控事态。在世界历史长河中，美国的特征在1850年到1860年的南方难觅踪迹。

在个人交往以及更大的政治交易中，南方的显赫人士都是傲慢和蛮横的。1856年，马萨诸塞州参议员萨姆纳，一位杰出人物，发表了以下讲话，攻击南卡罗来纳州的参议员巴特勒：

> 很遗憾我又遇见了来自南卡罗来纳州的参议员，他在这次辩论中无处不在，对于堪萨斯申请加入联邦成为一个州这一简单的建议充满了愤怒；而且用滔滔不绝语无伦次的讲话使现在的代表和当时人民都对他失去了应有的期望。过去的议会辩论没有这么放肆，他没有按以前的方式去做；过去不可能如此罔顾真相，他也没有揭示真相。不过我很高兴补充一点，我们要怀着爱，将他从疑似故意失常中拯救出来。但这位参议员不为所动，而且我们没有以他的错误使他难堪——有时晓之以理，有时告之以事实。他无法准确地陈述宪法或法律，陈述统计数据或学术思想。他不能张嘴，一张嘴就犯错。

两天后，一位名叫布鲁克斯的年轻的南方参议员，巴特勒的侄子，蓄意攻击了坐在办公桌前的萨姆纳，用树胶手杖反复击打萨姆纳

---

① 前引钱宁的著作，第6版，第260页。

的头部。萨姆纳一时起不了身，因为桌子挡住了他的路。布鲁克斯不停地敲打，直到萨姆纳失去知觉跌倒在地上，此时手杖碎成了几片。另一位南卡罗来纳州参议员想施以援手却无能为力。参议院拒绝以任何方式谴责布鲁克斯，而在北方人占多数的众议院，他受到了谴责；他辞了职，但马上再次当选。这次攻击导致萨姆纳脊椎受伤需要多年才能恢复，在此期间他无法工作。这仅仅是南方暴力的一个例子，这使得华盛顿对于北方人而言并不安全。

南方的主要意图在于恢复奴隶贸易。在临近内战那几年，一定数量的奴隶贸易继续偷偷摸摸地进行着，实际情况当然很难确定。参议员道格拉斯在1860年指出，1859年输入的奴隶比前几年，甚至比奴隶贸易合法时的数量还要多。1858年，一艘载有非洲奴隶的帆船"流浪者号"到达萨凡纳河。船主谎称这是一艘游船，他与负责搜寻奴隶的英国"美杜莎号"军舰上的军官过往甚密。他们相互帮助，"流浪者号"船主将船开到刚果，把几百名黑人装上船，然后在南卡罗来纳州登岸，在南方卖掉他们。船长和一些船员遭到逮捕，但后来被释放了。帆船虽被没收，但还是被船主的一位名叫拉马尔的合伙人买了回来，他"告诉在场的人船是他的，被错误地扣留了，并要求他们不要出价。除了监狱看守外，没人出价，因为如果有人这样做了，交易结束时会被拉马尔的殴打"。[1] 当然，船主也没有逃脱惩罚，他被纽约帆船俱乐部开除了。

另一个稍早时候结束的冒险行动中，奴隶贩子就没那么幸运了。"回声号"因"在船上载有约300名赤身裸体的刚果黑人"而被美国

---

[1] 前引麦克马斯特的著作，第8版，第351页。

海军"海豚号"扣留，并带到了查尔斯顿。结果呢，这一问题在1858年9月1日的《里士满问询报》上引起争论：

> 按法律规定该船应被没收，对船主按船舶和货物价值的双倍罚款，船长要被绞死，黑人应被送回非洲。谁知道这些黑人来自哪里？把他们丢在海边有违人道主义。在南卡罗来纳释放他们也是不可能的。在无计可施的情况下，只能为他们选择好的主人，让这些无用的野蛮人变成有用的劳动力。查尔斯顿的一位市民问，为什么要送他们回去？种植园、工厂、铁路等都需要他们。他们已经站在了文明的门槛外，为什么要做回野蛮人？他们受到了基督教的影响，为什么要让他们变回异教徒？没有理由这样做，除非我们国家的其他地区对南方的制度感到厌恶，并要求它为了人道主义而牺牲利益。[①]

总统下令，黑人必须送回非洲，与此同时，将他们移交美国殖民协会照顾一年。但我没有发现船长被绞死的记录。

南卡罗来纳州看到被剥夺的赃物时直流口水，议会的决议坚持认为干涉奴隶贸易的行为违宪。阿肯色州议会也否决了反对奴隶贸易的决议。佛罗里达州州长拒绝在"这一问题上表现出病态的多愁善感"，并提醒美国的奴隶养成（slave-breeding）业要注意外国竞争者正对这块利益虎视眈眈。

南卡罗来纳州一向是精神引领者。该州的大陪审团将反对奴隶贸易的法律视为"公众的一种怨气"。州长指出，如果希望自由劳力能

[①] 前引麦克马斯特的著作，第8版，第349页。

少则少，那就有必要恢复奴隶贸易，并且劝导说，只有奴隶劳力才能防止劳资之间的冲突：

> 他说，如果不能满足对于奴隶劳动的需求，那么南方必定会采取一种它并不期望的方式，一种对抗国家制度的方式。这个国家的马车应由奴隶来赶，工厂应由奴隶做工，酒店应由奴隶提供服务，机车上也要配备奴隶，这样要比敞开大门让大量生在外国、在外国受训和受教育的人口涌入我国要好得多。这些外来人口迟早会导致劳资冲突，这会使那些没有奴隶制的地区很难维持自由制度。在所有的蓄奴州中，高贵的种族应该负责管理，低劣的种族应负责所有的体力服务。

佐治亚州的 W. B. 葛登 1860 年 5 月在查尔斯顿的民主党全国大会上清晰地阐明了南方的立场：

> 我告诉你，民主党人朋友们，美国的奴隶贩子才是真正的联邦人〔欢呼和笑声〕。我告诉你，从任何可能的角度看，弗吉尼亚的奴隶贸易比非洲的奴隶贸易更不道德，更不符合基督教教义。那些奴隶贸易者去了非洲，将一个无用的异教徒带到这里，用基督教感化他，让他和他的后人在以后的岁月里享受文明的恩泽……我有幸去那个高贵而历史悠久的州买了几个黑人，每人我得付 1000 到 2000 美元，而我去非洲的话只要每人 50 美元就可买到更好的黑人。我主张废除禁止非洲奴隶贸易的法律，因为我相信这才是真正对联邦有利的。我不相信那些利益如此分歧的南方州和北方州的部分地区能够经得起这种狂热的冲击，除非它们利益均等。我相信，重开这种贸易，让黑人充实我们的领土，就可

以维持两者的平衡。

不过，也不必认为南方是出于卑鄙的动机来维护奴隶制的；相反，这是在秉承造物主的意志。正如邦联的副总统斯蒂芬斯在斗争一开始时所说的：

> 在制定旧宪法时，他（杰斐逊）和大多数主要政治家所持的流行观念是，奴役非洲人有违自然法则，在**原则**、社会、道德和政治方面都是错误的……我们的新政府是建立在与之完全相反的理念上的；它的基本理念源自一个显而易见的真理，即黑人与白人之间的不平等，奴隶制——听命于高贵种族——便自然形成了并成为常态。我们的新政府是有史以来第一个建立在这种伟大的物质的、哲学的和道德的真理之上的……我们社会的基础是由本质上适合奴隶制的材料构成的，而且由经验可知，它不仅对高贵种族是最好的，对劣等种族也是最好的，它理应如此。事实上，它符合造物主的诏令。而造物主诏令的智慧不是我们可以探究或者质疑的。造物主出于自己的意愿，创造了不同种族，如同创造了"闪耀着不同光芒的星星"。如果我们遵从造物主的法则和命令，就可以在构建政府和其他所有事情上最好地实现人类的伟大目标。我们的邦联建立在严格遵守这些法令的原则之上。

南北冲突是社会有机体论的两种截然不同的观念之间的冲突。北方信仰政治平等，南方信仰体力劳动者必然落于人下，因为他们是"劣等"种族。北方的观念是现代的，通过机械发明寻求所有人共荣；南方的观念是古老的，通过奴隶劳动为少数人谋利。在北方看来，奴隶制与民主是不相容的，但古希腊或古罗马的民主人士会同意南方的观点。南方属于过去，而北方属于未来。

经济利益决定了美国不同地区的观点。1850 年到 1860 年的 10 年间，重要的地区有 4 个：南方产棉区，南方烟草产区，老北方和西北地区。除了出产黄金之外，远西地区①尚不具有任何重要性。

在南北战争前几年，南方的产棉区是南方政治中的精神活力所在。当时对棉花的需求，尤其在英格兰，以惊人的速度增长，并且受到了英格兰采取的自由贸易政策的刺激。② 产棉带与英格兰的经济联系主要通过海运实现：进口英国产品，出口棉花。因而对自由贸易极为支持。1861 年，与 1832 年的情形一样，南卡罗来纳州指派的关税成为脱离联邦的一个理由。在大型棉花种植园，富裕的种植园主过着与世隔绝的生活，他们在早年对于弗吉尼亚文化并无提升。而贫穷的白人听大地主的，支持奴隶制，因为他们认为废除奴隶制会就此毁了南方，并为可以鄙视低等人群而沾沾自喜。南卡罗来纳州尽管也出产棉花，但不像墨西哥湾各州那样成功，这种日渐走向失败的感觉使它们变得相当歇斯底里。

在靠北的蓄奴州中，弗吉尼亚已然失去了以前的重要地位，主要是因为烟草种植耗尽了土壤。西部移民潮导致弗吉尼亚州和北卡罗来纳州人口外流，又没有得到来自欧洲的移民的补充。与其他蓄奴州相比，肯塔基与自由州俄亥俄有着非常密切的接触，东部的田纳西州与北方的关系也比与南方的关系更为紧密。处于交界的密苏里被蓄奴州和自由州按各自利益均分。但有一个原因使所有靠北的蓄奴州急于维

---

① 指美国中西部，尤指密西西比河西部地区。——译注
② 1850 年棉花作物产值是 7800 万美元，1860 年为 2.36 亿美元。见前引钱宁的著作，第 6 版，第 207 页。

护奴隶制，因为那里是他们繁育奴隶的地方。随着产棉带的需求的增加，奴隶的价格也上涨了。南方的产棉区有个弱点，即不能产生它所需的全部奴隶，正如钱宁所说：

> 在北部蓄奴州，黑人儿童的出生会产生很高的溢价，每生下一个马上对其主人而言就值大约 200 美元。实在没必要去更远的地方寻找。一个人只需再考虑一下，头脑中就会闪现出关于奴隶和奴隶主这种事态的结果的许多令人不快的猜测，尽管我们可以尽量消除这种结果。此外，大大小小的生意在"容忍奴隶制"（如果我们可以用这个词来指称的话）的北方地区和南方产棉区之间建立起经济纽带，从而强化了这两个支持奴隶制的地区在政治和社会方面的联结。

在老北方，新英格兰因制造业而繁荣，并继续提倡高关税。由于西部的发展，农业变得不重要了。纽约市靠贸易为生，部分贸易是与南方进行的，因此比其他北方地区对南方更友好。东部所有大城市都接纳了新近到来的大量新移民；移民中爱尔兰人偏多，德国人也不少，尽管大部分爱尔兰人定居在西部。

由于历史原因和经济利益，西北地区必然比南方或东部地区更倾向于国家统一。它投身这场被证明具有决定性意义的斗争，与林肯的事业息息相关。

第二十五章　林肯与国家统一

西北是美国发展最快的地区，在某些方面也是最具活力的地区，它具有非常明确的经济利益，这点在很大程度上与联邦的其他地区不同。南北战争之前，对欧洲的小麦出口开始变得重要起来。当时，在公共土地的处置、一系列宅地法和铁路等方面，西部地区都依赖于联邦政府或东部资本。在新土地上为白人劳力寻找一块地的愿望，引发了与将奴隶制扩展到堪萨斯以及和西北接壤的其他地区的企图的冲突。

历史以及当前的状况，在西部产生了一种与过去的北方或者南方非常不同的感情，即更忠于联邦而不是自己的州。历史更久的一些州先于联邦政府存在，而西部各州是联邦政府创建的。那里的移民有些来自北方，有些来自南方，很多都是新近从欧洲来的，到这片蕴含着希望的土地上寻求自由和成功，但对地区纷争不感兴趣。此外，西部不面海，也无法从海路到达欧洲，与美国公路或河流相隔数百英里。它期待联邦政府鼓励道路建设，帮助他们免遭印第安人的攻击，同时保持水路航线的开放。可见，西北地区尤为依赖国家的统一。公路以及随后的铁路，五大湖和伊利运河的水运系统，横贯东西；密西西比河及其支流则贯穿南北。除了交通工具外，南方的西班牙人、北方的英国人以及在哪里都不想见到的印第安人都在提醒西部，它需要一个强有力的政府。在这些情况下，在西部产生的对美利坚合众国的爱国主义精神要远远超过东部地区产生的，而后者仍各自忠诚于自己的州，也就不足为奇了。

亚伯拉罕·林肯在青年时代像伊利诺伊州大多数公民一样受到来自外部环境的影响，通过林肯，西北地区①第一次有效地表述了自己的政治诉求。正如我们已经看到的，他出生在肯塔基一个极为贫困的家庭，7岁时全家搬到了印第安纳，"肯塔基的社会状况，"尼古拉和海伊说，"自早年的拓荒时代之后已经发生了很大的变化。生活已经更为安定有序，早期的那种野蛮的平等已经消失，阶级差异开始出现。拥有奴隶的人比没有奴隶的人具有明显的社会优越感。托马斯·林肯得出结论，肯塔基不适合穷人，于是决定到印第安纳碰碰运气。"但那里也没有财富等待他，1830年，亚伯拉罕成年了，他的父亲决定再次向西迁移，这次来到了伊利诺伊。

林肯的早年生活铸就了他的个性。童年时，"他在树林里过着孤独的生活，孤单寂寞地玩着小游戏，然后回到无趣的家。他从未向自己最亲密的朋友谈起这段日子……现在每个家庭提供给孩子的用以培养心智的东西，比如书籍、玩具、有趣的游戏以及父母日常的关爱，对此他一无所知。"艰难的工作，印第安人的传统，孤独和寂静的森林构成了他的生活环境。他热爱人类，也许部分原因在于森林中人烟

---

① 林肯时代的西北部是现在被称为中西部的东部。

稀少。

在伊利诺伊，林肯逐渐走出了自己的路，不是凭借显著的成绩，而是靠辛勤的工作以及个性和性情，他因此颇受欢迎。1831年，林肯成了店员和店主助手，将货物经河运送到新奥尔良。1832年他参加了黑鹰战争，这使他有机会在以后的日子里（1848年）取笑那些把军事荣耀当作政治资本的人，比如当卡斯将军因为他在1812年战争中的一些不清不楚的事迹而被赞扬时，林肯这样说道：

> "议长先生，"他说，"你知道我是一位战斗英雄吗？在黑鹰战争中，我作战，负伤流血，然后才离开火线。斯蒂尔曼的那场败仗我不在场，但我离那里很近，一如卡斯将军离赫尔投降的地点很近；像他一样，我很快就看到了那个地方。非常肯定的是，我的剑没有折断，因为我没有剑，但我的步枪在那次弯得非常严重。如果卡斯将军在采摘越橘时领先于我，那么我想在采摘野洋葱时我会超过他。如果他看到过活生生的打仗的印第安人，那他比我强，但我和蚊子之间也展开过多次血战，虽然我从没因为失血而晕倒，但我肯定我经常感觉很饿。如果我们的民主党朋友猜测我的帽子上带有黑色的联邦帽徽，而我最后只有脱下这顶帽子，他们才把我当作他们的总统候选人，我抗议他们不该试图把我描绘成一个战斗英雄，然后取笑我，就像他们取笑卡斯将军那样。"

在采取这些军事行动时，林肯是伊利诺伊州议会的候选人。他站在辉格党人立场上，是亨利·克莱的支持者。他说："我支持国家银行，赞同内部改良和保护性高关税。这是我的一些感受和政治原则。"

在任何时候，林肯都没有试图通过模棱两可的意见表述来赢得选票。伊利诺伊州是支持杰克逊的，而林肯反对杰克逊，在这种情况下林肯败北。

政治上失意后，他想做铁匠，但或多或少由于一个偶然的机会，他获得了一家杂货店的股份。然而结局很惨，让他负债累累。有段时间他担任邮政局长，然后是土地测量员。据说，无论他走到哪里都很受欢迎，有时候其中原因出人意料，比如"他是县里赛马比赛的最佳裁判"，"他可以从地上举起一桶威士忌，就着桶口喝酒"。无论是否因为这些或者其他的优点，后来他在1834年的议会选举中获得了最多的选票。

林肯在这一时期的政治行动是正确的，但并不引人注目，除了1837年他对的斯通议员的抗议。这是他第一次公开表达对奴隶制的个人看法，经过一段时间的睁只眼闭只眼之后，伊利诺伊在1832年举行公众投票，最终在该州排除废了奴隶制。尽管投了票，但仍然对废奴主义者存在强烈的仇恨，并将其扩展到所有新英格兰人身上。公开承认自己反对奴隶制是危险的，而且严酷的法律阻止自由的黑人进入伊利诺伊。我们已经看到，在伊利诺伊的奥尔顿，1837年，一群暴徒杀害了以利亚·P. 洛夫乔伊牧师，因为他主张废奴，也就在这一年林肯和斯通提出了抗议。他们抗议在州议会通过的一项决议，该决议支持南方关于奴隶制的看法，当时它在参议院一致通过，在众议院只有5人反对。他们的抗议表明了他们的信仰，即"奴隶制是建立在非正义和错误政策之上的，而传播废奴主张往往只会增加而不是减少奴隶制的罪恶"。他们继续指出，根据宪法，国会无权干涉各州的奴隶制。这表明，在1837年，人们的意见变化之快，即使是一个温和的抗议也需要极大的勇气。林肯在这一时期已经表明了一种兼而有之的观点，以后也一直坚持这一立场：他厌恶奴隶制，同时也尊重宪法。

1841年，他开始进行法律实践，多年来他一直抽出时间研究法律。作为一名律师，他是成功的、受人欢迎的，虽然收入始终不多。"他收到的最大一笔费用是来自伊利诺伊中央铁路公司的5000美元，还是他提起诉讼迫使他们支付的。"① 1846年，他进入国会，是伊利诺伊唯一一位成功当选的辉格党人。他认为墨西哥战争毫无道理，但又主张，一旦战争打响，就应该支持它并促成胜利。在国会的一次演讲中，他说："如果因为总统的反对而认为开战是不必要的和违宪的行为，那么辉格党会一致反对这场战争……但是如果战争已经开始，并成为国家行为，为支持战争你们和我们都付出了金钱和热血，那么此时还反对战争就是不正确的。"他的立场始终是：除了在辩论中，一个公民不应反对民主选举产生的政府。他是有史以来为数不多的坚定的民主信徒之一。他不仅像杰斐逊一样相信政府是**民治的**，而且相信人民的**政府**；他从未忽视对权威的需要和对法律的服从。

在国会任职期间，他对政治的兴趣并没有增加，1849年他返回伊利诺伊，继续从事律师工作。"从1849年到1854年，包括开始和结束的两年，我比以往任何时候都更勤奋地投入法律工作，"他说，"当我一再想起《密苏里协议》的废止，我对政治渐渐失去了兴趣。"值得注意的是，在退隐的那几年里，他潜心学习，包括逻辑和欧几里德的前六本书。在他的一些演讲中可能会察觉到学习带来的影响，例如："人们会极有把握地说，他可以说服任何心智健全的孩子相信欧

---

① 前引尼古拉和海伊的著作，第1版，第308页。

氏几何的简单命题是真的；但是，尽管如此，他还是完全无法说服一个拒绝定义和公理的人。杰斐逊的原则是自由社会的定义和公理。"毫无疑问，杰斐逊自己接受了这一观点，并在政治思想上直接或间接地受到欧几里德的影响。归纳法取代演绎法是一个缓慢渐进的过程，在知识的发展中有时包含着政治上的倒退。也许我们应该高兴地看到，尽管林肯密切接触人类经验，但在某些方面还是进行思想演绎，因为通过这样他获得了确定性和说服力。

林肯对奴隶制的憎恨，深深地受制并服从于他对宪法的尊重。当他看到奴隶制似乎有蔓延之虞时，他重返政治。以《内布拉斯加法案》废除《密苏里协议》的是伊利诺伊州参议员道格拉斯。1854 年 10 月，在斯普林菲尔德举办的州农业博览会上，道格拉斯和林肯首次在公开辩论中谈及了道格拉斯的行为所引起的尖锐问题。道格拉斯为自己的人民主权理论辩护，他说自己对新划入的领土在奴隶制问题上是投赞成票或者反对票这一点并不关心，情愿把这个问题留给定居者们自己去决定。林肯在一次 4 小时的演讲中，详尽阐述了指导其日后行为的一系列思想：

> 我不得不这样想，这表明了一种冷漠但暗藏着对奴隶制蔓延的热切之情，对此除了痛恨我无话可说。我憎恶它，因为奴隶制本身包含着极大的不公；我憎恶它，因为它使我们丧失了作为共和国的榜样对世界公正产生影响的机会；使自由制度的敌人嘲笑我们是伪善之徒；让真正的自由之友怀疑我们的诚意；尤其是因为它迫使我们当中很多真正的好人为了公民自由这一基本原则而介入公然的战争，还抨击《独立宣言》并固执地认为除了自

利，没有什么对的行动准则。

　　自治原则是对的——绝对且永远是对的——但它并没有像这里所尝试的那样被公正地运用。或许我应该说，这一原则是否得到公正地运用取决于是否将黑人当作人。如果不把黑人当作人，在这种情况下，被当作人的那些人就可以按照自治原则做他们喜欢做的事。但如果把黑人当作人，到时候再说他们也不应该自己管理自己，不是完全破坏了自治吗？白人管理自己，那是自治；但当他管理自己的同时，也统治着其他人，那就不仅仅是自治了——那是专制。

有段话特别能代表林肯后来的演说所蕴含的东西：

　　我们一步一步地不断走向毁灭，为了新的信仰，我们放弃了旧的。近80年前我们宣称所有人生而平等，但现在我们从那里开始走下坡路，并做了另一个声明，即一些人奴役另一些人是"神圣的自治权利"。这两个原则不能站在一起，它们就像上帝和财神一样是对立的。

　　林肯对道格拉斯的批评在伊利诺伊留下了深刻的印象，许多民主党人加入"反内布拉斯加"阵营，反对奴隶制的扩展。道格拉斯对公众舆论的动向很敏感，对南方朋友的热情开始有所降温。1858年，他和林肯为竞选参议员而展开竞争，林肯迫使他作出进一步的让步，这样在1860年道格拉斯失去了蓄奴州的支持，从而导致民主党的分裂，林肯在总统选举中获胜。南方是在北方选票的帮助下才取得统治地位的，正是林肯对道格拉斯的责难使这一过程不可能再延续。

　　林肯比其他公众人物更早意识到在奴隶制问题上暴力冲突已不可

避免。他不希望发生冲突，他愿意让南方不受干扰地继续拥有奴隶，但是又感到不可能达成双方都可以接受的和平结果。1855年他写信给朋友说："我想经验已经证明，在我们未来的道路上不可能和平地消灭奴隶制。"他接着说："就和平、自愿的解放而言，在美国，黑人奴隶的状况——对于那些具有自由思想的人没那么可怕——现在就像那些失去灵魂最终不知悔改的人一样，已经定型了，没有好转的希望。即使让所有俄国独裁者放弃王位、宣布其臣民为自由的共和国公民，也比让我们的美国主人自愿放弃他们的奴隶来得快。

"我们现在的政治问题是，'我们的国家能否继续长期地——永远——保持一半奴隶制，一半自由制?'这个问题对我来说太大了。愿上帝仁慈地指引我们的解决之道。"①

这是他在1858年与道格拉斯竞选参议员时，首次公开提出阐述这一思想。谈到内布拉斯加的政策，他就接受提名一事说道：

> 我们的政策已经实施到第五个年头了，这项政策的目标是公开的，并且有信心承诺结束对奴隶制的煽动。然而这一政策的实施，煽动不仅没有停止，而且不断加剧。在我看来，在危机得到解决前，它不会停止。"一个家庭如果内部四分五裂是长不了的。"我相信这个政府不能永远忍受一半奴隶制一半自由制，我不希望联邦分崩离析——我不希望这个家庭破碎——但我确实希望它停止分裂。它要么统一为这种状态，要么统一为另一种状态。要么反对奴隶制的人阻止它进一步蔓延，把它放到公众认为这一制度正走向灭亡的地方；要么拥护奴隶制的人继续推动奴隶

---

① 前引尼古拉和海伊的著作，第1版，第391—392页。

制，直到它在所有州合法化，无论是旧州还是新州，无论是北方还是南方。

当时，这一思想似乎令人震惊，并且毫无根据。这场竞选最有趣的部分是林肯和道格拉斯之间的辩论，而道格拉斯在这一点上找到了攻击林肯的最有效的论据。他以为，林肯不仅丧失了他那奇怪的、不近人情的睿智，去感知未来必将发生什么，而且还把暴力冲突作为一种可取的手段。他指责林肯挑起内战，一场南北之战，一场灭国之战，直至其中一方被制服。人们普遍认为道格拉斯是其中的佼佼者，甚至东部的共和党人也对他遭到的反对感到遗憾。在某种程度上，道格拉斯已经在事后改变了立场，比如堪萨斯的事态。由此人们认为他理应得到支持。

道格拉斯尽管是个聪明的辩论家，但处境非常艰难。如果他令南方满意，就会失去伊利诺伊州，如果他不能让南方满意，他就没指望在1861年当上总统。在弗里波特那场辩论中，林肯迫使道格拉斯对他想回避的一个问题做出明确表态。至于其他问题，林肯问："在国家宪法形成之前，生活在美国领土上的人是否可以违背任何美国公民的意愿，将奴隶制排除在其领土范围之外？"道格拉斯回答说，尽管有德瑞德·斯科特案的判决，他们还是可以这样做，他们可以通过"不友好的立法"这样做，因为"如果没有当地治安法规的支持，奴隶制不可能在任何地方存在一天或一小时"。这一想法让伊利诺伊满意，使道格拉斯在参议员竞选中获胜。但他得罪了南方，也分裂了民主党。

1860年林肯被共和党提名时，有些议题与奴隶制并没有直接关系。有改善河流和港口的议题，有关税方面的问题，林肯一直赞成高关税，当时仍然如此。另一个会影响选票的问题是免费宅基地的问题。林肯的支持者在游行时提出"为所有真正的移民提供宅基地""支持林肯和免费宅基地""通过宅基地法案，这将解决奴隶制问题""我们必须拥有160英亩土地""美国足够富裕，可以给我们所有人一个农场"①。解放奴隶不是1860年时林肯计划的一部分。他了解西部人和俄亥俄山谷的人的感受；他知道伊利诺伊、印第安纳、俄亥俄甚至肯塔基和东田纳西的人们会为维护联邦而战，但不会为废除奴隶制而战。② 甚至到了1864年，据估计"在北方10人中没有一人在乎一个黑人是奴隶还是自由人"③。

反对奴隶制的蔓延不能与反对奴隶制相混淆，但这种混淆一直存在。在西北部，只要气候适于白人劳动，他们很自然地就会反对黑人劳动力与之竞争，无论这些人是奴隶还是自由人。就一部分小农场主而言，他们也不希望被拥有数百名奴隶的富裕种植园主比下去，后者还会吞并原本可作为宅基地的土地。如果**没有**反对奴隶制的道德情感，也许这个国家本可以根据《密苏里协议》和平地维持下去。但是，对废奴主义的恐惧以及对自己被认为是邪恶势力的怨恨促使南方更具进攻性，而这反过来又使北方保卫它所认为的自由领土。甚至在林肯当选总统之后，如果南方愿意回到1850年以前的状况，妥协是有可能的。但南方有着长期掌权所滋生的傲慢，它被废奴主义者激怒，并错误地认为林肯就是其中之一。南方脱离联邦，在萨姆特堡开

---

① 前引麦克马斯特的著作，第8版，第460页。
② 参见前引钱宁的著作，第6版，第388页。
③ 同上书，第586页。

了第一枪，而林肯作为总统肩负保卫联邦的职责。奴隶制导致了冲突，但奴隶制不是争议所在；问题在于脱离联邦的合法性。

作为一个公民，林肯不喜欢奴隶制，但作为公众人物，他一贯拥护宪法。1858年，他在与道格拉斯的辩论中说，根据宪法，南方拥有逃亡奴隶法赋予的权力，在第一次就职演说中他又重复了这个观点，他还说："对于那些蓄奴州，我无意干涉其奴隶制，直接或间接的都没有。"

指挥这样一场大战，历经多年艰难险阻，最后坚定地走向胜利，其间始终保持意在和解、镇静和开阔的胸襟，这是林肯所取得的成就，据我所知，这是其他历史人物所没有的。尽管国家分裂了，但如果南方不攻击他，他也不会攻击南方。

"赋予我的权力，"他说，"是让我用来持有、占有和支配属于政府的财产和地方，并征缴国税和关税的。除非为实现这些目标可能需要，否则不应入侵，也不应在任何地方对与此相关的人使用武力。有些内陆地区对美利坚合众国的敌意如此强烈和普遍，以致有资格的居民不能担任联邦政府职务，当然也不打算让那些他们讨厌的陌生人担任。"

林肯继续说道，他不反对宪法修正案规定联邦政府不得干预各州的内部制度。唯一拒绝南方的事就是扩大蓄奴范围，这件事南方很难通过脱离联邦而得到保障。回头看，分裂似乎是不合逻辑的，除非这是对拉丁美洲进行海外征服的一步。然而，林肯这番安抚的话没有产生效果，内战还是爆发了。

虽然林肯这么做是为了联邦，而不是为了奴隶制，但战争形势和军事行动的势头还是使奴隶制最终被废。他相信"渐进的而不是突然的解放，对各方都更好"①，并且愿意采取措施，包括赔偿奴隶主，其中一些条款与杰斐逊逐步消除奴隶制的提议非常类似。林肯提出这些措施，先在特拉华州实行，然后推广到所有忠于联邦的蓄奴州。他指出，不到半天的战争开销，就可以赎买特拉华州所有奴隶的奴隶；而赎买南北交界处所有州的奴隶的费用，不会超过87天的打仗开销。但是，交界各州拒绝了他的提议，它们宁要奴隶制而不是钱。在哥伦比亚特区，联邦政府没有遇到阻碍，奴隶于1862年初获得了解放和补偿。

众所周知，林肯于1862年9月22日发布了一个公告，宣布1863年1月1日所有叛乱诸州的奴隶从此以后永远是自由人。他将向那些忠于联邦并同意解放奴隶的州提供补偿，即使是反叛各州的公民只要忠于联邦也会在战争结束后得到补偿。作为北方军总司令，他发布这一公告是出于军事原因。他刚刚在一封著名的信中告诉格里利，他将以任何有利于维护联邦的方式处理奴隶制问题，"在这场斗争中，我的首要目标是拯救联邦，而不是维护或摧毁奴隶制"。根据宪法，《解放奴隶宣言》是正当的，这只是作为一项军事举措，针对的是联邦政府的敌人。毫无疑问，林肯希望奴隶获得自由，并准备为此采取任何合理的措施。但是他在任何情况下都不愿意违反宪法，也不愿意让奴隶制问题凌驾于维护联邦的问题之上。当他第一次向内阁提出《解放奴隶宣言》时，西沃德明智地建议等打完一场胜仗再说，林肯默认了。在安提塔姆之战后，他告诉内阁，时机已经到来。他早已下了决心，"如果上帝在即将到来的战斗中赐予我们胜利，他将认为这是上

---

① 前引尼古拉和海伊的著作，第5版，第209页。

帝意志的象征，他有责任将解放奴隶的事业向前推进……上帝已经做出了有利于奴隶的决定。"①

战争期间，反奴隶制的情绪大大增强，甚至交界诸州也以多数票赞同废奴。1865 年 1 月，第十三修正案（废除奴隶制）第二次提交众议院，它获得了特拉华州 1 名议员、马里兰州 4 名议员、西弗吉尼亚州 3 名议员、肯塔基州 4 名议员以及密苏里州 7 名议员的支持。② 修正案的批准需要 27 个州投票同意，在林肯遇刺 8 个月后，即 1865 年 12 月 18 日，它获得通过。

有了林肯，再加上消灭了奴隶制，美国的政治制度取得了长足进步。从那时起，最重要的发展是经济，而不是政治。体现在《独立宣言》中的民主，是他的指导原则，最终证明它有足够的力量解放黑人。尽管林肯似乎没有意识到他的原则和杰斐逊的原则之间的分歧，但事实上一个非常重要的变化已在不知不觉中发生。联邦政府对几个州的权力已经大大超过了宪法通过时的预期。其部分原因在于现实的紧迫性，杰斐逊本人虽然是各州权利的热心支持者，却不得不将宪法的适用算到买下路易斯安那之后。还有部分原因是联邦党人马歇尔，他在最高法院站稳了脚跟，即使在普通选民忘记其政党的存在很久之后，他还是能够使其观点发挥效应。当然，主要原因在于美国的西部扩张强化了中央政府。在一个新的州，当地的爱国主义不可能在一夜之间成长起来，而铁路的延伸使人们自由流动，并对整个国家有了更

---

① 前引尼古拉和海伊的著作，第 6 版，第 160 页。林肯从来没有承认国会在奴隶制问题上具有立法权。参照他对《韦德-戴维斯法案》所采取的行动，出处同上，第 9 版，第 120 页。

② 同上书，第 10 版，第 84 页。

多的认识。杰斐逊也许会把南方脱离联邦的权利主张与美国脱离大英帝国的主张放在同一水平上。但林肯不能接受这种观点,对他和他的大多数同胞而言,美国是一个国家,他们准备为它的统一而战。

亚伯拉罕·林肯是西部情怀、西部利益和西部希望的化身。他的官方身份几乎是不近人情的,就像大自然的力量。正是从这种品质中,他获得了非凡的力量。作为个人,他憎恨奴隶制,但在官方行为中,他反对奴隶制只是因为它是造成分裂的原因。甚至在他得出联邦不可能维持半奴隶制、半自由制这一结论之后,仍然倾向于温和而渐进的解放方式,用补偿和时间来加以调整。但他反对分裂,绝不妥协。当南方脱离联邦时,北方有一股强大的舆论支持和平地默默接受,但林肯毫不犹豫地认为有必要维护联邦的权威。像朱塞佩·马志尼和俾斯麦一样,他主张国家统一;也和大多数民族主义者一样,认为国家与道德观念的结合是正当的。但与其他大多数人不同的是,他为这种关联提供了正当理由。美国一直"致力于所有人生而平等",而奴隶制使它看上去像是一种嘲弄,在南北战争中,这种主张再次成为一种创造性的信念,让现实更接近于理想,并使美国恢复了它的自尊和对其他国家的尊重。

下篇　美国的竞争与垄断

第二十六章　竞争资本主义

当理想主义者在内战中自相残杀时，讲求实际的人，从顶层到底层，都在忙着赚钱。《宅基地法案》1860 年被布坎南总统以有颠覆危险为由否决，却在 1862 年以更激进的形式通过。根据这一法案，任何美国人或任何表示有意入籍的外国人，都可以免费获得 160 英亩的公共土地。为了增加可用的有吸引力的公共土地的数量，联邦政府在南北战争期间发动了一场针对印第安人的战争，剥夺了杰克逊分配给他们的位于密西西比西部的土地。大批流亡者涌向新的宅基地，不仅有来自东部农场的，还有来自城市和工厂的。为了弥补美国劳动力的损失，又通过了一项法案，允许雇主从欧洲引进契约劳工。同时，南北战争的开销部分是贷款提供的，部分是通过保护性关税筹集，平均关税从 19% 增加到了战争年代的 47%。[1]

第一条跨大陆铁路由联合太平洋铁路公司从奥马哈向西、中央太平洋铁路公司从加利福尼亚向东修建。国会在 1862 年授权这条铁路

---

[1] 比尔德：《美国文明的崛起》(*Rise of American Civilization*)，第 2 版，第 108 页。

的建设，并给了这两家公司约 2200 万英亩的土地以及总额超过 2700 万美元的政府公债。[1] 其他铁路公司也获得了大量的土地或公债。

后世的巨大财富都源于内战期间所创造的条件，它也给腐败提供了特殊的机会。比如皮尔庞特·摩根，一个当时 24 岁的年轻人，跟另外两人一起从东部的政府那里买了 5000 支卡宾枪。这些被认为又旧又危险的枪，他们每支花了 3.5 美元，然后以每支 22 美元的价格卖给密西西比的军队。调查此事的是一个国会委员会和一个（由战争部长负责的）两人委员会，其中一人是罗伯特·欧文的儿子罗伯特·戴尔·欧文。虽然事实确凿，但摩根和他的朋友还是拿到了钱。[2]

1860 年共和党的成功不仅导致消灭了奴隶制，也是财阀统治的胜利。在此之前，西部与南方联手支持农业和自由贸易。但南方想扩大奴隶制的范围并反对免费宅基地，这导致西北地区与东部结盟，默许汉密尔顿的关税和银行政策，作为回报得到的是有关西部土地的宽松政策。战争正如预期的那样，为农场主带来了巨大的利润，所有农产品价格上涨，小麦一度达到每蒲式耳 2.5 美元。尽管价格很高，小麦出口——尤其是出口到英国的小麦——以异乎寻常的速度增长，从 1860 年 1700 万蒲式耳增加到 1863 年的 5800 万蒲式耳。难怪农场主们忘记了他们对杰克逊主义的忠诚，新政策也给被压迫的黑人带来了更多的自由。美德和私利从没有如此和谐地结合在一起。

在内战期间，不仅在农业方面有了新的天然财富来源。第一口自喷油井 1861 年在宾夕法尼亚发现，1862 年至 1865 年的 3 年间出产了 3

---

① 博加特：《美国人的经济史》(*Economic History of the American People*)，第 634 页。

② 博尔斯：《美国财富史》(*History of the Great American Fortunes*)，第 3 版，第 170—175 页。

亿加仑的原油。任何在油田地区拥有土地或者能够诱使一个无知的农场主卖掉土地的人，如果碰巧运气不错，便有希望一夜之间成为百万富翁。就在战争开始之前，科罗拉多州和内华达州又发现了大量黄金。苏必利尔湖的铁矿石是世界上最赚钱的铁矿石，这段时期也开始开采。西部巨大的矿产在60年代已广为人知。

共和党在1861年开始实行的国民经济体系的成功，取决于一个进口和一条出路：东部的廉价欧洲劳动力，以及西部等待开发的处女地。在西部没有土地的移民劳工会迫使美国的工薪阶层降低自己的舒适度标准，以适应旧世界的情况。而那些没有移民劳工到来的西部土地会迫使东部雇主大幅提高工资，并且会使美国工业的快速增长变得不可能。因此，这一经济制度并不是孤立的，只有在剩余劳动力和剩余土地的供应持续的情况下才能继续运转。剩余的土地首先告罄，随着这种告罄聚集起了一种躁动不安的力量，在不久的将来，导致了对移民的严格限制。没有廉价的劳动力和廉价的土地，原来促成繁荣的原因就消失了，这是1929年开始出现大萧条的更大的一个原因。一个自给自足的经济体系无法承受美国财富增长带来的这种缺乏监管，但是，在150年的发展中形成的心理习惯使人很难理解一个开创性已经结束的时代所需要的观念。

与工业化时代的英国一样，美国的福音是竞争。但是，英国通过自由贸易已经以国际化方式宣布了它的这套逻辑，美国的产业却仍在起步阶段——受制于资本主义竞争——通过关税手段在国内不断发展。来自欧洲的廉价劳动力是允许的，但欧洲廉价商品，在共和党内部西部和东部结盟之后，被征税的程度越来越令人望而却步。可能有人认为，美国劳工会反对这种片面的竞争形式，其实美国劳工专注于得到一块宅基地，并心甘情愿地将挣工资的机会留给外国人。在争夺那些没有参加竞争的人的财富时，奖品就像以前从没有人赢过一样，甚至对于那些置身斗争之外的人而言，安慰奖也不可小觑：在一个铁路以每天一英里的速度铺设的地方，有160英亩沃土，城镇一个月内就能发展起来，小麦只需很少的劳动力便可种植，然后供给不断扩大的欧洲和美洲市场。

那个时候发生的事并不像同时代的财富争夺战那样为同时代的人所知，人民可以感受到这个国家的资源迫切需要开发，而回应这一呼唤的某种仓促行事被视为对伟大的竞争之神的一种恰当的敬意。学校反复灌输竞争精神，男孩们被教会背诵下列诗句：

> 哦，城镇在哪里，我们闯荡四方。
>
> 到处找不到对手，
>
> 哦，那个三英尺高的男孩在哪里，
>
> 谁能比我进步更快？
>
> 做人中豪杰，
>
> 这些念头激荡着我年轻的心；
>
> 伟大，但不能像恺撒，身上沾满鲜血；
>
> 要像华盛顿那样，伟大而善良。

华盛顿（据查尔斯·A. 比尔德说）死的时候是这个国家最富有的人。内战期间一些避免"沾满鲜血"的人，成功地变得"像华盛顿一样的伟大"。

从内战时期开始，美国最大的财富来自铁路、石油和钢铁，最终融入浩瀚的金融海洋之中。而铁路、石油和钢铁已经从一个激烈竞争的时代进入一个大致完全被整合的时代。内战期间及以后的一段时间，铁路是三者之中最重要的，而铁路行业中，最鼎鼎大名的是外号"海军准将"的范德比尔特。

当战争令范德比尔特对铁路产生兴趣时，他已是个 69 岁的老人。此前，他的成功都是在水上取得的。1877 年去世时，其身家达 1.05 亿美元。他的事业始于船运时代，他造了一些多桅帆船，靠它们从事沿海贸易。当蒸汽船时代到来时，他卖掉了自己的帆船，成了一艘蒸汽轮船的船长。到 1829 年时，他已经存了 3 万美元，用这笔钱投资自己造轮船。作为一名竞争者，他冷酷无情；有时为了灭掉对手宁愿少赚钱，有时为避免竞争竟敲诈巨额款项。例如，从纽约送到加利福尼亚的邮件，名义上有两家轮船公司竞争（公众要求有竞争），每年运费是 90 万美元，但范德比尔特以不把船开到加利福尼亚为要挟，第一次索要了 48 万美元，然后又要了 61.2 万美元，超过了原来的总金额。由此可见，开船有利可图，不开船甚至赚得更多，难怪他的财富不断增加。

战争使轮船无利可图，除非能卖给政府。不过，一个机会很快到来。1862 年，一支海上远征军将前往新奥尔良，范德比尔特受其委托购买船只。他的代理在他购买之前提出了佣金要求，一旦拿到佣金，多高的价格他都同意，有时船是为湖泊航运而造的，并不适合在公海上航行。因此，出售船只给范德比尔特带来了可观的利润，所以说他告别大海也不完全是件坏事。

范德比尔特第一次介入铁路运营，与许多人的情况一样，主要是一条小的城郊线路，即从纽约①到哈莱姆区。1862 年，该股票为每股 9 美元，他开始购买。当他获得控制权后，价格突然升至每股 50 美元。原因在于他通过腐败手段从纽约市议会获得许可，造一条市区铁路线，从之前那条铁路线的终点穿过城市中心。但他有个竞争者叫劳，以前在轮船生意上与他较量过。范德比尔特有市议会的支持，劳有纽约州议会的支持，而市议会发现州议会在法律上有权审批范德比尔特自认为已经得到的许可。劳以为这次范德比尔特会败，市议员也如此认为。他们觉得没有理由卷入范德比尔特这次的不走运，并预见此事一旦公之于众，铁路股票会下跌。于是市议员们签字同意"卖空"，也就是说他们承诺在未来某个日子按当时的股价——大约每股 50 美元——将哈莱姆铁路的股票卖给指定购买者。他们认为，时间一到，范德比尔特的失败就会人尽皆知，这样他们就可以低吸高抛。然而，那个时间到来时，他们发现范德比尔特已有对策，他持有的股票太多，议员们根本无法获得足够的股票来履约。因此，只能从范德比尔特那里购买，价格随他开；事实上，他卖给他们每股 179 美元。他的传记作者说，一星期内，他从市议员手中赚了 100 万美元，又从其他人那里赚了好几百万。

不可否认这是竞争，但这并不完全是科布登心目中的竞争，也不是教美国学生去赞赏的竞争。不过，这不是范德比尔特最后一次参与收买议员、法官和符合该描述的其他商品的竞争。事实上，他用在纽约-哈莱姆铁路上的计谋几乎原封不动地用到了纽约-哈得孙河铁路

①　起点在今天的曼哈顿最南端。——译注

上。不过这一次受害者不是市议员，而是在奥尔巴尼①的州议员。"我们打垮了整个州议会，"他夸口道，"那些尊贵的议员连伙食费也拿不出了，只能回老家。"

单单把这位船长当作一位胆大包天的掠夺者也是不公正的。他下一步关注的是纽约中央铁路公司，它成了范德比尔特及其继承人的永久财产，其铁路比他之前的铁路都更繁忙高效。当然，在此过程中，他通过惯用的金融伎俩赚了数百万美元，但在为自己谋利的同时也顺便造福了公共利益。

范德比尔特的下一场战役是大资本家之间竞争的经典范例。战场是伊利铁路②，对手是跟他一样精明的3个人：德鲁、菲斯克和古尔德。与这三人的较量，是他第一次未能取得完胜。

伊利之争发生在1868年，当时特威德③一派控制着纽约市与纽约州的政界。自汉密尔顿时代以来，纽约就腐败盛行，但从未像在特威德治下那么无耻。这个城市到处是移民，对美国一无所知，对英语也一窍不通。他们对民主还不熟悉，也抵挡不住蛊惑人心的煽动，而坦慕尼协会④非常了解如何吸引这些人。全国的富人都忙于赚钱，没时间跟职业政客斗争。1896年我第一次造访美国时，问费城一个富裕的贵格教徒，为什么他不做点什么净化自己城市的市政府。他回答说，有段时间，他对改革运动还有兴趣，但现在发现，同样的时间里他可

---

① 纽约州首府。——译注
② 19世纪美国中西部到纽约市的陆路运输的主要铁路之一。——译注
③ 在他任职坦慕尼协会期间（1868—1871），纽约的糜烂到达了巅峰。——译注
④ 最初是美国一个全国性慈善团体，后来成为纽约的政治机构，在某些著名刑事案件中与犯罪团伙联手控制纽约，并且成为民主党的政治机器。——译注

以通过生意赚到的钱要超过他能少交的税，那么他"当然"不能让改革来破坏现在的状态。这种态度在 1896 年仍然相当普遍，在 1868 年则是很典型的。一些非常宝贵的权利是市政府和州政府给的礼物，而职业政客对诱使选民白白地放弃这些权利很在行。为这些权利所支付的金钱到了政客而不是大众手中。选举产生的州法官像老板一样，只要他在位，他和他喜欢的人就可以凌驾于法律之上。在南北战争刚结束后，这种机制已经臻于完美，并且在伊利之争中转移财富这件事上有很大关系。

德鲁、菲斯克和古尔德是个有趣的组合。德鲁是个老人，与范德比尔特是同辈人，之前他们都担任船长时打过很多交道。德鲁通过不明的手段成了船长，他最初只是个牛贩子，后来给马戏团干活，再后来成了旅店老板。他不像范德比尔特那样胆大而专横，而是畏畏缩缩、偷偷摸摸。每当计谋出了错，他就躺在床上装病。他非常虔诚，从不义之财中拿出一大笔创办了神学院，显然是希望上帝也变成他一伙的。古尔德是个年轻人，生于 1836 年，浓密的胡子遮住了半张脸。他安静而神秘，精明能干，遇上危机会巧妙地背叛同伙转败为胜。菲斯克与古尔德是同辈人，擅长花言巧语，深受贵夫人喜爱。他最初只是个流动小贩，但后来一下子谋得了一个巡回马戏团的职位，德鲁的情形也差不多。古尔德和菲斯克都穷过，靠着德鲁取得了第一次巨大的成功。最终，菲斯克为讨他众多情人中的一位的欢心，被情敌杀死；古尔德把德鲁弄得破了产；但在最初对抗范德比尔特时他们三人是齐心协力的。

1857 年以来，伊利铁路一直在德鲁的手上。但他根本不维护铁路轨道或机车；事实上，当他受命提供新铁轨时，只是将旧铁轨翻了个身，以致事故频发且损失严重。他将这一财产纯粹作为操纵证券交易的一种手段。他制造流言，使他从股票涨跌中获益，凭借这些手段，他在9年里积累了大量财富。

范德比尔特与伊利铁路的关联始于1866年，这一年他按照自己的通常做法获得了控制权，并准备安插自己的董事，以取代德鲁及其傀儡。但是有一次，他似乎让感情占了上风。德鲁去找他，提起早年他们在争斗不休中形成的老交情，并提醒他，说自己（德鲁）已经叫一个儿子来跟随他左右。德鲁说自己已经是个老人了，失败已成定局；此外，他非常愿意忠诚地、全心全意地执行范德比尔特政策。德鲁熟练地打出悲情牌，于是范德比尔特同意他留任铁路公司的董事，也同意接受德鲁推荐的两个年轻人。德鲁说这两人很可靠，会听命于范德比尔特，这两个年轻人就是古尔德和菲斯克。那段时间，这三人令雇主非常满意，而范德比尔特也认为自己高枕无忧了。

然而，没过多久，范德比尔特的美梦就破灭了。他着手囤积伊利股票，为此买进了流入市场的所有股票。德鲁、菲斯克和古尔德明白他的意图，于是向自己签发了大量的伊利债券，在法律上他们有权这样做。然后，他们又买了一台印刷机，非法地将债券转换成股票。这些股票卖给了范德比尔特的经纪人，经纪人不疑有他地以发行的速度飞快买入。当然，他们的把戏很快就被发现了，范德比尔特暴跳如雷，着手对背信弃义者实施报复。纽约有位法官名叫巴纳德，一向听范德比尔特的话，他按范德比尔特的意思发出了一项禁令，禁止再发行更多股票。此时这三人手上还有许多要发行的股票，慑于法律的威严，德鲁和古尔德把未发行的股票放进一个袋子，然后交给办公室的一个男孩带走，要他锁进保险箱。当男孩离开办公室时，被一个不认识的大个男人攻击，那个珍贵的袋子被抢走了，这件事着实吓坏了男孩，但德鲁只是温和地告诉他下次要小心点，其实那个大个男人就是菲斯克。袋子里有 10 万股新股票；它们立即被出售，所得被兑换成现金，然后三人带着六七百万美元过河逃到了泽西市，在那里他们不再受巴纳德法官的管辖。① 他们及时逃脱了，而另外两个董事被抓了并进了监狱。

范德比尔特损失了数百万美元，对耍手段的聪明人和不听话的能人感到双重愤怒。但是，随着时间的推移，三人在法律上并没有走入绝境。没错，他们违抗了巴纳德法官的禁令，但他并不是纽约州唯一的法官，后来吉尔伯特法官发出了相反的禁令，"限制所有其他诉讼的一切当事人进一步提起诉讼，并禁止采取任何行动"促进所述共谋；在一个段落中命令伊利的董事们……继续履行他们的职责，可谓直接漠视巴纳德法官的禁令。而在另一段中，又再次无视另一位法官的判决——（因为巴纳德不是范德比尔特在司法界的唯一朋友）——严禁董事们停止将债券转换为股票。"② 由此，董事们就可以申辩，说他不幸陷入被迫违法的处境，因为一个法官禁止了另一个法官的指令。此外，对于拥有六七百万现金的人来说，奥尔巴尼的立法机关还是证明了自己是好说话的。于是他们着手制定了一项法律，规范将债券转换成股票的行为。当然还是有一点难度的，因为他

---

① 作为一位总裁的孙子和另一位总裁的曾孙，查尔斯·弗朗西斯·亚当斯怀着钦佩之心讲述了伊利之战的整个故事，参见他所写的"伊利篇章"，发表在 1869 年 7 月出版的《北美评论》，1929 年耶鲁大学出版社在名为《60 年代的高端金融》（*High Finance in the Sixties*）的专辑中转载。

② 《60 年代的高端金融》，第 47—48 页。

们可能会在纽约州被捕，不过他们决定冒这个险，古尔德带着 50 万美元的现金前往奥尔巴尼。他被逮捕了，但被保释，并准备收买立法机构。范德比尔特试图出更高的价，但徒劳无果。例如，"主权人民"的一位代表接受了范德比尔特的 7.5 万美元之后，又从古尔德那里拿了 10 万美元，于是投票支持古尔德。结果，股票发行合法化的法案按时通过。

在这件事上，正如在所有类似的争斗中一样，每一方都试图争取公众的同情，要么诋毁对方，要么坚称对方正努力确保垄断并夺走竞争带给公众的好处。查尔斯·弗朗西斯·亚当斯描述了潜逃的董事们赢得民意的策略：

> 当他们觉得自己在泽西市安顿下来时，就开始为了自己的利益而激发大众的同情。控诉垄断是他们必打的一张牌。他们关心的只是铁路竞争带给伊利铁路的真正利益，而不是关心铁路竞争有利于商业发展的一面；但他们确实认为，可以随心所欲地对公众施加影响。有人通过陆路和水路与范德比尔特的铁路展开了积极的竞争，伊利铁路的票价和货运费用平均降低了三分之一，听起来好像是发布宣言；新闻界的"采访者们"欢天喜地地从泰勒酒店回到纽约，而滨海的泽西市在这场中国式竞争中颤抖不已。这些策略的影响立刻显现了出来。3 月中旬，奥尔巴尼的反垄断纪念活动开始源源不断地出现。[1]

当然，在奥尔巴尼有一次涉及贿赂指控的调查，古尔德本人有义

---

[1] 《60 年代的高端金融》，第 67 页。

务举证，不过调查毫无结果。

如果调查委员会的官方报告可信的话，那么古尔德先生大概在那个时候经历了一次奇怪的心理蜕变，突然在钱的问题上变成了彻头彻尾的傻子，而这些钱一向是落到快乐的聪明人手中的。狡猾的游说者不得不假装能对立法者的想法产生影响，从华尔街那些缺乏经验的熟客手里取得无限的资金，尽管每个人都知道这些人不具备这样的能力。奇怪的是，古尔德先生活了这么久，竟然还没有吸取足够的教训。他给了一个人5000美元，说"他并不把此人当回事，这笔钱只为让其宽心"。而这个人刚从公司的另一个代理那里接受了伊利公司的5000美元，由此，或许大家很想知道古尔德先生会付给那些他"很当回事的"人多少钱。据报道，另一个人从一方拿了10万美元，答应"影响立法"，随后又从另一方获得了7万美元，结果带着钱消失了。古尔德就这样做了，然后摇身一变成了优雅的绅士。一名参议员在新闻栏目中被公开指控收受了一方2万美元的贿赂，又从另一方拿了1.5万美元的贿赂。但古尔德先生稀里糊涂的精神状态使他只对参议员的行为感到"极为震惊"，而对此类交易一无所知。其他参议员突然获得了从天而降的财富，但在任何情况下都不会留下有关贿赂的任何证据。古尔德先生位于德拉文酒店的房间里挤满了欢乐的客人，他的支票簿又多又重；但他为什么要签这些支票，或者签了会怎样，他似乎比奥尔巴尼的任何人知道的都少。这种奇特而昂贵的幻觉一直持续到大约4月中旬，此时古尔德先生愉快地恢复了他精明、敏锐、精力充沛的商人常态，没人知道此后他是否重蹈过金融白痴的覆辙。[1]

然而，对泽西市的几位逃犯来说，情况在某些方面仍令人不安。如果他们回到纽约，就可能被捕，除非是周日，因为安息日的教义不允许在这天实施逮捕。一帮暴徒聚集在德鲁的旅馆周围，让他害怕自己被绑架，他相信这些人是范德比尔特雇的。不过，这三位带着如此可观的现金的大人物的出现，令新泽西感到荣幸，因此派州民兵去为他们服务，炮兵部队也被派往渡口。尽管如此，德鲁还是紧张，觉得古尔德和菲斯克不信任他。事实上，他们偷看了德鲁的信件，比他先看到他的电报。因此，德鲁开始与范德比尔特谈判，那两人也紧随其后。最终达成了一项和平协议，范德比尔特挽回了一些但并不是全部损失。德鲁获得了现金，菲斯克和古尔德得到了伊利铁路无可争议的控制权。同时，他们确保特威德担任董事，使自己继续有钱赚，而不必再与范德比尔特硬碰硬。不久，一场改革运动把特威德送进了监狱。但古尔德一帆风顺，1892 去世时，富豪阶层——皮尔庞特·摩根以及排在其后的富豪——都出席了他那令人印象深刻的葬礼。

至于船长，他比古尔德更富有，其生命的最后几年是他事业的巅峰。妻子去世时，范德比尔特已经 74 岁，次年他再婚。82 岁时，他得了此生的最后一次病，给他治病的两个医生先后去世，而他在熬了8 个月之后也离开了人世。但即使他的巨大力量最终走向衰竭，他

> 也没有逃避，
>
> 凭借自身的全部动力，一路向前，

---

① 《60 年代的高端金融》，第 72 页。

带领他勤劳的手下，在阴间继续未竟的事业。

60年代和70年代初，西部洋溢着对铁路的普遍需求。农民、村镇和城市的居民在规划的铁路线上占有股份；州政府和联邦政府划拨了大量土地，并通过表决将巨额的公共资金来推动建设。控制铁路的金融家们运用各种手段将小股东的钱转移到自己的口袋。他们最喜欢的方案之一就是成立一家建设公司，而该公司股份全部由铁路公司的董事及其朋友们持有。作为铁路公司的董事，他们会与这家建设公司签订离谱的合同，随着铁路公司濒临破产，建设公司将变得越来越富有。然后他们会跑到联邦政府或州政府那里，说这项工作看来比预期的更费钱。急切的民众渴望铁路，就像沙漠里的人渴望水一样，于是投票提供新的补贴，这样建设公司就可以再次吞掉这些资金。等线路完工时，铁路公司将再次接近破产。财务危机会成为借口，使它被转交给接管人，从而最终将小人物的所有积蓄转移到大亨的口袋。大多数美国铁路公司迟早都会破产，但这并不是管理不善的证明——事实恰恰相反。

第一条横贯大陆的铁路便是上述过程的一个绝佳例子，我们都知道，它是1862年批准建设的。该铁路从奥马哈向西、从加利福尼亚向东快速推进，1869年完工。其东段由一家名为美国动产信贷公司[①]的建设公司负责。由于有贿赂指控，国会委员会展开调查，认定这条线的建设成本为5000万美元，而美国动产信贷公司索价93546287.28

---

① 该公司在建设期间勾结政商，牟取暴利，又一次次逃过审查，连总统和副总统也卷入其中。此案是"镀金时代"初期的一大丑闻，最终引发美国持续半个多世纪的反腐运动。——译注

美元，其中 4350 万美元的差价是对铁路公司的掠夺，归根结底是对公众的掠夺。在中央太平洋铁路公司[①]的案例中，"利润"甚至更为离谱：工程造价为 5800 万美元，却向一家建设公司支付了 1.2 亿美元。随后爆出的贿赂案中，有许多著名政治家，其中一位后来还成了总统，另一位则是共和党的总统候选人。

从工薪阶层的角度看，由财阀们建立的这种体制令人非常不快。尽管有民主，有保护政策，国家财富也在迅速增长，但工作时间长，工资虽比欧洲人高，但与金融巨头的报酬相比是微乎其微的。1872年，当范德比尔特船长即将赚到他的第一个 1 亿美元时，他降低了第四大道的线路上司机和售票员的工资，从每天 2.25 美元降至 2 美元，而工作时间为每天 15 小时。在钢铁行业，直到进入本世纪，高炉工人每天得工作 12 小时，两周换班一次，当他们从白班变为晚班时，不得不连续工作 24 小时。由于种族混杂，比在英国更难成立工会；在非技术人员中，在 1900 年之前几乎不存在工会。雇主可以拒绝与工会打交道，在某些情况下——例如，卡耐基在 1892 年的罢工后——他们全都拒绝雇用工会成员。在棉纺厂，特别是在南方，童工现象非常普遍，后来，试图阻止童工现象的行为被最高法院宣布为违宪。博加特说，南方的童工"带来了不少经济问题，这些问题在 19世纪中叶的新英格兰和 19 世纪初的英国一样正变得非常棘手"[②]。

[①] 该公司铺设的路段从加州萨克拉门托开始，经过内华达州，在犹他州的普罗蒙特里尖峰与联合太平洋的路轨接通，全长约 1100 公里，是整个工程的最西段，从一开始就困难重重，施工条件的复杂艰苦，劳工不断逃跑，后来招募的工人 90% 为华裔。——译注

[②] 前引博加特的著作，第 581 页。

不过，工薪阶层更喜欢美国而不是欧洲。虽然工作时间很长，但工资与移民前的收入相比还是相当可观的。民主，尽管有种种局限性，却给了他们一种自尊的感觉；他们没有那种属于低级种姓的感觉。希望永远都在。许多百万富翁也是从工薪阶层起步的，通过存一点小钱，拿几美元做个幸运的投资，引起雇主的注意，一个人可能会由此朝巨大财富迈出第一步。许多钢铁工人宁愿一周工作 7 天每天 12 小时，也不愿意每周工作 6 天每天 8 小时而拿低工资。不是因为低工资意味着会造成实际的生活困难，而是因为这意味着存钱的机会和个人上升的机会变少了。竞争和自立的信条存在于所有阶层，不仅是那些从中获利的人。工会制太弱，社会主义实际上并不存在。有些人靠成功活得很好，有些人虽然穷，却活在希望之中，没人愿意错过成功的机会。

随着铁路建设的高歌猛进的时代结束，铁路大亨们不再像掠夺者，而更像贵族地主。在 20 年左右的时间内，他们从 1066 年的诺曼征服时代发展到今天的上议院时代，他们大权在握，拥有广袤的土地，除非有他们的帮助，否则没人能将自己的产品推向市场。诺里斯的小说《章鱼》中很好地描述了铁路公司对农场主的专横，农场主自然要用政治手段反击。杰斐逊式和杰克逊式的农业激进主义传统得到复兴，但内战的记忆使得与南方的合作困难重重。此外，旧式个人主义民主无力对抗一个像现代铁路公司这样的庞大组织。根据旧观念，唯一的补救办法是竞争。但在那里（一如西部最初的情形），一家铁路公司几乎没有足够的运输量，再建一条的话就太荒谬了；而且要是有两家公司在竞争，它们之间通常会有协议，否则全部都得破产。一旦发现铁路公司联手的证据，重农派会怒不可遏。于是各州制定了无数法律来限制铁路公司的权力，联邦立法机构也制定了一些，目的是迫使它们竞争，但如果两只公鸡不肯打架，旁人是无计可施的。

相信竞争的激进分子在与现代企业的任何斗争中都是注定要失败的。他们的权力类似于军队的权力，把公司交到私人手中和把军队交到私人手中一样，都是灾难性的。现代大型经济组织是现代技术发展的必然产物，技术使竞争日益趋向无所作为。对于那些不愿被压迫的人来说，解决办法在于将这些组织公有化，赋予其经济权力。只要这种权力掌握在私人手中，政治民主所赋予的表面上的平等充其量只是个骗局。

第二十七章 通往垄断之路

(一) 石油

1870 年的美国人将他们的富裕很大程度上归功于自由竞争。但技术力量也发挥了作用，它违背几乎所有美国人的意愿，把一种众多小公司相互竞争的经济制度，转变为许多重要行业由一两家大公司几乎全盘掌控的经济制度。而促成这种变化的人，恰恰是那些接受了广为流行的竞争法则并据此取得个人成功之人。令那些没有成功的人感到沮丧的是，这种流行的法则结果是弄巧成拙：竞争对手们会一直斗到只剩一个，而这个胜者将不再把竞争作为自己的格言。这种情形在许多行业都发生过，但我会把注意力集中在最重要的石油和钢铁行业，而这两者之中，石油业率先出现了上述情形。

在创建现代世界的过程中，有两个人无比重要：洛克菲勒和俾斯麦。他们一个从经济角度，一个从政治角度，分别驳斥了这样的想法：即以个人竞争取代垄断和法人国家，或者至少是朝着垄断和法人国家的方向前进，从而实现普遍幸福的自由主义梦想。洛克菲勒的重要性，不在于他的理念（那也是他同时代人的理念），而在于他对能够使他致富的那种组织类型的纯粹的实际掌握。技术通过他引发了一次社会革命，当然我们不能说他是有意通过自己的行为造成这样的社会后果。

1839 年，洛克菲勒出生在一个农场，父亲不靠谱，母亲虔诚得近乎古板。[①] 他父亲一直对自己的职业秘密缄口不言，事实上，他是个流动药贩。走村串户时他会带块招牌，上面写着："威廉·A 洛克菲勒医生，著名肿瘤专家，在此只待一天。包治所有肿瘤，除非病人膏肓，且病人经治疗后大有起色。"他长年不在家，他的妻子只能靠在村里的商店赊账度日，但一旦他回来，就会带来足够的钱还债，还会给每个孩子一张 5 美元的钞票。他是个高大、快活而且精力充沛的男人，至少活到 96 岁（他的死亡日期不详）。他常常被警察追查，有一次只好卖掉农场还债。由于他拈花惹草，一家人不得不经常搬家。他为自己的精明感到自豪，还爱吹嘘自己的智取本事。他的儿子约翰说："他用实用的方法训练我，他从事不同的行业，经常告诉我这方面的事情，还教我做生意的'原则'和窍门。"这位父亲对他所教的生意"原则"的描述更为简单："一有机会我就骗我的孩子，我想让他们反应灵敏。我和孩子们做交易，骗光他们，每次我都能打败他们。我想让他们变得机智。"

约翰的母亲在很多方面都与他的父亲相反。他游手好闲，靠不住，对妻子不忠，邻居看不起他。在丈夫长期离家时，她不得不自己出去工作，尽管这个家里人越来越多；她不得不努力维持收支平衡和

---

① 关于洛克菲勒的父母的情况，参见约翰·T. 弗林的《上帝的黄金：洛克菲勒的生平及其时代》。

体面，尽管丈夫做了或者被认为做了那些事。婚前，她满心欢喜，但后来变得忧伤，同时也越来越虔诚。她强烈反对喝酒，并开始厌恶一切欢乐。

约翰是个细心、严肃、害羞的男孩，他爱他的母亲，汲取了她的美德。他也开始笃信宗教，滴酒不沾，也不吸烟。不管受到多大的挑衅，也从不使用亵渎的语言。纵观其一生，他被描述为"低声细语，轻手轻脚，谦卑有加"。在他95年的人生中，人们或许会怀疑他是否做过他那所主日学校不认可的事。当他在晚年讲授圣经的时候，他说："别做个好人。我爱我的同伴，我很在意他，但别那么欢快友好，要适度，要非常节制，不要让良好的友谊压在你身上。如果你这样做了，你就迷失了，不仅你自己，还有你的家族你的子孙后代都将迷失。现在我不能做个好人了，我连一杯酒都没喝过呢。"

贫穷、频繁搬家、母亲的不幸以及邻居的敌意，一定给他的童年留下了深刻的印象。虽然他在生意上很大胆，但总是害怕人群，并本能地寻求保密，即使不是出于什么目的。想要权力而又胆怯的人是非常明确的一种类型。路易十一、查理五世和腓力二世就是这样的例子：虔诚、狡猾、不择手段、勤勉而不爱与人交往。但是，对洛克菲勒而言，权力只能通过金钱来获得。

有两个事实可以说明他年轻时对金钱的热爱。他的学校的所有男生曾经拍过一张合影，因为他和他兄弟的衣服过于寒酸，所以被排除在外。然而，在这之前一年左右的某个时候，才10岁的他听说附近一个农场主需要50美元并准备支付7%的利息时，约翰便向人打听"利息"是什么意思，然后把自己存的钱借给了他。后来他说："从那以后，我决心让钱为我工作。"

尽管他有贪得无厌的热情，但他从赚第一笔钱时就开始捐钱给慈善事业。1855年，他得到了第一份工作，当时他才16岁，周薪3.5美元。即使这样一笔微薄的收入，他也捐出了10%。随着他越来越富有，捐赠数目也越来越大。

无疑，他真的相信自己是一个有德之人。他受到批评的那些行为，并不像他年轻时被警告过的那样，也没有使他在浸礼会牧师中不受欢迎。他没有违背那些他所尊崇的道德权威的教海，因此良心很安定。他在圣经课上说：

"认为拥有巨额财富的人总是幸福的，这是错误的。如果一个人一生都为自己而活，不考虑人道的话，他将是世界上最可怜的人。他能得到的所有金钱都不能帮助他忘却自己的不快……我喜欢那种为同伴而活的人——一个活得坦荡的人，对自己的生活知足并试图给予人类他所能做的一切。"

在遭受批评时，他表现出了基督徒的宽容。"有时候，人们说我很残酷，他们感到了伤害，但我从不悲观。我相信人与人之间的兄弟情谊，我相信一切最终都会为了所有人的利益而变好。"在另一个场合，他说："我死后，他们会更了解我，在我的一生中没有什么经不起深究的……我有什么其他可怜的孩子所没有的优点呢？"西奥多·罗斯福试图用"大棒"来对付他，他说："一个如此繁忙的人不可能总是对的，我们都有犯错误的时候。我认为他不会总是抓住问题的每个方面，有时我希望他能更公平些，我不是说他是刻意不公正，但他经常被误导。"

他的所说、所想和所感，均来自他的母亲，但他的所为却来自他的父亲，而他的极度谨慎则来自早年的各种不快。正是他的所作所为让他变得重要。

直到 1871 年底，洛克菲勒的职业生涯与其他靠勤奋和精明白手起家的人并无半点不同。整个内战期间，作为一个生产和抽佣代理商，他努力工作，最后发现自己只是一般地富裕。1862 年他第一次投资石油，战后又专注于炼油，并于 1867 年拉弗拉格勒作为合伙人，此人一生在标准石油公司享有盛名。1870 年，他们成立标准石油公司，资本 100 万美元，其中洛克菲勒持有 26.67 万美元。他们做得非常出色，但两人都认为可以做得更好。也许是他们最先想到的，也许是其他人提议，他们与费城、匹兹堡和纽约的一些炼油厂联合成立了一家"南方改良公司"。该公司的一些做法最早显现出了洛克菲勒和弗拉格勒的过人之处。

对炼油厂而言，最重要的问题是运输。在那个时代，管线只能将石油输送到最近的铁路，长距离的管线尚未建成，因此铁路控制了运输。而那些能以最低的价格通过铁路运输石油的公司便拥有了巨大的优势。1872 年 1 月，南方改良公司从纽约中央铁路公司、伊利铁路公司、宾夕法尼亚铁路公司和其他两家铁路公司拿到合同，使他们的石油得以比外部公司更低的价格运输。不仅如此，外部公司支付的高于该价格的费用也不交给铁路公司，而是付给南方改良公司。顺便说一句，在得到这些付款后，南方改良公司就会清楚知道各个竞争对手在这 5 家铁路公司的任何一条路线上各点之间运输的实际石油数量。

举例来说：原油从产油区到纽约的规定运费是 2.56 美元，而南方改良公司只支付 1.06 美元，降低价格是以给"回扣"的方式实现的。另外，南方改良公司还会收到竞争对手多付的 1.50 美元，这被称为"退款"。因此与所有其他炼油厂相比，它便有了双重优势。

5 家铁路公司的总裁，即纽约中央铁路公司的威廉·H. 范德比尔特（那位船长之子），伊利铁路公司的杰伊·古尔德，宾夕法尼亚铁路公司的汤姆·斯科特，湖岸与密歇根南方铁路公司的 G. B. 麦克莱伦将军，都与南方改良公司签订了这种性质的合同。他们口头上同意邀请所有炼油厂加入这个联合体，直到铁路方面答应延缓运输他们才做出承诺。但这一承诺并没有体现在合同中，[1] 而且也没什么意愿去履行它。

　　他们行事绝对保密，在与任何人进行谈判之前，相关的人会被要求签署一份保证书，不管是否达成协议，都不得泄露任何内容。

　　洛克菲勒在与这些铁路公司签订合同后不久，就将手伸向了克利夫兰的其他炼油厂，按自己的估价提出收购。一些生意一向不错的人，起初对这种在他们看来厚颜无耻的行为感到愤慨。但洛克菲勒非常绅士，非常和蔼，似乎非常关心他们的利益，强烈建议他们出售。他会说："拿着标准石油的股票，你的家庭将再无所求。"如果这招不奏效，他又会神秘地补充说："我有你不知道的赚钱之道。"这些人陷入了恐惧，一个接一个地屈服了，其中一个人说："我们感到一种压力在我们心中扩散。"还有一个叫汉纳的人，生意一直做得很好，他告诉洛克菲勒他拒绝出售。"洛克菲勒扬了扬眉，耸了耸肩，好像他的一个表情就可以将汉纳的公司提起来。"[2] "你会孤军作战的，"他说，"你的公司在克利夫兰再也赚不到钱了，你的生意也别想跟标准石油公司的竞争。你不卖的话，最终就会被消灭。"于是汉纳卖掉了

---

　　① 与宾夕法尼亚铁路公司签订的合同全文载于艾达·塔贝尔的著作《标准石油公司的历史》第一卷，第 281 页以后。

　　② 约翰·T. 弗林：《上帝的黄金：洛克菲勒的生平及其时代》，第 159 页。

公司。

洛克菲勒的弟弟弗兰克是家里的坏小子，他一生都在跟约翰·D. 洛克菲勒对着干，并受到了更粗暴的对待。有人直截了当地告诉他，标准石油公司将买下克利夫兰所有的炼油厂，而那些顽抗的人会发现自己的财产一文不值，走向破产。弗兰克非常生气，想进行抗争，但他的合伙人否掉了他的主意。

不到一个月，洛克菲勒和弗拉格勒的公司几乎垄断了克利夫兰的炼油业。

正当一切在愉快地进行之中时，由于一名铁路职员的错误，南方改良公司的回扣和退款的真相为其竞争对手所知。一时间甚嚣尘上，尤其在产油区，立即引发了一场愤怒声讨的会议。铁路公司开始害怕，并考虑抽身。在产油区的一次群众大会上，有两封电报被当众宣读：[1]

> 无论大西洋和大西部公司还是其管理阶层，都对南方改良公司不感兴趣。当然，铁路公司的方针就是为了服务石油公司。
>
> G. B. 麦克莱伦

人们大声欢呼。接着宣读了下一封电报：

> 与南方改良公司的合同是由大西洋和大西部铁路公司总裁乔治·B. 麦克莱伦签署的，我只是在其他各方都签字后才签的。
>
> 杰伊·古尔德

就连老船长也惊慌失措。"我告诉威廉（他的儿子）不要与该计

---

[1] 前引塔贝尔的著作第一版，第89页。

划有任何瓜葛。"他对一个石油生产工会说。该工会是为打击兼并而成立的，它决定，只要这个联合体与铁路公司的合同依旧有效，就不应向其出售石油。生产商如此团结，群情如此激愤，铁路公司和联合体不得不让步。1872年3月，也就是合同签订两个月后，它就被取消了。不久，南方改良公司的执照也被吊销。

这似乎是自由的伟大胜利。但是洛克菲勒还是保住了他在克利夫兰的收购成果，并知道有一种方法，能让他在风暴平息后重获一切——也许要更谨慎、更有效的保密措施，但有了它们成功的可能性更大。

4月6日，铁路公司总裁们声称，他们不再与洛克菲勒或他的团体有任何特别的合同。4月8日，洛克菲勒证实了这一点。但后来他的合伙人弗拉格勒发誓说，他们公司从1872年4月1日到11月中旬仍在收取回扣。[①] 事实上，洛克菲勒从没有停止通过回扣赢利，还不时得到退款。

给最大的客户提供更低的价格，并希望炼油行业集中在几家大公司手中，从铁路部门的角度看是合理的。1872年，洛克菲勒和弗拉格勒可以把足够的石油从克利夫兰运到纽约，这些每天能装满一列有60节车厢的火车。铁路部门解释说，如果一节车厢在途中不必装货，那么10天内就可以返回克利夫兰；但如果搭载的是普通货运火车，30天也回不来。因此，洛克菲勒每天需要60节车厢，总共有600节车厢就可满足其需求，而同样数量的业务在小公司那里就需要1800节车厢。由于每节车厢的成本是500美元，这就意味着与小公司的同样业

---

① 前引塔贝尔的著作第一版，第96、100页。

务比较，洛克菲勒的生意在车厢成本上要少60万美元。^① 这样，技术原因在集中方面发挥了作用，这种集中体现了生产和分配中的经济性。当然，标准石油公司的目标就是将此作为利润占为己有，而不是通过低价回馈给消费者。

洛克菲勒的敌人可以分为三类：生产商、独立炼油商和一般消费者组织。生产商们希望彼此开展合作，以便与作为其客户的炼油厂进行竞争。普通民众希望各方都能在原则上形成竞争，压低石油价格。至于独立炼油商，要么在等待与洛克菲勒的谈判能达成更好的协议，要么原则上反对垄断，并以自己的生意为荣。这些群体各有其弱点。生产商试图联合起来限制产量——奇怪的是，这种企图被反对标准石油公司的撰稿人们认为是值得称道的。不过他们的努力总是失败。他们中的许多人在石油工业兴起之前已经向该地区的农场主租赁了土地，这些租赁是基于特许使用费的，农场主们也不能同意油井不开工。生产商还成立了专门的协会，以抵制洛克菲勒集团。但是，在最初战胜南方改良公司之后，他们屡屡失利，要么因为个人的背叛，要么因为洛克菲勒的朋友收购了他们的股份，要么因为将股份卖给了假冒的独立商人，这些人其实是标准石油公司派来的。种种原因导致生产商的计策总是归于无效。

炼油商的立场的弱点在于他们的经济利益并不必然与标准石油公司的有冲突。对于他们当中最能干的人，只要愿意加入，洛克菲勒就提供优厚的条件，渐渐地他们都来到他的麾下，除了少数例外。那些他不会提供优厚条件的人，在他看来是低效无能的，他会把这些人搞

---

① 前引塔贝尔的著作第一版，第278页。

破产。剩下的只有一小部分人，他们是受到不寻常的原则或固执的驱使。针对这些商人，标准石油公司采取了一切可以想到的竞争手段。无论他们的石油运到哪里，密探都会报告情况，而标准石油就以较低的价格把石油送到同一地方。那些与独立商人交易的杂货商不仅在石油方面，甚而在所有方面都会面临竞争威胁。如有必要，标准石油公司会建立与之竞争的店铺，所有商品都非常便宜，直至不听话的商家倒闭。当独立炼油商们试图修建一条通向大海的输油管线，以躲开支持兼并的铁路公司的魔爪时，他们不得不在一个名叫汉考克的地方穿越伊利铁路，他们想在桥下的河边布设管线，但在法律上拿不准，双方都没有就此诉诸法律：

> 1892 年 11 月的最后一个星期六的晚上，乘坐专列而来的 100 名武装人员（铁路公司雇员）打破了汉考克的宁静。他们卸下大炮，建起日夜巡逻队，竖起一个以备请求增援时使用的灯塔，搭起营房，留下 20 人在此过冬。炸药是他们的武器装备之一，他们还装备了抓斗、斜面钩和其他工具，以便在对方铺设管线时将其拉起。大炮是他们的常规装备之一，用来打穿着火的油罐。为了让"独立炼油商"知道他们的意图，他们在晚上 10 点开炮，有报告称几英里外的人和窗户都有震感。这些反对竞争的人决意且随时准备实施杀戮，尽管他们的权利尚不确定；而如果出了任何差错，谁也别想有什么借口逃避责任，法庭是不会买账的。①

---

① H.D. 劳埃德：《对抗联邦的富豪》（*Wealth against Commonwealth*），第 161—162 页。

在这种情况下，独立炼油商找到了绕道而行的线路，并建成了管线。但最终标准石油公司得到了它的控制权。[①]

律师和立法机构代表普通民众对垄断发动了多次攻击，并采取各种手段来保持竞争的活力。早在 1874 年，调查铁路侵权行为的国会温德姆委员会就曾宣扬，一定数量的全国或州铁路公司并不像人们所认为的那样，在努力确保对普通大众的垄断优势，而是恰恰相反，在确保竞争对手的存在，不同意集中、回扣和退款等情况。

他们报告说："确保和维持铁路公司之间可靠而有效竞争的唯一手段，是通过国家或州所有权的方式，或者由它们来控制一条或多条线路，不允许这些线路进入联合体，并将此作为一项规章制度。"

但这项建议从未付诸实施。

1887 年的《州际商业法》和 1890 年的《谢尔曼反托拉斯法》是为防止铁路及其他公司的垄断行为而出台的。这些法律对律师很有用，因为它们将富人卷入复杂而昂贵的诉讼之中。然而，它们收效甚微。最高法院裁定，《谢尔曼反托拉斯法》对大公司无效，但可以援引它来起诉工会，并将其领导人投入监狱。正所谓"君主的意志就是最高法律"[②]。

诚然，由于俄亥俄州最高法院的不利判决，1892 年，标准石油托拉斯名义上被解散。但 6 年后解散仍没有进展，于是俄亥俄州总检察长以蔑视法庭为由对其提起指控。法庭在决定时两方意见打成 3 比 3 的平手，标准石油逃脱了责难。但这位总检察长未能连任，他的继

---

① 前引弗林的著作，第 324 页。
② 一句拉丁成语。——译注

任者对标准石油公司非常友好。为控制俄亥俄州政治事务，标准石油公司做了大量工作。例如，它让公司财务主管的父亲佩恩当选该州参议员。另一名参议员和州议会指控他的当选存在舞弊，要求参议院进行调查。而佩恩表示不希望对此进行调查，于是参议院不了了之。

尽管如此，标准石油托拉斯最终还是解散了，取而代之的是新泽西州标准石油公司，还是原班人马，做的还是同样的生意。1910年，这一次轮到最高法院下令他们解散了，法院认为他们是一个限制贸易的非法组织。自此以后，标准石油公司由分布在几个州的名义上独立的公司组成，但变化并不明显。

公众从旧式自由主义的立场出发对财阀统治的攻击，当然不是一次辉煌的成功。40年来对反抗富豪的持续煽动，最终导致社会党领导人尤金·V.德布斯入狱。与此同时，标准石油公司的巨头们可以不受惩罚地作伪证。比如，洛克菲勒在相隔仅几个月的两次宣誓中，一次说自己与南方改良公司有关，另一次却说自己与南方改良公司毫无瓜葛。[1]

比与生产商和公众斗争更难的是与作为竞争对手的炼油厂的斗争。在这方面，起初，铁路公司是标准石油公司的主要盟友，也是其取得各种胜利的原因。当新公司被并入时，它们继续以看似独立的方式经营，尽一切可能掩盖它们已被联合体收购的事实。例如1876年，洛克菲勒控制了斯科菲尔德公司、舒默公司和蒂格尔公司，

---

[1] 前引塔贝尔的著作第二版，第132页和第138页；同时参见第70—71页和第一版第230页。

出于对洛克菲勒先生的生意的特殊考虑，这类合同的签订和执行都是秘密进行的。几年后，一家公司在克利夫兰的证人席上作证说，合同是晚上在洛克菲勒先生位于克利夫兰欧几里德大街的家里签订的，在那里他告诉各位先生，即使对自己的妻子也不能透露这项新的安排，如果他们赚了钱，必须隐瞒——不能招摇过市，也不能做任何让人怀疑炼油有着非比寻常的利润的事。这会招来竞争。他们被告知所有账目都要保密，相应地，通信中要用假名，要在邮局为这个假名租一个专用邮箱。事实上，即使走私分子和入屋行窃者也从没用过比这更为隐秘的手段。[①]

有一次，只有这一次，标准石油与一家铁路公司（宾夕法尼亚铁路公司）确实起了纷争。那是在 1877 年，当时石油管线已经变得非常重要，洛克菲勒试图控制所有管线。然而，属于宾夕法尼亚铁路公司的帝国运输公司拥有一个管道系统。看起来它有一文不值的危险，因为洛克菲勒收购了所有炼油厂，他使用自己的管线，铁路公司也与其交好。宾夕法尼亚铁路公司总裁斯科特决定在纽约建炼油厂，以利用自己的管线输送石油。得知这件事之后，洛克菲勒与斯科特发生了争执，伊利铁路公司也和纽约中央铁路公司闹得不可开交。但是斯科特仍然战斗到底，于是一场运费战开始了。其间，从产油区到纽约的石油运费一度才 8 美分，等于免费，所有相关的人都损失了数百万美元。但当美国历史上最严重的大罢工之一从巴尔的摩和俄亥俄州开

---

① 前引塔贝尔的著作第一版，第 166 页。

始，并蔓延到宾夕法尼亚时，问题仍然没有解决。罢工者和士兵之间发生激烈冲突，许多人死亡，铁路财产遭受巨大破坏。这次罢工给洛克菲勒带来了意想不到的胜利：宾夕法尼亚铁路公司第一次无法支付股息，也无法面对进一步的损失，于是将炼油厂和帝国运输公司的管线卖给了标准石油公司。从那一刻起，铁路公司再也没有听取过任何对洛克菲勒有敌意的建议，它们总是回答说，只有他才能让各条管线相安无事。在斯科特落败之后，即使是最有能力和最富有的人也不认为能在与标准石油公司的竞争中获胜。1879 年，W. H. 范德比尔特在纽约议会的一个委员会作证时表达了这样的观点：

问：在你看来，现在只有一家炼油厂而不是 50 家的事实，能否归结为除了标准石油公司资本更雄厚之外的其他原因？

答：有很多原因，他们能打造起这桩生意不仅仅是因为他们的资本，问题不在于生意本身，而在于这些人——如果你与他们接触，我想你会得出与我很久之前就有的相同结论——我认为他们比我聪明，真是一桩好买卖。他们是非常有进取心和智慧的人，从未碰到像他们这样在生意上如此聪明能干的人，我认为这桩生意在很大程度上要归功于他们。

问：单凭这一点就可以垄断这个行业吗？

答：这会大大有助于建立垄断，如果没有超强的能力，他们就不可能取得现在的地位，而且一个人很难做到这一点，要一群人联合才行。

问：这个将各铁路公司的聪明人收入其中的组合，同时也是一个囊括了标准石油公司的聪明人的组合，是不是？

答：我想，这些精明的先生能够利用铁路公司之间存在的竞争，随着铁路的发展而壮大自己的生意，他们利用了这一点，这是毫无疑问的。

问：你不认为他们也能与铁路公司和铁路官员建立联系吗？

答：我并没有听说哪位铁路官员被指控在他们的公司中拥有任何利益，只是几年前我在报纸上曾经看到过这样的事，说我在其中有利益纠葛。

问：你在你的铁路公司中的利益大得无人可以想象，就个人利益而言，是否会与铁路的利益相冲突？

答：他们会和我们做各种规模的生意，这就是我放弃自己利益的原因。

问：这是你对于如此庞大的垄断组织得以发展起来的唯一解释吗？

答：是的，他们是非常精明的人，我不相信哪个州或所有的州可以通过立法或者其他任何东西把他们这样的人打垮，你们做不到的，他们会一直领先，你等着看吧。

问：你认为他们在其他铁路公司之上？

答：是的，而且是在所有与他们打交道的人之上，在我看来太聪明了。[1]

洛克菲勒说他的钱是上帝赐予的。如果上帝是通过经济力量来施与，也许他是对的。不管怎样，退休后，他挣的钱是他工作时的4倍，而且只花了一半的时间。起初，照明需要石油，随着这一用途逐

---

[1] 前引塔贝尔的著作第二版，第388页。

渐减少，汽车来了。没有什么能阻挡财富的洪流。另外，他的捐赠是如此之多，以至于美国和中国的绝大部分知识分子以及其他国家的大部分知识分子都因此获益，然而他依旧越来越富有。尽管他想尽一切办法，在世界其他地区发现的石油还是使竞争重新活跃起来，随之而来的不是敌人所期望的好事，却是战争以及有关战争的传言。然而他还是越来越富有。

"我不信靠立法能压制住像他们这样的人，你们做不到的，他们会一直高高在上。"这是威廉·范德比尔特的见解，在资本主义制度框架内似乎就是如此。

（二）钢铁

经济史学家说："钢铁制造业是国家的支柱产业，它决定着其他行业的发展。"[1] 内战期间，英国的钢铁行业领先其他所有国家，但美国在 1890 年赶了上来，到 1900 年时，其钢铁产量是英格兰和苏格兰的两倍多。1860 年，美国的粗铁和粗钢的产量为 50 万吨；1900 年是 2900 万吨，1910 年 7500 万吨，而 1920 年则达到 1.14 亿吨。从 1860 年到 1920 年，钢铁的数量增加了 230 倍，产值却几乎增加整整 100 倍。此外，1860 年时美国几乎不生产任何钢材，而 1920 年时生产的几乎完全是钢材。因此，我们可以估算出，1920 年 1 吨钢的成本大约只有 1860 年 1 吨铁的一半。这给出了 60 年来技术进步的一些衡量标准，但并不充分，因为 1920 年的总体价格水平远高于 1860 年的。

钢铁工业发展中最重要的人物是安德鲁·卡耐基，他的一生贯穿

---

[1] 博加特的著作，第 593 页。

了工业化迄今所有阶段的交汇点。他的家族几代人都是苏格兰的手摇纺织机织工，1835 年他出生时，机器的竞争使得这个家庭陷入贫困。他的大部分男性亲属都是充满激情的宪章派人士，对国王、贵族和神职人员刻骨仇恨。他的母亲是斯韦登伯格教派[①]信徒，但他本人是个自由思想家——最初倾向于 40 年代工人阶级激进主义的革命方式，后来以更为圆熟的风格，引起赫伯特·斯宾塞的好感并与约翰·莫莱[②]结下了友谊。后来他们全家移民美国，在那里经历了竞争时代的各个阶段，最后卖掉了自己的生意，组建了所有联合体中的最大核心——美国钢铁公司。1901 年退休后，他一心捐赠个人财产，1919 年他 83 岁去世时，已经捐掉了十分之九的财产。他足够高寿，有机会就《凡尔赛条约》的签订向威尔逊道贺，但他还不够长寿，没有机会知道这种祝贺其实并不恰当。

卡耐基非常钦佩他的叔叔劳德，劳德像大多数宪章派人士一样，对美国充满热忱，并将华盛顿、杰斐逊、富兰克林视为心中的英雄。因此，当 12 岁的卡耐基抵达美国时，对这个新国家充满了好感。1852 年，他在写给叔叔的一封长信中说，自己是一个自由土地上的民主党人，希望奴隶制很快被废除，最令他遗憾的是，两位总统候选人都是军人。还说这个时代最伟大的变革是《宅基地法案》，他欣喜地听闻缅因州对奴隶制下了禁令——"无论如何，这比你期望的要超前"。他成了有爱国情怀的美国人；尽管如此，只要得空，他就去苏格兰，几乎在那里度过了所有的闲暇时光。

_____

① 以瑞典基督教神秘主义者斯韦登伯格之名命名的教派。——译注
② 英国政治家，曾任记者、议员、印度事务大臣和枢密院议长。——译注

抵达匹兹堡后，他的家人起初苦苦维持生计。13岁时他不得不去棉纺厂工作，每周只赚1.20美元。他讨厌这工作，就好像他是个病夫一样。尽管他试图通过记忆中的苏格兰英雄来激励自己，但工厂的各种气味还是让他恶心。他会在夜里从恶梦中醒来，梦见自己弄坏了他所操作的发动机。他说："我从未成功地克服油臭味引起的恶心，即使华莱士和布鲁斯[1]在此也无能为力。"在后来的生活中，他得出结论，所有的男孩都应该经历他所忍受的一切。他说："通常，比起富人的宫殿，穷人的小屋里会有更多的满足感，更真实的生活，也能从生活中收获更多。"也许是吧，但他还是飞快地走出了小屋，走进了宫殿。

卡耐基很快就发达了。在工厂工作了将近一年之后，他成了电报投递员——而且是匹兹堡的第二个电报投递员，尽管没过多久电报投递员的数量便多了起来。于是，这位终身竞争倡导者立即开始努力扼杀电报投递员之间的竞争。当时，将电报投递到城市之外，要收10美分的小费。卡耐基与大家商定，把小费汇总起来，在每周结束时大家平分。"计划被采纳了，竞争被抑制了，此后投递员和睦相处。"他的传记作家说。[2]

1851年，他被提拔为周薪4美元的操作员，第二年涨到月薪25美元。1853年初，年仅17岁的他有幸进入了宾夕法尼亚铁路公司的斯科特的视线，当时后者自己也是个处于上升通道的年轻人。卡耐基进了铁路公司，月薪35美元，他在很多岗位上都待过，并以这样的

---

① 这两人均为苏格兰历史上的传奇英雄。——译注

② 伯顿·J. 亨德里克：《安德鲁·卡内基传》（*The Life of Andrew Carnegie*），第51页。

月薪在铁路公司工作了12年，直到内战结束。

没多久他就发现工作并不是赚钱的唯一途径。一次，斯科特以500美元的价格向他提供10股亚当斯快运公司的股票，卡耐基劝说父母抵押了房子以筹措资金。另一次，卧铺车厢的发明者伍德鲁夫给他提供了进行商业冒险的机会，当时卧铺车厢还处于实验阶段。"但是如何凑齐这笔款着实让我困扰——我开始时每月要付217.5美元。我没有钱，也看不出该如何筹款。但我最终决定去拜访当地的银行家要求贷款，并保证自己每月偿还15美元的利息，他立即答应了。"这就是致富的秘诀：当你向银行要钱的时候你就得这么做，这样你才会拿到钱。1863年，他获得的股票分红是5050美元，全年总收入是47860.67美元，其中只有2400美元是工资，其余均来自谨慎的投资。他的第一笔投资是亚当斯快运公司，从他购买时的每年获利120美元增加到每年获利1440美元。他和一些朋友用积蓄在产油区买了个农场，此时价值500万美元。但这时他已开始将注意力转向了制铁。

内战结束后，卡耐基离开了铁路公司，成了铁桥的制造商，从一开始他就非常成功。他的注意力从铁转向钢，是因为1856年亨利·贝西默发明了转炉炼钢法，彻底改变了钢的生产方式。然而由于该工艺只适用于含磷量小于0.4%的矿石，而当时大多数英国矿石以及当时使用的大多数美国矿石都含有大量的磷，因此该工艺在运用上受阻。不过，早在1845年时就有一位名叫马基杰济格的迷信而胆小的印第安人向白人展示过苏必利尔湖的矿石，说"那座铁山，印第安人不会靠近，白人可以"。这种矿石被证明适用于贝西默转炉炼钢法，因而具有了新的重要意义。矿石和炼钢法把美国推上了钢铁业霸主的地位，而贝西默和马基杰济格成就了卡耐基，英国永久拥有工业霸权的梦想就此破碎。

1872 年，与贝西默会面并看到他的转炉炼钢法如何工作后，卡耐基进入了钢轨制造领域。贝西默于 1862 年开始为英国铁路公司制造钢轨，但直到 1872 年，美国仍然普遍采用铁轨。

卡耐基建厂的地方，是 1755 年布拉道克将军遭受灭顶之灾的战场，但在这里他从一开始就获得了成功。1873 年的危机导致钢铁业长期萧条，但他的工厂却稳步扩大。在整个事业生涯中，卡耐基定了一个原则，即在不景气的时候提高产能，为将要到来的好年景做准备。后来他说，"在人心惶惶的时候有钱人是明智而有价值的公民。"他一直都是这样的人。人心惶惶在资本集中方面发挥了重要作用，因为它使强势企业能够买下较弱的企业，或迫使其出局。卡耐基从不投机，也从不缺钱。从开始自己做主的那天起，他就痛恨金融，而这与股票市场所用的那些方法无关。他定下了硬性规定，只要他能阻止，就绝不允许他的任何合伙人投机，就连对他最信任的员工，他也坚持这一点。他是个纯粹的实业家，通过制造和销售钢及钢产品而不是操纵金融来赚钱。

卡耐基在政治上是共和党人，在商场上则信奉君主制。在事业上，他是独裁者，从不与任何对手的公司合作或达成协议。他喜欢竞争，而且在竞争中绝对冷酷无情。在公司内部，他一直留意有潜质的人，并使他们为获得其青睐而争斗，最优秀的会成为合伙人。他说："摩根先生买合伙人，而我自己培养。"

他的生意兴隆靠的是其卓越的技术水平。在他开始制造钢轨时，钢轨每吨售价为 160 美元，而在 1898 年，每吨仅 17 美元。1900 年，也是他经营企业的最后一年，他的工厂生产了 400 万吨钢材，几乎与整个英国的产量相等，大约是美国总产量的一半，该业务的利润为4000万美元，而其中他的份额接近2500万美元。一位合伙人1883年在这项业务上投资了5万美元，1898年获得了800万美元。最令人奇怪的是，所有这些都是在卡耐基不费吹灰之力的情况下实现的。从1865年起，他每年总会在欧洲待上半年，大多数时间是在苏格兰，但从没让指挥权脱离他的掌控。"我们就像一个幸福的大家庭，所有人都团结一致。"他曾向一位来参观工厂的人吹嘘道。他的一位合伙人低声说："上帝会帮助那些意见不一的人。"

只有一个人，就一个，能让卡耐基敬畏，那就是他的母亲，她绝对是个不好对付的老太太。在卡耐基的赞助下，马修·阿诺德①在美国做了首次演讲，结果惨败。后来，当别人用各种圆滑的口吻讲述这一败局时，卡耐基便将话题转向他的母亲，希望她能说些宽慰的话，但她只是说："阿诺德先生太像牧师了，太像了。"卡耐基曾和一群朋友驾驶一辆四马马车穿越苏格兰，他的母亲会坐在他旁边，帮他挡开那些有城府心机的年轻女士。1886年，卡耐基51岁时，母亲去世。尽管他已经订婚，但直到母亲离世，他都没有结婚。她去世后，他许多年不曾提起母亲，并将桌上和墙上的照片都取了下来。最终还是妻子将他母亲的小像放回了他的桌上，这时卡耐基才开始自在地谈论她。

1892年夏天，卡耐基像往常一样不在工厂，其间他位于霍姆斯特德的工厂发生了一次可怕的罢工。当时的负责人弗里克雇佣平克顿事务所的人保护破坏罢工的工贼，双方大打出手，工贼被罢工者打跑

---

① 英国著名评论家及诗人。——译注

了，弗里克被无政府主义者伯克曼打成重伤，但没有性命之虞。8000名士兵带着大炮而来，震慑住了罢工工人并占领了工厂。从此之后，卡耐基不再雇用工会成员。此次罢工是为了抗议工资降低 15% 至 18%。在这个时候，卡耐基早已淡忘他那个宪章派的叔叔；后者的激进主义已堕落到去嘲弄威尔士亲王和德国皇帝关于君主制与共和制之优劣的观点，以及撰写关于贫穷之乐的文章。

卡耐基从一开始就制造桥梁和轨道，但他的主业是炼钢。然而就在他这一行快要结束时，钢铁业有了个新口号："整合"。也就是说，所有的原材料和所有的生产过程，乃至最终的产品，都应统一在一个管理之下。这里有技术上的原因，例如，当时已经发现，从开始处理矿石的那一刻到最后阶段，最好不要让金属变冷。这场新运动迫使卡耐基与两个和他一样强大的人产生了联系：洛克菲勒和皮尔庞特·摩根。

卡耐基通过同盟以及随后与弗里克的合作，确保了焦炭的供应，因为弗里克控制了附近所有的焦炭。来自苏必利尔湖梅萨比地区的铁矿石则更难控制。在 1893 年的恐慌中，一些小人物不得不卖掉自己的土地，洛克菲勒则乘机大量买进。有段时间，洛克菲勒似乎打算挑战卡耐基在钢铁业的霸主地位，但最后决定还是做他的石油生意：将有矿石的土地租给卡耐基，并签订合同通过他的铁路和 12 艘湖轮来运输矿石。卡耐基答应，只要洛克菲勒供应，就只从他那里购买梅萨比矿石，这就可以理解洛克菲勒为什么不自己生产钢材了。

而另一头，卡耐基更易受攻击。他对自己的原材料很有把握，并可以制造价格足够低廉的钢材，击败任何对手。但是，那些迄今为各种生产目的购买他的钢材的人开始认为，如果自己制造钢材也将有利可图。

情况在 1900 年 6 月和 7 月发生了明显变化。美国钢铁与线材公司的老板约翰·W. 盖茨通知施瓦布，未来他可以自己生产钢材，因此与卡耐基公司的合同将被取消。控制钢箍和钢板生产的摩尔兄弟也送来了相同的通知。与卡耐基工厂的合同期将满，一个每月 2 万吨的客户陷入了困境。更大的问题是，J. P. 摩根公司成立了美国钢管公司，吸收了先前相互竞争的大约 19 家工厂，多年来它们一直是卡耐基的稳定客户。未来，这个组织也有可能在没有卡耐基的工厂的情况下自己经营。在麦基斯波特和其他地方兴起的用高炉和转炉来炼钢的盛况，更加高调地宣布了这一独立宣言。摩根的另一项成就——美国桥梁公司，更像是一家组装厂；从卡耐基那里买来的钢架被铆接在一起，整套整套地发往世界各地。现在，这个雄心勃勃的新手对来自匹兹堡的推销员态度冷淡。摩根先生的所有兼并行为使他可以制造自己的钢材的时机即将到来。①

卡耐基厌倦了赚钱，希望退休去他位于苏格兰的城堡，在那里他可以倾听哲学家们的交谈，并竭尽所能摆脱自己的财富，就像他当初千方百计得到它们那样。但是，他的自尊心要求他应该带着荣耀退出生意圈，而不是像一个害怕强大对手的人那样灰溜溜地离开。卡耐基在伊利湖的康尼奥特拥有整个港口，它位于"贝西默铁路线"的终点站，而该港口就是为了使宾夕法尼亚铁路公司遵守秩序而建造的。在

---

① 亨德里克：《安德鲁·卡内基传》，第 477 页。

这个地方，

> ……卡耐基的代理商买下了沿湖滨方向延伸的一英里范围内的 5000 英亩土地，在那里建了个钢管厂，耗资 1200 万美元。这一冒险仅仅是个开始，随后又为制造其他"最终产品"——镀锡铁皮、带刺钢丝网、钉子等购置了大量土地。换言之，卡耐基公司正准备生产那些以前用其粗钢制造的物品，从而重新夺回不断流失的市场。一个大型的钢城正在孵化中，它与后来在印第安纳州加里市崛起的钢铁城没什么不同。[1]

通过这些准备工作，卡耐基受到了那些想与他较量的人的尊敬。摩根希望打造钢铁工业，为此必须买下卡耐基的产业。卡耐基也想出售，但要求在条款上证明其地位的优势。他们通过中间人谨慎地彼此接近。卡耐基的年轻合伙人施瓦布，最终在 1900 年底从摩根那里得到一份声明："如果安德鲁想卖，我就买。报个价吧。"施瓦布去找卡耐基，谈了几分钟后，拿出一张纸，上面写着：4 亿美元。"这就是我们的价码。"他说。这张纸被送到了摩根手里，他立即接受了报价。此后，他们进行了第一次会面。

> 谈判结束几周后的一天，卡耐基的电话响了。为什么不到华尔街和博德街[2]聊一会儿？卡耐基比摩根年长，这个邀请似乎不太合适。他回复说："摩根先生，从华尔街到五十一大街与从五十一大街到华尔街一样远，我很乐意随时在这里见到你。"没

---

① 亨德里克：《安德鲁·卡耐基传》，第 481 页。
② J.P. 摩根的公司便设在位于华尔街和博德街路口的纽约证券交易所对面。——译注

过多久，摩根出现在卡耐基的家里。随后的谈话愉快而令人满意。卡耐基的秘书詹姆斯·伯特伦看着手表计算会面时间，摩根从出现到离开正好是 15 分钟，两个大人物用了这么少的时间来谈一笔涉及 4 亿美元的生意！

离别总是友善的，摩根在门口握住了卡耐基的手。

"卡耐基先生，"他说，"我要祝贺你成为世界上最富有的人！"①

卡耐基的业务，连同其他许多人的业务，都进入了 1901 年成立的摩根的"美国钢铁公司"。世人皆知它是"10 亿美元公司"，但实际上其资本远超于此，达 13 亿美元。它没有垄断钢铁行业，并小心安抚公众舆论，声称不希望垄断。创立时，它控制了总产量的 50.1%。②这是摩根的事，他挑选了董事，并任命加里为董事会主席。在卡耐基时代，金融对他的生意没什么影响，但对于美国钢铁公司，金融与成败息息相关。生产的技术过程不再是关注的焦点，这次是发生在制造钢铁上，但可能还有其他产品或行业。经济活动的组织已经达到了一个更抽象的阶段。无论是在这桩生意上，还是另一桩生意上，金融本质上是相似的。随着事情的自然变化，这种无处不在的金融因素越来越受重视。通过金融，不仅可以整合一门生意，比如石油或钢铁，还可以统一所有大型的和发达的行业，这是资本主义发展的下一阶段。

---

① 亨德里克：《安德鲁·卡耐基传》，第 496 页。
② 艾达·塔贝尔：《埃尔伯特·H. 加里传》(*Life of Elbert H Gary*)，第 131 页。

(三) 金融

金融的力量并不是什么新鲜事物，但是资本主义技术的每一次发展，都使金融的力量增加了。正如我们所见，在洛克菲勒和卡耐基这样的领袖人物的成功中，它的作用很小。但随着卡耐基的退隐，新时代开始了，在其中占主导地位的是 J. 皮尔庞特·摩根。他的父亲 J. S. 摩根在英国很有名，是美国企业和英国投资者之间的桥梁。皮尔庞特·摩根通过他的父亲与欧洲的联系，比他在美国大企业中的任何前辈都多。一战爆发之前，欧洲尤其是英国在美国铁路上投资巨大，但通常回报极为可怜。在德鲁、古尔德和范德比尔特为伊利铁路斗来斗去的过程中，英国股东定期露面，但他们无力阻止自己的投资变得一钱不值。对他们是如此，对美国的小投资者也是如此：眼睁睁地看着自己的积蓄在巨人的争斗中烟消云散却无能为力。

皮尔庞特·摩根是第一个利用金融力量并捍卫较小投资者利益的人。他与范德比尔特、洛克菲勒或卡耐基截然不同。不同在于，摩根出身王侯显贵之家，是一名圣公会教徒，一个生长在旧式家庭中的新英格兰人，从小就熟悉欧洲政府和金融体系。他是艺术的赞助人，拥有罗马皇帝才有的某种排场。他收集名画、宫殿、美女，（至少在其中的第一个方面）采纳专家建议，以低于成本的价格来搜罗。即使在他最忙的时候，也会参加教会会议。他会在业余时间进入空荡荡的教堂，独自哼唱赞美诗。他鄙视卡耐基，称其为庸俗之辈，当他得知这个无礼的暴发户谈起他时称呼他"皮尔庞特"时，就收口了。他讨厌洛克菲勒的自命清高，讨厌他是个浸礼会教徒。在钢铁托拉斯形成之际，加里对他说："我们应该拿下洛克菲勒的矿石。"摩根问："怎么才能得到呢？""你要和洛克菲勒先生谈谈。""我不想。""为什么？"

"我不喜欢他。"但是，他第二天早上就去向洛克菲勒购买了矿石，价格比加里认为他应该给的场外价格高出 500 万美元。[1]

摩根早期的生意几乎全部与铁路有关，不是打算从其他有权势的人手中夺取控制权，而是为了避免残酷的竞争。他首次名声大噪是在 1869 年，当时他组织了保卫奥尔巴尼和萨斯奎汉纳铁路的行动，以阻止古尔德和菲斯克企图以伊利铁路的名义将它们占为己有。整个故事充满了生动的插曲，使那两位先生很容易被载入尘封的金融史册。当时他们试图跟一群来自纽约贫民窟的莽汉闯入入股东会议，而且每人手里都拿着一份委托书。但摩根和铁路公司总裁拉姆齐早已准备了一帮铁路上的人等着他们。拉姆齐将菲斯克扔到了楼下，底楼的一名"警察"逮捕了他，然后消失了。后来，一列伊利公司的火车和一列奥尔巴尼和萨斯奎汉纳公司的火车在隧道口相撞，因为两辆列车上的人都年轻气盛，都不肯让对方先过。这些人跳下车来扭打在一起，直到州民兵到达平息事端。与此同时，法官也对双方下了相反的禁令。最后，古尔德和菲斯克落败。而摩根在可观的金融方面证明了自己是个有用的人。

范德比尔特 1877 年去世后，其子不得不面对一个比特威德时代还不合规的州议会。在他看来，明智的做法是将其在纽约中央铁路公司的大部分资产进行处置，它在全部资产中占 87%。他向摩根请教，如何处理可以避免损失。摩根承诺以当前价格买下股票，并在英国出售，但提出两个条件：他要担任董事，并保证接下来的 5 年获得 8% 的股息。小范德比尔特接受了，股票成功地在英国出售，而英国股东

---

① 艾达·塔贝尔：《埃尔伯特·H. 加里传》，第 118—119 页。

们将表决权的代理权交给了摩根。通过这种方式,无需任何大笔个人投资,摩根就成了真正投资人的捍卫者,并以此在铁路方面获得了影响力——当然,这不是纯粹的仁慈之举,因为他个人获利达 300 万美元。

摩根认为,铁路大亨之间的竞争既是一种浪费,又具有破坏性。1885 年,纽约中央铁路公司和宾夕法尼亚铁路公司——或者更确切地说,小范德比尔特和宾夕法尼亚铁路公司的乔治·H. 罗伯茨——即将对彼此开战。为了小范德比尔特的利益,南宾夕法尼亚铁路公司正在跟罗伯茨斗,而西海岸铁路公司正在罗伯茨的支持下打击纽约中央铁路公司。摩根带这两个人乘上他的游艇一起出海巡游,跟他们谈话,直到他们同意:罗伯茨将拥有南宾夕法尼亚公司,小范德比尔特取得西海岸铁路公司,这样双方都可以摆脱竞争。罗伯茨一直很难说服,但两年后,摩根为他提供了一项重要服务:摩根以自己的金融实力阻止了巴尔的摩和俄亥俄铁路公司进入纽约。

1889 年,摩根组建了"州际铁路协会",包括 18 位铁路公司总裁和发行新债券的主要银行的代表。同样,它的目的仍然是防止竞争、保护真正的投资者,由于摩根与欧洲的关系,投资者的利益对他至关重要。在为所有人提供了丰盛的晚宴之后,他简短地说了几句,介绍了协会的业务:

> 这次开会的目的是要使今天出席会议的人,在怀疑自己受到不公正对待时,不必寻求法律的帮助,这样的事迄今有过很多次了。这不是文明社会中的又一种习惯做法,我们也没有充分理

由说明为什么这种情况还要在铁路公司之间继续。[①]

是金融实力使他能够以这种口吻跟那帮绝不愿意轻易听命于人的强人说话。他们中有一位叫麦克劳德的抗议道："你不能命令我。我宁愿去摆个花生摊，也不愿听命于任何银行家。"很快，他就陷入贫困，但不知道他是否还摆得起花生摊。

摩根的权力有赖于一种称为"表决权信托"的策略。当一家铁路公司状况不佳时，就会向他寻求帮助重组公司，如果同意他拥有足够数量的股东表决权的代理权，他就会答应相帮。摩根之所以会成功是因为事实表明，他甚至可以向最没有希望的铁路公司贷款。1893 年的大恐慌拓展了他的机会，1898 年他以 15 亿美元的资本控制了美国六分之一的铁路。他的权力并不是他拥有的实际金钱，它更像是一种政治权力，因为他是无数分散投票的股东选出的代表。

摩根现在开始涉足更广阔的领域。1895 年，在美国财政部由于黄金流失而造成资金短缺时，他与克利夫兰总统签订的协议"拯救了国家"。他承诺提供 6500 万美元的黄金，其中一半在欧洲购得，并拼尽全部的金融实力将其留在美国。"拯救国家"成了摩根的习惯，1907 年他又救了一次。但他在 1913 年去世，错过了"拯救"全世界的机会，一战期间，这机会落到了他儿子手中。

美国钢铁公司成立于 1901 年初，是摩根在金融方面最大的一次运作。长期以来，他对竞争的反对早已激起了公众的愤怒，而对所有托拉斯中最大的一家的提拔，引起了大企业的反对者的警觉。就在这

---

① 约翰·肯尼迪·温克勒：《皮尔庞特·摩根传》（*The Life of J. Pierpont Morgan*），第 126—127 页。

个时候，保守派麦金利总统遇刺，实施激进政策的罗斯福成为总统。由于有普通市民的热烈支持，他根据《谢尔曼反托拉斯法》开始对各类公司采取行动。他下手的第一个对象是北方证券公司，是摩根和希尔为控制西北铁路而建。摩根暴跳如雷，跑去华盛顿找总统。愤怒中的他令人生畏：当他的眼睛闪耀着怒火，他面前的人会不寒而栗。但罗斯福同样具有人格的力量，他们在盛怒中不欢而散。"这人是个疯子，他比社会主义者还糟。"摩根说。罗斯福说："摩根先生难免将我当作他的一个强大对手，似乎我想毁了他所有的利益，或者诱使他达成不损害任何一方的协议。""我应该投民主党的票，让那家伙滚出白宫。"摩根回敬道。

最高法院曾在奈特案中作出过判决，如果这被视为先例，北方证券公司将受到保护。不过最高法院并没有摆脱对压力的屈从，而他们也确实受到了压力。罗斯福说："为了人民的利益反对垄断和特权，有必要推翻奈特案的判决；就像为了人民的利益反对奴隶制和特权，必须推翻德瑞德·斯科特案一样。"最高法院以五比四的多数裁定北方证券公司解散。有趣的是，最高法院法官中最激进的霍姆斯法官投了反对政府的一票。

钢铁托拉斯逃脱了法律的谴责。摩根非常明智地选择了埃尔伯特·H.加里担任公司董事会主席，此人是一位虔诚的卫理公会的律师，在与那些大人物的接触中为这些人的所作所为感到震惊。加里在很大程度上违背了董事们的意愿，与罗斯福交上了朋友，并经常去华盛顿称赞总统的公益精神。当托拉斯意欲收购田纳西州的煤炭、钢铁和铁路公司时，他事先征得了罗斯福总统的同意。他指出钢铁托拉斯与其他托拉斯不同，以至于马克·吐温在见到他时说："哦，我知道你是谁，你的公司是一家好公司。"摩根得到了回报，罗斯福并不干涉钢铁托拉斯。但是在塔夫特担任总统的时间长到足以与其前任大吵后，他决定通过扭转前一届政府的政策以证明自己的独立性。虽然总的来说，他比罗斯福对大企业更友好，但还是在 1911 年 10 月对美国钢铁联盟提起了诉讼。1915 年 4 月，美国巡回上诉法院作出了对政府不利的判决，于是政府将案件提交了最高法院。1917 年 3 月，最高法院法官的投票结果打平，此案被下令重审。但是，由于美国参战，钢铁托拉斯在战时扮演了重要角色，这一案件被搁置了。1919 年，最高法院最终作出无罪判决，而加里的美德得到了证明。

摩根的影响力是无边的。他控制了芝加哥的阿默公司，并通过该公司掌握着阿根廷养牛业的生杀大权。他的航运联合体包括大部分的大西洋班轮。爱德华七世、德国皇帝和教皇款待他，好像他是来访的君主。他的传记中有一段修订后的问答："查尔斯，世界是谁创造的？答："上帝在公元前 4004 年创造了世界，但在 1901 年被詹姆斯·J. 希尔①、J. P. 摩根和约翰·D. 洛克菲勒重组。"

尽管他有钱有势，但他绝不是那个时代最富有的人，他去世时的身家是 6800 万美元。很大程度上他并不是靠他的钱，而是通过激发别人信任的能力来统治金融世界。在他看来，信用是一种人格。他最先建立了美国和欧洲大部分地区的金融力量，以促进了资本的共同利益而进行的协调工作。罗斯福和一些改革者遵循杰斐逊—杰克逊的传统，力图通过法律手段维持旧日的无政府状态的活力，但无论他们在大型诉讼中是赢是输，都开启了一个时代，终结了另一个时代。这

---

① 加拿大裔美国铁路建筑家、金融家。——译注

输赢对于财富的主人而言却是无关紧要的。在与旧日的无政府状态作斗争时，这些人做了一些有益而必要的工作：他们减少了浪费，并凭借自己的巨大财富，为现代劳动的生产力提供了惊人的证据。在所有涉及生产的问题上，他们反对热衷竞争的人是有理的。他们无法解决财富分配问题，而这个问题同样困扰着他们的对手；他们也无法确保采取任何维护平等的措施，正是通过自由竞争卡耐基已经赚了4亿美元。

美国是以杰斐逊和汉密尔顿之间的交替妥协开始的。渐渐地，杰斐逊主义的元素向西推进，而汉密尔顿主义者统治了东部。只要西部与南方和睦相处，就会具有相当大的影响力，但内战之后，农人协进会成员、民粹主义者和布赖恩主义者①尽管充满活力和热情，仍然无能为力。最终，美国在其经济生活中变成一个有组织的整体，由旨在谋取自身利益的少数空前富有的人统治。作为一个组织，它是有价值的，缺陷在于其宗旨仅仅是为了让富人更富。这些财阀希望消除竞争没错，而他们的对手要求考虑普通公民的利益也没错。解决之道既不在于实行绝对的财阀统治，也不在于恢复经济的无政府状态，而在于公有制和对金融大师创造的机器的控制。

为此，需要一种新的大众哲学，一种新的公务员制度以及新的民主智慧。目前，美国正在试图创造出这些东西来。

---

① 指威廉·詹宁斯·布赖恩的支持者。此人是美国政治家、律师，三次代表民主党竞选总统均失败，是美国20世纪首位民粹主义总统候选人。——译注

第四部分

民族主义与帝国主义

……你知道那些长官大人
和我们的王子亲自来了，
请求，命令，威胁，敦促，
肩负民众和宗教的所有责任，
承受着如此重压，
多么可敬，多么荣耀，
让我们共同的敌人跌入陷阱，
他们祸害了我们的国家，
而牧师们并没有甘居其后。

———————————

不远处有一座山，
恐怖的山顶喷出火焰和滚滚浓烟；

山体满是闪光的碎片，

无疑在那里孕育着金属矿藏和喷涌的硫磺。

无数的队伍像插上翅膀，

飞快地赶往那里；

开拓者带着铲子和铁镐，

胜过皇家的御营军，

他们挖着战壕或铸建堡垒。

财神带领他们前行，

财神的精神已经从天堂跌落，

即使在天堂，他的形容和思想总是下倾，

赞赏那些踩着金砖的天堂富人，

甚于其他神圣或圣洁的极乐境界。

——弥尔顿

第二十八章　民族原则

(一) 欧洲大陆的自由主义

1815 年至 1848 年间，世界上有三种不同类型的进步力量：美国的农业民主主义者，哲学上的激进主义者，还有自由主义者。在欧洲大陆，后两个群体之间的关系有些复杂：因为他们都是进步性质的，所以感到应该合作，但其实他们在深层观念方面存在分歧，合作从一开始就困难重重，最终变得不可能。

哲学激进主义者的观点主要源自 18 世纪的法国，他们相信人类先天都是一样的，并将成人之间的差异完全归结为教育和环境。至于宗教方面，他们是怀疑论者；在道德方面，他们将幸福视为唯一终极的善。他们认为自身利益是行动的主要动力，理性是辨别自身利益的手段，政府则要想方设法协调不同个体的利益。他们既是世界主义者，也是理性主义者，而且相当民主。繁荣和启蒙在他们看来是政府的正确目标；在实际事务中，他们首先强调的是经济学。

哲学激进主义者通过科布登在英格兰占了主导地位，通过英格兰，又在一段时间内对欧洲大陆产生了巨大影响。

然而从欧文时代起，他们的理论有两种类型，一种是雇主的，另一种是工薪劳动者的。他们几乎所有具有鲜明特征的学说都在马克思主义之中存活了下来：相信所有人天生具有相似性，相信理性和世界主义，对自身利益的诉求以及对物质繁荣的重视。国际社会主义和国际资本主义都从他们的教义中产生；而哲学激进主义的社会主义形式被证明是更持久的。科布登的时代已经过去，列宁的时代却没有结束。

　　拿破仑倒台后的自由主义者与边沁主义者有很大不同。的确，他们与18世纪的法国有内在联系，但那是与卢梭而不是与百科全书派和重农学派的联系。他们是感性的人而不是理性的人：指望用感情来弥补弱者和被压迫者的痛苦。他们张口便是古代的一些夸夸其谈的话，比如暴君、奴隶、自由。在没有感受特定的情绪时，他们似乎对这些词闻所未闻。确实，没有人总能认出谁是暴君，谁不是。在英格兰，拿破仑被称为暴君，华兹华斯在讲到自由时说："来了个暴君，你要带着神圣的快乐与之作战。"但在意大利，拿破仑被尊为救星，曼佐尼在其关于拿破仑之死的著名颂歌中就是这么说的。在德国，自由主义的观点出现分歧。海涅写了《思绪：勒·格朗集》歌颂拿破仑，而1813年的爱国者却憎恶他；至于歌德，在成为圣贤之后，保持了超然的中立。

　　在天主教国家，自由主义者是反对教权的。他们到处支持宗教宽容，而宗教宽容在欧洲大部分地区仍不存在。很多人认为，上帝直接向人们的内心彰显自己，特别是那些目不识丁的农民的内心，而神学是神父们为奴役人类精神而创造的愚蠢之举；这导致他们像卢梭那样陷入了一种含糊的非教条的宗教。其他自由主义者则是泛神论者，尤其是那些与共济会有关的人，他们在法国大革命之前就开始了自由主义的事业。

典型的大陆派自由主义者是共和党，这仅仅是因为雅典和罗马在其辉煌时期是共和政体。但是，许多自由主义者打算容忍国王的存在，只要他们能够批准宪法，解放奴隶，允许宗教和新闻自由。有些人反对贵族制，也有许多人不反对，他们像塔西佗一样认为罗马的自由正是在元老院的寡头统治下而不是皇帝的个人统治下实现的。在卢梭的影响下，所有自由主义者都主张财富有腐蚀作用，并相信穷人的简朴美德。

从实用政治的角度看，自由主义者的观点最好由他们的爱与恨来界定。他们讨厌神圣同盟，视梅特涅为邪恶的典型。他们之所以喜欢法国，是因为它的革命以及《哲学》中的自由思想。他们恨法国、西班牙、那不勒斯的波旁王朝，因为它们象征了反动派的胜利；恨压迫希腊的土耳其人，因而直到1848年他们都不怎么痛恨沙皇。他们诅咒卡斯尔雷和皮特，但钦佩坎宁，对他的赞赏也许超过了他应得的。

最重要的是，他们崇拜拜伦。

欧洲大陆对拜伦的推崇，一直令拜伦的同胞费解。英国激进主义者偏爱雪莱，他的革命诗歌在宪章派会议上被诵读，并且是由信奉欧文主义的工人来读。但在海外，拜伦被认为是（可能除歌德之外）那个时代最伟大的诗人。拜伦的一切都符合浪漫的气质：他是勋爵，却又是个流浪者，他富有，却维护被压迫者，愤世嫉俗的外表下（非常徒劳地）暗藏着一颗流血的心。希腊是那个时代的最浪漫的原由，拜伦为希腊而死。他颂扬锡雍的囚徒①，这些人因 16 世纪的共和主义而蒙难。至于华盛顿这位获得成功的英国敌人，他写道：

> 疲惫的双眼该在哪里休息，
>
> 何时凝视这位巨人，
>
> 哪里既没有闪烁罪恶之光，
>
> 也没有卑劣的情形？
>
> 是的——这是一个——第一个——也是最后一个——最好的一个——
>
> 西方的辛辛纳特斯②，
>
> 我们羡慕他却不敢恨他，
>
> 把这个名字留给华盛顿，
>
> 让人脸红的只有一个。

　　这是一个风行厌世的时代，受一种神秘的哀伤困扰，它鄙视尘世，在孤独中寻找着自由。他的《海盗》和《异教徒》煽动贵族的叛乱情绪；给那些热爱人类但讨厌个人的人提供了方案。朱塞佩·马志尼无法原谅英国人对拜伦的忽视，并拒绝相信拜伦没有善待自己的妻子。俾斯麦年轻时总是读他的作品："有时他会坐平底船去打鸭子，酒瓶总不离手，在喝酒和打鸭子的间隙会读拜伦的书。"③ 订婚后，他送给未婚妻几本拜伦的诗集，但评价它们是"一派胡言"——可能是

----

① 《锡雍的囚徒》是拜伦代表作之一。——译注
② 纳博科夫的小说《斩首之邀》中的死囚。——译注
③ 路德维希：《俾斯麦》，第 51 页。

怕吓到她的敬神之心。他甚至考虑过以恰尔德·哈罗德①的方式周游世界。

拜伦的诗为普及民族原则作出了很多贡献。当他写到"希腊诸岛上，热情似火的萨福②在那里生活和歌唱"时，他提出甚而可能相信，如果土耳其人真的是新的萨福，那他们会在那里生活和唱歌。当梅特涅劝说亚历山大延长希腊的奴隶制时，拜伦写道：

> 在法艾尔的山崖上，自由之神！
> 你陪伴色拉西布洛斯和他的部下，
> 能否预见到凄惨的现在，
> 那典雅美丽的绿色原野会变得这般暗淡？
> 不仅三十暴君在踩躏它，
> 而且任何人都在支配这片土地；
> 但他的子孙并不奋起，只是徒劳地抱怨，
> 他们在土耳其的祸害下颤抖，
> 从生到死都被奴役；言语和行动均丧失了气概。
> 除了孤寂，一切均已改变！
> 但每一个眼神中依然闪烁火焰，
> 确信他们的胸中之火会重新燃烧，
> 失去的自由是不灭的光芒！
> 许多人还沉睡在梦中，
> 但光复祖先遗产的时刻就要来到，

---

① 拜伦作品《恰尔德·哈罗德游记》中的主人公。——译注
② 古希腊著名的女抒情诗人。——译注

他们深盼着外国的武器和援助，

不敢独自抗击敌人的暴行，

或者将打上奴隶烙印的哀伤一页撕碎。

世世代代的奴隶！你是否知道

要获得自由必须挺身而出？

用自己锻造的武器战胜敌人？

高卢人或莫斯科人会拯救你们？不！

确实，他们可能会把那傲慢的掠夺者拉下马，

但不是为了你的自由圣坛上燃起火焰。

希洛人的灵魂！战胜你的敌人，

希腊！改换你的君主，而国家依旧。

光荣的岁月已经消逝，耻辱的日子却在继续。

出现在拜伦的诗作和自由主义者的抱负中的自由，与哲学激进主义者的自由截然不同。边沁及其追随者是功利主义者，不相信绝对的"人的权利"，尽管在实践中，他们认为通常最好在一定范围内让人们按自己的意愿行事。他们重视见解的自由，因为他们认为，每个人都可以自由地陈述自己的意见，拥有最佳意见者将征服公众舆论。他们看重自由贸易，因为它增加了劳动的总产出。他们对政府有着普遍的偏见，因为政府是由贵族组成的，贵族们能引述贺拉斯的话，但对贸易一无所知。边沁他们想要的自由是个体从事现代经济活动的自由，荷马和弗吉尔对此从未提起。

根据自由主义者的构想，自由要比用曼彻斯特的棉制品交换波兰的玉米的权利更浪漫，要比用地雷和冒烟的烟囱让山谷变得丑陋不堪

的权利更有情调。对自由主义者而言，自由是关乎人类尊严的权利：他和新教徒都认为，灵魂和上帝之间不应有任何中介，任何外部权威都不能指导一个人履行职责。如果一个意大利人觉得自己有义务为祖国（而不是为某片小领土上偶然出现的统治者）效力，他就应该做个爱国者，即使这样做可能意味着要拒斥那不勒斯国王的神圣权利或者教皇的神学主张。因此，国家像每个个体一样，拥有"自由"的权利，即不受外国人、神父或君主制的支配。在实践中，国家应是自由的这一信念，是自由主义信条中最重要的内容。它发展成民族原则或者自决原则，这在很大程度上主导了1848年至1919年的欧洲事务。

民族原则很难准确地表述。大致说来，它声称，地理意义上的任何群体若希望组成一个政府，便有权成为一个独立国家。然而在实践中是有其局限性的。1917年时，位于彼得格勒的一栋房子根据该原则宣称自己是一个国家，并将为其自由而斗争，此事被认为走得太远了，甚至威尔逊总统也不予支持。爱尔兰有权援引该原则反抗英格兰，阿尔斯特①的东北地区也有权以此原则对抗爱尔兰的其他地区，但弗马纳郡和蒂龙郡不被允许以此来对抗阿尔斯特的东北地区。民族原则的一个限定条件是，相关地区的面积不能太小。另一个条件是该地区不能位于亚洲或非洲，在日本人打败俄国人之后，所有思想健全的人才明了这一点。还有一个条件是，该地区绝不能像苏伊士或者巴拿马那样在国际上具有特殊意义。

对于1871年之前的自由主义者而言，这些限制并不明显，因为对他们来说国家是种神秘的东西，几乎像人类中的个体一样有自己的

---

① 原为爱尔兰一地区，今为北爱尔兰及爱尔兰所分割。——译注

灵魂。强迫人们生活在一个他们不觉得是自己祖国的政府统治下，就像强迫一个女人嫁给她讨厌的男人。对家乡和家庭的爱都基于一种本能，它们共同构成了爱国情怀的基础。正是这种情感的存在促成了民族原则的正当性。

国家不像阶级，并非是从经济上来定义的。我们或许可以说，地理意义上的群体具有一种团结精神。而在心理上，它类似于一群海豚、一群乌鸦或一大群牛。团结精神可能来自共同的语言、假设具有的共同血统、共同的文化或者共同的利益及共同的危险。一般来说，所有这些都在产生民族情感方面起着作用，但这种情感无论如何产生，都是一个民族存在的唯一必要条件。民族主义者倾向于认为一个民族是生物学意义上的种族，对此观点的相信程度远远超过了事实所能提供的证明。莎士比亚说英国人"是幸福的种族"，后来的民族主义者也纷纷这么说。既然民族被认为是种族，那民族之间的差别至少在一定程度上被认为是先天的。因此，自由主义者不同于哲学激进主义者，他们倾向于强调人与人以及种族之间的差异，并将这些差异性归结为教育和环境之外的原因。这种观点受到了达尔文主义的极大鼓舞——当然，达尔文主义不是以科学的形式出现的，而是以政治家认为有用的形式出现的。

现代形式的民族主义发端于都铎王朝时期的英国，亨利八世在宗教上援引了民族主义，伊丽莎白在商业方面援引了民族主义。它被新教神圣化，因无敌舰队的战败而获得荣光，因海外贸易和西班牙大帆船的战利品而获利。这三种强烈的民族情感在与斯图亚特王朝的斗争中暂时彼此分离，1688年之后又重新结合在一起，并在马尔伯勒①、老皮特和纳尔逊的领导下取得胜利。滑铁卢战役之后，英国人开始心安理得地认为他们在德行、智力、军事实力和商业头脑上优于其他所有民族。最重要的是，他们认为自己正如弥尔顿所说（名义上是在说犹太人），理解了"公民政府的可靠规则"。他们的自满首次亮相是在19世纪末美国和德国工业的发展过程中，对于这两者他们以鲁德亚德·吉卜林②和塞西尔·罗德斯③式的歇斯底里的帝国主义做出了回应。

法国大革命之前，英国民族主义是自由主义性质的，因为它支持议会政府，反对西班牙和法国的绝对君主制。从1793年到卡斯尔雷去世，英国因为容不下革命思想而走向反动。但是从坎宁时代到格莱斯顿1886年倒台，外交政策（除了在几个很短的时期内）始终是自由主义的。

法国的民族主义是从保卫反对国王联盟的革命开始的，它的情绪在《马赛曲》中得到了表达。法国在1789年、1830年和1848年领导了欧洲大陆的自由主义。即使在1870年拿破仑三世倒台后，加里波第④和巴枯宁这样的人也觉得为保卫法国而奔走是值得的。法国的爱国主义精神，即使对那些非法国人来说，似乎不单单是一种民族主义，而是为革命理想的普遍胜利而进行的神圣事业。在法国，最自由

---

① 英国统帅，曾随英国远征军参加英荷战争，当时最优秀的军事将领之一。——译注
② 英国著名小说家、诗人。——译注
③ 英国殖民者，狂热的帝国主义分子，鼓吹英国真正的目标就是要扩大不列颠在全世界的统治。——译注
④ 意大利爱国者，将军。——译注

主义的就是最爱国主义的，而复辟的国王最愿意服从外国的命令。

德国的民族主义是拿破仑开创的。它始于耶拿战役之后，在1813年的解放战争中得到有力的表现。像所有的民族主义一样，它也有自己的理想：其目的是把世界从法国的"不道德"中解放出来，恢复一个更健康的时代的简单的责任理想。被神父、波旁王朝、哈布斯堡家族压迫和分裂的意大利人，期盼他们能够获得自由，像从圣弗朗西斯到米开朗基罗那段时间一样重新领导这个世界的人文主义和精神生活。斯拉夫人的各种民族主义在1848年首次出现，他们自称拥有神秘的上帝意识，从黑暗的森林深处汲取力量，并赋予他们超越其他不太具有神秘意识的种族的智慧。

真正的完美的自由主义相信所有这些不同民族的优越之处，并认为各民族在自由和尊重他人的自由的前提下，应发展各自的特殊优势，共同创造出美妙的和谐之音。

不幸的是，现实中的结局截然相反。

(二) 意大利的民族主义

意大利人的民族生活在16世纪被暴力消灭，所以他们将拿破仑视为同胞和解放者，欢迎其到来。整个意大利大陆都受到了他的影响，只有西西里岛还在纳尔逊和汉密尔顿夫人①的控制下，依然忠于保守和野蛮。意大利的法国政权伴随着自由主义改革以及缪拉特②对意大利统一的宣扬鼓舞，尽管在这方面仍然有些模糊。

---

① 18、19世纪名动那不勒斯的交际花，作为纳尔逊将军的情妇名留青史。——译注
② 那不勒斯国王。——译注

维也纳会议终结了意大利政府的自由主义，恢复了教会的权力和贵族制。但是，像威尼斯和热那亚那样的地方，共和政体在革命时代到来前就已经存在了 1000 年，原来的状态并未完全恢复。在前面的章节中我们看到，塔列朗考虑了热那亚人的要求。他们越是希望维护其古老的独立，在与会者看来，就越要通过他们的例子表明部分人口的愿望对于领土的分割的影响是多么小。尽管威廉·本廷克勋爵[①]做出了明确承诺，热那亚人还是被交由萨伏依王朝绝对统治。

恰好从热那亚走出了一个最能激发意大利爱国主义和团结愿望的人物——朱塞佩·马志尼。他生于 1805 年，其父对法国的共和主义持欢迎态度，在书后藏了一些老吉伦特派的报纸，一旦被发现，警察就会找上门。在学校里，对罗马史的学习立刻激发了马志尼的爱国主义和共和主义。他崇拜小加图[②]以及老布鲁图斯和小布鲁图斯——确实非常欣赏，因为受他们影响，他一生钟爱阴谋。1830 年的法国革命在意大利引起了反响；卷入其中的马志尼成了流亡者，余生基本上在英国度过。尽管如此，他仍然是意大利革命的领导者和激励者。

"马志尼是个天才，但受上帝和民族主义这两个抽象观念的影响太大了。"本杰明·乔伊特[③]牧师如是说。对他而言，这两个都是抽象概念，都显得不太重要。然而对马志尼来说，它们是密切相关的：他的民族原则并非仅仅指向意大利人，他的上帝也不只是部落的神。

马志尼说："民族性对我而言是神圣的，因为我从中看到了为所

---

① 英国政治家，出身显贵，曾任印度总督。——译注
② 罗马共和国末期的政治家和演说家，斯多噶派哲学家，老加图的曾孙。——译注
③ 牛津大学教授，19 世纪英国杰出的古典学家和神学家，以翻译和研究古希腊哲学著名闻名，如《理想国》。——译注

有人的福祉和进步所做的努力的影响。""人类是一支伟大的军队，为征服未知的土地而前进，对抗强大而狡猾的敌人。人民就是战士，每个人都肩负着特殊的使命，而共同的胜利取决于他们是否正确地完成各自的任务。""上帝在每个人的摇篮上都会写下他的所愿……特别的兴趣、特殊的才能，在标明所有的特殊职能之前，会清楚地写出要完成的特殊使命，以及在人类进步事业中所要从事的特殊工作，这些对我而言似乎就是民族性真实而可靠的特征。"接着他还提出了每个国家的作用：英国的任务在于其工业和殖民地，俄国要使亚洲文明化，而波兰是斯拉夫人的捍卫者。德国的任务是思想，法国的任务是行为，而意大利人要将思想和行动统一起来。"德国人行走在世间时，其视线消失在天堂深处；法国人很少望向高处，而是用它不安的穿透性的目光窥视尘世的表面；守护意大利命运的天才，从来不会从理想迅速转换到现实，而是从古老的理想中寻求如何将尘世和天堂结合在一起。"

马志尼会对一个想思考的法国人或者想行动的德国人做些什么，这一点还不清楚；一个非意大利人会默许他分配给意大利的杰出作用，似乎也不太可能。他拒绝将爱尔兰视为一个国家，因为他们不"主张任何与英国人的要求和愿望形成鲜明对比的、源于其本土特点的生活原则或立法体系"，至少他是这样说的。但应该注意的一点是，作为教皇的敌人，他始终遭到爱尔兰人的反对；也许如果他们对马志尼友好些，他就会认为他们有一个国家使命。

他认为意大利民族运动之后的斯拉夫民族运动，是欧洲最重要的运动，并正确地指出，它必须证明对奥地利和土耳其是致命的威胁。马志尼的最终目标是建立一个欧洲合众国，由一个总部设在罗马的联合会来管理，而这样的组织应该是意大利的领导才能的产物。显然，他的民族原则不适用于欧洲以外的地方，亚洲不过是欧洲的附庸，而在国际舞台上他也没有分配给美国一个角色。对马志尼而言，民族国家的存在是通过其诗人和哲学家来实现的，他知道波兰的诗人和哲学家，但不知道中国的。

无疑，马志尼的本意是在不同民族国家之间保持公平，但他不断显露出对自己国家的偏爱。他觉得意大利"光芒四射，历经苦难而得到升华，在认为它已经衰亡的那些国家中，像一个光明天使一样上升"。他说："意大利的命运，就是世界的命运。"我们已经看到，在创建和管理设在罗马的欧洲合众国时分配给意大利的主要责任。这是"上帝赐予的这片土地，赋予欧洲的实现道德统一并通过欧洲传达到全人类的伟大使命"。对他来说，民族不仅仅是个体的聚合，而是一个拥有自己灵魂的神秘实体。他指责卡莱尔过分强调个人英雄、反对集体生活。他说，一个民族的生命"不是她自己的，而是一种力量和普遍的天意计划中的一种功能"。上帝"把地球表面的人类分成不同的群体或核心，从而创造出了民族性的萌芽。邪恶的政府破坏了神圣的象征。尽管如此，至少就欧洲而言，你仍然可以通过大河的流向、山脉的走势和其他地理现象清晰地描绘出它的踪迹"。遗憾的是，他忘了告诉我们上帝对多瑙河的设想是什么，知道这一点或许可以阻止第一次世界大战。

对马志尼而言，不仅是国家，还有家庭，都具有自然群体的神圣性，这个群体的神圣性超过了其个体的组合。他说："家庭，是心的祖国。家庭中驻着一个天使，她拥有仁慈、甜蜜和爱的神秘力量。这位天使让我们的职责不那么枯燥，让我们的悲伤不那么痛苦……这个家庭的天使就是女人。"马志尼是个单身汉,这是一个流亡者对家庭和国家的理想化。"家庭的概念不是凡人的,而是神的,非人力可以摧毁。像国家一样——甚至比国家更甚——家庭是一个存在的要素。"

哲学激进分子将人视为各种个体,感兴趣的是只有在经济利益认同的基础上才产生的群体。而马志尼感兴趣的是依据生理、情感或地理因素来划分的群体。在他看来,以这种方式形成的——包括家庭、民族和整个人类的——社会实体是极其重要的,而且是人类个体身上可以发现的大多数优秀品质的源泉。这使他对科布登和马克思充满敌意。

除了更一般的理由外,他还反对科布登提出的不干涉大陆政治的原则。在涉及道德问题时,他持中立态度。法国 1859 年和普鲁士 1866 年、1870 年的军事支持,以及英格兰 1860 年的外交同情,使意大利实现了统一。他觉得,科布登的和平主义政策会让意大利永远被奴役。尽管他跟科布登一样不赞成克里米亚战争,但他仍然指出"和平人士是没有原则的"。似乎我们应该同时与俄国和土耳其作战,因为他们都是压迫者。他从来没有想到,一种在全世界进行征战的习惯很快就会发展成帝国主义。

功利主义哲学对他来说完全不得人心,因为它主张人应该为责任而不是幸福活着。他称赞卡莱尔反对"强烈的唯物主义,一个半世纪以来,它一方面在洛克、博林布鲁克或教皇的著述中,保持着对进步的篡夺;另一方面又在斯密和边沁的著作中,以利己主义和物质福利学说在人们内心埋下自私的种子。工业文明的所有运动,都充斥着理性和道德文明,而他(卡莱尔)没有被迷惑"。他认为,那些接受功利原则的人"被逐渐引开，忽略人类最高、最神圣和最不朽的发展，并致力于追求他们所谓的有用。除了善以及它所产生的东西，没有什么是有用的。有用是可以预见的结果，而不是要调用的原则。""我们由此挂心的不是要快乐，而是要变得更好；人类生活没有什么目标能比这个重要，即通过集体努力去发现，并且每个人为了他自己去执行上帝的律法，而不考虑个人得失。"他推断在大学里，除了赞同他的学说的教授外，不应该有其他哲学教授。谈到他不喜欢的黑格尔派，他说："总有一天，我们会扫除所有这些东西。"他进一步推断，"个人或社会没有主权，除非两者都符合神圣的计划和法则……多数人的简单投票并不构成主权，如果它明显违背最高道德准则……人民的意志在解释和应用道德法则时是神圣的；当它脱离了法则，只代表任性的想法时，它是无力和无效的。"墨索里尼接受了这些学说并付诸行动。

毫无疑问，"每个人为自己而执行上帝的律法"是一个令人钦佩的原则。对一个相信教会了解上帝律法的天主教徒来说，它甚至可以成为政府的法规。就像在教皇国看到的，结果可能不是大多数现代人所希望的那样。例如，宗教裁判所仍在实施迫害，直到1841年才颁布法令"命令所有人举报异教徒、犹太人和巫师，举报那些妨碍宗教法庭或讥讽教皇和神职人员的人"[①]；1851年，一条穿过罗马涅的铁路被禁止使用，理由是"铁路带来贸易，而贸易导致罪恶"[②]。尽管这些原则看起来有些古怪，但至少不是无政府状态，只要承认教会已经得

① 博尔顿·金：《意大利统一的历史》（*A History of Italian Unity*），第一版，第79页。
② 辛普森：《路易·拿破仑和法国的复苏》（*Louis Napoleon and the Recovery of France*），第48页注解。

到了上帝律法的启示。然而，马志尼并不接受教皇的权威，对他以及新教徒而言，上帝的律法是直接启示每个人的良心的。不幸的是，有些启示彼此矛盾。马志尼的良心告诉他，英格兰应该进行武力干预，以确保欧洲大陆被压迫民族的自由；而科布登的良心告诉他的恰恰相反。他们俩都是最为真诚并具有高度道德感的人。既然他们有共同的标准，两个接受了效用原则的人可以争论的只是实践方面的差异；但两人都遵循"上帝的律法"，并发现他们的差异只能让他们互相指责对方邪恶而且大打出手。因此，马志尼的道德准则听起来比边沁的幸福原则高尚得多，但在实际事务中，它面对强权统治时没有什么优势。那些相信自己是神启的接受者的人往往会惹出麻烦，马志尼的学说只能在无休止的战争或暴政中终结。

从他对边沁的反对的性质来看，他对社会主义的反对是可以预料的。他讨厌马克思的唯物主义，相信布道的职责责任而非相信阶级战争。起初他与共产国际上有一些往来，但直到他确信自己无法将其从社会主义转变为一种捍卫被压迫民族的力量时，便不再来往。他认为，阐释历史的基础在于宗教，而不在于经济学。到目前为止，他还没有将人视为环境的产物；相反，他认为社会和工业环境是"人类在一定时期内的道德和智力状况的体现，而最重要的是它的信仰"。尽管他赞成许多半社会主义性质的立法，但他的哲学观点与马克思截然对立。在所有事情上，他都强调意志；他反对黑格尔的宿命论，并因此反对马克思的宿命论，它还有唯物主义的缺点。

在漫长的动荡不安中，马志尼只在 1849 年成立的罗马共和国中短暂拥有过不稳定的权力，几个月后就被路易·拿破仑扑灭，成就其赢得世人敬仰的第一步。后来，在加富尔①的高明政策的指导下，对意大利统一的追求才更加成功，新征服的领土被纳入了萨伏依王朝的版图。马志尼终其一生都是位共和主义者，意大利王国的创立并没有令他感到满意。但正是他的宣传激起了人民的热情，这种热情由加里波第引导，并被加富尔利用。意大利能走到这一步，马志尼的学说功不可没。

(三) 德国的民族主义

在耶拿战役和1866年奥普战争之间的60年里，德国的自由主义在某种程度上是三种不同元素的混合物。西方有一种亲法的因子，喜欢革命政府实行的改革，将德国视为落后的国家，把民主共和视为目标，坚信革命是不可或缺的方法。而在商人和实业家以及普鲁士官员中，有一种受到英国自由放任思想影响的运动，这种运动在早期称为斯密主义，后来叫作曼彻斯特主义。当科布登的名声达到巅峰时，这一运动在60年代初最为强劲。德国自由主义的第三个要素是对民族统一的渴望，这种纯粹的爱国主义情怀迫使人们采取自由主义的形式，因为以这样的事实看来，统一似乎只有在反抗小国君主和奥地利的情况下才能达成。德国统一运动是反法的，因此很难与亲法的自由主义合作，当俾斯麦发现保守派实现统一的方式而德国的爱国主义不再是自由主义时，该运动也寿终正寝。70年代，工业界转而反对自由贸易，科布登的自由主义在德国也不再产生影响。哲学激进主义幸存

---

① 意大利政治家，意大利统一运动的领导人，也是后来成立的意大利王国第一任首相，与加里波第、马志尼并称意大利统一运动三杰。——译注

下来的东西只有通过马克思在社会主义民主之中得到体现。

　　法国和英国的自由主义形式未能给德国留下任何深刻或持久的印象，而民族主义形式却逐渐征服了整个国家，除了社会主义者。对民族主义形式的初次文学表达是在费希特的《对德意志民族的演讲》中，1807 至 1808 年冬，他在柏林做了演讲。耶拿战役和《蒂尔西特和约》使普鲁士蒙羞，而拿破仑赢得了亚历山大大帝的友谊，似乎变得难以撼动。费希特是一位热忱而超凡脱俗的哲学家，作为康德的继承人，是公认的先验的形而上学领袖。他因为以宇宙的道德秩序来识别上帝而被指控为无神论者，被迫辞去耶拿的教授之职。但普鲁士政府向他示好，于是他去了柏林，并最终（在 1811 年）成为大学校长。他的哲学，即所谓的"唯心主义"，强调了自我的重要性，其行事有时与其信念一致，所以歌德和席勒都不喜欢他，给他起了个绰号叫"绝对自我"。他的信仰与个性相结合激发出了使他成为德国民族主义奠基人的学说。

　　费希特在演讲开始时说，他此时是在对整个德意志民族说话，"要完全撇开并拒绝几个世纪以来在这个国家发生的不幸事件造成的所有分裂的区别"。从国外的消息来看，德国受到了自我追求的感染；它必须在更崇高的道德层面上进行重建，为达此目的，首先必须做的是建立一个新的教育体系。"通过新的教育手段，我们想将德国人塑造进一个法人团体，使其所有成员都受到同样利益的激励。"他说"意志就是人的根本"，又接着说："新的教育必须在本质上是这样的，它要彻底摧毁它所耕种的土地上的意志自由，在意志所做的决定中制造恰恰相反的严格的必要性，不这样做就不可能存在。这样的意志从今以后是可以信赖的、有把握的。"我们必须让学生对他们的物质福利漠不关心，并且"塑造有内在的基本美德的人民，因为只有通过这样的人，德意志民族才能继续生存"。显然，这是辨别善恶的唯一依据。

在教育过程中，不能与校外的世界有任何接触，"从一开始，学生就应该不间断地、完全地受这种教育的影响，并应该与社会隔绝，避免任何接触。甚至不能听闻那些维持我们生存和福利的重要冲动和行动。"我想，这意味着男孩要吃东西，不是因为他们饿了，而是因为食物是他们为维系德意志民族出力所必需的。

德国的教育对全世界都很重要，而不仅是对其本国而言，因为"首先，所有德国人被要求作为先驱开创一个新时代，并成为其他人类的楷模"。这一点从语言角度得到了证明。费希特认为法国人、西班牙人、意大利人或多或少是日耳曼人后裔，而在德国的德国人也被承认有很多斯拉夫人的混血儿，因此这不是种族问题，而是语言问题。德国人，包括斯堪的纳维亚人，比那些说源自拉丁语系的语言的民族更纯正，由于那些移民讲中古拉丁语，这些人已经变得落魄和衰败。拉丁语和希腊语是纯正的语言，德语也是，但罗曼语不纯正。

由此可见，德国人比外国人更认真、更深刻；在德国受过教育者和未受过教育者之间的差异也要比拉丁语国家中的差异小，因为在后者那里，只有懂拉丁语的人才能理解常用词的原意。① 据此可知，"文化"这个概念是非德语的，而希望被认为有文化的德国人就要模仿外国的方式。但这种对外国方式的热爱已被证明是灾难性的："现在所有导致我们走向毁灭的罪恶都源自外国。当然，这种罪恶只有与德国

① 这很有道理。例如，比较"armistice"一词与"waffenstillstand"（两词的中文意思均为"停战"——译注）的区别，后者的字面意思是"武器仍在待命"。

人的认真和其对生活的影响相结合时，才会必然带来毁灭"。外国人或者在他们影响下的德国人所做的研究仅仅是历史方面的，而那些未受殃及的德国人的研究则是真正的哲学上的。外国的天才如同蜜蜂，他们采集蜂蜜，"以整洁迷人的方式储存于常规构造的巢穴中。但德国精神如同雄鹰，它凭借强健的身躯、健壮而历经磨练的翅膀在高空翱翔，飞上九霄，飞到近到可以愉快地凝望太阳的地方"。

费希特说德国像是母国，世界其他地方则像是不忠实的殖民地，[①] 其唯一的功能是向德国传播古代文化，而这些文化自身又过于肤浅难以理解。如果德国被外国人摧毁，"迄今我们民族发展的源源不断的血脉实际上就要终结了；野蛮必将重新开始，而且没有获救的希望，直到我们又像野兽一样生活在洞穴中，像它们一样互相吞噬。确实是这样，而且必然不可避免地这样，当然只有德国人才能看到这一点。"

随着讲座的进行，德国的卓越优势变得越来越明显。我们得知，"德意志民族是几个世纪以来，新欧洲国家中唯一一个在实践中以其市民阶层为榜样来表明它能够容忍共和宪法的民族"。"对死亡的信仰，相比一个以原始状态活着的人的信念，我们称之为外来灵性。一旦这种外来灵性出现在德国人中间……它会表现为一种忏悔……相信所有人都普遍且同样有罪。这种信念我在其他地方已经作了充分的描

---

① 这种观点，除了那些知道在德国如何教授历史的人之外，其他人几乎无法理解。这位德国先生从学习中得知，历史上有过一个腐败而衰弱的罗马帝国，但被它耗尽活力的许多国家是由一大批高贵的德国人的涌入振兴起来的，即意大利的东哥特人，西班牙的西哥特人，高卢的法兰克人。这些拉丁国家的皇室和贵族都是日耳曼后裔，人们认为他们在此后几百年里所具有的优势，是日耳曼的血脉所赋予的。

述——参见《至福生活指南》第二讲。"最后，德意志这个词似乎只是偶然出现的一个地理或种族术语，对日耳曼语的深刻性而言，它具有另外的和更深层的精神意义：

> 所以，最后让我们将我们所说的德国人一清二楚地呈现在你们面前，就像我们迄今所描述的那样。真正的标准是：你是否相信在人类自身、在自由、在无止境的进步、在种族的永恒进化中，有某些绝对基本和原始的特质？或者你不相信这一切，而是想象你清楚地感知和理解的与这一切相反的东西的发生？所有那些活着、能设计和制造新事物的人；所有那些如果这不能成为他们的使命，无论如何都绝对会抛弃毫无价值的东西，站在原地等待原始生命的溪流把他们带到某个地方的人；所有那些连这样的进步都没有达到，但至少有一点意志自由的迹象，不讨厌它，也不害怕它，反倒热爱它，也就是说他们都是具有本原精神的人，当所有这些人被视为一个民族时，他们就是一个本原的民族，一个单纯的民族，即德意志人。那些自甘成为次要的衍生之物的人，以及那些清楚地知道并理解自己就是这样的人，事实上也是这样的，并因为他们的这种信念而变得愈发如此；他们是生活的附属，而生活是随着他们眼前或者周围的东西激发出来的；是岩石上的回响，是现在已经归于沉寂的回声。他们被认为是一种人，在本原的人范畴之外，对本原的人而言他们是陌生人和外来者。

马志尼允许每个欧洲民族（除了爱尔兰人）都有自己合法的爱国主义，并允许为人类的共同进步作出自己的贡献。费希特说得更透彻："只有德意志人——本原的人在专横的组织中是不死的——才真正拥有这样的人民，并可以依靠这样的人，只有这样的人才能真诚而理性地爱自己的民族。"事实上，"具有这种品质和成为德意志人，无疑是一回事。"

从这些形而上的高度落到现实政治的世俗事务中，我们了解到，德国不应与外部世界开展贸易，而应该是一个封闭的商业国家——这是费希特在 1800 年写的一本书中的主题。德国永远不会想要海洋自由，因为"他自己土地的丰富物产，加上自身的勤奋，为他提供了文明生活方式的一切所需"。然而，我们绝不能因此认定德国将是一个和平主义国家：和平是那些热爱物质舒适的人的理想。国家具有"更高的目标，远不止通常所定的维护其内部和平、财产、人身自由以及维持所有人的生活和福祉。单单为了这个更高的目标，无需其他意图，国家就可以集合一支武装部队……什么样的精神有无可争议的权利去召唤和命令每个相关的人，不管他自己是否愿意；去强迫任何反抗者拿一切去冒险，包括其生命？这不是和平的公民出自对宪法和法律的热爱而具有的精神，而是更高层面的爱国主义燃起的吞噬一切的烈焰，给民族披上永生的外衣，高贵的人乐意牺牲自己，卑贱的人为其他人而活，也必须同样地牺牲自己。"

"卑贱的人只为其他人而存在"这一原则否定了人的权利与边沁主义的权利观，因为边沁认为所有人的幸福是同等重要的。费希特认为应该牺牲卑贱的人。那么谁来决定哪些是卑贱的人？显然是政府。因此，每一种暴政都是正当的，铲除政敌也可以以国家至上的名义进行。

《对德意志民族的演讲》成了德国爱国者的"圣经"，甚至直到1919 年，德意志共和国第一任总统、社会民主党人埃伯特在宣布他的政策后说："这样我们才能认识到，费希特赋予德意志民族的任务。"他不仅在德国受人敬仰，卡莱尔也颂扬过他，托马斯·希尔·格林在牛津教了整整一代人把他看作道德纯洁的完美化身。然而在现代世界，没有任何政府的残忍、不公或可憎是这位贤明的教授的学说所不能证明其正当性的。

一些君主，还有"暴政的基础和暴君的血腥工具，以及威廉·皮特"都试图摧毁法国大革命，反而引出了拿破仑。拿破仑试图消灭普鲁士，却成就了费希特，费希特又导致了俾斯麦的崛起。俾斯麦试图摧毁法国，于是复仇在所难免，而复仇使得希特勒横空出世。也许这种以刺刀为后盾的高尚道德并不是提升人类幸福的最佳途径。

如果说费希特开创的德国爱国主义比马志尼的更狂热和更霸道，那么原因是显而易见的。没有外国的帮助，意大利不可能实现统一，因此在宣传上必须吸引其他国家的自由主义者。相反，普鲁士还记得腓特烈大帝以武力抵抗世界的辉煌，却忘了英国作为盟友的作用，也忘了俄国的突然变卦最终使它得救。有人认为，一个团结的德国将强大到足以独立自主。对于外国人，民族主义的信念永远不会比外交和军事方面的考虑更能安抚他们。如果费希特为德国主张的比马志尼为意大利主张的多，那完全是因为德国可能是一个更强大的国家。

当德国 1813 年起来反抗法国时，部分是受到了费希特所鼓吹的爱国主义的激励，部分是由于对英国式议会宪法的向往。施泰因男爵代表普鲁士爱国主义与自由主义的结合，进行了重要的改革，包括废除农奴制；普鲁士国王和其他德国统治者中的大多数承诺在拿破仑被推翻后颁布宪法。然而，奥地利反对宪政，也反对德国统一的意愿，而这种意愿在普鲁士特别强烈。在梅特涅的影响下，所有的民族主义都不受欢迎，费希特的《对德意志民族的演讲》变成了非法的。

有一段时间，1848 年的革命带来了变化。最引人注目的是宪政自由主义者和拥护德国统一的爱国者。在法兰克福国民议会上，他们尽力为德国起草宪法，但未能解决奥地利的难题。奥地利本应是德国的，他们觉得应该被纳入新的日耳曼联邦。但奥匈帝国的大部分居民是马扎尔人或斯拉夫人，爱国的德国人不想将他们包括进来。法兰克福国民议会在击败一个共和党少数派之后，将统一后的德国王冠授予了普鲁士国王，但他拒绝了。之后奥地利的复兴不仅羞辱了普鲁士，还重新开始摧毁国家统一和民主政府的所有希望。

值得注意的是，有多少人是在奥地利的影响消除后成了普鲁士政府的大力支持者，并在 1848 年的运动失败后的数年内流亡海外。不仅像海涅、马克思和李卜克内西这些激进主义者被迫移居国外，还有特奥多尔·莫姆森和理查德·瓦格纳这样的人，以及后来成为俾斯麦的秘书及密友的洛萨·布赫、莫里茨·布什。只有通过俾斯麦，德国的爱国主义才变得可敬，变成了保守主义。结果，许多因为爱国而成为自由主义者的人，也因为同样的原因变成了保守派。

在俾斯麦时代，德国民族主义的神话被许多教授完善了，其中最重要的也许是历史学家特赖奇克。在《19 世纪德国史》中，他以最能激发民族自豪感的方式叙述历史事件，对准确性没有任何狭隘的偏见。他的观点是形成威廉二世时期德国人观念的一大重要因素，其中一些话就能说明这一点。

在 1813 年的文学作品中，他写道："在伟大的民族斗争中涌现出来的诗人们歌唱战争，这是唯一直接适合艺术表现的政治活动形式。

他们的爱国热情唤醒了人们永恒的特有的情感，即战斗中的喜悦和愤怒，对胜利的期待以及获胜之后的快乐。他们追求一个明确的结果，一个淳朴的百姓很容易理解的结局，就是把祖国从外国压迫者的枷锁中解放出来。"

他遗憾地认识到，40年代对铁路和工厂的狂热，以及偏爱科学而不喜欢希腊语和拉丁语的倾向，抓住了很多德国人的心，特别是那些曾经生活在英国或美国的德国人：

> 在新的政治经济的繁忙活动中，迅速出现了一群狂热追求实用性和普遍进步的人，这群人在早年平静的德国相当不为人知，慕尼黑的艺术家在参加蒙面游行时用漫画嘲笑这些人，还给他们起了外号叫"向前先生"。这些人都去过英国或美国；他们对每一家新的铁路公司或工厂企业（这些企业往往只是骗局）都感兴趣；除了可以计数、称重和测量的东西，他们什么都不看重。从这些圈子中最先传出的呼声得到了无知记者的热切回应，他们呼吁自然科学的训练必须成为一般文化的基础，而几千年来滋养着所有文明民族的语言和历史教育必须立刻从崇高的位置上退下来。

幸运的是，雅各布·格林①明确指出了这些科学观中的错误。"他表明，精神科学必须是一般文化的基础，因为只有它们才能理解整个人类的生活，包括想象的世界和心灵的世界。"R. 梅耶和亥姆霍兹这样的科学伟人也持同样观点："古老灿烂的德国唯心主义仍然活

---

① 德国著名语言学家。——译注

跃在自然科学新领域的所有先驱的智者中……而物质主义的愚蠢则被留给了那些承继他们的次要人物。"

特赖奇克追溯了保护主义和自由贸易之争的源头，从理论上讲，它是 1841 年李斯特在其《政治经济学的国民体系》一书中开创的：

> 苏格兰的感性主义哲学从未在我国广泛流行，并被康德有效地予以了驳斥。然而在经济学领域，随着感性主义起起落落的亚当·斯密的学说仍在德国盛行。李嘉图和塞伊[①]以僵化片面的角度重建了这一学说，巴斯夏[②]则通过热情激昂的文字使之普及。在当务之急是要推翻封建社会的秩序时，这一学说被证明是一种解放的力量。但现在在德国的大学里，它其实比那些不具效用的传统好不了多少。按照讲授旧的自然法则的教师采用的僵化方法，一种每个有效率的法学家早已放弃的方法，政治经济学家们习惯于从经济人的抽象概念中推导出他们的命题作为逻辑推论，所谓经济人就是在最便宜的市场买入，在价格最高的市场卖出。所有利益的和谐融洽，社会的公正与理性的秩序，都来自这些个体经济人之间相互冲突的利己主义斗争，都是社会力量自由地相互作用的结果。自私的动物冲动创造了奇迹，将人提升到超越野兽的地位。心思细腻的人能够意识到这一学说不是德国式的，但他们仍然愿意将这种神奇的力量归因于一种有见识的自私，这是因为他们没有意识到自私不可能是有见识的，不可能从它所处的低层次上获得对国家生活广阔前景的深远展望。这一理

---

① 19 世纪的法国经济学家。——译注
② 19 世纪法国的古典自由主义理论家、政治经济学家。——译注

论依赖于一种缺乏历史观的乐观主义，完全忽视了人类历史上的两大力量：愚蠢的力量和罪恶的力量。

这种批评是有道理的。边沁主义者鲜少注意到"愚蠢的力量和邪恶的力量"，这两股力量报复性地创造出了特赖奇克这样的人物，并导致民族主义运动在全世界开展。但他继续指出，"增进对自身利益的了解足以终止犯罪"是一个错误的想法，人们会怀疑是否还有其他力量可能产生这种效果。在政治上，还有其他不同于利己的强大力量，但总体而言比利己更糟糕：它们是嫉妒、好斗、残忍、爱掌控的力量，所有这些都可以称为"愚蠢和罪恶"。但事实上，"理想主义者"给它们安上了高尚的名字，例如爱国主义、民族精神、视物质金钱如粪土等。毫无疑问，有见识的利己主义犯下了很多罪行，例如利奥波德国王对刚果的统治；但其可能性取决于他们的受害者是否缺乏启蒙教育。无疑，有比利己主义更好的动机，但这些动机很少能得到足够广泛的传播，使其在政治上足够强大。

特赖奇克似乎认为，德国人除了考虑德国的利益之外，永远不应考虑任何事情，而其他国家的人如果追求国家目标，那他们就是邪恶的。他说法俄同盟是一个"不良的政治图谋"，斯拉夫的民族主义是"荒诞的梦想"。但他最痛恨的是理性功利主义的观点。他抱怨英国地主在自由贸易降低了他们的土地价值时，开始从事商业活动，而不是以绅士的方式忍受饥饿：

> 现在，土地财产不再产生足够的回报，土地所有者开始对铁路、银行和工业企业感兴趣。不久，阿盖尔公爵的一个儿子就可以经营利润丰厚的葡萄酒生意，而不受社会排斥。当德国的绅

士在贫穷中坚守骑士风范时，英国古老的荣誉观和等级偏见被金钱的力量削弱，一股商业风潮搅动了整个国家的生活。决斗，作为对抗社会退化的不可或缺的终极资源，被废弃了，很快就会完全不为人知。

他说，科布登

把国家视为由个人的自由意志建立的有保障的社会。他认为，它的唯一职能就是保护企业和劳动免受暴力干扰，并使被保护者为此所花的费用尽可能低。对他来说，经济利益构成了人类生活的全部内容，而商业旅行者的快速旅行和廉价的棉花生产就是文明社会的至高目标。当宣称斯蒂芬森和瓦特的历史意义远超恺撒和拿破仑时，他是非常认真的。

科布登并不是完全不对，他"比他的大多数同胞更了解外国；他赞赏普鲁士"。尽管如此，他对德国的影响还是遭到了公开谴责。

特赖奇克的反法更甚于反英。他把在德国读到的法国文学描述为"污秽和血腥的混合物"，说它具有一种明显的世俗智慧，源于将旧观念颠倒过来，并说"上帝是罪恶的，婚姻是不道德的，财产是偷盗而来的"。据说，一些法国作家甚至认为可能存在贞洁的妓女。

他对犹太人没什么好感。他讲述了1833年黑塞的选帝侯（因为与阿姆谢尔·罗斯柴尔德私交甚好），是如何在其他统治者之前给予犹太人平等权利的。

"这个实验的结果最令人不满。显然，高利贷和欺骗的罪行不仅是缺乏自由的后果，它还深深地根植于犹太人的民族劣根性之中，要铲除这一罪恶绝非易事。在黑塞，犹太人现在可以从事他们选择的任何职业，而他们也让大家看到他们是怎样残忍地盘剥可怜的乡下人的。结果，德国犹太人获得解放的起点，成了对犹太人强烈仇恨的焦点。"

从上面这段话，谁能想到，古老的普鲁士贵族——特赖奇克在全人类之中最仰慕的人，其每一分收入都是通过"对可怜的乡下人的残酷盘剥"而获得的，也只是因为成了法国人的手下败将才开始解放农奴？1807年至1808年的耶拿战役之后，逐步解放农奴的法令才颁布；1816年，滑铁卢战役之后，这项措施还仅限于那些在村里拥有耕牛和一定田地的农民，因而该法令一直持续到1850年。

在评判德国时，很难忽视的是，已经在科学领域处于世界领先地位、在艺术和工业技术上都高度现代化处的德国人，在政治发展上起步比法国晚，比英国晚得更多。腓特烈大帝比亨利八世拥有更多绝对权力，在他死的时候，农民的自由程度还比不上1349年黑死病之后的英国。19世纪逐步建立的议会机构，直到1914年才拥有与伊丽莎白时代的英国议会差不多的权力。普鲁士是德意志最重要的邦国，也最穷兵黩武，其东部省份中有西部乡绅中的封建贵族，这些人最初是作为当地斯拉夫人的外来征服者而来的。此外，在英国，西部乡绅是詹姆斯二世党羽，对政府没有什么影响，他们分为从事高端金融的一派和辉格党人大家族，都有自由主义的影响。但在普鲁士，乡绅出身的俾斯麦及其周围的人都是王权的主要支持者。

相比英国，德国的自由主义思想较弱还有另一个原因：商业相对不重要。汉萨同盟①诸城镇以商业为生，在整个 19 世纪都保留着科布登主义的风貌。1871 年，汉堡和不来梅由于坚持自由贸易而一直游离于德意志关税同盟之外。自由主义本质上是商业的产物，它存在于古希腊和中世纪意大利的商业城市，也存在于荷兰和英国这样的商业国家。正如我们所见，费希特希望德国没有对外贸易，他的现代追随者只要时代允许，仍坚持这样的观点。在我们看来，德国观念上的迟滞似乎与商业上的落后有关。

有德国民族主义特征的学说都可以在卡莱尔那里找到：相信意志比知识重要，相信信念比理性重要，相信责任比幸福重要；崇拜国家，欣赏强大的专制统治，重视种族和英雄人物；厌恶被伪装成对工业无产阶级的怜悯的工业主义。这些内容中的大部分也可以在本杰明·迪斯雷利那里找到。在亚洲和非洲实行的英帝国主义中，德国民族主义中所有令人反感的冲动似乎都已找到发泄渠道。帝国一直是英国道德沦丧的纳污之地，德国没有这样的出口，不得不忍受国内的专制。"我想到英国殖民地印度效力，"俾斯麦年轻时说，"然后我想，到底印度人对我造成过什么伤害？"自以为是的英国人会用心想想这种反思。

---

① 德意志北部城市之间形成的商业、政治联盟。——译注

第二十九章　俾斯麦和德国的统一

自由主义与民族原则在 1848 年双双遭到挫败，但很快就重新振作了。在意大利，1859 年和 1860 年它们联手在几乎整个国家的统一中取得了惊人的胜利，同时在维克托·艾曼努尔①的宪政统治下建立了议会政府。（取得同样的胜利威尼斯是在 1866 年，罗马是在 1870 年。）

可以预期，类似的自由民族主义将在德国得到发展，1848 年之后反动势力的胜利似乎不可能在那里永久存在。但是，德国发生的事并非按照预想的模式进行。正统原则，作为维也纳会议遗留下来的一个障碍，被普鲁士的保守派政府所抛弃；政府对德国的民族主义感到满意，只对自由主义作了一些让步。民族主义与自由主义分离，保守主义与正统原则分离，是一大重要成就，它深刻地影响了欧洲的发展。这主要归结为俾斯麦的个人影响，他也因此必须被视为 19 世纪最具影响力的人物之一。

---

① 意大利统一后的第一个国王。——译注

俾斯麦是个乡绅，一生都带有乡下人的做派。他的祖先是勃兰登堡的贵族地主，在那里生活了 500 年甚至更久——他在某个场合说比霍亨索伦王室①时间还长。他们一直高傲倔强。他的祖父是卢梭的信徒，曾使腓特烈大帝十分不满。他的父亲脾气较好，缺乏野心，青年时期只是军队里的一名军官；但早早退居自己的庄园，没有参加 1806 年或 1813 年的战役。他祖上好几代人都是精力充沛、身强力壮，饮食无度，平时耕耕田、打打猎，生儿育女，然后长大、变老、死去，像四季更替一样保持着不变的节奏。顺从的农奴几百年来的稳定存在，形成了俾斯麦的思想和感情的潜在基础，保守主义占据了他的内心，没什么可以动摇。他说："我爱大树，他们是我们的祖先。"当一个客人正要戴上礼帽开车穿过森林时，他惊呼："放过我的树吧，别毁了我的林子！"一想到自己将来要被埋在地底下的棺材里他就不高兴，他指着两棵高大的松树说："在那两棵树之间，在森林的自由空气中，才是我想要的安息之地，那里可以享受到阳光和清风。"

　　他的才智和不安分来自他的母亲而不是父亲。他母亲的娘家麦肯斯家族并非贵族，都是些教授和公务员。她父亲曾是腓特烈大帝的大臣，被皇帝的继承人当作雅各宾党人解雇，后来又被腓特烈·威廉三世召回，成为施泰因的盟友。她本人也是知识分子，雄心勃勃，是都市中的时尚人士。她对丈夫并不满意，因为他对成功漠不关心。他们一家冬天生活在柏林，到了夏天，他宁愿住到自己的庄园，她会生些小病，并坚持要住在一个时尚的滨水地带，这个习惯剥夺了儿子们在乡下消夏的机会。她的不满、聪明、世俗让每个人都不舒服，同时她

---

　　① 普鲁士王室。——译注

自己也无法忍受 5 个世纪以来让俾斯麦家族感到满意的生活方式。

小奥托出生于 1815 年，他热爱自己的父亲和家乡，讨厌柏林和他的母亲。童年时，他在他父亲位于波美拉尼亚克的尼普霍夫庄园过得很幸福，与牧童和猎场看守交朋友，与马和狗一起玩耍。当父亲带他到村里时，会解释说这一切都是属于他们的。然而，到了该上学的时候，他那新潮的母亲选择了一个教育机构，该学校自称是按照佩斯特拉齐的理论来实施教学的。在那里，他受够了糟糕的食物和严苛的纪律，对此他多年后还在抱怨，说他以前在早晨总是被噪音吵醒。青春期的他，被学校在报告中指责"自命不凡的傲慢"，"没有想到要给予老师适当的尊重"。然而尊重从来不是俾斯麦的强项。

17 岁的俾斯麦充满了拜伦式的浪漫，相信自己是一名共和主义者和无神论者，他成了哥廷根大学的学生，在那里，只要别人接受他的挑战，他就极端乐意去决斗，并以这样的状态和胜利很快赢得了同学的好感。他与历史学家莫特利交上了朋友，当时莫特利也是哥廷根大学的学生，他说他俩单独在一起时谁都不讲道理。剩下的时间，他大都花在了喝酒和打架上。"一个天生的英雄正在这里成长。"当时莫特利评论道。不出所料，俾斯麦欠了债，他写信给自己的兄弟说，"我和老头子（他父亲）之间闹得很不愉快，他拒绝帮我还债……不过这不打紧，因为我有足够的信用，所以我可以彻底地放荡不羁。结果，我看起来脸色苍白，像是生病了。当我圣诞节回家时，老头子自然认为我缺乏食物给养。然后我会强硬地说，我宁愿成为伊斯兰教教徒，也不愿意继续挨饿，最后就可以遂我所愿了"。他告诉兄弟："在尼普霍夫的院子里更容易学到外交上的狡诈和欺骗而不是恃强凌弱。"

21 岁时，他获得了亚琛的外交工作职位，但这在他看来似乎并不值得去做。于是他去欧洲旅行，追求一个他想娶的英国女孩。自然，回国时必须提交辞呈。后来他又得到了一次机会，但仍不能安心于按部就班的官员生活。因为财务原因——包括债务——家人决定他应该待在尼普霍夫并管理庄园。俾斯麦内心对此并不反对，在给表兄弟的信中解释了其中原因：

> 我对事务性工作和公务完全提不起兴致来；我也不认为自己成为官员甚至大臣是幸事；在我看来，种玉米与写文件一样值得尊敬，在某些情况下前者或许更为有用；我更倾向于指挥而不是服从。这些都是事实，我没有理由委屈自己的喜好……普鲁士官员就像管弦乐队中的演奏者。不管他是第一小提琴手或是三人组合……都必须按照合拍的要求来弹奏乐器……但对我而言，我想按照我自己的想法来——否则不如不演奏。

> 对一些著名政治家而言，尤其是在拥有绝对宪法权力的国家的那些人物，爱国主义一直是驱使他们为公众服务的动机。更多时候，野心往往是主要动力，想发号施令，想受人仰慕，想扬名立万。我必须承认，我自己也没有摆脱这种激情。许多杰出人物，比如战时的军人或者按照自由宪法行事的政治家，还有皮尔、奥康奈尔①、米拉波等人——那些在如火如荼的政治运动中发挥作用的人——会对我产生了吸引力，让我抛开所有的考虑，如火焰吸引飞蛾一样吸引着我。

> 通过考核、影响、钻研文件、年资以及上司青睐，沿着前

---

① 爱尔兰人，19世纪前期爱尔兰民族主义运动的主要代表，英国下院天主教解放运动的领袖。——译注

人走过的路迈向成功，对我没有什么吸引力。不过有些时候，对于错失做公务员可以带给我虚荣心的一切满足，我不能说没有遗憾。官方认可我的价值并迅速提拔我让我产生的满足感……被认为是一个有能力和有用的人带给我的愉悦；萦绕在我和我家人周围的诱惑力——在我喝下一瓶酒时，所有这些想法都让我目眩。我需要仔细而冷静的思考，才能使我自己相信这些不过是愚蠢的虚荣心编织的蜘蛛网，与花花公子对自己衣服的裁剪感到骄傲，与银行家对自己拥有的金钱感到喜悦，其实是一样的。对我们来说，从别人的想法中寻求自己的幸福是不明智的和无用的。一个理智的人必须按照他自己认为正确和真实的东西生活，不能为了他人的印象或别人在他生前和死后会说什么而活。

总而言之，我并非没有野心，尽管我认为野心与其他的激情一样糟糕，甚至更愚蠢。这样说是因为，如果我受野心的支配，那么这种野心会要求我牺牲所有的精力和独立性，而即使在最幸运的时候，也不能保证给予我任何永久的满足……即使我非常成功，在我40岁左右被提拔为首相之前，我的收入也不足以满足我的需要，让我在城里安家。到那时，我应该已经变成一个枯燥无趣的人，应该已经得了忧郁症，久坐不动的生活也应该已经损害了我的健康，此时我只需要一个可以作为看护的妻子。

这些适度的好处，听到自己被称为"首相先生"时的心花怒放，意识到我花国家的钱那么多对国家的贡献却甚少，意识到工作中偶尔对别人的阻碍和伤害——并不能诱惑我。因此，我决心保持我的独立性，只要仍有成千上万的人（其中有些人非常优秀）认为这些奖赏似乎可遇不可求，就不去牺牲我宝贵的精力，让他们欢天喜地地填补我留给他们的空缺吧。

1839 年到 1847 年，俾斯麦过着年轻乡绅的生活。他打猎，喝酒（通常是香槟和波特酒的混合酒）。他还有无数的风流韵事，以鲁莽闻名，所以母亲们都让自己的女儿远离他。但他从理论和实践上对农业进行了认真研究，广泛阅读了诗歌、历史书，法语、英语、德语都有。27 岁那年，他去英国旅行并喜欢上了英国，因为那里的人都很有礼貌，因为贵族们骑马从上议院回来，因为轻骑兵的军马居然有 1 蒲式耳燕麦和 12 磅干草的口粮，因为餐馆允许他切开大块肉，并且想吃多少就吃多少。

当他旅行归来时，乡村生活似乎不再令其满足。

> 早上我心情不好；晚餐后我才感觉到一切亲切起来。我与狗、马和一些乡绅为伴。在乡绅中我有一定的威望，因为我可以轻松地阅读，总穿戴得人模人样，能像屠夫一样准确地切肉，驾轻就熟地骑马，抽味道很冲的雪茄，能将我的客人都喝到桌肚底下——不幸的是，我再也喝不醉了，虽然我的记忆告诉我那是一种极其快乐的状态。因此，我就像时钟一样没有任何特别的希望或恐惧，过着一种非常和谐但极其乏味的生活。

在这种心态下，他遇到了一位年轻迷人的虔敬派教徒，玛丽·冯·塞登女士，已与他的朋友莫里茨·冯·布兰肯伯格订婚。她开始设法让俾斯麦皈依宗教：她和布兰肯伯格告诉他，有个身患肺病且生命垂危的女孩爱着他，如果知道他皈依了宗教，就会幸福地死去。她临终前，他们告诉俾斯麦，她"内心得到了保证，你的灵魂不会迷失……哦，如果你知道这位女孩是如何为你祈祷的就好了！"。他感动地泪流满面，但还是没有皈依。然而在玛丽和布兰肯伯格婚后，他在他们家见到了玛丽的朋友乔安娜·冯·普特卡默，她对他的拯救获得了更大的成功：他看到了光明，并娶了她。他是个模范丈夫，深情、温柔、老练，几乎像女性那样关注细节，对孩子充满热情，即使他们生了一点点小病他也会深感不安。

他的皈依也许并没有未婚妻猜测的如此彻底。俾斯麦写信给他的兄弟说：

> 在信仰问题上，我们有些不同，这点对她造成的痛苦要多于我。不过，差异并不像你想象的那么大，因为里里外外许多事已经让我变成了现在的我，所以现在（你知道，这对我而言是一桩新事物）我觉得有理由将自己归入信奉基督教的人之中。虽然就有些教义而言，也许基督徒们通常认为是最重要的，而我对自己的观点很清楚，绝不会完全赞同基督教的观点。只是心照不宣而已，仿佛自己和乔安娜之间签订了一份《帕绍条约》①。另外，我喜欢女性的虔诚态度，讨厌女性中那些炫耀启蒙的人。

他一向迷信，但并不信教。当宗教能提供政治便利时，他几乎不自觉地加以利用。有一次他说："如果我们取消国家的宗教基础，那么国家只不过是一种偶然的权利集合，一种抵御全民对全民的战争的堡垒……我不清楚，在这样一个国家，共产党人关于财产之不道德的理想是如何受到争议的。"这种争论让他觉得宗教是有用的。但他个人的宗教信仰，如果说他有的话，是一种与大树和国家有关的模糊的

---

① 查理五世委派的代表与莫里斯等人签订的条约，它确立了新教的地位。——译注

泛神论。

1847年，俾斯麦订婚并结婚。此时，无论是因公还是因私，他找回了雄心壮志。他成了州议员，并在整个革命时期坚持着一种特殊主义者和普鲁士容克应有的极端保守的观点，甚至他否认1813年爱国的普鲁士人有任何将德国作为一个整体的想法。

从1851年到1862年，他得到了许多官场经验；1851年到1858年，他是普鲁士在法兰克福联邦议会的特使；1859年到1862年，他是驻圣彼得堡大使；1862年，他做了几个月驻巴黎大使，然后在同年成为普鲁士首相。从那天起到1890年，普鲁士的政策皆出自俾斯麦之口。

1862年的局势是国王和议会之间的激烈冲突。根据1851年的宪法（一直维持到一战），普鲁士议会的权力平衡掌控在中间阶层手中。选民分为三部分，富人、中间阶层和穷人，每部分的人对财政收入的贡献相等。每部分各自选出同等数量的选举人，而选举人一起选出议会。因此，中间阶层可以联合穷人压倒富人，又可以联合富人压倒穷人。60年代初，中间阶层受亲英的自由主义影响，而拉萨尔或马克思都还没有煽动工人阶级加入社会主义阵营。在这种情况下，自由党在议会中占压倒性多数。它掌控着钱袋，但政府各部只对国王负责。自由党领袖们在研究过英国宪法史之后，相信通过财权可以获得对行政部门的控制权。俾斯麦的任务就是要击败他们的这一企图。

这种冲突是由军队引起的。应该承认，军队是国王的事，但投票拨款给军队就是议会的事了。威廉国王想要一支规模更大的军队；议会只同意部分扩军，而不是全部，作为回报自由派希望所有税收通过年度预算来投票，他们希望通过这种方式，迫使国王选择一个得到议会大多数支持的部门。在解散过一次之后，自由党比以往任何时候都更强大，国王害怕了，非常倾向于屈服。如果他屈服了，普鲁士将成为议会民主制国家，世界历史也将与过去大不相同。但保守党说服国王在让步前再尝试一个权宜之计：也许俾斯麦能找到击败自由党的办法，他这个大胆而坚决的反动派，曾在1848年建议采取严厉措施。他从阿维尼翁被召回，与国王威廉进行了一次重要会晤。当他建议抵制议会时，威廉表示担心自己会像查理一世一样被砍头。俾斯麦回答说，他本人不怕落得斯特拉福德①那样的命运，并希望国王拿出普鲁士人的勇气。国王被说服了一半，给了俾斯麦一个试探性的许可，看看他能做些什么。事实证明，议会的自由党中没有克伦威尔那样的人，国王的担心是毫无根据的。

俾斯麦一开始就告诉议会，他将通过法令延长以前税收的收缴期限，相信未来会有一个补偿法案。他在议会的第一次演讲中就带上了在阿维尼翁便准备好的橄榄枝，但发现拿给反对派的时机尚未成熟。于是他说：

> 德国应该关注的不是普鲁士的自由主义，而是它自身的力量……普鲁士必须为未来的有利时机储备力量，这样的时机已经错过不止一次。今日之重大问题不是由多数派的发言和决议决定的（那是1848年、1849年的失策），而是由武器与鲜血决定的。

这是一种议会不习惯的语言。"多数派的发言和决议"还是做出了回应，但普鲁士人继续缴纳非法征收的税款，国王引入了军队改

---

① 英国国王查理一世的亲信，曾建议将爱尔兰军队调到英国来镇压革命，这是其重要罪证之一，以致他后来被判死刑。——译注

革，议会也被证明无能为力。与此同时，俾斯麦决定找点别的事情让这个国家转移注意力。

　　极为巧合的是，石勒苏益格和荷尔斯泰因的问题就在这个时候冒了出来。这两个公国自 1460 年起一直属于丹麦国王，但并不是丹麦王国的一部分，它们受不同的继承法管辖。荷尔斯泰因曾经是神圣罗马帝国的一部分，在感情上属于德国；而石勒苏益格，至少其北部地区，在感情上倾向于丹麦。由于继承法的不同，这两个公国的合法继承人不是丹麦国王，而是丹麦奥古斯丁堡公爵。公爵的父亲早已因为钱而放弃了这一权利，但他们也许会重新要回这个权利。复杂的情况层出不穷：帕默斯顿说，只有三个人了解过这一问题——维多利亚女王的丈夫阿尔伯特亲王，但他死了；一位德国教授，现在在疯人院；还有他自己——但他已经忘记了。尽管纷乱不清，但有一点是很清楚的，那就是普鲁士对石勒苏益格和荷尔斯泰因没有权利。不过俾斯麦认为普鲁士应该拥有它们，通过两场战争，普鲁士得手了。1863 年，当俾斯麦第一次提出吞并时，国王说，"对这两个公国我没有权利。"俾斯麦回答："大选帝侯①有权，腓特烈国王对普鲁士和西里西亚没有更多的权利吗？所有霍亨索伦王室的成员都是扩张者。"国王像往常一样对俾斯麦感到震惊；但这位首相最终如愿了。

　　第一步是与奥地利结盟，表面上，奥地利和普鲁士这两个大国是为了奥古斯丁堡公爵的利益，同意共同解决这个问题。后来，1864年，与丹麦的短暂战争使它们拿下了公国，奥地利暂时占领荷尔斯泰因，普鲁士暂时占领石勒苏益格，双方现在都确认奥古斯丁堡公爵的

---

　　① 即腓特烈·威廉。——译注

主张无效。其他列强，尤其是英国，愤怒却无能为力。

下一步是对付奥地利，此时俾斯麦不得不克服泛德意志的情感，这种情感将与奥地利的战争视为"自相残杀"。那些寻求德国统一的人分为两派，一派希望建立包括奥地利在内的"大德意志"，一派想建立一个把奥地利排除在外的"小德意志"。但是，把奥地利包括进来的德国统一是一项不切实际的政策，因为它属于非德国的哈布斯堡王朝。自 1815 年以来，奥地利一直是统一的主要障碍，所以把奥地利逐出德意志邦联①是一个必要的初步措施。俾斯麦看到了这一点，但许多德国爱国者没有看到。因此，在 1866 年与奥地利开战时，他必须确认一切可以得到的支持。

1866 年 4 月 8 日，俾斯麦与意大利缔结同盟，意大利承诺，如果普鲁士与奥地利开战，在未来三个月内的任何时候，意大利也将对奥地利宣战；他们将共同缔造和平，届时威尼斯归意大利，普鲁士将从奥地利得到同等利益。第二天，俾斯麦在邦联议会上提出一项决议，据此，由全德国（含蓄地将奥地利排除在外）成年男子选举产生的议会将与各邦国君主磋商制定德意志宪法。奥地利当然拒绝了这项提案，其目的只是要在民主基础上调和统一的观点。普鲁士军队奉命进入荷尔斯泰因，奥地利人不战而退。由于这一步骤并没有挑起战争，俾斯麦又向邦联议会提交一份新的提案，**明确地**将奥地利排除在外。奥地利宣布普鲁士违反了邦联宪法，并要求动员德意志邦联的所有成员反对普鲁士。普鲁士以最后通牒回应，战争爆发。

像往常一样，国王必须出面处置。为了他的利益，俾斯麦始终保

---

① 1815 年德意志各邦组成的联盟，组织松散，各邦保持完全的主权。——译注

持一种他认为行之有效的虔诚的语言风格。在危机中，他写道：

> 陛下放心，我甚至可以拿我的信仰保证，在战争与和平的问题上试图以任何强求的方式影响您崇高和有着无上权力的决定，是违背我的想法的。我愿意把它交给万能的上帝，让它为了祖国的福祉指引陛下的心，我更倾向于祈祷而不是劝告。但我无法掩藏我的信念，如果我们现在维持和平，那么战争的危险会再次出现，也许再过几个月，我们将处于不太有利的境地。只有当双方都想要和平时，和平才能持久……作为陛下最忠实的仆人，16年来我一直非常熟悉奥地利的政策，毫不怀疑在维也纳对普鲁士的敌意已成为主流，甚至可以说已经成为国家政策的唯一动机。一旦维也纳内阁发现情况比目前有利，这一动机就会积极发挥作用。奥地利的第一个努力将是在意大利和法国复制这些情势，这将使它们变得更加有利。

皇太子妃（后来的腓特烈皇后）写信给她的母亲维多利亚女王，称俾斯麦为"恶人"，并表达了德国自由党的普遍情绪。但是俾斯麦明白胜利会让他得到宽恕，他的幕僚长莫尔特克向他保证胜利是肯定的。此外，当他翻阅《圣经》寻找神谕时——所以他写信给自己的妻子——他看到了一段经文："当我的敌人退后时，必将在你面前仆倒灭亡。因你已为我伸冤，为我辩屈。你坐在宝座上，按公义审判。"然而，即使是这样也令人怀疑："我们有充分的信心，"他写道，"但我们不要忘记，全能的上帝是非常反复无常的。"

战争是短暂的，普鲁士取得了完胜。俾斯麦知道日后他需要一个友善的奥地利，所以他在自己目标实现的第一时间就坚持和平。国王和将军们希望凯旋地开进维也纳，但俾斯麦流着泪恳求，最终得偿所愿。意大利得到了威尼斯，普鲁士获得了石勒苏益格-荷尔斯泰因、汉诺威、拿骚、法兰克福、黑塞-卡塞尔、黑塞-达姆施塔特北部。奥地利主导的旧德意志邦联解散了，取而代之的是一个北德意志邦联，其议会由成年男子选举产生，普鲁士国王将担任主席。从这一点到德国统一的完成只有一步之差。在财政上，除了汉萨同盟诸城，德国已经通过关税同盟实现了统一，但是战后在关税同盟（德国南部大多站在奥地利一边）的革新问题上，需要一项新的条约，而只有结成军事同盟并且普鲁士在其中占优势的情况下，俾斯麦才会同意新条约。尽管有些勉强，德国南部还是接受了他的条件，关税同盟更名为"海关议会"，后者将代表整个国家。

1866 年战争期间，普鲁士选出了一个新议会。此时恰逢普鲁士获胜，俾斯麦成了民族英雄。现在该是他伸出从阿维尼翁带来的橄榄枝的时候了：新议会赔偿了政府自 1862 年以来不按宪法征税的损失，还轻而易举地创建了军队，带来了诱人的胜利。自由党分裂成了两个派别，其中较大的一派自称"国家自由党"，成为俾斯麦最忠诚的支持者。奇怪的是，在与保守党的关系上他遇到了更大的困难，因为保守党对他与意大利人联手攻打奥地利的德国人感到愤怒。他与保守党的外交分歧始于克里米亚战争期间，当时他更看重与俄国的友谊，而不是与奥地利的。从他 1851 年去法兰克福起，他就觉得普鲁士必须拥有自己的主张，以抵制奥地利的传统傲慢。在法兰克福的代表会议上，一向只有奥地利人吸烟，但俾斯麦大胆地点燃了雪茄。当奥地利特使穿着短袖接待他时，俾斯麦说："是的，天气好热。"随即脱下了自己的外套。这些行为是一种先兆。

俾斯麦并不尊重正统原则。他只是站在维护普鲁士利益的立场上，非常愿意与拿破仑三世交好，虽然保守党称此人为"罪人"，但只要这个人能帮助普鲁士变得强大就行。1857 年，在写给他的保守党老友、前赞助人友格拉赫的信中，他说：

> 在当今政治世界，还有多少人的根没有深植于革命土壤里？西班牙、葡萄牙、巴西、所有的美洲共和国、比利时、荷兰、瑞士、希腊、瑞典，还有英格兰，后者现在甚至有意识地扎根于 1688 年的光荣革命中。即使是这片领土——即今天的德意志各邦国君主从皇帝和帝国那里获得了一部分，从贵族那里获得了一部分，还有属于他们自己国家的一部分——也无法出示占领它的完全合法的证明，而在我们自己的政治生活中，我们也将不可避免地借助革命的支持。

早在 1848 年，俾斯麦就曾惊呼："我是见了鬼了才会去关心这些小国？我唯一关心的是保卫和加强普鲁士的力量。"事实上，这是他整个职业生涯的观点，唯有找到一种可以把德国统一与普鲁士权力的增长结合起来的办法时，他才支持德国统一。与正统原则的拥护者不同，俾斯麦没有什么国际性原则。法国人如何选择统治方式不是他所关心的；是波旁王朝、波拿巴，还是共和国，他们的统治是好是坏，人民到底幸不幸福，在他看来，都不是一个普鲁士爱国者所关切的，除非为了使坏而干预法国的权力。在这一点上，他不同于保守党和自由党，但他教世界采纳他的原则。遵照他的准则，沙皇在后来的日子里不怕与无神论的法兰西共和政府结盟。

在德国实现统一之前，还有一项任务要完成，那就是在一场对法国的战争中把南北联合起来，这场战争必须看起来像是法国的嚣张气焰强加给德国的。俾斯麦确信，没有别的东西能产生一种普鲁士霸权联盟所必需的感觉。为了与法国开战，地面上必须做一些精心准备。军事准备可以放心地交付给毛奇①；虽然他们俩经常争吵，但俾斯麦关注的是他的外交政策所导致的战争必须是毛奇有信心获胜的战争。在与德意志南部各国的军事联盟的帮助下，在经历了两次战争之后，如果允许毛奇做两三年的准备，他承诺可以取胜。其他的问题是外交上的，必须确保其他大国的中立。俄国得到了支持其修订1856年关闭海峡的条约的承诺。英国可能会同情它在克里米亚战争中的盟友，但拿破仑中了俾斯麦的诡计，以书面形式表达了想要吞并比利时的愿望，这份文件在关键时刻发表，有效地阻止了英国对法国的援助。奥地利和意大利一直到最后都拿不定主意，等到拿破仑军事上遭遇厄运时才投身德国的事业。如果法国皇帝同意维克托·艾曼努尔②占领罗马，意大利会站在法国一边；但他拒绝了，因为受了狂热信奉教皇至上主义的欧仁妮皇后③的影响。这样一来，它就被留给路德在色当的同胞去终结教皇暂时的统治。

　　俾斯麦以高超的技巧在最终导致了与法国决裂的阶段。他和拿破仑都是流氓，但一个聪明，一个愚蠢，聪明的流氓让另一个流氓的欺诈行为在全欧洲显露无遗，同时成功地掩盖了自己的无赖行径。在最后一刻，他几乎被威廉国王朴素的诚实打败了，但他通过对特快专递

---

① 德国军事家，策划和指挥丹麦战争和普奥战争。——译注
② 撒丁国王，1861年意大利王国宣告成立后，成为统一后的首位意大利国王。——译注
③ 拿破仑三世的妻子。——译注

电报的"编辑",在一切准备就绪之时成功地发动了他所期望的战争。

众所周知,这场战争使德国吞并了阿尔萨斯-洛林地区,形成了德意志帝国;而法国付出了巨额赔款,建立了第三共和国,还有巴黎公社——以不可思议的野蛮方式被自由、平等、博爱的新政府消灭。

德意志帝国包括除德意志奥地利共和国之外的整个德国,它的联邦宪法与1867年建立的北德意志邦联的宪法非常相似。普鲁士国王是德意志皇帝,普鲁士首相是帝国首相,他和其他大臣只对皇帝负责,而不是对帝国国民议会负责。同时设立了联邦议会,由几个邦国任命的代表组成;帝国国民议会由成年男性公民直接选举产生。国民议会控制财政,法律需经其批准,但立法提议权属于联邦议会。俾斯麦担任首相直至1890年,在实际事务中宪法几乎不能限制其权力。中间阶层已被驯服,他再也没有遇到过像1862年那样的麻烦。法国阴沉的敌意正好合他的意,因为这为德国军国主义的存在提供了明显的理由。不过他没有机会发动进一步的战争,因为全世界已经得出结论,与俾斯麦开战不是一个好主意。

俾斯麦在1862年至1871年取得的成就也许算得上是政治家生涯中最非凡的才能。他不得不摆布国王,因为国王的妻子、儿子和儿媳都痛恨他。他不得不让这个国家转换观念,因为大家起初都讨厌他和他的政策。他不得不让民族主义走向保守而不是自由化,选择军国主义而不是人道主义,选择君主制而不是民主制。他不得不确保普鲁士人战胜丹麦人、奥地利人和法国人,尽管其他列强都不希望这样。他不能让国王明白他的政策,因为这不是一个诚实的老兵会赞同的。他不能让全世界理解他的策略,因为一旦这样,他就会被打败。他时时刻刻都可能遭受巨大灾难。对他而言幸运的是,没有哪个国家的政治家能像他那样理解外交游戏，就连随后上台的迪斯雷利也被他玩弄于股掌。在关键的几年里，奥地利、法国、英国和俄国都跟着他的曲调起舞。他到处激起强烈的怨恨，但是除了法国，这些怨恨后来都平息了。最后，德国已然如此强大，怨恨也是徒劳。

俾斯麦的所作所为打上他个性的烙印，一种像泰坦尼克号一样复杂而分裂的个格。在向妻子求爱时，参照一首以前向她引述过的诗写道："于我而言最惬意的是，希望在这样的夜里，共享欢乐，成为夜晚暴风雨的一部分；骑上脱缰的马，沿着山岩飞奔而下，冲入莱茵河的轰鸣之中。"他年轻时喜欢拜伦甚于其他所有诗人，尽管自称在婚后抛弃了拜伦，但在给妻子的信中显露出他性格的那一面依然存在。他告诉妻子："落在世间的东西如同坠落的天使；美丽，却缺乏平和；强加于世人的计划虽然伟大并尽了很大的努力，却从未成功；强加于世人的东西是高傲和忧郁的。"他是野蛮与温柔的混合体，对那些绝不违逆他意志的，包括妻子、孩子、马和狗，都很温柔；对所有反对他的人则很残酷。在与法国交战期间，他对法国表现出了令人难以置信的铁石心肠。"每个出现背叛行为的村庄都应被夷为平地，所有男性居民都应被绞死。"在科梅尔西，一个法国女人来为她被捕的丈夫求情。"大臣（俾斯麦）非常和蔼可亲地听她诉说，当她讲完后，他以尽可能亲切的口吻答道：'嗯，我好心的女士，你可以肯定的一点是你的丈夫（他用手指在脖子上画了一条线）现在会被绞死。'"[1] 当有传闻说加里波第和 13000 名志愿兵被囚禁时，他问："为什么他们还没有被枪毙？"在另一个场合，他说，如果抓住了加里波第，"我们将

---

① 布希：《俾斯麦》，第 305 页。

让他示众，在他脖子上挂个标牌，写上'忘恩负义'，然后收费。"他坚持不关押黑人俘虏，但对法国人的不幸无动于衷，并嘲笑他们。当儒勒·法夫尔①一脸病容时，他认为这是装出来博取同情的。但他对自己儿子的命运表现出了最严重的焦虑。在克尼格雷茨战役后，他骑马在遍地尸体之间穿行，说："当我想到赫伯特可能某一天也像这样躺着时，心里感到难受。"他的情感很原始，将人严格地分为朋友和他人；对他人他没有同情，无论他们身上发生了什么。

他以自己的情感创造了一个世界，在那里分为值得珍爱的德国和其他可以加以利用或征服的地区。他是一个严苛、焦躁和具有英雄气概的人，他试图以自己的意象重塑世界。不幸的是，他在很大程度上获得了成功。

---

① 法国外交部长，拿破仑三世的反对者，结束普法战争的《法兰克福条约》的谈判者。——译注

第三十章　德意志帝国的经济发展

从帝国成立到一战爆发的 43 年间，德国的工业发展异常迅速，并呈现出一些新的特征。在英国和美国，工业化是随意的，由个体企业造成的。英国直到 1846 年，美国直到 1861 年，政府都更倾向于农业而不是工业。自由放任原则导致在经济生活中缺乏中央指导，人们认为最赚钱的企业对社会最有益，而开明的自利是比政府的干预更好的指导。

1871 年的德国，已经放弃了自由主义哲学，这些格言不再激发出政府的政策。有人认为，经济活动应促进国家福祉，而在自然力量不能保证这种结果的情况下，政府应进行干预。如此造成的结果是，经济发展在很大程度上实施中央计划，这是一种国家主义的、熟练的、明智的计划，国家认为自己是所有被批准建立的企业的合作伙伴。

由此，各种旧动机被用于新用途。对国家的忠诚，与同胞的合作，实现民族强大的愿望，都被运用于经济生活中，因为科布登及其追随者都没有这样实践过，正如特赖奇克所指出的："这些人无视普遍历史中的两大力量，愚蠢的力量和邪恶的力量。"科布登认为民族主义是一种贵族恶习，制造业者应不受此影响。他认为，制造商应该对国家要求的很少，回报也很少。组合的优势也对他没有吸引力：曼彻斯特的棉纺厂并不想在南方各州拥有种植园，也不想拥有运输原料的船只。只有在工业发展的后期，人们才发现将已然相当不同的各类行业结合起来是有用的，例如美国钢铁托拉斯的形成。德国起步较晚，可以学习其他国家的经验。在民族主义的指引下，竞争的动机是对外的，针对外国人的，而在国内，合作的优势是由对国家的忠诚促成的。忠诚是一种传统情感，它首先指向君主个人。在普鲁士，忠诚很容易跟国家结合起来，因为国家是至高无上的。但在英国和美国，革命和共和主义使这变得不可能。这一动机对于促进建立一个干练、忠诚的官僚机构尤其重要，如果没有它，德国的经济发展不可能取得如此成就。

经济国家主义并不是一种新的学说。在 17 世纪和 18 世纪的前四分之三时间里，它被视为理所当然。亚当·斯密第一次有效地挑战了它，并通过其著作《国富论》展示了其影响力。他的学说被哲学激进主义者信奉，产生了在 60 年代达到顶峰的经济全球主义。事实上，自由贸易的反国家观念从没有普遍存在过。与亚当·斯密同时代的亚历山大·汉密尔顿仍然坚持旧观点，他的《关于制造业的报告》使得美国的工业始终采取一种国家主义形式的经济。1825 年到 1832 年生活在美国的弗里德里希·李斯特吸收了汉密尔顿的学说①，并在其

---

① 在《美国政治经济概述》中，李斯特说："我发现了政治经济的构成：1) 个体经济；2) 国家经济；3) 人类经济。亚当·斯密讲到了个体经济和人类经济……他完全忘记了他的著作标题《国富论》承诺要论述的内容。"

1841 年出版的《政治经济学的国民体系》中向德国人传授。当时，由于科布登主义的风潮过于强劲，甚至连李斯特也只是提倡保护"新兴产业"，同时相信最终实现自由贸易。但是当俾斯麦击败自由主义，使民族主义占了上风时，人们想起了李斯特，并发现他为 70 年代的德国人想做的事情提供了理论支持。使李斯特变得重要的是他从国家的角度看待经济学。

令人好奇的是，几乎在同一时期，日本也出现了非常相似的发展，将军国主义、工业主义以及对国家的忠诚和现代娴熟的技术结合在一起，使人们的思维方式和习惯发生了更迅速的变化。

普鲁士和西方民主国家之间的区别可以通过铁路政策的对比来说明。在英国和法国，铁路国有化是社会主义者倡导的一项措施，俾斯麦将其作为保守党政策的一部分加以采纳和实施。他希望铁路属于帝国，但特殊主义论调对此加以阻挠，除了阿尔萨斯-洛林地区，因为那里的铁路根据《和平条约》属于帝国财产。然而在普鲁士，俾斯麦有能力为普鲁士购买这些铁路线。在他 1890 年卸任时，普鲁士只剩下少数私营线路。公有制政策不仅在普鲁士实施，而且在俾斯麦下台后仍在继续。1909 年，德国拥有 6 万公里的铁路线，其中除了少数窄轨线路外，仅有 3600 公里为私有。德国的铁路管理令人钦佩，其利润大大减轻了税收负担，铁路关税的安排是为了刺激出口。自然，国家有军事方面的考虑，能够建造任何有战略意义的铁路而无需与非官方资本家商量。

俾斯麦的官僚社会主义在某种程度上是为了防范马克思主义者的无产阶级社会主义。就铁路而言，这一政策是完全成功的。正如克莱普汉姆所说：

应该注意对全体铁路员工施以严格的军事纪律。"邮政和铁路,"一个德国人写道,"是军队的民用部门。"它们的主管,至少在普鲁士,常常由将军担任。几乎没有什么能比这两个服务部门的一些情况更意义重大了,"大约75万员工一动不动地立正站着听上司训话"。这些情况在一定程度上解释了这项服务的出色方法和准时性。他们还完全没有任何铁路劳工运动,相比之下,20世纪初法国和英国的铁路劳工运动却在发展。4年的战争虽然失败了,但在普鲁士铁路工人罢工之前,它和一场政治革命都是必要的。[①]

在关税政策问题上,就像在铁路问题上一样,俾斯麦放弃了自由放任原则。普鲁士有赞成自由贸易的传统,1866年之前的关税同盟为将奥地利排除在外,一直保持低关税,因为奥地利认为高关税是绝对必要的。德国以农业为主,作为食品出口国自然反对保护政策。直到帝国建立了几年之后,俾斯麦才注意到经济问题,但把问题留给了德尔布吕克,德尔布吕克原则上是自由贸易论者。

头两年,一切顺利。1873年的世界性危机可以归因于各个地方自己的原因,危机其实一向如此;但在德国,许多人认为自由贸易是罪魁祸首。那一年,德尔布吕克已经废除了钢铁的关税,下令从1877年初开始停止对铁制品生产商征税。在整个干预期间,怨声载道。1876年,俾斯麦宣布德尔布吕克因健康原因不能再承担繁重的个人职责。

---

① 克莱普汉姆:《法国和德国的经济发展》(*The Economic Development of France and Germany*),第349页。

不仅仅是实业家想得到保护。俄国的竞争开始有损于东北部的粮食种植者，还有俾斯麦所属的容克贵族，以及普鲁士君主政体最坚定的支持者；为了他们，政府愿意给予特别的考虑。结果在1879年颁布了一项关税，对农业和制造业给予适度的保护。后来俾斯麦进一步提高了关税，再后来卡普里维①又稍稍调低了一点。但在1902年，除原材料之外，税率又大幅增加。即便如此，德国的保护主义程度还是低于除英国以外的其他任何大国。

> 根据1904年的计算，德国对从英国进口的主要制成品的关税平均为25%。对意大利是27%，对法国是34%，对奥地利是35%，对美国为73%，对俄国高达131%。这些是粗略的数字，但它们很好地说明了保护性关税的相对强度。②

无论是不是因为关税，德国工业从1879年到1914年都在持续快速地增长，而且是从最重要的钢铁行业开始。这一行业主要依靠洛林的铁矿石和威斯特伐利亚的煤。在1870年战争之前，这些矿石属于法国，法国60年代在铁产量上仍然超过德国。到1875年，德国生产了200万吨生铁，法国则不到150万吨。后来出现了萧条，部分原因是全球经济衰退，部分原因是德国的铁矿石不适合贝西默炼钢法。这个问题直到托马斯-吉尔克里斯特的碱性炼钢法的发明和采用才得以解决，而这一过程与1879年的新关税几乎同步。从那时起，德国的钢铁产量每十年翻一番。从1880年的150万吨增加到1910年的1300万吨，超过整个联合王国1900年的产量。1913年，德国钢和铁的出

---

① 接替俾斯麦成为第二任德国总理。——译注
② 前引克莱普汉姆的著作，第322页。

口及生产达到 1 亿英镑。在一战爆发时，只有美国在钢铁生产方面超过了德国。

和美国一样，德国工业的发展走向了垄断。但美国经济史上那种个别巨头之间热闹非凡的竞争画面，在德国并没有出现。在缺乏自由竞争的信念的情况下，德国通过礼貌得体的协议实现的垄断并没有让政府感到反感，不像在美国那样，垄断遭到西奥多·罗斯福的反对。成立于 1904 年的钢铁联盟，几乎涵盖了整个行业，例如克虏伯不过就是其中一个公司。与此同时，莱茵-威斯特伐利亚煤业辛迪加控制了德国一半的煤炭生产。显然，当这两大巨头合作时的力量事实上是不可抗拒的。在其他行业，有一种称为卡特尔的较为松散的组合形式，比美国模式的托拉斯更为普遍。卡特尔在销售价格方面往往只要一纸协议就可以搞定。

除了一般大规模生产可以达到的经济性之外，托拉斯或卡特尔这类联合组织还有其他优势。生产商利用关税，提高国内价格，同时为了打败国外竞争者，又以较低的价格在国外销售。在英国，这被称为"倾销"。这是所有开展出口贸易的卡特尔公开承认的政策。

另一个优势与政治行动有关。例如，全世界的钢铁行业因战争恐慌而获利。1913 年，李卜克内西揭露了大托拉斯煽动敌对各国展开军备竞赛的卑鄙阴谋，使国会大为震惊。大型联盟在做这方面事情时要比一些小公司更有效率。

染料和化学品制造业是德国主导的一个行业，主要原因在于德国的教育水平高于其他国家，尽管自然优势依然存在。后者可以以克莱普汉姆所谓的"德国特有的宝藏天然钾盐"为例，1861 年其产量只有2000 吨，而在 1911 年产量已经上升到 950 万吨。硫酸主要用于化肥生产，1878 年德国仅生产了 10 万多吨，但 1907 年生产了 12 倍多。依赖于化学工业的染料出口迅速增长，1913 年达到约 1000 万英镑。

电气产业"是近代德国最大的单一工业成就。在此之前，世界面对一系列新的科学和经济问题，在处理这些问题时，德国处于领先地位，此时它已成为一个装备齐全的工业国家。在本世纪初，它在专业电力的所有应用领域居于领先地位，应用于炼钢和其他冶金部门的电炉、铁路电气化、农业机械的电力传动（包括犁地），以及通过电从空气中制取氮气。"①

这个行业提供了一个集中的例子，经过一段时间的竞争，协议在本世纪头几年生效，最后只剩下两大集团，即西门子和西德通用电气公司，它们彼此不再竞争了。

这种发展在英国跨越了一个多世纪，在美国历经 40 多年，而在德国只有 10 年左右的时间。在美国，我们看到，权力最终是如何从企业家那里转移到银行家手中的；在德国，银行几乎从现代工业开始时就拥有这样的权力。像卡耐基和洛克菲勒这样的人物，由于他们的利润如此巨大，所以无论借多少钱都能够偿还。在德国，实业家们满足于较小的回报，所以通常一直欠银行债。特别是德意志银行，不仅在德国实力非常雄厚，在德国金融渗透到的任何地方都是如此。它在从中国到秘鲁的大多数国家都设有分支机构。直到 1893 年，它还一直资助美国的北太平洋铁路公司。它控制了土耳其的铁路，并有兴趣推进从柏林到巴格达的铁路计划。随着时间的推移，德意志银行对德国政策的影响越来越大。但这种影响是相互的：如果这家银行在土耳

---

① 前引克莱普汉姆的著作，第 308 页。

其投资，那么部分原因在于土耳其对德国外交很重要。爱国主义和金融是目标一致的，财阀们不必损害国家利益就可以进一步获利。

随着卡特尔的发展和大银行的实力日益增强，经济发展的方向越来越集中。奥地利驻柏林领事 1906 年在官方报告中称：

> 德国的经济从没有像现在这样完全置于一小群人的绝对统治之下，这些人勉强凑够 50 个。在工业扩张前所未有的时期，"各种力量自由发挥"的老套路某种程度上已被抛弃，就像 1906 年那样，当时在生产规模、海外销售、价格规模方面已经做出重大决定，信贷发放、新资本筹集、工资和利率的确定都掌握在少数人手里，他们是大银行、产业企业巨头和大卡特尔的头头。产业繁荣的最大份额已经落到了这些大型利益集团的手中，它们所在的行业越受辛迪加控制，它们的收益就越大。[1]

在写这份报告时，集中的过程还没有像在 1914 年那样深入；战后，这一过程走得更远了。除非通过政治行动加以遏制，否则在德国所有的经济力量集中在一个人手中之前，这一过程没有理由会被叫停。甚至有人说[2]这个阶段现在已经来到，那个人就是钢铁托拉斯的头头蒂森，而希特勒不过是他的传声筒。

本世纪德国大规模工业的超现代发展与俾斯麦上台时仍然存在的中世纪遗风形成了奇怪的对比。1848 年时同业公会仍然存在，有段时间，革命运动试图扫除它们，但是在接下来的一年里，保守势力又将其恢复。1849 年普鲁士的一项法律规定，熟练手工业者制造的物品只

---

① 前引克莱普汉姆的著作，第 308 页。
② 道森：《俾斯麦和国家社会主义》（*Bismarck and State Socialism*），第 88 页。

能在掌握相关手艺的合格的手艺人的店铺中销售。在梅克伦堡，直到1869年，"历史悠久的磨坊依然保留着研磨谷物的专营权。该公国的城镇可以要求乡村酒馆老板在方圆两英里的范围内购买啤酒，并在最近的城镇购买洗礼、婚礼和葬礼所用的啤酒，而村里人私酿的酒可能会被这些城镇禁购。"①

德国最落后的地区是易北河以东的普鲁士，那里的容克拥有大量财产，在政治上也是最有影响力的阶层。虽然农奴制被废除了，但废除的同时又在1810年颁布了"仆役条例"。该条例不仅适用于普通意义上的仆人，而且适用于被永久雇用并且生活在雇主的地产上的所有劳动者。根据该条例，"劳动者必须服从的程度，与不受限制的强迫的程度几乎没有什么不同；劳役合约的解除权非常有限，几乎可以说根本不存在。此外，1854年4月24日通过的法律明文禁止在任何情况下的集体罢工，即使受到囚禁也不行。所以，尽管不再以农奴之名称之，但实际上这种情形在精神上和事实上都存在。"② 该条例在东部直至一战依然有效。

根据同样依然有效的1854年一项法律，"仆人如果顽固地抗拒或不服从雇主或监工的命令，或者没有合法理由而拒绝或逃离劳役，应雇主之请，在不损害雇主留用或解雇他们的权利的情况下，可以对其处以不超过5泰勒（合15先令）的罚款或最多3天的监禁。"③ 必须知道的一点是，审理此类案件的治安法官是雇主本人或他的朋友。

在这种情况下，东部的农业人口减少也就不足为奇了。服完兵役

---

① 恩斯特·亨利：《希特勒拿下欧洲？》（*Hitler Over Europe?*），登特出版公司，1934年。
② 道森：《现代德国的演进》，第281页。
③ 同上。

的人拒绝接受这种半奴隶的条件，转而在工业界寻求就业。劳动力短缺越来越严重，只能接受俄国人和奥地利波兰人的季节性移民，根据合同，这些人每天工作 12 小时，可得 1 先令 6 便士。

1849 年到 1910 年，德国的农村人口几乎没变，而城市人口翻了两番。1871 年，德意志帝国三分之一以上的居民生活在 2000 人及 2000 人以上的城镇中，到了 1910 年，这一比例增加到五分之三。城镇在发展，大城市得到了更大的发展，相比其他地方更快地向现代生活方式转变。出生率的变化可以说明这一点。1876 年，整个国家的出生率为 41；柏林更高，达到 45.4。但在 1905 年，整个德国下降到 33，柏林仅为 24.6，而伦敦是 27.1。[①] 1904 年以后，整个德国的出生率迅速下降。

德国的工业化带来了社会主义和工联主义的发展。拉萨尔在他生命的最后两年（1862—1864）领导的第一次运动确实吸引了工人阶级。他的目标是通过合作生产消灭资本家，并认为实行这一计划的第一步是必须确立成年男性公民的普选权。他在与俾斯麦见面时提出了这一主张，俾斯麦在他身上发现可以用来反对其敌人自由党的工具，说他是"我见过的最聪明和最讨人喜欢的人之一"。俾斯麦和拉萨尔有着某种气质上的亲和力，就像他在 1867 年所证明的那样，他原则上并不反对成年男子的普选权，对拉萨尔相当贵族化的社会主义也不无同情。但拉萨尔死后，工人阶级运动更多地受到了马克思的影响，结果导致德国社会民主党 1869 年成立，并由倍倍尔和较年长的李卜克内西领导。这个党并没有沾染这一时期的爱国热情，它的两个代表还在

---

① 道森：《现代德国的演进》，第 309 页。

1871 年的国会投票反对吞并阿尔萨斯-洛林。社会民主党在最初 25 年里，全心全意奉行马克思主义，以致被痛斥为反上帝、反祖国。尽管如此，它还是成长壮大了。

1878 年，俾斯麦利用两次暗杀皇帝的企图（社会主义者与此毫无关系）通过了一项法律，使社会主义受到了各种惩罚。这项法律在 1890 年之前一直有效，同时首相试图通过就疾病、意外和老年人的保险措施与工薪阶层达成和解，劳合·乔治的《国民保险法》便是依据了这个模式。一些教授发明了一种学说，他们称之为国家社会主义，而其对手称之为教授社会主义。这种学说是要抽取社会主义的长处，摈弃其糟粕，应该是代表了俾斯麦所遵循的原则。而社会主义的糟粕便在于它的无神论、共和主义、国际主义，企图剥夺富人的正当所得，将权力移交给无产阶级。其长处则是国家行动可以大大提高国家效率；而且总的来说，人们会善待穷苦的工薪阶层；证券交易所的很多人，特别是犹太人，以一种不道德的方式进行投机，这将被制止。最后一点基督教社会主义者更为强调，他们试图将反资本主义变成反犹太主义。所有这些学说后来都结出了果实，但在当时毫无实效。

无论是俾斯麦的花言巧语，还是他的威胁恫吓，都没有妨碍社会民主党的发展。必须指出的是，按照战后的标准，对社会主义的迫害是相当温和的。该党还被允许参加国会议员选举，并在 1880 年被允许召开了一次党代会，在会上投票赞成"通过一切手段"建立共产主义——而不是迄今为止所谓的"一切合法的手段"。1890 年，在《例外法》到期之前，社会民主党在国会选举中获得 142.7 万张选票。威廉二世摆出一个新时代的开创者的姿态，允许该法失效。但事实证明，温和的方法与严厉的措施一样都是挫败社会主义的手段。1912 年的国会，正值战争爆发之际，总共 397 个席位中有 112 个是社会民主党人。在选举中，社会民主党获得 425 万票，占总数三分之一以上。自上次 1907 年的选举以来，社会民主党的票数增加了近 100 万张。这个事实吓坏了政府，认为必会有大祸事发生。

战前最后一个时期的快速发展的特点，很明显地表现在工联主义的发展上。德国的工会从一开始就与政治联系在一起：有社会民主党的工会，自由党的工会和基督教徒的工会。实际上，只有社会民主党的工会才能被认为是真正的工人阶级运动的一部分。直到进入新世纪，工会组织还很孱弱。1895 年，全国各类工会会员只有 26.9 万人；但 1902 年已达 100 万人，1906 年是 200 万，1909 年为 300 万，其中社会主义工会约占六分之五。

工联主义的发展与社会民主党的特征变化是同步的。它早已是严格的马克思主义者，期望通过革命推翻资本主义制度，并倾向于反对英国工会中占上风的那种改良努力。但令人称奇的是，德国的繁荣在某种程度上已经渗透到了工人阶级；工资上涨了，革命似乎遥不可及，毕竟人们很难不为自己国家的成功而欣喜。该党纲领中那些较为强硬的特点被"修正主义者"扶平了，而第一个修正主义者伯恩斯坦曾居住在英国，并对英国工党的温和态度印象深刻。尽管有倍倍尔和那些年长者的反对，修正主义还是赢得了胜利，而社会民主党在所有的实际目的上，变得与自由主义改革派无异。尽管如此，从德国皇帝和容克贵族的旧习惯来讲，他们仍然对社会主义者掌权感到恐惧。

社会主义的发展只是工业发展带来的问题之一，另一个问题是食品供应。1871 年时，德国仍有多余的粮食出口，但随着人口的增长，情况在 1874 年左右发生了逆转，尽管直到俾斯麦下台之后才开始变得严重起来。他的继任者卡普里维降低了谷物税，自 1879 年以来，谷物税已大幅提高（例如，1885 年小麦和黑麦的税每吨从 10 先令增加到 30 先令，1887 年达到 50 先令）：农业保护不仅令实业家不快，而且必然因食品价格上涨而促进社会民主主义的传播。

然而，卡普里维的政策被 1902 年比洛①的关税推翻了，恢复甚至增加了早前的税赋。由于关税和高度科学化的农业的共同作用，德国在战前的最后几年比 1900 年时更接近自给自足。1911 年至 1912 年间，大约三分之一的小麦消费是进口的，但黑麦（在德国比小麦更重要）实际上有少量的出口余额。对食品征收关税的主要目的，除了取悦具有政治影响力的容克贵族之外，还在于保证德国在战时能够养活自己。在考验来临时，人们发现对外国供应源的依赖比想象的大，特别是脂肪类食品。这个问题不易解决。高度保护会大量制造社会主义者；外国的粮食供应使得要想战争爆发成为可能，就必须挑战英国海军。最后采用的折中方案，结合了上述两种办法的一些弊端。

从 1871 年到 1914 年，德国的经济发展显示出了其他国家从未出现过的集体活力和技能。德国人所受的教育优于法国人、英国人、美国人，他们拥有大量各种各样的技术专家，有机构可以让这些专家的技能在最需要的地方迅速施展。尽管这些长处导致了进步，但也有一些因素使其不那么稳定。生活习惯的突然改变——从东普鲁士的顺从的农业生活，变为存在大量工薪阶层的现代工业社会相对自由的生活；从传统的体面的贫困生活，变为商人们突然不安定的奢侈生活；从路德派敬畏上帝的虔诚，变为迄今无数简单家庭生活其中的富豪统

---

① 1900 年至 1909 年间任德意志帝国总理。——译注

治的柏林式自由——这一切来得太快，太有压倒性，无法被充分吸收。其结果是，一种并非罕见的歇斯底里的陶醉，对权力的无限可能的信仰，比如相信自己能让拿破仑倒台。而在掌权者面前出现的是两个对立的幽灵：社会主义和对外国食品的需求。过去成功的体系，不能再继续成功下去了，某种东西的爆发是必然的。

第三十一章　帝国主义

(一) 非洲的分割

在拿破仑战争期间只存在于英格兰北部和克莱德地区的新型经济组织，正如我们所见，遍及整个西欧和北美，在德国和美国两个国家达到了比在英国更先进的发展阶段。它的扩张力量并不局限于世界上的白人聚居区域，还迅速扩大到整个亚洲和非洲。与欠发达社会的接触，多少改变了它的性质。一方面，在征服是资本主义的必要开端的地方，需要政府的帮助；另一方面，有色人种，特别是非洲的有色人种，会遭受比在单一白人人口的国家的政治上可能出现的最恶劣情形更为残酷的剥削。现代经济技术赋予帝国主义以新的特征，反过来，帝国主义也给工业化带来了新的政治面貌。

当工业时代开始时，帝国主义已经有了很长的历史。抛开古代的情形不论，其近代起源可以追溯至哥伦布和达伽马，他们分别将西班牙和葡萄牙的力量引向了西印度群岛与东印度群岛。对冒险的热爱和对黄金的渴望，吸引探险家和恶棍来到印加王国及莫卧儿帝国的宫廷。但是，教皇将新土地的垄断权授予西班牙和葡萄牙，没有得到英国、荷兰、法国的尊重，他们全都获得了广阔的帝国疆土。经过多次战争，英国人在东方取得了霸权地位，而美洲大陆在 1824 年之后不再是帝国主义的战场。从那时起到 1880 年左右，英国是唯一拥有一个辽阔而遥远的帝国的国家。但在自由贸易学说的影响下，他们对殖民地的获取变得漠不关心。正如我们所看到的，边沁认为这是一笔无谓的花销，他的观点及时地变成了政府的观点。1850 年，当奥兰治河①流域被吞并时，枢密院敦促不要再在"非洲大陆现有的属于陛下的领地上增加永久性的或是临时性的领土，无论其面积有多小"。在 1886 年前，英国政府的总体政策是反对帝国扩张的，但内阁一再在此事上为形势所迫。

　　第一个变化的迹象出现在 1874 年至 1880 年迪斯雷利执政期间。迪斯雷利热爱东方，享受着印度帝国的荣华富贵；维多利亚女王也饶有兴致地从他那里接受了"印度女皇"的称号。近东地区（特别是巴勒斯坦周边地区）一直令迪斯雷利着迷：1878 年，他在柏林会议上支持土耳其人，并且很高兴在埃及事务中获得发言权。他在使金融与政治相吻合方面也表现出了相当的技巧。由于土耳其无力支付英国股东的利息，他从波特租下塞浦路斯作为一年一度的贡品，但贡品是代表苏丹直接交给那个当权者的英国债主的。当埃及总督由于挥霍无度而被迫出售苏伊士运河的股份时，迪斯雷利代表英国政府买了下来。格莱斯顿怀着强烈的道德感，怒斥他支持"罄竹难书的土耳其人"，后者的暴行震惊了那一代人，超过了他们让我们震惊的程度，而我们已然"充满了恐怖"。然而，当格莱斯顿在 1880 年成为首相时，他发现

---

　　① 位于纳米比亚与南非的国界线上。——译注

自己不得不继承和发展他前任的一些政策，特别是在埃及问题上。

有两个动机促使格莱斯顿政府在 1882 年占领埃及：苏伊士运河以及债券持有人。这两方面在那一年都受到了民族主义者叛乱的威胁，英国为了埃及总督的利益而出兵镇压。这些利益——如他们所想——迫使英国人留在这个国家，并告诉总督如何治理；没有人能否认，在英国的影响下，政府比以前好了。法国占领阿尔及利亚（1830年）和突尼斯（1881 年）也是如此。在这些例子中，帝国主义被认为是最好的：它的效果总体上是好的，尽管它的动机令人怀疑。

从 1884 年起，西方列强开始了所谓的瓜分非洲。外交博弈的公认原则，只要两个国家是竞争对手，一方获得的任何领土都会跟另一方的同等利益进行比较衡量，结果到 1912 年，整个非洲被西方列强瓜分，除了黑人国家利比里亚和阿比西尼亚的基督教王国——前者是因为面积较小，且那里有美国的利益；后者因为它让意大利人遭遇血腥的惨败。非洲的分割是通过外交手段实现的，但并非没有造成苦难，而这苦难在很大程度上引发了第一次世界大战。

（二）刚果

奴隶贸易被废除，奴隶获得解放，剥削黑人劳动力的最简单办法便是占领黑人居住的国家，而这些国家正好拥有各种有价值的原材料。贪婪只是在非洲实行帝国主义的动机之一，虽然它是最重要的动机，但是对刚果这样一个"自由"的国家而言，贪婪似乎一直是唯一的动机。一些哲学激进分子认为，金钱上的自利原则，如果正确理解的话，应该是有用行动的充分动机。刚果的例子将使我们能够检验这一理论。

刚果河是一条辽阔的河流，流域面积约为不把俄国算在内的欧洲那么大，它流经黑暗的森林，穿过几乎完全由野蛮人居住的领土。尽管河口很久以前就为人知晓，但上游地区直到1871年才被善良的利文斯通博士首次发现，他将对探险的热爱与让非洲人皈依基督教的愿望结合了起来。在坦噶尼喀湖①的乌吉吉找到了利文斯通的斯坦利，对福音的兴趣不及对基督教文明的其他方面。斯坦利的首次旅程是代表《纽约先驱报》进行的，后来的旅程（建立了刚果河及几条支流的整个路线）是以比利时国王利奥波德为代价并为了这位国王的利益进行的。斯坦利一向给予这位国王最高的评价。

利奥波德国王是维多利亚女王的舅舅利奥波德的儿子，在她统治早期，很重视这位舅舅的建议。此外，正如 H. H. 约翰斯顿爵士所说，他还是"路易·菲利普的孙子，奥地利女大公的丈夫，罗马教会的忠实拥护者，一位非常富有的人"。他还推动科学研究，特别是非洲的，并且是传教士事业的赞助人。1884年，为瓜分非洲而召开的柏林会议决定，这位高贵的君主应该被亲自托付给一个领土面积超过100万平方英里、包括刚果盆地大部分地区的政府。他受到了外交官们的尊敬、旅行者们的赞颂，人们普遍认为他对黑人的态度是慈善的典范。1906年，他提供12000英镑用于预防昏睡病的科学研究，他在一份宣言中声称：

> 如果上帝满足于我（战胜昏睡病），我将能够在他的审判席前展现自己，因为我已经完成了本世纪最伟大的一次行动，一大

---

① 位于坦桑尼亚。——译注

群获救的人将向我祈求他的恩典。"①

当利奥波德国王接管刚果时，宣布自己的目的纯粹是为了慈善。斯坦利在英格兰为他做宣传，解释说他是多么爱那里的黑人，并担心英国人不能"正确地欣赏这种不安的、炽热的、鲜活的、博大的情感，因为它没有附带任何好处，这种情感试图在愁苦的非洲黑暗地带扩大文明的影响"。早在1876年，利奥波德国王曾请求威尔士亲王（爱德华七世）帮助召集一次会议，讨论"欧洲人在未开发的非洲土地上定居，并鼓励探险活动以传播文明"，当威尔士亲王确信唯一的动机是慈善时，心中起了疑惑，于是写信给巴特尔·弗里尔爵士：

> 问题是，代表金钱的公众是否会像他一样感兴趣。慈善固然很好，但除非它是切实可行的，并能产生实际的效果，否则将不会在英国公众眼中得到他们所应得的青睐。②

然而，利奥波德对慈善的强调达到了他的目的，其他列强对一项被认为只有支出而没有金钱回报希望的事业几乎没有热情。当他提出自己承担所有开支时，他们允许他承担（他们认为的）责任，条件是他要维护宗教自由、贸易自由和新闻自由等。

通过镇压阿拉伯奴隶掠夺者赢得了全世界的认可之后，这位皇家慈善家开始致力于将井然有序的政府引入他的领地。他建立了一套国家社会主义制度，是有史以来最新，也是最彻底的。他似乎同意许多现代化观点，认为社会主义不应该有关于民主的无稽之谈。他颁布法

---

① E.D. 莫雷尔：《血橡胶》（Red Rubber），第151页。
② 西德尼·李：《爱德华七世》（*King Eduard VII*），第一版，第629页。

令，所有的土地、所有的橡胶和所有的象牙都归国家所有——而国家就是他本人。当地人将橡胶或象牙出售给欧洲人，欧洲人向当地人购买橡胶或象牙，都是违法的。接着，他给官员们发了一份秘密通知，解释说他们"绝不能忽视开发森林产品的任何手段"，说他们将从所有橡胶和象牙上获得奖金，如果收集的成本很低，奖金就很高；如果收集的成本很高，奖金就很低。比方说，如果采集成本为每公斤30生丁或更低时，官员每公斤可得15生丁；如果成本超过每公斤70生丁，官员只能得4生丁。财务上的结果是我们所能期待的。刚果的有些地区直接为国王劳作，有些地区则为国王作为大股东的公司工作。例如，安维尔索斯托拉斯就开发了刚果河以北的一个地区。该公司的实收资本中，国家占一半，达到1万英镑，6年的净利润有37万英镑。另一家公司在4年内，以40200英镑的实收资本盈利731680英镑。股份——国王占一半——的原始价值虽然只有250法郎，但在1906年，其价值涨到了16000法郎。更难搞清楚的是，作为国王私人领地而保留的大片地区的利润到底有多少，据卡蒂埃教授估计，每年达30万英镑。[①]

　　积累这些巨额利润的方法非常简单。当局下令每个村庄采集并交来一定数量的橡胶——这是一个男子放下为维持生计要做的全部工作所能采集并交纳的数量。如果他们没有达到规定的数量，家里的女性将被带走，作为人质关押在政府雇员的院子或房中。如果这一方法还不能奏效，当地的军队，其中很多人属于食人族，将会被派到村里散布恐怖气氛，如果有必要还会杀死一些男人。但为免浪费子弹，当地

---

① 前引莫雷尔的著作，第145页。

军队受命每用掉一个子弹就要交上一只右手。如果他们没有命中目标，或者在大规模行动中使用弹药筒，甚至会砍下活人的手来补足所需的数目。其结果是，据 H. H. 约翰斯顿爵士估计，而且这一估计得到所有其他公正渠道的证实，在 15 年里，当地人口从约 2000 万减少到 900 万。[①] 确实，昏睡病夺去了一些人的生命，但是利奥波德国王将人质从他的领地的一处转移到另一处的做法，使得这种疾病的死亡蔓延速度大大加快。

为了掩盖这样大规模系统性的谋杀，人们承受了巨大的痛苦，而皇室资本家却从谋杀中获利。官员和法庭都是从他那里支薪，听他摆布的，个体商人被排除在外，天主教传教士因为他的虔诚而缄口不言。比利时也是系统性地腐败，比利时政府在相当程度上是他的帮凶。那些威胁要揭露真相的人会被收买，或者如果不能被收买，就会神秘失踪。刚果没能沉默的只有新教传教士，他们中的大多数理所当然地认为国王对以他名义所做的事全然不知。其中一个例子是美国浸信会传教士联盟的约瑟夫·克拉克在 1896 年 3 月 25 日写下的话：

> 这种橡胶交易沾满了鲜血，如果当地人奋起反抗，将刚果河上游的每个白人都清除出去，仍然存在对黑人的惊人欠亏。有没有可能让一些有影响的美国人去面见比利时国王，让他知道以他的名义都干了些什么？湖是留给国王的——不允许商人——为国王采集橡胶，数百名男女和儿童已被枪杀。[②]

---

① H. H. 约翰斯顿爵士：《非洲的殖民统治》（*The Colonization of Africa*）（剑桥史系列），第 352 页。
② 前引莫雷尔的著作，第 54 页。

但人们很容易以为传教士在夸大其辞，或者说这些是个别官员的问题，他们是因为热病和孤独才变得残忍。整个体系是国王为了金钱利益而刻意推行的，这似乎让人难以置信。要不是有一个叫莫雷尔的人，真相可能很长时间都不为人知。H. H. 约翰斯顿爵士是一个没有被反常习气污染的帝国建设者，他对非洲非常熟悉，原先对利奥波德国王信赖有加。在描述了自己在压制弥漫整个文明世界的令人窒息的批评中施加的影响之后，他说：

> 很少有故事比大卫如何战胜歌利亚的故事更浪漫，对后人而言也更不可思议，一个利物浦航运公司的穷船务员，成了利奥波德国王的伙伴之一。

> 这位名叫 E. D. 莫雷尔的船务员，因为会讲法语，通常被派往安特卫普和比利时，因此与刚果国家官员一起安排所有的轮船票价和旅客舱位，决定货物的装运和产品的尺寸大小等细节。在工作过程中，他了解到有关刚果政府腐败的一些可怕事实。他提请其雇主注意这些事件并核实其真实性，结果被解雇了。

> 他几乎身无分文，于是拿起纸笔，通过英国媒体和英国出版商让全世界了解刚果的现状。[1]

从那天到他死去的那一刻，莫雷尔投入了无止境的战斗——先是反对刚果的非人道行径，然后矛头直指摩洛哥的秘密外交，再是驳斥关于战争起源的片面观点，最后是指责《凡尔赛条约》的不公。他的第一次战斗，在克服了难以想象的困难之后取得了成功，并赢得了

---

① H. H. 约翰斯顿爵士：《非洲的殖民统治》（*The Colonization of Africa*）（剑桥史系列），第 355 页。

普遍的尊重。他为德国伸张正义的第二次更大的战斗却给他带来了诽谤、牢狱之灾、疾病与死亡，除了那些因他的热情无私而爱他的人的鼓励，没有取得任何胜利。我所认识的其他人，在追求和宣扬政治真理方面，没有一个像他那样具有英雄本色。

莫雷尔在刚果改革运动中遇到的困难是大多数人都会感到难以克服的。利奥波德获得的巨大利润，法国看在眼中，于是在法属刚果建立了一套非常相似的体系，并在那里产生了相同的结果。因此，他们绝不急于让全世界都知晓国王这些经济手段的必然后果。英国外交部——出于高层政治的原因需要与法国和比利时保持友好关系——非常不愿意被说服，起初还为了确证莫雷尔和传教士的指控而压制了领事的报告。根据莫雷尔的说法，按梵蒂冈的命令行事的罗马天主教表示，整个改革运动是新教传教士对罗马天主教的变相攻击。但后来当证据被证明无可抵赖时，这一辩护就被摈弃了。当然，利奥波德国王及其代理毫无顾忌地进行了诋毁，并且指责可耻的动机。

然而，莫雷尔和刚果改革协会还是成功地唤醒了公众舆论，首先是在英国，然后是在整个文明世界。英国政府被迫承认这些指控已被我们的领事，特别是凯斯门特（在战争期间被绞死）证实。继续假装这些暴行的发生有违其意愿的国王，被迫任命了一个由3名公正的法学家组成的委员会调查这项指控，尽管他只发表了他们报告的一部分，但是被允许展示的内容表明这些指控是有根据的。最后，在1908年，欧洲利用柏林会议授予的权力，剥夺了国王对刚果的权力，并将其交给比利时议会，条件是国王的剥削制度应该终止。此时，利奥波德国王在其君主兄弟们的庇护下逃脱了罪责，因为他对黑人的残暴，也因为他对芭蕾舞女孩的仁慈。

反对利奥波德国王，人类的良知是有可能获胜的，因为他毕竟是一个小君主。而鼓动对抗法国却被证明是无济于事的。除了不太容易防止游客到来的沿海地区，其他地区都发生了大规模的暴行，而且可能仍在发生。"刚果中部和北部的森林依然笼罩着一层无法穿透的迷雾，使人们无法看清楚它。"①

(三) 德国人的西南非洲

德国政府参与瓜分非洲的行动是姗姗来迟且不太情愿的。俾斯麦的兴趣在欧洲，不想去遥远的地方冒险，他跟腓特烈大帝一样相信"所有遥远的财产都是国家的负担，边境上一个村庄比 250 英里之外的一个公国值钱"。他的保守主义态度使他迟迟没有意识到新运动的重要性，也没有理解其必要性。他以一个持特殊主义论的普鲁士容克贵族的狭隘眼光开始了自己的政治生涯，因而不得不根据轻重缓急来考虑普鲁士的问题——首先是德国的其他地方，然后是工业化，再后是殖民地。他的政治生活被两个愿望支配：一个是普鲁士应是个伟大的国家；另一个是普鲁士应该有容克贵族、农民、田地和树木。后来，他被迫为成全第一个愿望而一步一步地牺牲了第二个愿望。

从 40 年代起，德国就有一个充满活力的以殖民地为主张的党派，当格雷维尔听到德国人谈论需要殖民地和海军时感到很惊讶。在商人和传教士以及李斯特和随后的特赖奇克的支持下，该党派不断展开宣传。但俾斯麦全神贯注于德国在欧洲的巩固和扩张，他在这项自命的任务中获得的成功，极大地促使其他大国到更远的地方寻找领土和威

---

① E. D. 莫雷尔：《黑人的负担》（*The Black Man's Burden*）（1920），第 147 页。

望，对此俾斯麦并没有感到困扰。其他国家的殖民冒险让他很高兴，因为他们使他在欧洲得到了更大的自由，而且提供了可以利用的国际摩擦的源泉。不过，后来他逐渐意识到，列强间的政治游戏可以在比欧洲更广阔的领域进行，工业时代的腓特烈格言不再有效。

1879 年，一位名叫恩斯特·冯·韦伯的旅行家发表了一篇文章，敦促德国从葡萄牙那里获得德拉瓜湾，让德国人进驻德兰士瓦共和国，并逐渐建立一个延伸到赞比西河的德-非帝国。尽管政府对此漠不关心，但这些计划还是得到了相当大的支持，在之前一年，特赖奇克写道：

"在非洲南部，情形显然对我们有利。英国的殖民政策在其他地方都很成功，但在开普敦却没有。那里存在的文明是日耳曼文明，荷兰文明。如果我们的帝国有勇气坚定地奉行独立的殖民政策，我们和英国之间的利益冲突将是不可避免的。"①

因为俾斯麦不愿与英国对抗，这些宏大规划没有取得成果。但是，在达马拉兰和纳马夸兰定居的德国传教士及商人遇到了困难，他们发现自己与当地人发生了冲突，于是请求英国保护。1881 年，传教士向英国请求派一艘炮艇，但遭到拒绝。英国当时已经吞并了该地区唯一的良港沃菲西湾，但拒绝承担任何更多的领土责任。最后，在 1883 年，一位名叫吕德里茨的不来梅商人问德国政府：如果他在安格拉-佩克纳湾（后称吕德里茨湾）升起德国国旗，是否会得到支持。俾斯麦礼貌地询问英国是否声称对这一地区拥有主权或保护国，并表示如果没有，他打算为德国主张主权。英国外交部表示，在答复前有

---

① 道森：《德意志帝国》（*The German Empire*），第 2 卷，第 178 页。

必要询问一下开普敦政府。开普敦政府以费用为由拒绝承担任何义务。格兰维尔勋爵随后告诉俾斯麦（后者等了9个月才等到一个纯粹正式调查的答复），尽管他的政府没有声称对安格拉-佩克纳拥有主权，但会将任何其他大国的这种要求视为对英国合法权利的侵犯。俾斯麦要求对方证明这些"合法权益"的存在，但没有得到任何答复，又等了4个月，然后在1884年4月24日宣布在奥兰治河和安格拉-佩克纳湾之间的整个海岸建立保护国。英国人对此很恼火，但为时已晚；5月，开普敦政府宣布打算接管从奥兰治河到沃菲西湾的整个海岸，其中包括德国宣称拥有主权的地区。然而到了6月，英国政府屈服了，并且跟其他列强一样承认这一吞并，此次行动形成了德国在西南非洲规模可观的殖民地。

在财政上，这个新殖民地并不成功。赫雷罗人是一个精力充沛且好战的种族，他们突然之间被剥夺了土地和牲畜，发现自己面临着要么挨饿、要么成为半奴隶性质的劳工的选择，于是揭竿而起。一场漫长而艰难的战争接踵而至，双方展开激烈斗争。H. H. 约翰斯顿爵士在1913年写的文章中，总结了他对这场德国人最终获胜的战争的描述。他是这样反思的：

> 据说，现在只有约2万赫雷罗人生活在达马拉兰。如果这个聪明、强壮的班图族黑人种族消失了，那将是极为遗憾的……漫长的战争在沙漠和满是裸露岩石的山间展开，德国人为此付出了超过5000名士兵和定居者的生命，并花费了1500万英镑！这样一来，在殖民地历史开始之初，满足当地人的需求并且仍然将西南非洲一半以上的地区留给白人来支配，成本会更低。

战争期间，人们习惯于将赫雷罗战役作为德国殖民政策残酷性的证明。然而正如我们将看到的，德国的总体政策与英国在马塔贝莱兰的总体政策完全一样。诚然，冯·特罗塔将军过于残忍，但他并没得到本国政府的支持，后来不得不辞职。在一战爆发前，政府当局对德国在非洲的殖民活动予以了肯定。H. H. 约翰斯顿爵士在 1913 年时说："他们很快认识到了自己的缺陷，同时快速地加以改正。在商业方面如此，在政府治理方面也是如此，他们观察、学习并掌握最好的原则。政治家们非常短视，低估了德国人的伟大品格，或者认为德国在陌生的土地上的建立疆土的梦想会走向幻灭。"

　　第一次世界大战使德国失去了在非洲的全部领地，总计超过 100 万平方英里。

（四）英帝国主义的发展

　　大英帝国几乎在完全没有经过深思熟虑的政府政策和帝国主义教条的帮助下成长了起来。格莱斯顿作为科布登的信徒，不喜欢占有新领土，但随着 1886 年保守党的胜利，一个新时代到来了。从那一年到那个世纪末，人们对于帝国的热情不断增长，采取的形式有时是罪恶的，很多时候是荒唐可笑的，并且一向令人厌恶。这种观念上的变化有很多原因。在海外，尤其是在美国和德国，工业化的发展使人们不再为成为世界工厂而感到一种科布登主义式的骄傲；自夸的需要，要求一种不一样的哲学信条，而这可以使我们能够为拥有世界上最大的帝国而欢呼雀跃。当英国发现其他国家已经开始希求拥有海外属地时，他们对海外属地的评价也高了起来。格莱斯顿平和地接受了成为布尔人①和马赫迪②手下败将的事实，但普通英国人却为马尤巴战役③和戈登④之死感到耻辱。《爱尔兰自治法案》是格莱斯顿政治逻辑的产物，并不受大多数人欢迎，对自治的抵制培养了英国人的统治欲。维多利亚女王在 1887 年、1897 年的登基周年庆典，便是旨在用来增加这种情绪的展览。

帝国主义除了这些政治原因之外，还有其他原因，有些是经济的，有些是理想主义的。传教士们被要求考虑一个问题，即基督教势力对异教徒的征服是为了进一步传播真正的宗教。在 1900 年福音传播协会的年会上，首相之子、我们这个时代最虔诚的人之一休·塞西尔勋爵，提出了这样的论点：

> 很多人都急于全身心投入到今天所谓的帝国运动中去，但尽管如此，他们还是有一种良心上的不安，那就是不确定这种运动是否像他们所希望的那样没有受到世俗考虑的影响。他认为，通过使传教工作的重要性在我们头脑中彰显，我们应该在某种程度上使帝国主义的精神神圣化。

罗伯特·西利的《英格兰的扩张》在美国被称为"天命论"，对受过较好教育的阶层产生了极大影响。社会主义者、道德领袖、进步青年偶像拉斯金在牛津大学的就职演讲中，以最极端的方式阐释了帝国主义民族主义的信条：

---

① 居住于南非的白人移民后裔，曾与英国人为了争夺南非殖民地而交战。——译注
② 苏丹民族英雄，领导了反抗英埃统治的斗争。——译注
③ 此战中布尔人以弱胜强，击溃了英国士兵。——译注
④ 维多利亚时代的英国工兵上将，在殖民时代异常活跃。——译注

我们的面前有一个可能的天命，这是一个国家的最高天命，要么接受，要么拒绝。我们的种族依然没有退化，融合了最好的北方血脉。我们还没有放荡的习气，但仍有坚定的统治和优雅的服从……你们英格兰的年轻人会为你们再创造一个国王宝座；创造一个权杖般的岛屿，对全世界来说，是一个光明的源泉、和平的中心；创造一个手握学问和艺术的女主人，在喜爱的实验和放荡的欲望的诱惑下，忠实地守护着经过时间检验的原则；并在各国的残酷和喧嚣的嫉恨中，在她奇异的勇气中，在她对人类的善意中被崇拜？英格兰必须这样做，否则就要走向灭亡，她必须尽快找到殖民地，建立得越多越好，让最具活力、最有价值的臣民定居；必须夺取她能踏上的每一片肥沃的荒地，在那里教导殖民地开拓者，他们最重要的美德是忠于自己的国家，他们的首要目标是在陆上和海上提升英格兰的力量；他们虽然生活在一个遥远的地方，但不必像英国舰队的水手们一样，因为漂浮在遥远的海上而认为自己会因此被剥夺了祖国的公民权……如果我们以很少的报酬就能让人们出于对英格兰的热爱而去面对炮口，那么我们也可以找到那些能为她耕耘、播种的人，那些为她做出公正、正直之举的人，那些抚养自己的孩子长大去爱她的人，那些在她的荣光中感到比在热带天空所有的光芒下还要喜乐的人。

这次演讲对塞西尔·罗德斯的启发意义尤为重大，他在演讲结束后不久来到牛津大学，并认为这篇演讲表达了他人生的指导原则。

90年代以来，对帝国主义的文学上的影响主要在于鲁德亚德·吉卜林。从英裔印度人的生活故事开始，他提出了这样一种观点：英国人来到印度只是为了印度人的利益，为忠于职守而忍受了无数的苦难。但很快他的兴趣转移到帝国的其他地区，尤其是南非。他对盎格鲁-撒克逊民族的卓越美德与阳刚之气有着不可动摇的信念，并代表英格兰对大不列颠的城市，包括加尔各答和香港这些经过英国种族纯化的中心城市说：

> 你们真是从这血中来的……只要它能持久，
>
> 我要知道你们的好就是我的好，你们要知道我的力量也是你们的，
>
> 在世界末日的那一天，在万军之战的最后一战中，
>
> 我们的大厦连在一起，支柱不倒。

他认为基督教的上帝是不列颠部族的主要神祇，

> 可以确信在我们这边
>
> 海洋之争会恒久持续。

他以一首《英国人之歌》喊道：

> 公平是我们的本分——美好是我们的遗产！
>
> （谦卑的你们，我的人民，在喜乐中仍心怀惧怕！）
>
> 至高的主啊，我们的上帝
>
> 他已让深渊干涸，
>
> 他为我们开辟了通向天涯海角之路！

在1897年的登基庆典上，帝国的情怀在吉卜林的《退场赞美诗》中得到了最完整的表述：

> 我们历代祖先的上帝，自古为人所知，

我们辽阔战线上的主，

在那令人敬畏的手下

我们掌控着棕榈与松树。

千军万马之神啊，与我们同在，

唯恐我们忘怀，唯恐我们忘怀！

。　　。　　。　　。

如果，我们因权威的显赫而陶醉，吐出

不敬畏你的舌头，

像异教徒那般夸耀，

像目无法纪的劣等民族——

万军之神啊，请与我们同在，

唯恐我们忘怀，唯恐我们忘怀！

　　然而，这种崇高的情怀只是为了一个伟大的时刻。尽管它包含了一些真正的理想主义，但在日常生活中，帝国主义通常是一种更为平凡的事，带着直截了当的经济动机。在那些移居海外的和仅仅投资的人身上，情况有所不同。出于各种原因，上流社会和职业阶层都支持帝国的扩张。没有什么能力的年轻人，在优越的社会习惯中长大，发现国内的社会正在走向民主，所以很高兴有机会在"劣等"民族聚居的地方谋生和发号施令。过度拥挤、工业化以及法制化使英国人在冒险的倾向上显得沉闷乏味，对那些喜欢孤独和优美环境的人而言显得很可恨。有相当一部分人到殖民地去，只是为了逃避现代英国人生活中的丑陋和局促，结果发现自己无意间成了帝国的建设者。他们的愿望和成就之间形成了鲜明对比，对此吉卜林在其一首诗歌佳作《移民先锋》中进行了描述：

> 海鸥的尖叫惊醒了他，平静的水面被子弹打破，
>
> 他应该实现上帝的至高旨意，不去想自己的愿望。
>
> 他将看到古老的行星正在变化，陌生的新星正在上升，
>
> 大风刮向新天空下他那破损的船帆，
>
> 强烈的欲望推动他向前，饥饿举起了他的双手，
>
> 从粗野的沙漠中取得食物，在沙土之间获得微薄的报酬。
>
> 邻居的炊烟扰乱了他的视线，他们的声音打断了他的休憩，
>
> 他向前行进直至不辨南北，郁闷而无依无靠。
>
> 他渴望孤独，他的愿望将迎来，
>
> 艰难的路途，紧跟着万千车轮，一个民族和一个国王。
>
> 他应该回到自己的轨道，在那异常冷清的营地，
>
> 将会看到喧嚣的街道，竖立的井架和各色标志：
>
> 他手握短斧和火炬照亮国家的前程，
>
> 直到帝国的前哨获取最后一片荒野！

然而，"万千车轮"是由不同的动机推动的。除大不列颠之外的世界各地关税的增长令贸易者们印象深刻，他们急于保住市场，不想被外国政府排斥在外。实业家们欢迎在热带地区的并购，认为那里是宝贵的原材料和食品的来源。但比市场和原材料更重要的是投资的开放。[1] 修筑公路和铁路，开发种植园和矿山，修建大坝，以及发展中的地区迄今未受文明影响的所有繁杂工作，为资本敞开了欢迎的大

---

① J. A. 霍布森：《帝国主义研究》（*Imperialism: A Study*），第 60 页。

门，而这些资本如果投资于国内产业，已经不再能取得工厂新建或铁路刚进入英国时那样的利润。此外，旧资本和新资本都导致了帝国主义的冒险。我们已经看到英国持有土耳其和埃及债券的人是如何保护自己利益的。这显示出陆军和海军在可用的地方所具有的优势：当德鲁先生欺骗伊利铁路的英国投资者时，他们没有获得任何补偿，而那些借钱给埃及总督的人可以使用皇家武装部队（他们自己没有花费）来收债，甚至可以因为他们渴望英国占领埃及而赢得爱国者的赞美。

就现在我们必须注意的南非而言，那里有一种比其他地方都要多的力量在历史的大幕开启之初就促使英国进行对外征服，那就是黄金和宝石的诱惑。

（五）英国的南非

好望角是 1488 年葡萄牙人发现的，但定居点并不是他们建造的。在非洲的大英帝国已经从好望角向北逐渐延伸，直至与从埃及向南延伸的部分汇合。荷兰人在 1652 年创建了开普敦，他们将周边国家作为其殖民地，并在南特敕令废除后，给大量法国胡格诺派人士以庇护。开普殖民地在拿破仑战争期间被英国吞并，以惩罚被迫站在法国人一边的荷兰人；它在 1802 年被归还给荷兰，1815 再次被英国征服并重新占领。很多荷兰人非常讨厌英国的统治，于是在 1836 年长途跋涉北上荒原，开始建立奥兰治自由邦，接着建立了德兰士瓦共和国。这两个共和国的地位有些不太确定：我们声称是宗主国，但他们不愿意承认。1877 年，巴特尔·弗里尔爵士宣布吞并德兰士瓦，但经过三年的摩擦，后者奋起反抗，此时接替了迪斯雷利的格莱斯顿让德兰士瓦获得独立，从而使宗主权的问题再次变得模糊。

在接下来的 20 年里，南非的历史就是塞西尔·罗德斯的历史。

塞西尔·罗德斯出生于 1853 年，是一位乡村牧师之子。他是第三个儿子，虽然他的大哥被送到温彻斯特公学，二哥去了伊顿公学，但轮到他时，家里钱用完了，于是他被送到当地的一所日校。父亲希望每个儿子轮流上学，他接受了这一安排，但其他人拒绝了。4 个孩子当了兵，2 个成了帝国的建设者。后来塞西尔得了肺病，在 17 岁那年被送去纳塔尔，与他的大哥一起做了农民。他们在棉花种植方面取得了一定的成功，但在一年左右的时间里，他们都被一个新的钻石田所吸引。塞西尔 1871 年 10 月从他的农场出发，带着"一些挖掘工具、几本经典著作和一本希腊语词典"，经过大约一个月的时间到达了钻石田。

那时，第一块钻石的发现才刚刚 4 年，此地也由此成为历史上已知的钻石最多的产区。1867 年，一个名叫斯凯尔克·范尼凯克的荷兰农民去看一位朋友，他见到朋友的孩子用捡来的石头玩弹子游戏。其中一块石头似乎闪闪发光，所以他问是否可以拿给专家看看。结果这块石头以 500 英镑卖给了总督。此后两年内，没有发现大的钻石。后来，当地的一位巫医将自己拿来施法（这可能是最初找寻这些钻石的用途）的一块石头给范尼凯克看，后者用 500 只羊、10 头牛和 1 匹马买下了它。然后，一个商人又以 1000 英镑的价格从范尼凯克手中买下，并以 25000 英镑的价格转卖给达德利勋爵，它获得了一个专门称呼非同凡响的石头的名字——"南非之星"。

发现钻石的地方位于奥兰治河以北，在奥兰治自由邦的领土上，但是英国利用一些不清不楚的头衔，成功地将其据为己有。为了良心上的安慰，英国支付了9万英镑作为补偿，从而获得了一个价值数亿英镑的钻石田。

当罗德斯来到这个后来属于金伯利公司的地方时，那里正处于一个新的采矿定居点典型的混乱无序的状态。他很快就开始赚钱，并在他的方法得到许可后，尽快买下了开矿权。令人好奇的是，1873年，在事业蒸蒸日上时，他离开南非来到了牛津大学。不过，那里的气候再次让他发病，他不得不中断大学学业，返回南非。学术上，他并不出众，但在不得不过的乡村生活中，他成了百万富翁和成功的政治家。所以，最后一学期的他，这个28岁的人一定是个相当古怪的大学生。不过总体而言，他在牛津大学的时间达到了目的，因为这有助于他在各种关键时刻争取到英国统治阶级的支持。

不要以为罗德斯仅仅是个唯利是图的人，相反，他对人类命运这类深刻问题有过很多的思考。经过一番犹豫之后，他确定上帝的存在与不存在有着同样的可能；他预见到威廉·詹姆斯在《信仰的意志》一书中的观点，感到在这样的问题上犹豫不决是行不通的，并决心在行动中接受上帝存在的假设。下一步就是确定上帝创造宇宙的目的。关于此点，罗德斯发现难度较小。"显然，上帝是要创造出一种最适合给世界带来和平、自由和正义的人类，并让这种人类占主导地位。在他看来，只有一个种族，即他所属的盎格鲁-撒克逊种族接近上帝的理想类型。上帝的意图是让盎格鲁-撒克逊种族占优势，而帮助上帝创造奇迹和生命的最好办法，就是帮助他在这个世界上占优势，使正义、自由与和平的统治离目标更近。"[1]

---

[1] 巴兹尔·威廉姆斯：《塞西尔·罗德斯传》(*Life of Cecil Rhodes*)，第50页。

通过马塔贝列战争①、詹姆森突袭②、布尔战争③，先让北方黑人，然后让布尔人臣服于英国的统治之下，又通过在英格兰和南非建立了一个庞大的政治腐败体系，罗德斯才算帮助上帝实现了和平、自由和正义的意图。自始至终，他非常真诚地认为自己是上帝的代理人。

罗德斯在整个职业生涯取得成功的基础，在于他对金伯利钻石的控制。1888 年之后，戴比尔斯联合矿业公司（他是该公司主要合伙人）拥有当时所知的所有南非钻石矿区，占全球总供应量的 90%。在德兰士瓦金矿开采中，罗德斯是个重要人物，但不是垄断者。他的公司——南非联合金矿公司，支付的股息从 1892 年的 10%迅速上升到 1894 年—1895 年的 50%，每年给他带来三四十万英镑的收入。然而，他对黄金的兴趣从未达到像钻石那样的强烈程度。

与此同时，罗德斯决定，为帝国主义考虑而不是出于个人的理由，大英帝国必须向北扩张到后来被命名为罗得西亚的地区。这个国家的南面由青草茂盛的高地组成，居住着好战的马塔贝列牧民，由一个名叫洛本古拉的杰出当权者统治。他身材魁梧，挺拔威严，"他全身赤裸地裹在一块极长的深蓝色布里，长布被卷得很小缠在身上，但并没有遮住身体"。在这样一个好战的部落中，他具有控制公众舆论的影响力。在他的经验范围内，他是明智的有政治头脑的，但在战争看来不可避免时，他又是个精力充沛的战士。正如威廉·普卢默在他

---

① 英国在南非开展的殖民战争。——译注
② 针对布尔人的德兰士瓦共和国的一次突袭。——译注
③ 1899 年至 1902 年英国人和布尔人之间的战争。——译注

那本得到赞扬的罗德斯小传中所说，洛本古拉的"每个细胞都展现出王者风范"。

不幸的是，他自己和他的臣民都不能阅读，但他可以喝香槟。他不喜欢得到特许的狩猎者，说这些人"未经我的允许，像狼一样来了，还把路修进了我的国家"。但只要他们以适当的方式征求他的许可，洛本古拉就是和蔼的，不难对付。当他的国家蕴藏着大量黄金的事实为人所知时，罗德斯在 1888 年派他的三个朋友去找他，以确保得到他的支持，其中一位来自牛津大学的万灵学院。他们大获成功，以每月 100 英镑、1000 支步枪、10 万发子弹和一艘在赞比西河上的武装汽船换得了他领地内的所有采矿权。这项协议被称为"拉德租约"。①

罗德斯的下一步是成立一家特许经营的公司，其权力类似于早年的东印度公司。这需要英国政府发挥作用，且通过高层的支持来确保这一点。在申请并获得这种许可证的人中，有法伊夫公爵（爱德华七世的女婿）、阿伯康公爵、艾尔伯特·格雷（后来的格雷伯爵和加拿大总督）以及其他知名人士。法伊夫公爵对他特别有帮助，因为通过他，王室与罗德斯的所作所为产生了紧密的联系。1889 年获批的许可证，保障了土著人的权利、宗教自由和贸易自由，授予许可的理由之一是"居住在上述领土上的土著居民的状况将得到实质性的改善，其文明将得到发展"。顺便说一句，《拉德租约》得到承认后，这家公司成了辽阔的北方地区的政府，除了那些被欧洲其他列强占据的地方外。

与此同时，洛本古拉发现他所标记的那份文件产生的实际效果远

---

① 关于罗德斯与洛本古拉交往的最佳描述见莫雷尔的《黑人的负担》一书的第四章。

不是他所想象的。他口述了一封写给维多利亚女王的信，提到了一些事，其中有段话说：

> 不久前，一帮人来到我的国家，为首的似乎是一个叫拉德的人。他们向我要一块地方挖金子，并说要给我一些东西交换我的授权。我告诉他们把要给的东西带来，然后我会告诉他们我将给些什么。一份准备好的文件放在我面前让我签字，我问上面写了些什么，说是我说的话和那些人说的话，于是我在上面摁了手印。大约 3 个月后，我从其他渠道听说，我在那份文件上把我国家所有的矿产资源的权利都授予了他们。我召集我的管事和白人开会，并要求得到文件的副本。文件证明，我已经把整个国家的采矿权签给了拉德和他的朋友。因此我又和管事们开了个会，他们不认可这份文件，因为它既不包含我的话，也没有包含那些得到它的人的话……我写信给你，是想让你知道这件事的真相。

几个月后，他又发了一封信，信中抱怨说"白人在金子问题上给我添了很多麻烦，如果女王听说我已经把整个国家都拱手让人了，那可不是事实"。

女王通过她的殖民大臣回复这位君主兄弟说，他不可能排斥白人，而且在询问了有关人员之后，她很满意他们"是可以信任的，在酋长的国家里从事挖掘黄金的工作时，并没有骚扰他的人民，或以任何方式惊扰他们的部落、花园或牛群"。偶尔会有一些与偷牛有关的麻烦，但几年来并没有造成什么妨碍。特许公司关注的是进一步向南发展，以及英格兰的金融运作。它的资本是 100 万英镑，每股为 1 英镑，这使得那些远远算不上富有的人也可能成为股东，所以即使在工薪阶层中也能找到罗德斯的支持者。戴比尔斯公司持有 20 万股，发起人得 9 万股，而罗德斯个人拿了很大一部分；此外，他在联合特许公司很重要，而公司将拥有未来利润的一半。当全世界都习惯了这些安排时，便不希望再受到批评。

1893 年 7 月，特许公司的经理詹姆森博士认定是时候收拾马塔贝列人了，并呼吁志愿者帮助他"碾碎洛本古拉"。他向每个志愿兵提供 3000 摩根（近 9 平方英里）的土地以及 20 金币；还进一步规定"战利品将进行分割，一半给 B. S. A 公司，剩余的军官和士兵平分"。据估计，这些不同项目加起来，每名士兵至少可以得到 1 万英镑。这样的价码，不难找到愿意帮助上帝实现"和平、自由和正义"的人。到了 10 月，准备工作完成。仍然希望和平的洛本古拉派了 3 名使者来谈判。英国人给了安全方面的保证，但在使者抵达营地的当天，其中两人"意外"死亡。这是战争的开端，它持续了 3 个月，实现了白人的所有愿望。洛本古拉失踪，他的手下或逃亡或被杀，他曾经的王国同意给予 900 个农场、1 万金币，大约 10 万头牛成了战利品，使得当地幸存者失去了谋生手段。

在"教化"非洲的过程中，总是有必要剥夺当地人的土地、牲畜以及其他传统的食物来源，以便迫使他们为白人工作。然而在马塔贝莱兰，这些方法过于缓慢，因而引入了强迫劳动。1896 年，在詹姆森被布尔人俘房后，马塔贝列人铤而走险企图通过叛乱重获自由，当然结果他们被打败了，从此之后他们再也没给自己惹出过任何麻烦。当地人每人每年都要交纳 2 英镑的税，所以不得不为挣工资而工作。如此，收入和工资这两大问题一并解决了。然而，据一位著名传教士卡耐基先生所言，马塔贝列人并不感激，而是说：

我们的国家没了，我们的牛群没了，我们的人民四处离散，我们没有东西赖以生存，我们的女人抛弃了我们；白人为所欲为；我们是白人的奴隶，我们无足轻重，没有权利，也没有任何法律。

令人欣慰的是，所有的苦难都取得了巨大的成就，达到了有益的目的：把一些黄灿灿的金属碎片从地下某处转移到其他地方，即大银行的金库。

马塔贝列战争的英雄詹姆森是罗德斯的副手和最亲密的朋友。罗德斯的下一个事业不太成功，但更重要。

金矿之外的德兰士瓦仍然居住着开普荷兰人的后裔，他们认为英国的统治令人无法忍受。在与世隔绝的农场，他们仍保留着17世纪朴素的虔诚，以恐惧的眼光看待现代资本主义世界。当兰德发现黄金之时，他们意识到这将给在其土地上发现金子的农民带来从天而降的财富，但除了收取租金和苛捐杂税之外，他们拒绝与成群结队来到迄今仍宁静的乡村的国际冒险家有任何关系。尽管来的外邦佬（对外国人的称呼）的人数跟他们的相比达到了5比1，但布尔人还是拒绝让他们参加投票，并长时间阻止修建与开普相连的铁路。此外，他们还制定了高关税，导致每样东西都价格昂贵，而这些东西都是外邦佬们不得不进口的，如此几乎破坏了与开普殖民地的贸易。外邦佬认为自己是这个国家最重要的人：他们中许多人非常有钱，他们所在的地区生产了全世界大多数的黄金供应。这使他们对自己被排斥在政治权力之外感到愤愤不平。

罗德斯和英国政府都希望外邦佬会重弹当年的老调——"无代

表，不纳税"，反抗克鲁格总统，这在英国人（此刻）听来会觉得不错。1895年，军事当局通过开普而不是苏伊士运河把军队从印度调来调去，这样一旦发生麻烦，随时可用。此时，罗德斯不仅控制着特许公司，而且是开普殖民地的首相。利用这两种权威，他给了詹姆森一支武装部队，开到离约翰内斯堡最近的德兰士瓦边境上，名义上是为了保护一条正在修建的铁路。他试图通过詹姆森的军队支持在兰德谋划的叛乱。在最后一刻，他未能与"改革者"达成一致，他们中的许多人想要独立，而他坚持要英国吞并之。如果是这样，他将放弃企业，至少在一段时间内是如此。但是詹姆森头脑发热，于1895年12月29日引爆了整个事件；1月2日，他和他的部队屈辱地成了克鲁格的人民的俘虏。

这一事件的后果出乎意料地影响深远。罗德斯的荷兰朋友们自然转而反对他，他不得不退出开普的政治，虽然没有丧失对罗得西亚的控制。英国政府或者至少殖民地大臣约瑟夫·张伯伦本应受到牵连，尽管情况可能并非如此，但无疑他存在重大过失。德国皇帝发电报向克鲁格总统表示祝贺，这在英国引起了极大愤慨，以至于大多数人忘了指责袭击者。詹姆森及其部下被移送英国接受惩罚，而当他们到达伦敦时，整个社交界都设宴招待他们。詹姆森被判处短期监禁，但几乎立刻以"健康原因"为由得到释放。而英德关系也再没有变得亲密过。后来，英国政府拾起外邦佬的事业，无情地敦促它在布尔战争中取得成果。从袭击发生之时起，南非事务就对世界历史产生了灾难性的影响。

在开普殖民地，罗德斯的影响已经终结，但在其他地方他仍然具有重要性。他想建一条从开普到开罗的电报线；罗得西亚与坦噶尼喀湖相接，但从那里到乌干达，必须通过刚果或德国占领的东非。1899年，他拜访了相关的两位君主，想看看哪一方会给他最好的条件，允许他在他们的领土上搭建线路。他讨厌利奥波德国王："当他走出房间时，他抓住了碰巧路过的我们的武官，压低嗓门在他耳边说：'我告诉你，这个人是撒旦，撒旦。'"[1] 相反，他与德国皇帝相处得很好。开始时，他对发给克鲁格的电报调侃了几句："你看，我是个淘气的孩子，你想抽我几鞭子。现在我的人民因为我是个淘气的孩子准备抽我鞭子，但一旦你直接动手，他们会说：'不，如果说这是谁都想做的，那也得我们来！'结果，陛下让自己为英国人讨厌，而一鞭子也没挨过。"

德皇被逗乐了，答应了罗德斯的请求。

从 1896 年起，约瑟夫·张伯伦接替罗德斯处理德兰士瓦事务。张伯伦以激进开场，后来变成了像罗德斯一样的帝国主义者，他选择了殖民部，以便使自己的政策拥有发挥的空间。"塑造了我们的目标的上帝意志（他说）是要我们成为一种伟大的统治力量——征服，是的，征服，但征服只是为了教化、管理和发展世界上的广大种族，首先是为了他们的利益，但毫无疑问也是为了我们的利益。"1898 年，由于基奇纳[2]对苏丹的征服以及法国迫使英国放弃法绍达的耻辱，英国的帝国主义情绪大大强化。1899 年对张伯伦而言，是时候占领开普到开罗这一帝国的另一端，一劳永逸地收拾布尔人了。当然，这是一场"争取民主的战争"。索尔兹伯里勋爵说："我们不谋求金矿，我们

---

[1] 巴兹尔·威廉姆斯：《塞西尔·罗德斯传》，第 50 页。

[2] 英国陆军元帅，1898 年镇压苏丹军，成为该国总督，阻止了法国在苏丹的扩张。——译注

不谋求领土。"但持怀疑态度的外国人注意到，我们既得到了金矿，也得到了领土。

　　布尔战争对英国而言是双重耻辱，因为我们动机不纯，我们的军队开始时并没有获胜。欧洲大陆在情感上是强烈反英的，我们败于布尔人之手使我们被认为已经衰落。有人说，法俄德三国曾联合起来迫使英国与德兰士瓦和好。自从拿破仑垮台后，英国第一次意识到在欧洲大陆建立同盟对他们有利；张伯伦提议与德国结盟，但遭到拒绝。在布尔战争的整个过程中，相当一部分英国舆论是反战的。劳合·乔治在张伯伦所在的伯明翰不得不躲避伪装成警察的暴徒，但在威尔士他从未失去在民众中的声望。自由党领袖坎贝尔-班纳曼就提到了与焚烧农场和妇女儿童集中营有关的"野蛮行径"。布尔战争一结束，英国就转而反对导致战争的政党以及激发战争的整个帝国主义哲学。

　　有两个原因促成了这种反应。一个是张伯伦发起了一场对食品征税的运动，以此作为巩固帝国的唯一途径，但对40年代的饥饿的记忆使工薪阶层认为帝国的关税同盟会导致商品过于昂贵。另一个更直接地与南非战争有关。当初是以矿主的名义开战的，因为他们需要廉价劳动力。在整个战争期间，英国工人被告知，最终兰德的大门会向他们开启，但是他们的工资对约翰内斯堡的产业巨头而言太高了。考虑到黑人劳动力的供应不足，于是决定在半奴役条件下引入中国苦力。工会的情绪和反奴隶制人士的情绪都感到愤怒。约翰内斯堡的教区长指出，将这些可怜的异教徒带到一个基督教国家是多么仁慈的事，但不知何故，这种理由归于失败。反政府的道德家们指出，让1万个男人接触不到任何女人是有道德上的危险的；政府宣布已经接来了一些苦力的妻子，坎特伯雷大主教说，这样的话道德便有了保障。但是，当得知仅接来了两个女人时，怀疑论者不禁摇头。

尽管坎贝尔-班纳曼谈到了"野蛮行径"，但最后这个国家还是以创纪录的多数票支持了他。朴素的民众以为帝国主义和战争已被否决了，新政府将走一条和平之路。不幸的是，自由党中有一小部分人自始至终支持帝国主义，而其中就有成为外交大臣的爱德华·格雷爵士。当这个国家满腔热忱地为和平投票时，他甚至瞒着内阁批准了与法国的军事对话。如果说这些对话没有使世界大战不可避免的话，那么至少可以肯定，如果战争来临，英国将介入其中。

因此，尽管罗德斯在战争结束前去世，张伯伦在两年之后也撒手人寰，尽管议会对他们那个时代所做的坏事感到后悔，但仍有一些人暗中以秘密方式将英国的政策捆绑在旧的坏路线上，将他们的国家蒙着眼睛推上了走向世界灾难的道路。

(六) 亚洲

欧洲帝国主义在亚洲的成就不如在非洲的，并且走了一条完全不同的道路。亚洲的俄国必须被视为一个殖民地，而不是被征服的帝国；当地人口稀少，对俄国移民的反对也不如美国土著对白人的抵制那么多。英国在印度的地位早在 1815 年就已经确立，在我们这一时期并没有发生重大变化。然而，与西方政治思想的逐渐接触，导致了在印度以及亚洲其他地区产生了一场民族主义运动，这场运动在世界大战爆发前不久就令英裔印度人印象深刻。

为帝国主义的竞争敞开大门的地区有土耳其帝国、波斯和远东。自从拿破仑和亚历山大就君士坦丁堡、叙利亚、摩尔达维亚和瓦拉西亚问题讨价还价以来，土耳其的衰落激起了列强的贪念，但是相互之间的嫉妒阻止了对其进行分割，而这种分割在非洲成功实现。俄国人、法国人和英国人都对近东有兴趣，但德国取代英国渐渐成了苏丹的朋友。于是，小亚细亚成了德国资本的战场，柏林至巴格达的铁路规划使得德国的帝国主义者兴奋不已，就像当年开普至开罗的计划让英国的帝国主义者兴奋一样。（似乎所有国家的帝国主义者都受到同样的鼓动。）英国和俄国都反对柏林与波斯湾之间的铁路计划，但在战争爆发时，达成了一个有利于德国的折中方案。

波斯，伊斯兰世界最有智慧和艺术化的国家，在经历数个世纪的弊政后，采纳了自由主义思想并建立了议会。但这并不切合英国或俄罗斯的利益。由于 1907 年的协约，英国占领了南部的一个地区，那里有对海军部来说极具价值的油田，而他们刚刚决定在海军中以石油替代煤。俄国占领了北方一个面积更大的地区，以沙皇政权惯常的残暴手段镇压立宪派。只有中间一块领土才拥有名义上的独立，其面积不到整个国家的四分之一。①

比近东的这些事件更重要的是，白人入侵中国和日本所造成的后果。16、17 世纪，葡萄牙人从澳门，西班牙人从马尼拉，向这两个国家输送了传教士和枪炮。日本人在学会制造枪炮之后，扫除了基督教皈依者，并对欧洲人关上了国门，除了每年一艘荷兰船只造访之外。中国人尽管对基督教持伏尔泰式的观点，但不得不承认，耶稣会士们在预测日月食方面的能力超过他们，并以此为由继续在自己的土地上

---

① 在我的论文《协约国的政策：1904—1915》中，我比较充分地讨论了英俄对波斯的分割，该论文收录在《战时的正义》（*Justice in War-Time*），第 171—192 页。

容忍他们。他们也不认为白人能在战争中打败他们。

在这一点上，中国和日本分别受到英国和美国的启示。因为中国当局反对进口鸦片，英国人在 1840 年与中国开战。由此产生的条约奠定了在中国一直延续到战后的体制的基础，并且许多方面在战后仍然有效。中国海关由一个只对其上级负责的职员管理，只要英国在中国的对外贸易中占有最大份额，这个职员就由英国人担任。进口关税不得高于 5% 的从价税，即使酒精和鸦片（很长一段时间）等商品也是如此。"条约口岸"越来越多，其中许多都在离海数百英里的地方，被外国列强集体声称拥有主权，除了形式之外，它们不再受中国主权管辖。在中国的外国人服从他们自己的法律，只能由他们自己的国民审判。但是自公元前 3 世纪以来就在世界上独占鳌头的中国人，仍然保持着帝国的骄傲，认为外国人只是一种麻烦而不是威胁。

在日本，事情的发展过程大不相同。1853 年，海军准将佩里率领他的中队到达日本，要求开放与美国的贸易关系，这使日本人意识到，自 17 世纪初与基督教文明最后一次接触以来，武器装备已经有了进步。这时，他们向佩里做出了让步，也向接踵而至的英国做出了让步。他们达成了一系列商业协议，开放通商口岸；没有西方人怀疑整个过程将按计划进行。计划的确在进行——但不是白人的计划，而是日本人的。日本人迅速吸取欧洲文明中有助于提高军事和海军效率的内容；最终收复了通商口岸，外国人也要服从日本的法律和法院。贸易尽管仍在继续，但以平等的方式进行，而不是只对白人有利。

1894 年，日本和中国在朝鲜的宗主权问题上发生争执，双方都声称自己拥有主张。中国被如此迅速而彻底地击败令全世界感到震惊，结果造成了列强对中国的争夺。法国声称在南方有势力范围，英国声称在长江流域有势力范围。俄国人占领了东三省，并兴奋地认为他们终于可以在亚瑟港①自由进入温暖的水域了。1897 年，好运降临到德国人头上，两个传教士在山东遇害。他们勒索以胶州湾和腹地地区有价值的铁路权作为赔偿。最终，无知的中国反动派义和团在皇太后的鼓励下，见了"洋鬼子"就袭击，尤其是对北京的使团和使馆人员。1900 年，一支国际远征军被派往中国施行惩罚。北京遭到洗劫，被迫缴纳巨额赔款。从此，使馆区有权驻扎外国军队，而中国人被禁止在其围墙四周建造房屋。当时人们都认为，中国被吓到了——因为欧洲在中国的获利。

四年后的日俄战争改变了一切。自与中国开战以来，日本人认为自己在朝鲜的权利得到了确认。俄国大公在中国有木材特许经营权，这对于完成在满洲取得更多领地的目标似乎是必要的。而新修建的西伯利亚铁路使俄国军事当局认为在远东地区发动一场战争是可行的。然而，事实证明日本人更强大。在海上，他们摧毁了俄国海军；在陆上，他们征服了亚瑟港和直到奉天②的南满洲里。这是自土耳其人的伟大时代以来，欧洲人第一次被非欧洲人打败。从那时起，日本成为在中国的唯一重要的帝国主义国家；而欧洲人，尤其在第一次世界大战争之后，只能勉强度日。③

日俄战争的后果对俄国与对中国同样重要。它首先导致了 1905 年的革命，包括制定了一部宪法、开启了议会制政府的大幕。接着，

---

① 中国旅顺的旧称。——译注
② 沈阳的旧称。——译注
③ 在我的《中国问题》(*The Problem of China*) 一书中比较充分地讨论了在中国和日本的帝国主义。

俄国的外交政策发生了彻底变化。远东冒险已经不再可能了。英日同盟使法国无法求助于俄国的帮助。出于同样的原因，以及1904年的英法协约，在对日开战的那一年，法国也不可能帮助俄国对抗英国。这使得在亚洲不可能有一个向前推进的政策，英国和俄国之间敌意的原因也就此消除，而这种敌意自从俄国在中亚地区扩张并使我们对我们印度帝国的安危感到紧张以来就一直存在。结果，俄国的野心直指巴尔干半岛和近东，在那里他们与土耳其、奥匈帝国发生冲突，也与德国起了争端。这一政策没有触犯英国的利益，恰恰相反，使其与英国的友谊不仅可能，而且可取。1907年的英俄协约由此产生，一个持续到大战前的大国集团就此形成。

日本在远东地区的霸权地位的上升，终结了欧洲列强在中国的野心，从而把他们留下的最后一个未被分配的重要区域从相互谈判的范围中剔除。自此之后，全球局势描绘完毕，一个国家的利益只能以牺牲另一个国家的利益为代价。这加剧了竞争，使互相之间的调整变得更加困难。在帝国主义中找到了出路的扩张势力被迫行动起来，不再是在遥远的欠发达地区，而是在离本国较近的地方，与邻国展开直接竞争。尽管政治家们预见到了这一结果，但他们缺乏防止这种情况发生的意志和智慧。虽然不是随波逐流，却也无能为力地滑向了灾难。

第三十二章　欧洲的仲裁者

1907 年，欧洲列强分裂为两个阵营，这一最终形式一直持续到第一次世界大战。自维也纳会议以来，世界发生的变化超过了以往任何一个世纪：自由和组织都得到了发展，而且是在同等程度上有所发展。就自由而言，农奴制已经消失；议会制度被引入到以前不存在的地方，也比之前的模式变得更民主；工会已经合法化，在与雇主打交道时，给了工薪阶层一些平等谈判的途径；移民在任何地方都是政府允许的，并开始对南欧和东欧产生了重大影响；除了在俄国帝国外，各地都形成了宗教宽容；刑法也不再那么残酷；新闻审查制度或被废除或变得缓和，政治上也比以往任何时期更接近言论自由。

组织的变化同样显著。铁路的发明使大型经济组织成为必要，而有限责任法使得大型经济组织成为可能。无论是在欧洲还是美洲，资本的聚集规模不断扩大，从而使经济力量集中在少数巨头手中。1815年，政府所起的作用相对较少，于是在许多新的方向上变得活跃起来。其中最重要的是教育：西方国家中有文化的民主的存在使国家合作的新强度成为可能，这种情形以前只存在于小型城邦国家。铁路、电报、电话使处于中心的人能够迅速向远方的人发出指令，从而增强了政府的有效权力。在欧洲以外的地方，印第安人曾狩猎的地方，非洲酋长曾带领他们的勇士去战斗的地方，现代城市和现代机制如今将人们带进证券交易所的轨道。

尽管世界自 1814 年以来已经发生了改变，但有一个方面没有发生任何重大变化，如果说有的话，也是一种倒退性的变化。大国的对外关系，如同维也纳会议时期一样，仍然掌控在个别人的手中，其权力可能受到理论上的限制，但在实践中几乎是专制的。尽管在三个东方帝国中建立了议会，但他们的对外关系仍然完全控制在皇帝手中，就像亚历山大一世和梅特涅时代一样。在英国，外交政策连续性的传统使得对外关系脱离了议会的有效控制；无论哪个政党执政，外交部都掌握在 1830 年就进入这个部门的辉格党家族成员手中。在法国，外交部长的绝对地位不如欧洲其他国家的；但常任官员和某些商业利益集团的联盟导致的结果，与独裁统治在其他地方产生的结果非常类似。

虽然各国之间的关系因此完全没有实现现代化，但它们的相互伤害的力量却大大增加了。科学和工业化已经改变了战争的手段，并有可能将这些运用于战争中，同时武器生产也可以装备更多的人员，远远超过当年打败拿破仑的战役中的情形。更快的机动性和命令的传达使得入侵敌国的速度比以往任何时候都快得多。因此，各国比以往更加相互畏惧。这种恐惧滋生出更强烈的民族主义，反过来又在边境地带制造了更多的恐惧，也进一步强化民族主义。民族主义和恐惧在灾难性的相互作用中不断地互相强化，最终促进了准备战争的国家组织，特别是应对突发战争的组织，因为通过这样的组织能最快动员起来的大国可以确保军队在敌方领土上迎战。陆军、海军、外交各方必须紧密合作，等待着开战的最后信号，并始终处于这样的精神状态中。

在国际关系中，组织的缺乏与经济生活的某个方面，即新资本的投资缺乏组织性有关。我们已经看到，罗德斯和利奥波德国王从非洲的投资中获得了巨大的利润；在世界许多地方帝国主义者的冒险也在寻求类似的利润。有时，这些利润是通过征服得到的，有时是靠外交手段获得的。在领先的工业国家中，钢铁工业与军备工业密切相关，它们始终竭力向落后的国家出售武器。当沙皇的舰船被日本人击沉时，德国皇帝多次劝他向德国公司订购新船，但沙皇更信任其盟友法国。巴兹尔·查哈罗夫爵士想通过潜艇发财，但他一开始与所有大国打交道时，就面临着失败的命运。不过，最后他的希腊同胞买了 1 艘，这导致土耳其人订了 2 艘，另一个大国 3 艘，又一个要了 4 艘……以致卢西塔尼亚号①被击沉——这一事态的进展自始至终完全符合造船者的心意。通过这种方式，新资本的投向与外交博弈密不可分，而其利润往往取决于战争的危险。

在任何地方，外交事务都是一个谜，在世俗之人的面前暴露出来是不符合国家利益的。对历史学家而言，幸运的是，发生在这三个东方帝国的革命已使得这些国家的文件很早就公开了，如果这些国家仍由旧政府控制，就不会在那么早的时候允许这样公开。我们现在可以像 100 年前那样准确地判断，在一战前的最后几年，这些超人会调动

---

① 隶属英国轮船公司，1915 年被德国潜艇击沉，从而改变了第一次世界大战的历史。——译注

他们国家的巨大军力。

1814 年时，这些人中最重要的人物有沙皇、奥地利皇帝和后来成为德国皇帝的普鲁士国王。但在这三个东方大国之间，相对重要性发生了巨大变化。德国现在排在首位，奥地利最末；俄国虽然仍然非常突出，但已经输给了德国，失去了属于亚历山大一世的霸主地位。英国凭借其海军和帝国依然强大，也感到自己受到了德国的威胁。英国的对外权力从 1905 年底开始绝对地掌控在爱德华·格雷爵士手中，几乎与德国的外交完全握在皇帝的手中一样。法国的政策变化不定，不过在最后占上风的政策中起决定作用的人物是德尔卡斯和庞加莱。所有这些人不**仅仅**是非个人力量的体现，而且通过他们的个人特质影响事件进程。

1871 年至 1914 年的整个时期，在欧洲的外交版图中，有些因素是固定不变的，另一些则有所变化。最重要的不变因素是法国对德国的敌意。俾斯麦认为这是不可避免的，接受了它，并且一方面与俄国建立良好的关系，另一方面鼓励英国、法国、意大利加入帝国主义的冒险，使他们相互间陷入冲突，从而解决了这一问题。俾斯麦倒台后，法国逐步改善了外交处境，先是建立法俄联盟，然后与英国签订协约，最后通过巴尔干战争削弱德国和奥地利在巴尔干半岛的地位。此外，大家都知道，一旦战事爆发，美国的金融和工业资源将更倾向于法国和英国，而不是德国；特别是摩根公司几乎被视为协约国的合作伙伴。随着法国地位的提高，法国政治家和实业家的心中重燃收复失去的省份——尤其是洛林的铁矿石——的希望。其他列强的愿望可能已经在一些小规模战争中实现了，但阿尔萨斯-洛林的收复只有在欧洲通过一次全面的战争才有可能实现。因此，一旦 1904 年的协约能确保英国的支持，法国的利益和政策要比其他任何大国的都更倾向于最高级别的冲突。

根据对事件的影响来判断，欧洲最重要的人物是德皇威廉二世。他的年轻时代在祖父威廉一世和外祖母维多利亚女王的阴影之下度过。他的母亲是维多利亚女王的长女，王储腓特烈的妻子。腓特烈等即位等到57岁，登上王位时已是一个垂死之人，在他统治的短短几个月里，已经无力在政府中起任何作用。威廉二世出生时左臂萎缩，因此从未得到母亲的爱，她告诉一位奥地利人（当然，这位奥地利人复述了她的话）说，比起自己那"粗俗蠢笨的儿子"，她是多么羡慕奥地利王储。她是一个野心勃勃、专横的女人，渴望继承王位，痛恨俾斯麦和德国，从不费心掩饰她觉得自己是英国人的那种感觉。老皇帝一直活着——直到90岁时才离世——她的希望渐渐破灭。她预见到自己的统治（她的丈夫对她唯命是从）将是短暂的，这使她更增添了对这位以前不喜欢的儿子的嫉恨，在丈夫临终前的最后几个小时她还无可救药地跟儿子吵了一架。威廉对母亲的憎恨是其对英国的仇恨的根源。

然而，英国对他而言不只是一个仇恨的对象，同样也是他钦佩的对象。在那个时代，一个国际性的王室要比红色或黑色的国际势力更有影响力。在北欧，只有一个王室，其不同的成员统治着不同的国家，而维多利亚女王是公认的首领。不仅德国皇帝是她的外孙，而且沙皇已经娶了她的孙女——尼古拉订婚时在自己的日记中得意地写道："我叫她祖母。"自从凡尔赛宫被共和党人把持之后，再没有哪个皇家宫殿像温莎城堡那样宏伟。在"外祖母"生前，每当威廉二世被邀请留在那里时，他都会感到一种势利的满足感，并在回来后吹嘘它的华丽。他忍不住要讨好英国人，尽管他的努力是如此笨拙，以至大臣们不得不不断警告他不要过度表露情感。他对英国的仰慕之情与维多利亚女王有着密切关系，正如他的仇恨与自己母亲息息相关一样。

1904 年，在基尔，当着爱德华国王的面，德皇为自己的海军政策进行了辩护，这从心理角度看是正确的，但在政治上也许并不明智："当我还是一个小孩的时候，我被允许访问普利茅斯和朴茨茅斯，与和善的阿姨和友好的海军将领手牵手，那些停泊在这两个一流港口的骄傲的英国舰船真叫我羡慕。于是，我的内心燃起了有一天建造这些舰船的愿望，当我长大，拥有一支像英国人一样优秀的海军。"他的总理比洛试图阻止这篇讲话的发表，说如果舰队被"如此动情地描述，仅仅因为你的个人倾向和年少时的记忆"，国会可能会拒绝付钱。但是德皇无法克制自己的欲望，坚持要向"伯蒂叔叔"展示他的整个海军，尽管有人警告他，英王的印象越深，政治后果就越糟。一直以来，他都希望自己能像"外祖母"一样伟大。

德皇萎缩的手臂对他个性的影响，和他母亲和外祖母对他的影响一样严重。他内心躁动的虚荣心使他有必要炫耀自己，而作为霍亨索伦王室的首领使他不可避免地要成为一名战士。但是，他在经历了巨大的困难、通过英勇的努力之后，才学会了骑马，而他的马总是保持安静。在某些关键场合，例如当他在丹吉尔登陆（这次登陆取悦了比洛，惹恼了法国和英国）时，如果他的坐骑过于狂躁，他就会焦躁不已。在访问丹吉尔很久之后，他写信给比洛抱怨道："我在那里登陆是因为你要我为了祖国的利益，在那里骑上了一匹奇怪的马，尽管我残废的左臂成为我骑乘的障碍，这匹马也差点要了我的命，我可是你这场游戏中的赌注！"比洛评论说："在皇帝的许多可爱的品质中，没有人比他忍受并克服左臂瘫痪的那种真正坚忍的态度更有魅力了。在没有任何掩饰生理缺陷的情况下，凭着钢铁般的决心成了一名勇敢的骑手、卓越的射手和娴熟的网球选手。"这是非常公正的，但这种努力使他的虚荣心以不幸的方式发展。

德皇表现出明显的好斗，随时准备挑战应战，他虚张声势的自夸，掩饰着他紧张的神经，因为他害怕自己被认为不够有男子气概。如果他生来只是一个拥有私人车站的富人，也许会愉快地成为艺术的赞助人：他会被那些希望自己的画作或曲调得到赞美的画家和音乐家团团围住。他对掌声的渴望本来会得到满足，代价就是对那些业余艺术作品表现出一点不真诚的赞赏，而不是迫使自己选择一种导致欧洲毁灭的行动方针。他的天性只向他自己主动选择的朋友展示，其中菲利普·尤伦堡伯爵是其中最亲密的。尤伦堡是个柔弱、多愁善感、心思细腻的人，像大多数皇帝的宫内密友一样，是个同性恋。即使在军事界，那种反对旧普鲁士男子气概的倾向也已经开始了。军事内阁的首脑许森-哈塞勒伯爵曾在多个场合将自己打扮成一名芭蕾舞者，最后一次他是在德皇面前跳舞，舞毕倒地死去——成了皇帝陛下的一大丑闻。

与俾斯麦一样，威廉二世不是一个意志坚定的主宰者，而是更像一个演员，担心不能出演最好的角色。他和老首相的相处并未因此变得容易，后者 26 年来一直是普鲁士的绝对主宰。对这位老人有利的是腓特烈皇后恨威廉，所以在新统治开始的头两年一直在任。但在1890 年，不可避免的裂痕出现了，他被解职。

碰巧在这个非常时刻，一件对德国来说至关重要的事情必须做决定，即与俄罗斯续签《再保险条约》。1879 年终结的德奥同盟使得法俄有结盟的危险；为避免这一点，俾斯麦在1887年与俄国签订了3年的秘密条约，根据这一条约，两国同意不加入任何第三方对对方的攻击。奥地利和俄国一直在巴尔干半岛有利益冲突，但俾斯麦决定与这两个国家都交好。除了1866年的少数几个星期之外，这三个东方大国自1813年以来一直是朋友，它们的友谊既维护了欧洲的和平，也阻止了法国寻找盟友。通过《再保险条约》（不过，这得瞒着奥地利），德国尽可能地维持着三位皇帝之间的和睦。

这一直是俾斯麦的政策，但他现在失宠；因此，这项政策肯定是不好的。在权力空白的混乱中，只有一个人理解德国外交的错综复杂，他就是外交部的常任大臣荷尔斯泰因男爵。他建议不续签该条约，因为除了俾斯麦之外，俄国政府对与任何人续约都表现出犹豫不决，但男爵又不希望俾斯麦重掌权力。于是该条约被批准失效，俄国转向了法国，双方1891年订立了协约，1894年缔结同盟。

荷尔斯泰因在这件事上第一次对德国的外交政策产生了重要影响，他可以说是个非常独特的人。当还是个孩子的时候，他父亲的一个挤满绵羊的牲口棚起火，而父亲在试图救那些羊时被羊踩死了。这给儿时的他留下了深刻的印象，以致他这一生，一看到羊就紧张地倒地不起。然而，当他奉俾斯麦之命担任驻巴黎大使馆的秘书时，行为并没有那么古怪。他掌握了对自己的上级阿尼姆伯爵不利的证据，而俾斯麦早已决定毁掉阿尼姆，荷尔斯泰因也被迫作为证人出庭。阿尼姆在柏林社交界广受欢迎，荷尔斯泰因因为在此事中打着友谊的幌子扮演了间谍的角色而受到排斥。从那一刻起，他过起了隐居生活。即使德国皇帝几次三番邀请，也才见到他一次，荷尔斯泰因一般会以没有宫廷礼服为由拒绝面见。

德皇在下台后说，将俾斯麦解职就像移走了一块花岗岩，暴露了下面的害虫。也许此时他想到了荷尔斯泰因，尽管在荷尔斯泰因掌权时，他说他"是一个彻头彻尾的好人"。这个"好人"以运用不为人知的力量制造社会不幸来取悦自己。他与尤伦堡交上了朋友，同时收集证据，以便能随时随机地把"朋友"送进监狱。据说一天晚上，他在一家名声不太好的啤酒屋躲雨，这家酒馆是同性恋聚会的地方。他看到（自己没有被发现）两个男人，穿着水手的衣服，明显是经过伪装的，相互称对方为"克劳斯"和"霍夫曼"。他认出"克劳斯"就是尤伦堡。几年后，在第一次与比洛见面时，他听出了对方声音，比洛就是那个"霍夫曼"。无疑，他知道的这件事（据说这件事只是个开始），使他能在日后控制这两位显赫的人物，因此也使他能影响他们的行事方向。不管他们身居何等高位，都不得不采纳他建议的政策，任命他想任命的人。从 1890 年俾斯麦倒台到 1906 年，德国的外交政策就是荷尔斯泰因的决定。他建议拒绝张伯伦关于结盟的提议；他引发了针对摩洛哥的政策，并让比洛迫使并不情愿的德皇接受。他并不看好克鲁格的电报线计划，这本是德皇自己的事，但在讨论时，他刻意地不加阻碍，因为他预见到这一责任将落在外交大臣马歇尔的头上，而他希望除去马歇尔以便给比洛腾出空间。几乎每个人都怕他，因为他知道一些不光彩的秘密，并善于阴谋诡计。他的倒台可以归结为一件完全不可预见的意外。1906 年，比洛在国会大厦晕倒，他的所有文件临时由其下属契尔斯基负责。其中有一封荷尔斯泰因的辞职信，这是有意写的，就像先前写的 10 封辞呈一样，仅仅是施加压力的一种手段。但契尔斯基与其他人不同，没有不可告人的秘密，他立即将辞职信呈给德皇并得到了签名同意。荷尔斯泰因认为尤伦堡应该对此负责，于是把消息透露给德皇的亲信又传到激进派记者哈登的耳中，后者在报纸上公之于众，此举不仅毁了他自己，也毁了一些知名人士。1909年，荷尔斯泰因又老又穷，几近失明，在柏林一个破落城区的小公寓去世，而柏林是他在手握大权的日子里一直生活的地方。《每日邮报》的讣告说他是"老派普鲁士官员的典型"。荷尔斯泰因有学问，工作时不知疲倦，从某种意义上讲他是爱国的。但他多疑的天性使他在所有重要时机给出了错误的建议，他扭曲的仇恨对战争气氛更是推波助澜。

德皇与尤伦堡以及其他朋友的相处显示出他个性的一面，而他在给俄国皇帝"最亲爱的尼基"的信中又表现出完全不同的一面。尼古拉二世于1894年登上王位，比他的表亲威廉年轻，也没那么聪明和强悍。因此，威廉似乎应该可以对他形成个人的支配性影响，从而使俄国的政策对德国有利。即使在三国同盟和三国协约已经清晰地廓出相互敌对的集团时，德皇还是没有放弃这个希望。他也从没意识到，他对他亲爱的表亲所说的反对法国或英国的话，可能会传到英法两国。当俄法联盟刚刚议定，他告诉"尼基""让那些该死的流氓（指法国人）遵守秩序，叫他们安静地坐好"。他为一个独裁者在对待共和党人时表现出尊敬而感到痛苦。大公们与共和国元首们的亲近，"使共和党人［原文如此］① 相信他们是非常诚实优秀的人，王公和他们交往就像与家人相伴"。另外，"别忘了饶勒斯② ——不是他个人的错——坐在了法国国王和王后的宝座上。……尼基相信我的话，相信

---

① 两位皇帝的通信用的是英文。
② 20世纪初法国社会主义运动中最有影响力的领导人之一。——译注

上帝的诅咒将永远折磨这些罪人！"

这些论点未能擦亮沙皇的眼睛，让他认清法国的邪恶。而当威廉写信提到"黄祸"，并鼓动沙皇出兵以十字架讨伐佛陀时，取得了更多的成功，至少看起来是这样的。威廉为日俄战争的爆发而感到高兴，并充分保证给予俄国道义上的支持——只要俄国肯同意德国需要的一个《贸易协定》。但是当沙皇拒绝在不了解法国态度的情况下达成任何政治协议时，威廉写信给比洛说："我们现在必须培植日本，并给巴黎当头一棒。"

一提及英国人，德国皇帝就表现出对他们的仇恨，说英国"是个爱管闲事的国家"。尽管如此，当张伯伦建议结盟时，他立即写信给"最亲爱的尼基"，夸大这一提议，表面上是在征求意见，实际上是在暗示他无法拒绝，除非沙皇出于友谊而开出更好的条件。到 1906 年，他一直希望沙皇能诱使法国加入反对英国的欧洲大陆集团，并认为他和尼古拉两个人就能控制世界。1902 年 9 月，他写道："作为欧洲大陆两大联盟的两个主要国家的统治者，我们能够在任何涉及国家利益的一般问题上交换意见，一旦我们确定了如何解决这一问题，就可以让我们的盟国采取同样的观点。所以，如果这两大联盟——即五大国——决定维持《巴黎和约》，世界必定会处于和平之中，并将能享受到和约之福。"也就是说，他希望恢复神圣同盟的政策，在 1815 年到 1830 年期间，欧洲通过这种政策建立了一个反动性质的国际政府。这是一个在过去可以维护和平的政策，但在 1902 年已是不可能。拿破仑倒台后的法国走向反动，但并没有被分割。1871 年以后，法国是自由主义者的天下，对失去阿尔萨斯-洛林心存不甘。俄国和奥地利因为在巴尔干和君士坦丁堡的利益分歧而疏远，这种情况又由于斯拉夫民族主义的增长而加剧。德国海军使英国充满敌意，并急于煽动法国对德国的怨恨。因此，由于这个时代在德国和其他地方的具有侵略性的帝国主义和民族主义，德国皇帝的策略——不幸的是，也许——变得不可能了。

在德皇看来，赢得尼古拉的最大希望在于他对自由主义和革命的恐惧。梅特涅曾成功地利用这一点使亚历山大一世转而反对希腊人；尼古拉一世在 1830 年之后便讨厌法国人，并在克里米亚战争中与他们作战。尼古拉二世的祖父被革命派暗杀，而革命派的有害学说被认为可能来自法国。从独裁者的立场来看，英国稍好一点。1905 年，这些论点有段时间占了上风。沙皇在远东失利，在国内又要面对革命。他为英国人对多格滩事件的怨恨感到愤怒，在那次事件中，他的波罗的海舰队在前往日本的途中向英国渔船开火，以为对方是日本的鱼雷艇。沙皇打电报给德皇说："我无法用语言来表达我对英国行为的愤慨。"威廉利用这一有利时机，与沙皇在波罗的海比约科的游艇上会面，在没有大臣在场的情况下让尼古拉签订一份条约。他对沙皇说，签署的这天"就是欧洲政治的基石，世界历史翻开了新的一页"。他给比洛发去了同样的胜利赞歌："1905 年 7 月的这个早晨，在比约科，是欧洲历史的一个转折点，对我亲爱的祖国来说是一个巨大的宽慰，它最终将从法俄的联合扼杀中解脱出来。"

唉，比洛声称这份条约毫无价值，因为德皇在他的草案中加了两个词。俄国外交大臣拉姆斯多夫拒绝承认这份条约，理由是这不符合俄国对法国的义务。比洛威胁要辞职，但威廉给他发了一份长长的表示反对的电报，结尾处写着："在我收到你辞呈的第二天，皇帝将不复存在！想想我可怜的妻子和孩子吧！"这种想法（或其他一些想法）

使总理同意留任，但条约废弃。

尽管如此，威廉还是继续写信给尼基，好像他们的个人决定已经使它成了一份有效的文件。他坚持认为，新订立的英法协约有自由主义意图："法国和英国的自由派媒体相当公开地联合起来谴责俄国的一切君主制行为和积极行动（他们称这些为'萨杜姆'），而且还公开支持革命派，支持后者为扩大、维护自由主义和'启蒙运动'、反对'萨杜姆''帝国主义'及'某些'落后国家而进行的革命。那是指向你和我的。而英国一直反复教导法国的口号是'共同维护全世界自由主义的利益，并在其他国家进行传播'。这意味着要在欧洲各地，特别要在那些好在还未被可恶的议会完全控制的国家，培养和援助革命。"

在同一封信中，他忘记了法国的邪恶，敦促大家联合起来反对英国："有美国在侧的'大陆联盟'是阻止整个世界成为英国人个人财产的唯一有效方式。英国人无休止地利用谎言和诡计，混淆其余文明国家的视听，然后心满意足地盘剥全世界，满足其个人利益。我们现在在摩洛哥［原文如此］问题上也看到了这一险恶的原则，在这个问题上，英国人同样竭尽全力让法国拼命与我们作对。"

但是没有什么结果；沙皇平息了它与英国的分歧，并且逐渐对威廉变得不那么友好。从君主阶级的利益来看，威廉似乎要比尼基更有理，也许用更机智的方法，他会更有说服力。

德国海军从 1902 年起就决定了英国的政策走向，这支军队是德国皇帝的个人创造。我们已经看到，他是如何宣称他对战舰的渴望是受到他小时候在朴茨茅斯和普利茅斯时那些友善的阿姨们展示给他的景象的启发。当然，还有更重要的动机。他嫉妒英国在遥远的地方的势力：当科威特有麻烦时，英国的船舰就在现场；萨摩亚发生争议时，国王的海军也插了一手；由于英国舰队司令的存在，克里特岛的炮火没有他所希望的那样猛烈。当他在地中海游弋时，情不自禁地佩服直布罗陀，或者说禁不住要让尼基知道他的热情："直布罗陀简直势不可挡！这是我见过的最宏伟的事业。言语完全不足以让人对它有丝毫的了解，它的壮观浑然天成，蕴藏着强大的军事力量，就储存在巨大的岩石之中以及周围。"他觉得，如果有足够的海军，他也可能拥有这样"巨大的岩石"。几个月后，他写信给沙皇，同样表达了对英国的羡慕："平息英国的傲慢和专横的一次出色的远征，无异于在波斯-阿富汗边境上进行军事示威"，因为"我觉察到，也被告知，这是他们唯一害怕的事，他们害怕你从突厥斯坦进入印度、从波斯进入阿富汗，这是3周前直布罗陀和英国舰队的枪炮保持沉默的唯一的、真正的原因！"〔在多格滩事件之后。〕这一劝诱，亦即沙皇的黑海舰队应该突然强行驶入海峡，加入他的波罗的海舰队去远东的建议，必须视为出自对英国的羡慕与嫉妒。但这种以友谊为幌子的劝告，显示出对沙皇的背信弃义，而沙皇遭遇的来自日本与革命的麻烦，很难通过与英国交战而有所减少。

在建设海军的问题上，威廉皇帝被其他大臣反对，但得到了提尔皮茨的支持，这个人是个诚实的技术狂热者，对外交从来一窍不通。先是比洛，然后是贝特曼-霍尔韦格，都对英国的敌意所导致的德国孤立而感到担忧，并意识到如果德国卷入了一场大战，英国肯定会站在对立面进行干预。他们希望签订一份海军协议，这是英国政府一贯建议的。起初，德皇怒气冲冲地回答说，英国官方提出的任何这样的建议都意味着战争；在这方面，他得到了提尔皮茨的支持，不是因为德国已经做好战斗准备，而是因为两人都认为坚定的语气会把英国人吓走。英国海军上将费舍尔与提尔皮茨非常相似，且极为钦佩提尔皮茨，[①] 他建议对德国海军采取"哥本哈根式打击"，即在无预警的情况下将其击沉，就像一个世纪前我们击沉丹麦舰队的情形一样。英国海军大臣亚瑟·李（后来的费勒姆的李勋爵）在一次演讲中告诉听众，如果发生战争，在德国得知宣战之前德国海军的舰船就会被击沉。但是，这些温和的提议并没有使随后的谈判变得容易。

虽然在1912年，提尔皮茨和威廉二世原则上并不完全反对海军协议，但他们仍然很不情愿，于是强加了一些不可能的条件，特别是承诺在其他列强可能介入的任何战争中保持中立，而这有违英国对法国和比利时的义务。因此，敌对情绪和海军竞争仍在继续，尽管德国政治家看到这将不可避免地导致一场战争，而且必定是危险的，甚而很可能是灾难性的战争。德国皇帝支持提尔皮茨与他其他所有的顾问作对，因而海军政策由他一人独揽。他的信条是，几年后在人们所谈论的危险区，德国海军将强大到英国人不敢轻举妄动。当英国宣布了他们两国的政策时，根据这一策略，他们总是建设足够强大的海军以防德国达到近乎相等的力量，提尔皮茨向威廉保证，对税收的担心很快会让英国止步的。然而他们俩都不明白，海上霸权是英国的一项固定政策，任何财政上的负担都不会被视为过度。于是他们又说，让我们再多和平几年吧，那时我们就可以对抗英国海军了。也许正如所料，在提尔皮茨所谓的"几年"结束前，战争就爆发了。

---

① 1916年，费舍尔写给提尔皮茨一封信，开头是"善良的老提尔皮茨"，结尾是"直至地狱封冻始终是你真挚的朋友"。

威廉的海军政策是不现实的。因为战舰不能秘密建造，所以他不能指望赶上英国。他促使英国加入了法国和俄国那边，从而让德国的敌人无处不在，他重新燃起了法国复仇的希望，激起了俄国对君士坦丁堡的强烈渴求，又使巴尔干准备重新无视奥地利的存在。1904 年至 1914 年间的所有外交动荡，都源自英国对德国海军的焦虑。最终，到了舰船该派上用场的时候，威廉把它们当作自己儿时的玩具，让它们安全地留在港口。无论在战时，还是和平时期，他都太爱他的海军了。

同为帝国，俄国甚至比德国更为专制。尼古拉二世即位于 1894 年，事实上他是被迫于 1905 年批准宪法的；而英法两国（此前德国皇帝在沙皇面前提及这两国的自由主义倾向时，曾斥之为讨厌鬼）在他想解散杜马时，总是借钱给他，以帮助这位盟友让杜马看起来不那么无能。尽管最近颁布的宪法禁止未经杜马批准的贷款，但是他们依旧这样做。1907 年到 1914 年，俄国政府实行残酷的专制统治，唯有通过暗杀才得以缓和。

尼古拉登基后不久就结婚了，随后完全处于妻子的影响之下。他的政策——也就是她的想法——是由某些固定的目标引导的。他想在君士坦丁堡竖起圣索菲亚教堂的那种十字架；他想维护专制；他想阻止任何方式的宗教宽容。当斯托雷平（他并不完全是一个激进分子）建议清除一些犹太残疾人时，沙皇回答说：

> 到目前为止，我的良知从未使我迷失方向，也没使我误入歧途。因此，我将再次听从它的命令。我知道，你和我一样相信沙皇的心在上帝的手中。那就让它保持下去吧。在全能的上帝面

前，我对我所拥有的和行使的权力负有大得可怕的责任，但我总是准备向上帝做出交代。我只是遗憾你和你的同事在我绝对不会赞成或许可的一件事上浪费了太多时间。

尼古拉对老派信徒同样坚定不移，但必须承认他们是绝望的守护者：他们不同意政府关于"Jesus"的拼法，至于礼拜仪式的某个节点，他们认为应该唱诵《哈利路亚》两次而不是三次。

当一个男孩向海军上将开枪，使他受了轻伤时，这位海军上将以刺客少不经事为由替其求情，并极力建议减免其死刑。但沙皇拒绝了，他说：

> 我不是残忍之人，也不是为了报复。我写信给你，是要告诉你我的信仰和我根深蒂固的信念。尽管我们感到悲伤和羞愧，这是千真万确的，但我不得不遗憾而艰难地指出，只有通过处决一些被误导的人，我们才能防止血流成河。祝你身体健康，心灵得到彻底的平静；我感谢你为俄国和为我所做的一切。

1895 年，当一个运动要求参加政府的地方自治组织（类似于县议会）时，这个运动在当时并不是任何意义上的革命，而沙皇不顾大臣们的劝说，发表了一次措辞激烈、蛮横专断的讲话：

> 据我所知，在过去的几个月里，在地方自治组织的一些集会上，听到了一些声音，那些人沉迷于毫无意义的梦想之中，要求地方自治机构参加我们国家的政府。我想让每个人都知道，为了整个国家的利益，我将全力以赴地维护绝对专制的原则，一如我那令人感叹的父亲那般坚定有力。

尼古拉一直在讲话中延续这样的语气，直至他被废黜的那一刻。

然而，在这类事情上体现出的并不是沙皇真正的个性。政治使他感到厌烦，他爱他的妻子和孩子，喜欢沿着花园的小径来来回回地骑自行车，并且酷爱多米诺骨牌。当他亲爱的妻子阿利克斯脚痛时，他会很不安；但当他失去一个帝国时，他几乎没有注意到。1917 年 2 月 23 日，他在总司令部最后一次试图躲避革命时，他为他的孩子们得了麻疹忧心忡忡。他打电报给皇后："真讨厌！我希望他们能摆脱麻疹。向所有人致以最诚挚的问候。睡个好觉。尼基。"同一天，他又写道："我非常怀念每晚半小时的耐心游戏。我将在闲暇时间再玩会儿多米诺骨牌。"退位后的第二天，他打电报说："衷心感谢你发来电报。母亲已经到达两天了，如此舒适和美好；我们在她的列车上一起进餐。又一场暴风雪要来了，在思念和祈祷中，我与你同在。尼基。"无论发生什么，他从不忘注意天气。

尼古拉是个深情的丈夫和慈祥的父亲。他性格的其余方面极少具有这种品质，而是一种残酷无情、背信弃义和虚弱自负的混合。

沙皇所缺乏的坚毅完全由皇后补足。她是个与麦克白夫人极其相似的女人，在写给丈夫的信中，她几乎重复了那个精力充沛的女人的每句话。"我确实害怕你的天性；它充满了恻隐之心；"麦克白夫人说；"原谅我，亲爱的，"皇后说，"但你知道，你过于善良和温和。"她接着说："我的爱人，做事一定要更加果断，更加自信。你完全清楚什么是正确的，所以当有分歧存在时，你要拿出自己的意见，让它与其他的想法一较高下。"信中谈及的具体问题是，1915 年加利西亚战役的计划应当由军事当局决定，还是由收到上天对这个计划的启示的神父拉斯普廷决定。皇后对其他人都很飞扬跋扈，在"我们的朋友"面前则很谦卑，她相信这个人拥有确保她儿子健康的神奇力量。第二个月，俄国军队在加利西亚遭遇了一系列骇人听闻的灾难，而在此期间，沙皇从司令部发出电报："刚刚安全到达。天气真好。树林很绿，气味怡人。我正出发去教堂。谢谢你的电报，温柔地拥抱你。尼基。"

皇后的控制欲遇到了似乎无法以人力克服的障碍——德国军队，俄国所有阶层对革命或改革的渴望，以及王子的血友病；所以她转而越来越求助于超自然力量的帮助，并且越来越狂热地相信她已经在"圣人"那里找到了这种力量。1916年底，她写信给沙皇："我所有的信任都托付于我们的朋友，而他想的都是你，我亲爱的，还有俄国。在上帝的指引下，我们将度过这段艰难岁月。这将是艰苦的战斗，但一位上帝的使者将会为你的航船掌舵，让它安全地驶过暗礁。"几天后，在对一些大臣作出人事变动的问题上，她将之交由拉斯普廷处理，并用一种温和而真挚的语气恳求道："哦，亲爱的，你可以信任我。也许我不够聪明——但是我有种强烈的感觉，它经常比我的大脑更有用……拿走这些文件和名字去处理吧，亲爱的，我的宝贝，看在你妻子的分上。"

与此同时，拉斯普廷恣意妄为、酗酒闹事，还中饱私囊，他不过是一连串骗子——虚假的神秘主义者和招魂巫师——中的最后一个，也是最坏的一个，这些人多年来一直影响着帝国的政策。江湖骗子的势力是沙皇不现实的立场的自然结果；在现代世界中，这只有通过一种相信荒谬的习惯才能证明。这对夫妇拒绝了所有的改革，只能生活在一个充满幻想的世界，以逃避自我谴责。

在第一次世界大战前20年里，威廉二世和尼古拉二世是世界上最强大的两个人。假定他们的政策不是他们自己，而是他们的大臣制定的，这是不对的。他们都挑选了按他们的指令行事的人，尽管有时他们可以被说服去走一条如果让他们自己走就不会走的路。例如，德国1905年和1906年的摩洛哥政策是比洛制定的，从没有让德皇感到高兴过。但大体上讲，德国和俄国这两个欧洲大陆最强大的国家，允许它们的外交、陆军和海军由这两个人指挥。

另外两位君主，即奥地利皇帝弗朗茨·约瑟夫和爱德华七世，也起到了重要作用。

弗朗茨·约瑟夫在1848年即位，当时正是多事之秋，他年纪已经很大，有过很多悲催经历，无论是国家的不幸还是个人的不幸，他都视为自己的命运。国家方面：他被普鲁士击败，失去了意大利的省份，被迫给予匈牙利完全平等的地位，并且完全无法调查在其领土的某些重要组成部分，斯拉夫人的不满情绪正在危险地增长。个人方面：他的兄弟，不幸的墨西哥马西米连诺皇帝被造反的臣子处决；他的妻子被一名意大利无政府主义者暗杀；他的儿子死于非命，可能是自杀；他的侄子是他的继承人，但其婚姻属于贵贱通婚，所以子女无法继位，这位侄子的被杀又成了开战的信号。这位老人活得够久，看到了自己军队的无能；但还不够久，没有经历哈布斯堡王朝的灭亡以及帝国解体的痛苦。在1914年之前的最后几年里，他将事务主要交由侄子弗朗茨·费迪南大公处理，后者使军队疲于奔命，剥夺了皇帝过去在庄严的演习中体会到的乐趣。在一天的行军结束时，人们累得甚至无法敬礼，使这位可怜的绅士感叹现代生活的匆忙。与此同时，他的侄子已有了给予斯拉夫人自治权的方案，并将双重君主政体转变为三重君主政体。这样做，部分原因是担心这项政策会让南部斯拉夫人与哈布斯堡王朝的统治者和解，而这导致塞尔维亚民族主义者实施了对他的刺杀。

爱德华七世的重要性在欧洲大陆被夸大了，在英国却被过分低估了。据甘贝塔说，他痛恨他外甥威廉二世，喜欢法国人的"快活和认真"。当然，法国人回报了他的情感。他相当机智，这一点在欧洲所有的宫廷中都非常出名。尽管他始终严格遵守宪法，但毫无疑问，在开始和法国更友好之后，他在推进政府政策方面做了比以前更多的工作。他有三个反德的理由，分别与他的母亲、妻子和姐姐相关。维多利亚女王对普鲁士和奥地利有强烈的偏爱；她对帕默斯顿和约翰·罗素勋爵以牺牲奥地利为代价来支持意大利统一这件事极为愤怒，而在1870年，她希望我们和普鲁士结盟，说这代表了"文明、自由、秩序和团结"对拥护"专制、腐败、不道德和侵略"的法国的反抗。[①] 王子，出于王位继承人的天性，倾向于不赞同其父母的意见，并由此养成了倾向于法国的偏见。普鲁士-奥地利在他与丹麦公主结婚一年后，对丹麦发起进攻，这是他讨厌普鲁士的一大动机，又因普鲁士吞并石勒苏益格-荷尔斯泰因而加深了这种厌恶。从这时开始，他对俾斯麦产生了最糟糕的看法，他姐姐王储妃（后来的腓特烈皇后）也讨厌俾斯麦，她甚至在给自己母亲的一封信中称俾斯麦为"恶人"。爱德华对他的姐姐有着很深的感情，在她和儿子争执时，总是站在她一边。当维多利亚女王在被德皇惹恼时，她就把他当作托儿所里的淘气男孩；而当他抱怨索尔兹伯里勋爵时，女王却回答说："我怀疑是否有哪位君主曾经用这样的字眼写信给另一位君主，他自己的外祖母，伟

---

① 西德尼·李爵士：《国王爱德华七世》，第1版，第303页。

大的英国君主，来谈论她的首相。我永远不会做这样的事，我从没有亲自攻击或抱怨过俾斯麦，虽然我深知他是英国的死敌，知道他对英国造成的一切伤害。"

即使是皇帝也不会对他的"外祖母"的这种语气感到不满，但是"伯蒂舅舅"[①]，虽然他可能深有同感，不得不用不同的方式来表达。他不像他的外甥那样克制不住，而是有一种冷静的优越感，皇帝对此很恼火。"我知道，"爱德华七世写信给诺利斯勋爵时说，"德国皇帝恨我，从不放过一个机会这样说我（在我背后），而我一直对他和蔼可亲。"虽然他已然如此"和蔼可亲"，当战争爆发时，德国皇帝还是感叹："死去的爱德华比活着的我强大！"这句话中的真理成分多过英国人倾向于相信的东西，后者一直对自己的议会制定的宪法沾沾自喜。

虽然国王喜欢协约国的政策，并通过外交手段使之获得成功，但决定采纳协约国政策的是政府。在布尔战争期间，英国有理由担心欧洲大陆联合起来反对它们，而加入两个联盟中的一个或者另一个，形成三国同盟和双边联盟，便是最好的防止措施。英国在非洲与法国发生了摩擦，在亚洲与俄国发生了摩擦；因此，起初更可行的办法似乎是与德国交好。1898 年和 1900 年，约瑟夫·张伯伦朝这个方向努力过，但德国对此置之不理。荷尔斯泰因认为，拖延是有利的，因为英国会发现不可能与法国和俄国达成协议，然后就会被迫接受德国人开出的任何条件，以换取与德国的结盟。此外，威廉二世刚刚开始打造他的海军，如果他想拥有英国的友谊，就得维持小规模的建制。比洛

---

① 即爱德华七世。——译注

的回答闪烁其词，他发现协约国的形成并不像荷尔斯泰因认为的那样不可能，但为时已晚。

与法国的协约（1904年）是兰斯-多恩勋爵的成果；与俄国（1907年）的协约是爱德华·格雷爵士的手笔，但这两件事实际上都是由英国外交部的常务官员决定的，因为英国没有发生革命，故而我们对这些常务官员的了解不如对荷尔斯泰因的多。他们的秘密实力，特别是在格雷时代，几乎是无限的。

格雷是个高尚的人，真诚的爱国者，一个在与他认为平等的人打交道时表现出色的可敬的绅士，还是个飞钓的狂热爱好者。基于这些理由，英国人将自己的生活和命运都托付给了他，虽然他不懂外语，又几乎没有离开过英国，也懒得去证实他的官员告诉他的事情。此外，他对体面交易的信仰并没有扩散到下议院，因为他持有的贵族观念认为普通人无理理解外国政治。他允许将军们准备一个与法国人的联合作战计划，当法国海军集中在地中海时，他让海军将领们负责北海的防御。他告诉下议院这么做不代表什么，并一再宣称，我们在战争中没有向法国承诺什么。最终，在1914年8月3日，他才道出真相。那一刻，全国上下激动不已，为他的深谋远虑鼓掌欢呼；但在他任职的8年间，这项政策不会事先得到批准，因为它造成了如此危险的义务。事实上，从1906年到1914年，比起德国或俄国，英国在外交政策上没有什么更受欢迎的控制措施。英国的外交政策由爱德华·格雷爵士决定，而他所决定的正是那些常务官员们秘密建议的。并不是说他们的建议不受欢迎：他憎恨德国人的粗鲁态度，反之，温文尔雅的俄国人尽管无情地消灭了波兰、芬兰、波斯甚至俄国自己的所有最好的东西，却保持着如此完美的礼节，以至于格雷从未注意到俄国人正在利用他的支持做些什么。

不要以为整个欧洲都默许了少数独裁者的统治。在俄国，1905年发生了真正的革命，随后几年里，又出现了一场近乎革命的运动。在奥匈帝国，斯拉夫人的不满使分裂近在眼前。在德国，社会党1912年获得了超过三分之一的选票，他们是彻底反帝国主义的，不久之后可能会控制国会并支配政策的制定。不幸的是，在三个东方帝国中，宗教和财产的保护与对独裁统治的维护紧密地结合在了一起，其结果是资本家乃至那些将在战争中遭殃的人，发现自己不得不支持那些冒险外交的拥戴者，而诚挚的基督徒必须支持军国主义，以防止对传播基督教义者的妨碍。

在法国和英国，由于民主的缘故，军国主义者的手段在细节上有所不同，尽管大部队几乎与东欧一样。法国最近刚刚从德雷福斯事件中脱身，在这个事件中，一个无辜的人，因为他是犹太人，便被人以伪造的文件判了叛国罪，送往魔鬼岛服刑。在最后一丁点证据被粉碎之前，除了那些炮制假文件的人，所有善良的天主教徒都认为他有罪。当时，举国沸腾：教会、军队和富人都声讨德雷福斯，为他辩护的是无神论者、社会主义者和无产者。支持德雷福斯的一派的胜利似乎是和平带来的胜利，所以这应该是英-法协约国的胜利，但此时，法国与德国在摩洛哥有矿业利益上的冲突，德尔卡塞则在英国的鼓励刺激下做出各种野蛮行径。支持和平的党派壮大到足以令德尔卡塞倒台，并确保阿尔赫西拉斯会议①的召开；但爱国者借助于比洛的疏忽

---

① 1906 年在西班牙阿尔赫西拉斯举行，以调解法德因第一次摩洛哥危机而起的纷争。——译注

创造了传奇，德尔卡塞被根本不在乎法国荣誉的胆小鬼们作为献给德国皇帝的祭品。借此，当时机来临时，德尔卡塞和庞加莱普就能为法国制定穷兵黩武的政策，而全然不顾社会主义者、法国总工会以及南方大部分地区极端的和平主义。确实，社会主义者和反教权人士的和平主义是牧师和财阀们好战倾向的主要原因。

在英国，反动派控制外交政策的技巧比其他地方的更为微妙。他们让和平之友们以为自己胜利在握，与此同时悄悄地为自由党中的几个朋友提供一些关键的职位——外交、军队和金融。进步人士的注意力集中于国内事务上，他们之中很少有人在战争之前就意识到外交政策具有更深远的意义。不过，他们的数量在不断增加，很快就会变得难以对付。

在每个欧洲国家都有强大且迅速发展的力量，支持在国际关系中采用一种全新的方法。再过几年，这将使俄国和德国发生转变，也会对其他地方产生影响。与此同时，旧体系自维也纳会议以来一直没变，除了四国同盟的消失。在新的力量能掌控局势之前，旧体系给欧洲带去了灾难。

"战争罪"的概念在战争期间非常盛行，并被郑重地载入《凡尔赛条约》，但它完全不具有科学性。每个国家都允许自己的对外事务由少数人来指挥，而每个大国的领导人都可以用更大的智慧在战争即将到来时加以阻止。也许拖延可以为制度的改变留出时间，因而也就阻止了战争的发生；但考虑到这个体系，或者说缺乏体系，一场大战迟早只能通过更大程度上的政治才干来避免，这将比任何理由都更让人期待。没有一个政府（可能除了法国）渴望战争，就像酒后驾车者不希望发生事故一样。但他们都渴望获得各种各样的国家利益，超过了对和平的渴望。要问这该怪谁，就像在一个没有交通法规的国家，问谁该为车祸负责一样。在没有国际政府的情况下，每个国家都根据自己的理由做出最终裁决，时不时地爆发大规模的战争几乎是必然的。每一个国家的无限主权都让君主的骄傲获得满足，也是信仰民族原则的自由主义者所偏爱的；然而这种国家自决的无政府状态的提升，逻辑上导致了1914年战争的爆发，而且必定一而再再而三地引发战争，直到形成某种足够强大的必须予以服从的超国家权威。

结论

　　工业技术和政治理论之间的冲突，带给 19 世纪一个灾难性的结局。机器生产、铁路、电报以及战争艺术的提高，促进了组织的发展，也使得那些掌握了经济和政治指挥权的人的权力变得更大。皮尔庞特·摩根和威廉二世可以比薛西斯、拿破仑或者过去时代的任何伟人都更迅速、更大规模地调动人类的力量。但是，有效的政治思想并没有跟上日益集中的权力的步伐：理论成功地塑造了制度，但在君主制和竞争性民主之间，理论仍有分歧。前者本质上是前工业化时代的，后者仅适合于工业化的最早阶段。在西方国家，真正的政府形式是财阀统治，但这一形式尚未得到承认，而且尽可能地不让公众知道。

　　1815 年时控制了欧洲的正统原则，继续被三个东方帝国的政府所接受，直到它们在 1917 年、1918 年垮台。通过联盟，这些国家强大到足以将它们的体制强加给欧洲，让欧洲在 1815 年至 1848 年期间享受了和平，也忍受了专制统治。然后进入了一个时期，其间尽管它们仍是友邦，但再也不能维持和平。最后，由于各种原因，其中主要是斯拉夫人的民族主义，这些国家陷入了冲突，其结果是在第一次世界大战结束时，正统原则作为一种政治原则从世界上消失。

整个世纪的政治变革都受到两种思想体系的启发，即自由主义和激进主义。其中，自由主义起源于 18 世纪，曾经激发了美国和法国的革命。它主张自由，包括个人自由和国家自由，政府干预越少越好；事实上，政府的职能已经被许多自由主义者缩减到预防犯罪。在农业社会，自由主义成功地创造了稳定的条件和相当满意的人口；但它对工业化社会的工薪阶层的贡献微乎其微，因为它的哲学无法遏制个人手中的经济实力。在欧洲和美洲的每个国家以及日本和中国，它成功地建立了议会，后者或多或少地掌握了权力；但在世界上许多地方，由此产生的好处并不十分明显。

自由主义信条中最有效的部分是民族原则。在那些坚持正统原则的人看来，国家是君主的私有财产；但自由主义者极力主张，应依据居住者的意愿确定边界。自由主义者抗议在梅特涅占主导时发生的各大国对革命的镇压，认为每个国家都应该是完全自由的，不应该期望能忍受来自外部的干扰。由此，他们摧毁了在维也纳会议上建立的国际政府的萌芽。

民族原则在导致德国和意大利联手之后，渗透到了巴尔干地区，在那里制造的难题，是欧洲政治家们的集体智慧也无力解决的。通过一个自然转变——在俾斯麦相当匆忙地推动下——民族原则发展成了民族主义原则。民族原则的倡导者指出：每个国家都必须自由地实现其正当的抱负。而民族主义的倡导者则指出，或者至少认为：我的国家必须能自由地实现其抱负，无论合法与否。在这种转变中，自由主义变成了帝国主义。

激进主义不同于自由主义，是一种灵感来自经济思考的学说，特别是新兴的工业主义所提出的经济想法。因为激进主义者对民族问题不感兴趣，所以他们比自由主义者更具个人主义色彩。作为个体，他们可能有爱国主义倾向，但作为理论家，他们是世界主义者。他们信奉自由贸易、自由竞争以及在刑法范围内个人自由发挥的主动性。他们不反对财产权，只要这种财产是通过个人努力，而不是通过特权或继承获得的。他们的哲学理念适合白手起家的第一代工业资本家，至于资本家的后代，即使自己的一切财富都是继承而来，仍然吹嘘自己是自力更生的光辉典范。在美国，大部分的经济实力掌握在少数垄断者手中，正是这些人仍然在继续称赞竞争是进步的动力。

哲学激进主义作为一种学派，具有一些重要的优点，但这些优点在我们的时代往往是被忽视的。他们把所有现存的制度都用实用性来检验，对于仅仅基于历史沿革而来的一切，他们概不接受。通过这种检验，他们发现君主制、贵族制、宗教、战争或帝国都没有正当性。自由主义者对其中一些是一种修辞学意义上的、情绪上的反对，但是哲学激进派的反对是争论性的、冷静的，显然是源于无可辩驳的理性之声。至于那些导致了宗教迫害以及使犹太残疾人不能从审查中幸存下来的各种偏见，还有那些受到他们影响的人，不可能因为战争英雄或王室显贵的魅力而迷失自己。在经济问题上，如同其他事务一样，他们谨慎地推理，假设自利是个体行为的主要动机，普遍幸福是立法者的目的。当他们的偏见使他们误入歧途时，就像常常发生的那样，其结果往往是无稽之谈，远不及老练的话术有说服力。因此，他们对的时候要比错的时候有影响力，鉴于他们的理论中掺杂着大量的谬误，他们的思想比预期的更有用。

哲学激进派的观点在很大程度上与社会主义者的观点是一样的，后者的不同之处主要在于他们是从工薪阶层的角度而不是从雇主的角度看待世界。欧文是边沁的朋友，而马克思在许多重要方面都是李嘉图的信徒。不过，马克思觉察到了他激进的前辈们没有怀疑过的东西，即资本大量聚集的趋势会产生巨大的经济力量；他还意识到资本家对政府的影响，当政府仍被半封建的贵族地主掌控时，这一点并不明显。然而还有一个方面，一个非常重要的方面，马克思继承了哲学激进主义的局限性。在他看来，无产阶级必须与之抗争的组织应该是出于经济利益和自愿建立的，而不像国家或家庭那样，是情感意义和生物意义上的产物。他假设无产阶级没有财产，就不会有爱国心，或者至少这种爱国心不足以阻止他反对资本家。在这方面，他低估了非经济动机的力量。

　　经济民族主义是现代世界的主导力量；它把马克思和激进主义者诉诸过的自利动机，与那些激发爱国主义的不那么理性的动机结合起来，从中获取自身的力量。分红可以造就冷静的头脑，花言巧语的诉求则会导致头脑发热。通过这种方式，不同学派的口号结出了一种危险的果实。是的，竞争在国家之间展开；合作只在国家内部进行。是的，谋利是为作为整体的国家；为国牺牲的却只是那些无法分享财阀劫掠来的财富的个人。是的，财富是为了给国家增光；敛财，怎么会呢，因为产业巨头所做的一切都是为了使他的国家更伟大。

　　这是在一战之前的整个文明世界中盛行的信条，今天的情况更是如此。组织在国家内部达到极致，国家之间的关系处于没有限制的自由状态。由于组织增加了国家的权力；由于外部力量要靠战争或战争的威胁来施展，仅仅增加国内组织只会在战争爆发时增加灾难。尽管战争的危险是一种持续的恐怖，而国内的自由被认为是更危险的。如果接受来自社会主义者的国家组织，以及自由主义者的国际性自由，那么这个世界将使自己面临一个文明的存在受到威胁的局面。与现代工业和科学技术有关的组织是必不可少的；一定程度的自由是幸福和进步的必要条件；但是，高度组织化的国家之间的完全无政府状态，要比一国内部个体之间的完全无政府状态更为危险。19世纪之所以失败，就是因为它没有建立任何国际组织。19世纪的国家是从过去的时代而来，人们以为当它们成为民族国家时问题解决了。由于技术没有思想的引导，它以一种随机的方式创设了经济组织，但它的哲学并没有教它如何去控制这些组织。一旦这些经济组织与民族国家结合在一起，便会使国际性的无政府状态比过去任何时候都更加危险。自由主义者和激进主义者都未能理解组织在一个由科学技术统治的世界中所起的作用。通过这次失败，尽管财富、智力、幸福有了巨大的增加，它们试图引导的这个世纪在灾难中走向终结。

在我们一直关注的这整个时期，美洲在相当程度上与欧洲隔绝。由于远离其他大国，直到一战爆发两年半以后，美国才成为在欧洲发展起来的军事和外交体系中的一部分。美洲和欧洲的联合，在当时主要是受金融的影响。

从某些方面来说，一战是一个时代的结束，而从其他方面讲，它只是一个持续过程中的一个事件。它终结了君权神授之说，后者在它盛行过的那些国家里已经被赤裸裸的武力统治所取代。它驳斥并扑灭了19世纪的乐观主义中体现出来的自由主义者的希望以及进步终将不可避免的信条。但是，在依赖于现代经济发展的某些政治方面，一战是武装力量的第一次大规模表现，这种力量在过去50年中一直发挥着作用，而且还在不断发展壮大。国家垄断的发展，特别是在钢铁行业中（与洛林的铁矿石尤为有关），过去和现在都是世界政治的一个极为重要的因素，比大多数人所知晓的或政治家们所承认的还要重要。导致1914年的战争的同样原因仍在发挥作用，除非通过对投资和原料实施国际性控制来排查这种原因，否则它们将不可避免地导致同样性质的，并且规模更大的结果。文明的人类要想从集体自杀中拯救自己，不能靠和平主义的情怀，而要靠全球经济组织。

Bertrand Russell

Freedom and Organization：1814—1914

Copyright © 2021 by Shanghai Translation Publishing House

根据 Taylor & Francis 出版集团旗下 Routledge 出版公司 2010 年版译出

图字：09 - 2014 - 959 号

图书在版编目(CIP)数据

 自由与组织：1814—1914/(英)伯特兰·罗素
(Bertrand Russell)著；洪伟译. —上海：上海译文
出版社，2020.7
 (罗素文集)
 书名原文：Freedom and Organization
 ISBN 978 - 7 - 5327 - 8346 - 5

 Ⅰ.①自…　Ⅱ.①伯…②洪…　Ⅲ.①自由—概论
Ⅳ.①D081

 中国版本图书馆 CIP 数据核字(2020)第 066949 号

自由与组织：1814—1914
[英]伯特兰·罗素　著　洪　伟　译
责任编辑/钟　瑾　装帧设计/半和创意

上海译文出版社有限公司出版、发行
网址：www. yiwen. com. cn
200001　上海福建中路 193 号
杭州宏雅印刷有限公司印刷

开本 787×1092　1/32　印张 17　插页 5　字数 318,000
2021 年 1 月第 1 版　2021 年 1 月第 1 次印刷
印数：0,001—5,000 册

ISBN 978 - 7 - 5327 - 8346 - 5/K · 279
定价：78.00 元